유엔 장애인 권리협약 해설

복지에서 인권으로

본 연구는 한국장애인개발원의 2019년도 연구지원/후원에 의해 수행되었으며,
이에 감사를 표한다.

유엔 장애인 권리협약 해설

복지에서 인권으로

김형식 외

※ 추천사는 이름의 가나다 순으로 게재

추천사

오 준

경희대학교 평화복지대학원 교수

전 유엔 대사, 2015~2016 유엔장애인권리협약 당사국회의 의장

1945년 유엔이 창립되었을 때 가장 먼저 한 일의 하나가 「세계인권선언」을 채택한 것이다. 두 차례의 세계대전으로 유래 없는 인명살상과 파괴를 경험한 인류는 평화를 지키기 위해서는 인권을 통한 인간의 존엄성 보장이 필수적이라는 것을 깨달았다. 1948년 「세계인권선언」 제1조는 "모든 인간은 태어날 때부터 자유롭고 존엄성과 권리에 있어서 평등하다.(All human beings are born free and equal in dignity and rights.)"라는 현대 인권 개념의 대원칙을 제시하였다. '인간의 자유와 평등'이 지구가 둥글다는 것처럼 우리가 모르고 있던 과학적 진리를 발견한 것은 아니다. 오히려 인류 역사의 발전 과정에서 볼 때 그러한 전제를 모두가 받아들이면 바람직한 사회를 만들어 나갈 수 있다는 염원을 담은 사회적 이념이라고 하겠다. 「세계인권선언」 발표 후 70년간 국제사회는 유엔의 주도로 소위 9대 인권협약을 체결하였다. 이 협약들은 정치적, 사회적, 경제적 인권을 담은 기본적 합의도 있지만, 여성, 아동, 소수인종, 이주노동자와 같은 사회적 약자의 보호를 위한 것이 대부분이다. 그중 2006년 체결된 장애인권리협약은 현 시점에서 가장 최근에 이루어진 젊은 인권협약이다.

각국 시민사회와 정부의 수십 년에 걸친 노력으로 장애인의 권리를 인권 차원에서 포괄적으로 규정한 장애인권리협약은 인권의 역사에 중요한 이정표가 되었다. 확산 속도도 매우 빨라서 발효 후 10년 만에 177개국이 가입하였다. 국제사회는 또한 2015년 우리 시대 인류 발전의 청사진으로 지속가능발전목표(SDGs)를 채택하고, '모두 함께 가는 세상(Leaving no one behind)'이라는 실천원칙을 세웠다. 그의 실현에 반드시 필요한 것이 장애인의 평등한 사회 참여다. 장애인에 대한 차별 배제와 함께 모든 분야에서 접근성을 보장함으로써 마지막 한 명의 장애인까지 뒤처지지 않는 포괄적인 사회를 만드는 것이야말로, 장애인권리협약은 물론이고 지속가능발전목표의 참뜻을 이행하는 길이라는 데 전 세계가 공감하고 있다.

김형식 교수의 연구책임하에 출간된 『유엔장애인권리협약 해설: 복지에서 인권으로』는 국제사회의 인권 증진 노력 속에서 장애인의 권리를 규정한 국제협약이 어떻게 만들어지고 이행되고 있는지를 분명하고 의미 있게 설명해 주는 책이다. 본인의 신체적 장애를 극복하고 세계적 인권 학자가 된 김형식 교수는 2011년부터 8년간 장애인권리협약 위원으로 활동하였다. 그중 2015~2016년은 나의 장애인권리협약 당사국회의 의장 임기와 겹친다. 나는 김 교수가 속한 제네바의 장애인권리위원회를 방문하기도 하고 뉴욕의 당사국회의에 김 교수를 연사로 초청하기도 해서, 국제적 현장에서 그의 활동을 여러 번 목격하였다. 인권 문제에 관한 포괄적 전문성에 기초한 그의 식견과 활동은 18명의 전문가로 구성된 위원회의 중요한 자산이었고, 같은 한국인으로서 큰 자부심을 느낄 수 있었다. 장애인권리협약에 가입한 모든 국가는 4~5년에 한 번씩 협약 이행 현황을 위원회에 보고하고 심사를 받는다. 따라서 김 교수는 8년 임기 중 전 세계 국가의 장애인 인권 현황을 심사한 경험을 갖고 있는 유일한 한국인이다. 그뿐만 아니라, 국제위원들에 뒤지지 않기 위해 나름대로 세계 각국의 전문문헌을 섭렵하며 권리위원으로서, 학자로서의 기초를 단단히 다져온 것으로 안다. 이 책에 담긴 그의 전문성과 경험이 특별히 소중한 이유가 된다.

2017년 초 외교관에서 은퇴한 나는 아시아 출신 최초의 장애인권리협약 의장 경험을 활용하기 위해 우리 장애단체들과도 함께 일하고 있다. 우리나라는 장애인복지에 있어서 지역 내에서 앞서가는 국가이지만, 국제적 장애인 인권의 기준에서 볼 때 아직 개선의 여지가 많다고 생각된다. 특히 장애인권리협약이 강조하고 있는 사회적, 인권적 접근방식 차원에서 보면 더욱 그렇다. 김형식 교수는 책의 서문에서 "우리가 권리협약의 10주년을 축하하고 새로운 10년으로 접어들지만, 한국을 비롯한 이 지구상에는 아직도 많은 장애인들이 기본적인 서비스와 전통적인 자선과 시혜의 복지 모델에서 벗어나지 못하고 있음을 상기해야 한다."고 날카롭게 지적하고 있다. 즉, 비장애인 중심의 자선이나 보호적 접근방식이 아직도 계속되고 있음을 인정하고, 권리에 기반을 둔 사회적 접근방식을 장애인 인권 분야 전반에 걸쳐서 추진해 나가야 한다는 뜻이다. 그것이 김 교수 자신의 표현대로 '가장 힘 있는 인간의 이상'으로서의 인권을 실현하는 길이 될 것이다.

대학 강의와 대중 강연을 통해 우리 사회 전반, 특히 젊은 층의 인권에 대한 관심이 높아졌음을 실감한다. 그것은 북한 인권 문제가 부상한 덕분이기도 하지만, 사회적 약자에 대한 공감과 배려가 그 어느 때보다 높아졌다는 긍정적 변화를 반영한다고 믿는다. 탄탄한 이론적 설명과 함께 많은 사례와 판례를 중심으로 한 현장의 경험을 전하는 이 책은 장애인의 권리는 물론이고 인권과 인간의 존엄성에 관심을 가진 모든 분들에게 소중한 길잡이가 될 것으로 믿어 마지않는다.

※ 추천사는 이름의 가나다 순으로 게재

추천사

이 양 희

성균관대학교 교수
국제아동인권센터 이사장/대표
유엔아동권리위원회 위원장(2007~2011)
유엔 미얀마 인권상황 특별보고관

"가장 작은 자를 위한 더 나은 세상 만들기"

2011년 유엔아동권리위원장의 임기를 마치면서 설립한 국제아동인권센터의 비전이다. 여기서 말하는 가장 작은 자는 누구인가? 바로 사회에서 소외되고 배제된 이들, 인간의 존엄함을 인정받지 못한 우리 사회의 구성원을 말한다. 그들은 여성이고, 성소수자이고, 이주민이고, 난민이고, 아동이고, 장애인이다. 그리고 우리는 그들을 위해 그들과 함께하기를 선택하기도 하며, 우리가 바로 가장 작은 자이기도 하다.

"우리가 배제된 모든 결정을 거부한다(Nothing about us without us!)."

장애인권리협약 탄생 모든 과정에서 널리 퍼진 이 슬로건은 참으로 우리 모두에게 큰 파장을 남겼다. 권리의 주체자라는 의미를 일깨우게 했을 것이다.

필자는 2006년 여름을 기억해 본다. 미국 뉴욕에서 장애인권리협약의 막바지 협상이 치열하게 진행 중이었다. 지금의 제6조(장애여성)와 제7조(장애아동)를 포함하느냐 역시 쟁점 중 하나였다. 제6조는 이미 「여성차별철폐협약」(1981)이 있었으나, 실제로 장애여성의 문제에 관한 것을 심도 있게 다루지 못한 상황이었고, 제7조는 이미 「아동권리협약」(1989)이 채택되어 있다는 사실 때문이다. 그러나 마찬가지로 「아동권리협약」도 장애아동의 문제를 심도 있게 다루고 있는 것은 아니었다. 그럼에도 불구하고, 하나를 빼면 둘 다 빼야 한다는 주장과 둘 다 꼭 넣어야 하는 주장들이 팽배했다. 필자는 물론 제7조를 포함해야 한다는 주장을 하기 위해 그곳 현장에 있었다. 결과는 두 조항 모두 포함하는 것으로 합의가 이루어졌다. 더 나아가 '아동'을 협약 내 곳곳에 주류화(mainstream)하는 데 성공해서 우리 장애아동들에게 매우 기쁜 일이었다.

"무능력, 미성숙, 보호의 대상"

가장 작은 자, 아동과 장애인을 바라보는 관점을 표현하는 대표적 단어일 것이다. 미성숙하고 할 수 있는 것이 별로 없고, 그렇기에 보호를 받아야 할 존재. 하지만 국제사회는 이러한 관점의 변화를 촉구하고 있다. 장애인권리협약과 아동권리협약은 시민적, 정치적 권리와 경제적, 사회적, 문화적 권리를 모두 포괄하고 있으며, 유엔총회에서 만장일치로 채택되었다. 즉, 아동과 장애인 모두 인간으로 누려야 할 모든 권리를 온전히 누려야 하며, 여기에는 어떤 전제 조건이나 반대가 있을 수 없음을 의미한다.

하지만 이러한 규범이 만들어졌다고 해도 세상은 쉽게 변화되지 않는다. 특히 장애인에게는 더욱 어려운 일이다. 또한 장애아동은 장애와 아동이라는 특수성이 중첩되며, 더욱 소외되고, 배제된다. 실제로 얼마 전에도 장애아동을 위한 특수학교 설립을 위해 그 부모가 무릎을 꿇어 읍소하는 장면이 언론을 통해 보도되기도 하였고, 특수학교의 교사가 장애학생을 성폭행한 사건도 있었다. 그리고 2014년에 진행된 우리나라의 장애인권리협약 최초 심의에서 장애아동과 관련한 제7조의 권고사항은 비어 있었다.

그래서 이책의 저자인 김형식교수는 유엔장애인권리협약의 내용뿐 아니라 우리 사회의 현실과 직면하고 있는 문제, 그리고 도전해야 할 과업도 제시하고 있다. 권리를 혜택으로 생각하거나 시혜나 자선으로 접근하는 것이 아닌 사회를 어떻게 실현할 것인가에 대한 폭넓은 지식과 정보를 심층적으로 분석해주고 있다.

"복지의 패러다임에서 권리의 패러다임으로의 전환"

단순하고도 명료한 한 문장은 이 책에 담긴 모든 내용을 함축하는 표현이라 생각한다. 국제규범인 장애인권리협약의 탄생 배경부터 각 조항의 의미와 이행현황, 장애를 권리의 패러다임으로 바라보기 위한 가치와 철학, 그리고 현실에 적용하기 위한 방법론까지 담겨 있는 이 책을 장애인 권리와 관련한 전문가를 꿈꾸는 모든 이에게 권하고자 한다.

※ 추천사는 이름의 가나다 순으로 게재

추천사

임 성 택

법무법인(유한) 지평 변호사
국가인권위원회 비상임위원

유엔장애인권리협약(CRPD)을 처음 만났을 때 무척 놀라웠다. 유엔이 제정하거나 선포한 다른 인권선언들처럼 아름다운 문장들로 가득 찬 추상적이고 수사적이며, 그저 선언적인 조약일 거라 생각했기 때문이다. 그러나 장애인권리협약은 내 예상을 뛰어넘는 법률규범이었다. 가장 선진적인 인권법이었다. 장애에 관한 수많은 쟁점들을 명쾌하고 진취적으로, 그리고 매우 구체적으로 다루고 있었다. 사람에 대한 깊은 이해와 통찰이 읽혔다.

우리나라는 2008년 12월 장애인권리협약을 국회에서 비준하였다. 이로써 장애인권리협약은 국내법과 동일한 효력을 가지게 되었다. 그러나 10년이 지나도록 장애인권리협약은 한국에서 법률규범으로 쓰이고 있지 않다. 장애인의 권리와 관련된 소송에서 장애인권리협약을 법률규범으로 원용한 사례를 찾기는 어렵다. 법률정보 사이트에서도 쉽게 검색되지 않는다. 국가기관뿐 아니라 국민들도 장애인권리협약을 국내법과 동일한 법률규범으로 인식하고 있지 못하고 있다.

이런 상황에서 존경하는 김형식 교수님이 유엔장애인권리협약을 깊이 분석하고 살펴보는 책을 출간한다는 소식은 너무 반가운 일이다. 나는 유엔 장애인권리위원회가 한국 정부를 심의할 때 NGO 대표단의 일원으로 참여한 적이 있다. 다양한 나라에서 온 위원들, 여러 유형의 장애를 가진 사람들이, 장애를 가진 작은 나라의 일을 깊이 경청하고 토론하는 회의는 그 자체로 감동이었다. 김형식 교수님은 우리나라 최초의 유엔 장애인권리위원으로 8년간 두 번의 임기 동안 활동하셨다. 그러한 깊은 경험이 아니고는 다룰 수 없는 내용들이 이 책에는 숨겨져 있다. 특히 눈에 띄는 부분들은 뿌리 깊은 장애인에 대한 편견과 차별, 배제에 대한 문제가 끊임없이 제기되는데, 사실 이 문제는 권리협약의 여러 조항에서 계속 제기되는 문제이기도 하다. 그러나 이러한 차별과 편견의 문제가 우리 사회에서 장애인에게만 국한되는 문제이겠는가 하는 생각을 해본다. 이러한 문제들을 김형식 교수는 권리협약의 조항들에 대한 심층적 논의와, 쉽게 접하기 어려운 선택의정서의 풍부한 판례들과 심의를 받은 각 당사국의 최종권고문을 풍부히 인용하여 이해를 돕우었으며, 한국의 대중매체를 통하여 나타나는 고질적인 차별과 편견의 문제들을 잘 짚어 주었다. 권리협약을 이행하는 책임을 지고 있는 보건복지부, 법무부 등 장애인 정책입안과 관련 있는 정부의 범부서가 주도해야 할 '국가의 의무'까지도 상세히 다루어져 있다.

이 책은 다양한 관점과 풍부한 자료의 사용으로 장애인권리협약이 취하고 있는 관점, 복지를 뛰어넘는 인권과의 관계, 장애인 권리에 대하여 깊이 살펴보고 있다. 장애인권리협약이 기초한 깊은 성찰과 철학을 함께 느껴 볼 수 있다. 나는 장애인뿐 아니라 우리 국민 모두가 이 책을 읽기를 권한다. 사람은 누구나 장애인으로 태어나, 장애인으로 죽는다는 말이 있다. 우리 모두 잘 들리지 않고, 보지 못하며, 걷기 불편한 노인이 된다. 장애인권리협약에 대한 이해는 우리 사회 모든 약자의 권리로 확장되어야 한다. 아마도 이것이 권리협약이 표방하는 핵심철학일 것이며, 김형식 교수도 이 점에 방점을 두고 있는 듯싶다. 마지막으로 이 책의 총괄집필은 김형식 교수이지만 집필에 동참한 우주형 교수, 권오용 변호사, 장애인개발원의 유경민 팀장과 권순지 연구원의 노고와 연구 결과물에 찬사를 보낸다. 무엇보다 독자들이 깊은 관심을 가지고 이 책을 읽어 주고 가능한 한 함께 차별이 없는 세상을 만드는 실천으로 옮기는 든든한 징검다리가 되기 바란다.

※ 추천사는 이름의 가나다 순으로 게재

추천사

최 경 숙

한국장애인개발원 원장
대통령 직속 정책기획위원회 위원(2018)
국가인권위원회 상임위원(2007~2010)

유엔장애인권리협약(UN Convention on the Rights of Persons with Disabilities, UN CRPD)은 장애인의 권리와 존엄성을 보호하고 촉진하기 위한 국제조약으로 전 분야에 걸쳐 모든 장애인의 권리를 보장하기 위한 포괄적인 국제협약입니다.

유엔장애인권리협약은 2006년 유엔총회에서 채택되었으며, 우리나라는 2008년에 협약을 비준하여, 2011년 유엔장애인권리협약 최초 국가보고서를 낸 바 있습니다. 2014년에는 최초 국가보고서에 대해 유엔 장애인권리위원회에서 심사를 받고 그에 대한 최종견해(Concluding observations)를 받아 장애인의 인권에 관한 국제사회의 기준을 이행하기 위해 노력해 왔습니다. 2019년 3월, 우리나라는 유엔장애인권리협약 2, 3차 병합 국가보고서를 제출하였습니다. 본 국가보고서를 통해 정부를 비롯한 학계와 시민사회단체 및 다양한 이해관계자들에게 최초 국가보고서 제출 시점 이후 우리나라 장애인정책에 대한 변화를 종합적으로 검토해 볼 수 있는 기회가 되었다고 생각합니다.

그동안 우리나라 정부가 개선을 위해 노력해 온 장애인정책으로는 '장애등급제'의 단계적 폐지를 일례로 제시할 수 있습니다. 이는 최초 국가보고서에 대한 최종견해이자 2, 3차 병합 국가보고서의 쟁점 질의 사항이기도 한데, 우리나라는 오랜 기간 유엔 장애인권리위원회로부터 '장애등급제도'의 검토 및 개정을 권고받아 왔습니다. 국제협약을 준수하고, 장애인 당사자 및 시민사회단체 등의 오랜 요구를 반영하고자 2019년 7월부터 '장애등급제'가 단계적으로 폐지되고, 장애인 중심의 맞춤형 서비스 지원이 시작되었습니다. '장애등급제'의 단계적 폐지라는 정책적 변화를 이끌어 내기까지 많은 분들의 노력이 있었습니다.

그럼에도 불구하고, 우리나라는 모든 장애인들의 온전한 권리실현 및 권리보장을 위한 법과

제도의 개선, 장애인에 대한 사회적 관심 제고, 국민들의 인권 및 장애감수성 향상 등 여전히 개선해 나가야 할 많은 사안들이 있습니다. 그뿐만 아니라, 유엔장애인권리협약은 국내법과 동일한 법적 효력을 가지고 있고, 협약 비준 후 10여 년이 지났음에도 불구하고 국가 차원의 홍보 및 국민적 관심 또한 상당히 부족한 실정입니다. 장애인의 인권과 권리란 사회적 취약계층에 대한 동정심을 기반으로 한 '특별히 보호가 필요한 것'이 아닌, 모든 사람이 동등하게 누려야 하며 마땅히 보장받아야 할 '인권의 기본권'임을 우리 모두 다시 한번 상기시킬 필요가 있습니다.

국제적 인권의 기준에 발맞춰 나가고, 인권에 대한 국가적 인식 수준 제고가 필요한 상황에서, 이 책이 주는 의미는 참으로 크다고 할 수 있습니다. 특히, 장애인 인권에 대한 기준과 유엔장애인권리협약의 조항별 의미를 이 책에 담긴 다양한 사례를 통해 이해할 수 있으며, 국제사회와 우리 사회의 현 주소에 대해 살펴볼 수 있을 것입니다. 그뿐만 아니라, 이 책은 장애인 당사자를 비롯하여, 정부기관 공무원 및 노동자, 시민사회단체, 다양한 이해관계자, 그리고 장애인 인권에 대해 배움을 시작한 분이라면 장애인의 권리와 인권에 대해 심층적으로 배우고 더욱더 확장시킬 수 있는 계기가 되는 것은 물론, 현장에서는 실천과 적용이 가능한 길잡이가 될 것입니다.

소중한 책이 나오기까지 힘써 주신 연구진께 진심 어린 감사의 마음을 전하며, 우리나라 장애인정책의 긍정적인 변화와 개선을 위해 노력해 주시고 애써 주시는 많은 분들께 감사의 말씀을 드립니다. 이 책을 통해 더 나은 장애인정책이 수립되고 사회적 기반을 마련해 나갈 수 있기를 진심으로 바랍니다.

※ 추천사는 이름의 가나다 순으로 게재

추천사

최 영 애

국가인권위원회 위원장

"사람이 사람답게 사는 세상", 국가인권위원회의 비전입니다.

언뜻 보기에는 너무나 당연한 명제인 것처럼 보이지만, 장애인의 인권보호를 위해 해결해야 할 많은 과제가 우리 앞에 놓여 있음을 생각하면 여전히 우리가 추구해야 할 비전입니다.

제가 국가인권위원회 상임위원으로 재직하고 있었던 2006년 12월 13일은 특별한 날로 기억되고 있습니다. 미국 뉴욕 UN본부에서 개최된 제61차 총회에서 192개 회원국의 만장일치 결의로 장애인권리협약이 채택된 날이기 때문입니다.

우리 사회는 오랫동안 장애에 대해 사회적 요인을 제대로 인식하지 못한 채, 신체적·정신적 상황으로만 한정하여 장애 당사자나 가족이 개별적으로 극복해야 할 과제인 것으로 여겨져 왔습니다. 그리고 장애인에 대해 치료와 재활 중심의 의료적인 관점으로 접근하고, 국가의 역할도 장애인의 권리를 실현하는 차원이 아닌 복지나 시혜적 지원 성격이 강했습니다.

이러한 현실에 장애인단체 및 당사자들은 끊임없이 문제제기를 하였습니다. 그 노력의 결실로 2008년부터 「장애인차별금지법」이 시행되면서 보다 광범위하고 구체적인 영역에서 장애를 이유로 한 차별행위에 대한 규제가 가능해졌습니다. 국가인권위원회에 접수되는 장애 차별 관련 진정이 그 이전보다 3배 이상 획기적으로 증가하였고, 영역도 시설물 접근 및 이동교통수단뿐만 아니라 정보접근 및 의사소통, 재화 용역, 문화 활동, 괴롭힘 등으로 다양하게 확장되었습니다. 「장애인차별금지법」으로 장애인이 비장애인과 동등한 대우를 받고, 그들과 동등하게 활동에 참여할 수 있도록 사회구조와 환경을 마련하는 것이 진정한 평등임이 확인되었으며, 장애인 당사자도 인간으로, 사회의 구성원으로 당당하게 자리매김해 가고 있습니다.

이 책의 저자인 김형식 교수님은 2011년부터 8년간 유엔 장애인권리위원회 위원을 지내셨고, 제3세계 장애인 프로그램 관련 국제개발 협력 등 장애인 인권과 국제협력 분야의 선구자입니다. 김형식 교수님이 저술한 『유엔장애인권리협약 해설: 복지에서 인권으로』는 장애인 인권보호에 대한 열정과 장애 현장에서의 경험을 잘 보여주고 있습니다.

이 책에는 현 시기에 반드시 정립해야 할 논점들이 체계적으로 정리되어 있습니다. 인권에 기반한 장애 개념과 차별의 유형에서부터 사회복지 패러다임의 변화, 유엔장애인권리협약의 권리 조항별 이해, 장애인의 현실과 시민적 권리, 장애인 권리 향상을 위한 한국의 전망과 과제 등이 그렇습니다.

특히 장애등급제 폐지, 탈시설 정책, 장애인권리협약 선택의정서 비준 추진 등 장애인인권보장 체계의 커다란 변화가 있는 지금의 한국 현실에서, 저자는 이론적 기반으로써 장애인의 완전 사회통합을 위한 '포괄적 통합'의 이론적 쟁점을 정리하고, 권리협약 이행을 위한 국가 장애 전략 및 모니터링 내용을 책의 후반부에 수록하여, 한국 사회가 장애인 인권국가로 한발 더 전진하기 위한 고민이 더욱 심도 있게 진행될 수 있도록 배려하였습니다.

이 책은 장애인권리협약에 대한 심층적 이해가 필요한 장애학 및 관련 학문을 전공하는 학생, 장애 전문가, 장애인 당사자, 현장 인권옹호자 및 이와 관련된 모든 이들에게 좋은 필독서가 될 것으로 보입니다.

이 책을 통해 장애인의 인권이 실질적으로 보장되는 사회로 나아가기 위한 튼튼한 디딤돌이 될 것이라 기대합니다.

2019년 6월

서문

국제장애인 인권보장을 위한 입법의 발달

2018년은 유엔장애인권리협약이 2006년 유엔에 의해서 채택된 후 10년을 맞는다. 현재까지 177개국이 협약에 서명하고 비준하였고, 92개국이 선택의정서에 서명하고 비준하였다. 177개 회원국 69개국이 심의를 받았다. 그러나 권리협약의 철학과 원칙을 명문화시키는 것과 이를 이행하는 현실과는 너무나 큰 차이가 있다는 것을 분명히 보여주었다. 과연 협약을 비준한 당사국들은 얼마나 진지하게 이행의 의무를 분명하게 인식하였던 것일까 의아해진다. 그럼에도 불구하고 모든 장애인들이 세계 어느 도처에서나 차별 없는 완전 통합의 세계 속에서 살아야 한다는 것은 모든 장애인들의 변함없는 신념이다. 권리협약은 새로운 국제 인권법이 아니라 인권을 근본적인 정치이념으로 인정하는 전 세계의 흐름과 맥을 같이한다. 과거 인권의 이름 아래 탈식민지의 정당성이 인정되었던 것과 같이 이 권리협약을 통해 장애인들도 편견과 차별의 굴레에서 벗어나 사회적 약자가 아닌 시민으로서 헌법이 보장하는 권리를 누릴 수 있어야 한다. 따라서 이 연구의 핵심 주제는 집중적으로 유엔의 권리협약을 이행해야 하는 국내법의 관계에 대한 깊은 이해를 목적으로 한다. 이 연구에서는 '유엔의 권리협약'이 하나의 선언문으로서가 아니라 그 본래의 원칙과 목적을 이행하는 데 당면하게 될 문제점, 한국의 법조계, 장애 NGO/DPO와 시민사회가 어떻게 이행 과정에 참여해야 하는가에 대한 시사점에 초점을 맞추고자 한다. 그러나 협약의 심도 있는 이해를 위해서는 유엔의 모든 인권협약(UN Human Rights Treaties)이 어떻게 상호 교차적으로 협약의 철학과 원칙을 지지하며, 아울러 〈선택의정서〉의 여러 판례가 어떻게 권리협약의 원칙과 철학에 기반하는가의 판례법에 의한 해설이 포함된다. 이 목적을 위해서 본 협약의 밑거름이 된 유엔의 여러 협약을 다각적으로 검토하여 본 협약에 어떻게 반영되었는가를 조명하며, 우리에게는 아직도 거리가 멀어 보이는 〈선택의정서〉가 어떻게 장애인의 권리 신장에 직접적으로 기여하는가를 제시하고자 한다. 각 조항의 해설을 뒷받침하는 하나의 방편으로서 권리위원회에 제출한 각 당사국의 국가보고서에 대한 위원회의 '최종권고문'을 대폭 활용하여 협약의 이행/불이행에 나타나는 각 당사국의 당면한 상황과 과제를 실감 있게 살펴보고자 하였다. '최종권고문'의 여러 우려와 권고 사항은 실로 협약 이행을 위한 나름대로의 방향타가 되어 줄 것이다.

본 연구는 10여 개에 달하는 모든 유엔의 인권협약과 약 70여 개국의 권리협약 이행에 관한 국가보고서 심의 내용과 최종견해의 자료를 비교분석하고 심층적 접근을 통해 권리와 국가 의무의 관계를 설명한다. 예를 들어, 제3장에서는 장애인 차별을 예로 들어 심층적 논의를 한다. 실로 장애인 차별은 협약의 전체 문건 속에 숨겨져 있는 금맥과도 같다고 표현해도 과언이 아닐 만큼 중요한 개념이다. 협약 제5조 2항은 "모든 국가는 장애를 이유로 한 모든 차별을 금지해야 하며, 이유 불문하고 가해진 모든 차별을 평등하고 효과적으로 장애인을 보호해야 한다."고 규정하고 있다. 협약 제5조 2항이 규정하고 있는 차별은 두 가지 차원을 가지고 있다. 첫째는 평등과 반차별은 경제, 사회, 문화 등 모든 삶의 영역에서 정당화될 수 있는 개념이어야 하며, 둘째는 법정은 유엔 협약의 기준에 위배되는 모든 법률을 무효화할 수 있는 권한을 가지고 있다는 점이다.

차별에는 직접적 차별, 간접적 차별, 연계성 차별, 구조적 및 제도상의 차별과 아울러 혐오(harassment), 복합적 및 교차적 차별도 있다. 직접적 차별의 예로서, 한 정신장애인이 경찰의 조사나 심문에 임하고 있을 때 적절한 지원이 따르지 않으면 허위 자백으로 몰릴 수 있다. 범법 행위가 없음에도 불구하고 범법자로 구속당할 수가 있다. 직접적 차별은 여러 가지 가면을 쓸 수도 있는데 장애 때문에 학교 입학을 거절당하는 경우, 장애를 이유로 고용을 거부당하는 경우, 또는 장애 때문에 어떤 공공장소의 출입을 거절당하는 경우 등의 예를 들 수 있다. 반면에, 간접적 차별은 비교적 중립적 성격을 가지고 있는 법, 정책연구, 규제 등의 적용에서 나타난다. 국가의 의무는 제정한 차별금지법이 과연 위와 같은 여러 형태의 차별을 규명할 수 있고 통계적으로 집계할 수 있을 만큼 상세한 것인가에 있다. 장애권리위원회에서 다루었던 〈선택의정서〉의 판례(2012)에서 예를 들어 보자. 스웨덴은 모든 국민이 법 앞에, 법 아래 평등하다는 것을 명문화하고 있는데, 위원회 선택의정서의 심의 대상이었던 2010년에 발효된 건축법의 경우도 마찬가지이다. 사건의 경우는 이렇다. 즉, 스웨덴의 한 여성 장애인이 지속적인 재활치료를 위해 반드시 거주하는 주택에 수영장을 설치해야 된다는 의사의 권고를 실천에 옮기고자 했던 것인데, 위의 건축법에 의하여 거부를 당한 것이 선택의정서를 통해 위원회에 접수된 것이다. 특히 이 건축법도 장애 여부를 불문하고 모든 국민에게 평등하게 적용됨을 명기함과 동시에 이 건축법에 의하여 신청이 거부될 경우에도 모든 국민에게 공정하게 적용된다고 밝히고 있다. 그런데 위원회에서는 중립적으로 집행되는 법률이라고 해도 이 법률의 적용을 받는 개인의 특수한 상황을 충분히 고려하지 않는다면 차별적 요소를 가지게 된다는 입장을 피력했다. 협약에 의하여 보장된 권리 향유를 객관적이고 합리적인 정당성이 없이 거부당하여 차별을 받게 된다면, 차이를 인정받아야 할 충분한 조건을 인정하지 않은 간접차별로 판정할 수 있다는 것이다.[1] 연계성 차별은 우리 주변에서 빈번히 경험하게 되는 경우인데, 본인은 장애가 없음에도 불구하고 부모나 가족 등 장애인과의 어떤 연계성으로 인해 차별대우를 받는 경우이다. 위원회에서 심의했던 판례 가운데, 한 장애아동의 어머니가 장애인 자녀로 인해 생산성이 저하되거나 용이하게 시간을 낼 수 없을 것이라는 이유의 차별이었다. 그러나 법정에서는 평등한 처우의 원칙은 장애인 당사자에게뿐만 아니라 장애를 근거로 한 모든 상황에 공정하게 적용된다고 판결하였다.[2] 구조적 및 제도상의 차별(Systemic and Institutional)은 사회구조나 제도가 내재적으로 차별적 요소를 가지고 있기 때문에 발생한다. 이러한 요소는 공개적-노골적일 수도 잠재적일 수도, 혹은 한 국가의 헌법 속에 숨겨져 있을 수도 있다. 혹은 차별이 아예 제도화되거나 문화적 전통, 사회적 규범 속에 묻혀 있어서 장애인에 대한 해로운 행위나 부정적 고정관념을 고착화할 수 있다. 위원회에서는 아프리카, 특히 탄자니아에 뿌리 깊은 백색증(albinism)에 대한 거의 주술적이고 미신적 행위는 차별이라고 규정하고 협약의 제1조에 근거하여 장애로 인정한 바 있다.[3] 혐오(harassment) 또한 장애의 유무와 상관없이 사람을 차별하는 또 하나의 근거가 된다. 이것은 조직적이며 원치 않는 행위, 행동으로서 한 개인의 존엄성에 해를 가하며 위협과 폭력으로 나타난다. 혐오는 간혹 또 다른 혐오를 유발하게 되는 상황으로 이어진다. 혐오는 직접적으로 장애인을 대상으로 언어나, 놀림 등 행동으로 나타나지만 최근에는 사이버(Cyber) 블링(Bullying, 지속적 괴롭힘)을 통한 범죄가 증가하는 차별의 현상으로 나타나는데, 아주 도가 지나칠 정도로 악랄하고 혐오스럽다. 이제 끝으로 복합적 및 교차적 차별(Complex and Intersectional)을 설명해 보자. 세라 리드는 영국에서 2016년 범법 행위에 대한 탄원을 할 수 있는 능력이 있는지의 여부를 가리는 최종 판결을 기다리던 중 사망했다. 리드는 장애, 여성, 인종이라는 복합적 차원에서 복합적 및 교차적 차별의 예를 잘 설명해 준다. 최종 선고를 기다리고 있는 수감인으로서 한 덩어리가 된 법 제도하에서 복합적 차별을 받았다고 할 수 있는데, 영국의 정신건강법(2017~19)은 2010년 루이스라는 환자가 영국 베들레헴 왕립병원에서 사망한 것을 기화(奇貨)로 한 국회의원에 의해서 국회에 입법 상정하여 자발

---

1 선택의정서 H.M vs Sweden(2012). 협약/C/7D/3/2011

2 선택의정서 Coleman vs Attridge Law(C-303/06,C.)

3 선택의정서 X vs Tanzania

적으로 정신건강치료를 받도록 하는 것이 핵심이었다.[4] 본론, 특히 3장에서는 협약의 각 조항을 위의 예와 같이 보다 심도 있게 분석하고 해설하고자 한다.

이 연구는 장애인 권리 향상을 위해 세계 각국의 관련 입법이 어떻게 제정되고 시행되는가를 연구, 분석하는 것이다. 세계 각국의 장애인들이 사회적 배제에서 완전통합으로 옮겨가면서 유엔이 주도하는 권리협약이 어떻게 세계 각국으로 하여금 장애 관련 입법을 개정, 제정 및 통합을 통하여 장애인의 권리를 증진해 왔는가를 분석한다. 2006년 유엔이 채택한 「유엔장애인권리협약」이 어떻게 각국의 기존 장애인 관련 국내 입법에 도전하는가의 분석은 중요한 의미를 가진다. 그러나 권리협약과 세계 각국의 입법제정과 발달에도 불구하고 장애인의 완전한 사회통합, 인권, 평등과 같은 이상의 실현은 아직도 요원한 단계에 있다는 비판적 입장을 피력함과 동시에, 관련 법령의 개정과 이행의 중요성을 강조한다. 이 과제를 통해서 어떻게 외교관, 법조인, 변호사, 의사, 사회복지사, 치료 전문인, 다양한 장애인 당사자 조직을 포함하는 시민사회의 운동이 향후 여하(如何)히 장애인의 권리 향상에 기여할 수 있었는가를 탐색한다. 동시에, 본 연구는 현 한국의 「장애인복지법」을 「유엔장애인권리협약」의 각 조항에 비추어 어떤 개혁과제를 내포하고 있는가를 분석하고자 한다. 이것은 단순한 과제가 아니다. 한국의 장애에 관한 법령은 대단히 방만한 것 같다. 아마도 가장 큰 문제는 장애인복지의 기본법인 「장애인복지법」의 대부분이 실효성이 떨어지는 임의규정 형식이거나, 그때마다 필요에 의해 도입되는 모자이크식 내용 보충으로 방만하고 누더기화된 실효성 약한 법이라는 비판을 피하기 어렵다. 또 민감하거나 애매한 부분은 대통령령으로 위임하여 다행히 대통령이 장애인의 복지와 권리에 대해 투철한 생각을 가지고 있다면 좋겠지만, 그렇지 않다면 시혜와 전통적 복지의 차원을 넘어서기가 어려울 것이다.

한국 장애계에서 지속적으로 요구하는 '장애인권리장전' 등을 위의 과제로 접근하여 필요 이상의 중복을 피하고자 한다. 가능한 한 다양한 연구물, 보고서, 국제연합(UN)의 자료, 출판물, 선택의정서의 판례, 심의 대상국에 대한 위원회의 최종권고문 등의 다각적인 자료의 인용과 활용을 통해 향후의 연구자들에게 조금이나마 도움이 되고자 하였다.

이 연구의 목적은 아래와 같이 요약할 수 있다.

첫째, 권리협약이 담고 있는 다양하고 힘겨운 실천의 과제를 달성할 수 있어야 한다는 것이다. 돌이켜 보면, 1948년 제2차 세계대전의 참혹했던 인간현실을 반복하지 않기 위하여 선포되었던 「세계인권선언」은 2018년에 70주년을 맞는다. 그럼에도 불구하고 오늘날의 인권 현실은 세계 각

4 Mental Health Units. Bill 2017-19. https://services.parliament.uk/bills

처의 분쟁, 인종차별, 경제·사회적 불평등과 부조리 그리고 빈곤과 억압적인 정권에 의하여 인권현실이 얼마나 참담하게 만들어졌던가? 제프리 로버트슨(G. Robertson)은 "온 세계는 인권을 실현하지는 않고 말만 무성하게 할 뿐이다."라고 성토한 바 있다.[5] 이제 겨우 10주년을 맞는 권리협약의 미래가 순탄치 못할 것이라는 것을 예측하기 어렵지 않다. 권리협약이 표방하는 법과 정책연구의 핵심과 기술적인 권리의 개념을 보다 용이하게 설명하고 전달되도록 해야 된다는 필요가 얼마나 긴박한가를 알 수 있다. 그러나 여기에는 도전이 따른다. 우리가 염두에 두어야 할 것은 대한민국은 법의 제정과 해석에 있어서 성문법주의 국가로 법률을 제정하는 주체가 되는 국회의원들과 법률가들에게도 각기 다른 급이 있고, 많은 견해들로 나뉘어 있어 결국 입법에도 권력의 순위에 따라 어떤 법이 더해지기도 하고 감해지는 것이 현실이다. 한국의 법조계가 다양하지만, 실제로 법률을 주도하는 학파의 권력이 엄연히 존재하여 한국의 모든 법 제정과 실행을 독점해 왔을 여지가 다분하다. 더 염려스러운 것은 이들이 투철한 인권, 구체적으로는 강한 장애인의 인권과 권리의식에 의해서 법을 제정하고 행사해 왔다고 할 수는 없다. 동시에 한국의 헌법 제5조는 국제법은 국내법과 동일한 효력을 발생한다고 하지만, 국제 협약을 국내법으로 이행함에도 이를 어떻게 해석할 것인가 하는 데에는 이견이 따른다. 상법 732조에 의한 '유보조항'이 그 예이다. 상법 732조와 장애인권리협약이 충돌한다는 이유로 보험 관련 협약 조항을 애초에 '유보조항'으로 한 것이 그 예이다. 국제법인 장애인권리협약과 충돌한다는 국내법인 상법 제732조는 그 후 단서 조항이 신설되어 심신박약자(적절한 용어는 아님)일지라도 보험계약을 체결하거나 단체보험의 피보험자가 될 때에는 의사능력이 있는 경우엔 생명보험 가입이 가능하도록 규정을 개정하였다. 따라서 한국 정부는 이 보험 관련 유보조항을 철회함이 마땅하다고 본다. 분명히 협약의 각 조항에 대한 소수자의 의견이 있을 것이다. 장애인권리협약이 설사 국내법과 동일한 법적 효력을 발생한다 해도 전혀 갈등의 소지가 없는 것은 아니다. 권리협약은 권리를 개념화하였고 적용범위를 분명히 정했다. 권리협약의 모든 조항(권리)은 동일하지만, 국내법의 개혁 혹은 자원의 문제로(예 한국의 장애인 판정개혁) 권리 이행의 유보, 보류 혹은 갈등을 유발한다. 이러한 이유로 때로는 협약의 이행에 우선순위를 정하여 합의와 절충을 모색하게 된다. 권리위원회의 대 당사국 심의 과정에서도 간혹 이행의 우선순위를 요구할 경우가 종종 있다. 반복하지만, 협약 이행의 현실은 "온 세계는 인권을 실현하지는 않고 말만 무성하게 할 뿐이다."라고 성토한 바를 이해할 수 있을 것이다.

5 G. Robertson, *Human Rights*(Penguin. 1996).

둘째, 장애인 당사자와 아울러 장애인 단체는 그들의 권리와 관련된 사안들과 그들에 대한 '국가 책임의 본질'에 대하여 이해할 수 있는 도구가 있어야 한다는 것이다. 이것은 장애인 스스로의 역량 증가와 옹호 사업을 위해 모두 필요하다. 그러나 현실은 어떠한가? 현장의 전문가들에게는 생소한 것이 아니겠지만, 각각의 사회복지 부문이 방만하게 나누어져 있어서 국회의 예산을 따내기에 너무 급급할 수밖에 없고, 다른 사회복지 부분에 대한 인식도, 양보나 협력보다는 오히려 경쟁이 치열하다. 어떤 면에서 보면, 복지계에 일종의 아성이 만들어져 권력화한 집단들이 복지계에 오히려 해를 끼치고 있는 것이 아닌가 하는 문제도 제기할 수 있다.

셋째, 본 연구에서 권리협약의 보다 깊은 이해에 못지않게 중요한 또 하나의 주제는 '권리와 의무'에 관한 것이다. 즉, 「장애인의 시민적 권리」의 관점에서 권리협약을 제시하는 기본원칙의 의미를 재조명하면서 권리협약의 비준과 아울러 우리가 관심을 가져야 할 것은 과연 얼마나 '법적 구속력'을 발휘하며 '협약'의 원칙을 실현시키겠는가 하는 점의 논의에 독자들의 관심을 모으고자 한다. 논의와 협상 과정에서 진통을 겪었던 것 못지않게 성의 있는 '협약'의 이행은 실로 큰 과제이다. 근·현대를 포함하여 인류에게 가장 큰 영향을 준 사상(idea)은 인권일 것이다. 인권은 자유와 평등사상 등에 기반하여 인종, 피부 색깔, 성(gender), 언어, 종교, 장애 또는 출생 신분 때문에 가장 억압받고 차별당하는 인류를 대변하며 보편적으로 여러 상황에 적용되었다. 초기에는 '자유와 재산권'이 강조되었으나, 점차로 공민권, 정치권, 사회권과 경제권으로 확대되었다. 초기의 권리는 자유적인 것이라면, 후기의 권리 발달은 민주적 자유도 점차로 재산권을 포함하여 교육, 건강 및 복지권을 포함하게 되었다. 위와 같은 권리의 발달은 시민적 권리, 연대 등으로 표현될 수 있는 공동체(community)의 발달로 이어진다. 자유는 주어졌는데 평등한 기회가 주어지지 않는다면, 민주주의는 있는데 자유가 없는 것과 다름없다. 이러한 문제 때문에 우리는 권리와 의무의 관계를 생각하지 않을 수 없다. 그러나 의무가 따르지 않는 권리는 추상적이며, 권리 없는 의무 또한 무의미하다. 타인과 국가는 헌법이 보장하는 대로 나의 권리를 존중해야 하며, 나 또한 타인이 그 권리를 행사하도록 해야 한다. 그렇지 않다면, 구태여 권리에 대해 논의를 할 필요가 없을 것이다. '~로부터의 자유(freedom from)'가 있고, '~을 위한 자유(freedom to)'가 있음과 일맥상통한다. 2007년 대한민국은 「장애인차별금지법」을 제정했다. 그러나 이 법은 얼마나 장애인을 차별로부터 완전하게 구제하며 유엔의 자유권과 사회권과 같은 국제법의 의무를 준수하는가? 물론 이 차별금지법은 헌법, 입법 혹은 법원의 법리에 의해 인정을 받았을 것이다. 그러나 이러한 인정은 인권을 옹호하고 이행하겠다는 의지가 없다면 제한적일 수밖에 없다. 우리의 근대화는 인권보장이 아닌 인권억압의 역사가 아니었던가? 권리협약 4조 이하 a) ~ i)는 구체적으로 권리협약 이행에 관련된 국가의무가 명시되어 있다. 그러나 엄밀하게는 권리협약 제1조~제33조 모두는 사실상 권리 이행과 관련된 국가의 의무이다. 이미 위에서는 "권리협약을 통해 장애인들도 편견과 차별의 굴레에서 벗어나 사회적 약자가 아닌 시민으로서 헌법이 보장하는 권리를 누릴 수 있어야 한다."고 주장한 바 있고, 본 연구의 핵심주제로 계속 등장할 것이다. 그러나 아마도 장애와 시민적 권리의 개념은 생소할 것이다. 연구자들은 '시민으로서의 장애인'을 지지하겠지만, 과연 이러한 주장은 대한민국 대다수 일반인들/시민들의 통념과 일치할 수 있는 것인가? 즉, 현실적인 통념의 문제가 있다는 것이다. 장애인들을 생각하는 것도 이념보다는 눈앞의 현실에 보이는 그들의 모습을 먼저 연상한다. 시민은 '권리와 의무'로 이루어진다. 본 연구에서는 의도적으로 장애인도 권리의 차원에서 시민이라는 것을 부각시키고자 하였다. 그러나 실제로 장애인을 비하하는 데 항상 등장하는 것이 장애인들이 시민으로서 국가와 사회를 위해서 어떤 의무를 행사했는가 하는 부분에서 일반 시민들을 어떻게 설득할 것인가 하는 도전을 외면할 수 없다. 그렇다면, 장애인들이 어떻게 하면 보다 더 적극적인 의무의식을 가질 수 있을 것인가? 어떻게 장애인들이 사회에 기여하는 시민이 되겠는가? 유엔의 권리협약이 이 과제를 여하히 풀어 줄 것인가? 장애인 예산은 국민의 세금으로부터 나오는 현실을 수용하여 예산 집행이 분명히 자선과 시혜가 아니므로 중복과 낭비로 끝나지 말고 장애인들의 시민적 권리를 공고히 하고, 그들이 시민의 의무를 수행할 수 있도록 지원되어야 하는 것 아닌가? 이러한 정신은 권리협약의 기저에 분명하게 깔려 있다. 한국 정부와 같은 협약 비준 국가들이 장애인들은 우선 '주권자(rights-holders)'라는 것을 상기시킨다. 따라서 국가는 국제법하에서 장애인들의 권리를 증진, 보호하고 존중해야 될 의무를 가지게 된다. 정부는 권리협약을 이행함에 있어서 이 점을 명시해야 될 것이다. 마지막으로, 우리가 권리협약의 10주년을 축하하고 새로운 10년으로 접어들지만, 한국을 비롯한 이 지구상에는 아직도 많은 장애인들이 기본적인 서비스와 전통적인 자선과 시혜의 복지모델에서 벗어나지 못하고 있음을 상기해야 한다. 아직도 많은 장애인들이 차별과 불평등의 구조 속에서 인간의 기본적인 욕구 충족과 존엄한 삶의 기회를 거부당하고 있다.

2018년, 즉 유엔 협약에 채택된 이후 지난 10여 년간을 돌아볼 때의 권리협약의 UN 채택을 위한 협상 과정과 비준은 비교적 평탄한 것이었다면 본 '협약'이 향후 국내·외에서 '법적 구속력을 가지고' 이행되도록 정부에 대한 압력, 자원의 확보, 법률 간의 상충 문제, 모니터링 구축 등 활동 전개를 위한 한국 유엔장애인인권위원회를 필두로 국제 장애 NGO/DPO의 결속과 연대, 더 나아서는 시민사회의 전폭적인 지지가 있었음에도 불구하고, 한국의 경우(한국 국가보고서에 대한 유엔위원회의 결정문)를 예로 들더라도 지금까지의 이행 결과는 그리 만족스러운 것이 아니다. 보다 직접적인 표현은 유엔 조약의 이행을 통하여 한 국가의 정치적 및 도덕적 사명이 어떻게 실현되는가를 보여주게 된다. 따라서 이 연구에서는 국제법의 범위에서 국내에서 수용하고 체계적인 장애인 정책연구의 개발을 통하여 효과적인 이행 가능성을 탐색하게 된다. 이러한 탐색적 연구를 통해서 효과적인 이행을 가능케 한 성공적인 전략 요인으로서 정부의 리더십 이행과 모니터링에 있어서 시민사회의 역할과 장애인 당사자의 참여, 보고 과정에서의 투명성과 연구성, 장애인의 인간적 존엄성과 차별금지, 평등의 추구 등을 측정해 낼 수 있는 모니터링 시스템과 지표의 개발도 필수적이다. 이러한 여러 가지 과제를 염두에 둘 때, 본서는 성격상 다학문적(multidisciplinary)이며 비교 법률학의 관점에서 접근하게 될 것이다.

이 연구에서는 감히 지금까지 권리협약과 같은 인권 조약의 비준과 이행에 관한 문제는 국내·외 소수의 전문가와 관계자만의 배타적인 영역으로 간주되었음을 환기시키며, 이제는 UN이 주도하는 각종 규약의 논의·채택 및 이행 과정과 과연 국내법의 개정과 입법과정에 법 전공자들, 정치인, 외교관 등의 주도권에서 탈피하여 장애인 당사자와, 특히 한국의 경우 장애 전문가들의 적극적인 개입을 촉구한다. 이를 위해서는 여러 가지 조건이 갖추어 주어져야 하지만, 우선, 유엔의 각종 협약을 비롯하여 장애 관련 법체계에 관한 지식 기반의 필요성을 강조한다. 법률의 세계에 관심을 가지고 도전해야 한다는 것이다. 이러한 인식은 권리협약의 이행은 정부에게만 맡겨둘 사안이 아니며, 장애인 당사자들과 관련 단체가 권리협약의 이행에 대한 지속적인 관심을 유지하며 동시에 지속적으로 일반 시민사회와 국가에 압력을 유지해야 된다는 것이다. 사회복지와 공공정책연구의 핵심은 장애인들의 적극적인 참여와 완전 통합사회를 지향하는 목적이 핵심이 되어야 할 것이다. 우리가 주시해야 될 것은 「유엔장애인권리협약」은 한국의 장애인 정책연구의 질적 수준을 제고하고 장애인에 대한 부정적인 인식 및 편견을 불식시키는 데도 크게 기여할 것이다. 이 연구는 기본적으로 국내·외적으로 '유엔의 협약'을 심층적으로 이해하여, 이행과 관련된 다양한 과제를 잘 수행할 수 있도록 장애학을 전공하는 학생, 현장 장애전문가, 장애인 당사자를 준비시키고 훈련하는 과제에 일조하기 위함이다. 이러한 훈련의 내용을 구체적으로 정리해 보자면,

첫째, 유엔장애인국제조약은 국내 장애인 정책연구의 질적 수준을 제고하고 장애인에 대한 부정적인 인식 및 편견을 불식시키는 국제적 법적 도구로 활용한다. 결국 장애인권리협약이 문건의 형태로만 남아서는 안 되며 사회 전반에 걸친 인식개선의 분위기 확산과 정부 전반의 정책연구 분야에서 장애인 관점의 관철과 필요한 경우 과감한 정부 재정투자에 대한 사회적 합의를 이끌어 내는 잠재적인 효과도 고려해야 할 것이다. 둘째, 장애인단체 및 장애인 당사자와의 긴밀

하고 원만한 협력관계 구축이다. 항상 국제상황에 촉각을 기울여 능동적이고 신속하게 대응할 수 있는 연락라인을 형성하여 공동 대처해 나가야 할 것이다. 최대한 획득되는 정보를 공유하고, 사안에 따라 정부와 장애인단체 간의 입장과 관점이 항상 일치하기 어려운 면이 분명히 있는 것이 사실이나, 상호 양해와 이해를 구해야 할 것이다. 셋째, 관련 입법의 개정, 제정 과정에서 정부 부처 내에서의 의견조율이 필요한 사안이 많이 발생한다. '유엔협약'의 이행을 본격화시키기 위해서는 정부부처 내의 역학관계 등에 따라 이행의 중심축이 변화될 수 있는 여지도 얼마든지 있으므로 결국 장애인들의 의견이 최대한 수렴되고 그들의 권리와 이익을 최대한으로 대변하는 방향으로 전개되어야 할 것이다. 넷째, 아시아·태평양 지역이 세계장애인 캠페인, 정책연구와 프로그램 개발에서 상당히 앞서고 있으며, 지난 두 차례의 아·태 장애10년(1992~2002, 2003~2012)을 진행시켰고, 한국이 주도한 Post 2003-2012는 이미 전적으로 권리협약의 이행에 전력하고 있다. 단, 그 성과는 기대에 못 미치고 있다.[6] 다섯째, 유엔권리협약 이행을 통하여 얻어진 장애인 분야의 교육, 복지, 취업, 접근성, 여성 장애 문제 등의 산적한 문제의 해결을 위해 국제 간, 지역 간, 국내의 상호 연계와 협력이 어느 정도 강화되었으며, 과연 유엔 권리협약은 얼마나 효과적으로 그러한 체제의 역할을 했는가를 연구의 과제로 삼는다. 여섯째, 지속적인 참여와 기여를 위한 장애인 분야, 특히 장애 당사자들의 젊은 지도자 훈련 강화에 이 연구가 미력이나마 기여하기 바란다. 지금까지 국제적인 분야의 업무와 활동은 그저 소수 전문가에 의해 주도되는 형국이었다. 장애인 단체뿐만 아니라 정부도 국제적인 논의의 흐름에 주도적으로 나서는 데 적극적인 투자와 열의를 가지지 못했던 것이 사실이다. 그러나 동북아시아의 중심 국가를 지향하는 만큼 앞으로 장애인 국제협력 분야에 지속적인 투자와 체계적인 지원을 통해 정부 장애인 정책연구의 비중을 점차 높여 나가야 할 것이다.

끝으로, 본 연구의 함의는 단순히 장애인의 인권, 보다 구체적으로는 장애인의 권리를 넘어서 감히 한국 사회에 인권의 문화가 확산되기를 바라는 마음이다. 인권은 강력한 이상(理想)이다. 인권은 단순한 이론적 분석 연구, 입법과 복지서비스의 대상만이 아니며, 인권은 바로 인간 공동체의 비전(vision)이다. 우리는 이 인권이라는 주제에 대하여 정열적인 관심을 가질 필요가 있으며 보다 좋은 세상을 만드는 원동력이 될 수 있도록 해야 한다. 인권은 가장 힘 있는 인간의 이상이다. 이것은 바로 창조적인 여러 것을 가능하게 하며 바로 그러한 이유 때문에 인권문제에 대하여 관심을 가질 필요가 있다. 인권은 인류를 통합시키고, 평화와 정의, 상호에 대한 존경에

6 나운환, "인천전략 3년의 변화와 전망," 한국장애인재활협회 44회 대회(2015. 9. 17.)

기반한 사회를 만들게 할 수 있다. 실현 불가능한 꿈같이 들릴 수도 있지만, 단언하건대 전쟁과 불평등, 부조리로 인한 갈등으로 상처받은 지구상에서 이러한 이상 외의 다른 이상을 추구할 수는 없는 것 아니겠는가? 문재인 대통령의 말을 들어 보자.

"최근 차별과 혐오가 우리 사회를 갈라놓고 있습니다.", "정부도 사회적 약자를 포함해… 누구도 차별받지 않는 포용적인 사회[7]를 만들겠습니다." 대통령의 작년 세계 인권의 날 기념식 축사다. 그러나 인권 비전과 정책을 위한 컨트롤 타워[8], 조직과 내용에 대한 범정부 차원의 강한 의지와 계획이 없으면 현실은 변화하지 않는다. 대통령의 발언처럼 "인권을 무시할 때 야만의 역사가 되풀이될 수 있다는 역사의 교훈을 결코 잊지 말아야" 한다.[9] 이 연구의 전반적인 내용은 새로운 자료에 기반한다. 단, 연구 흐름의 맥락상 2장, 5장과 7장의 내용은 연구자의 기존 연구집에서 발췌 및 새로운 자료로 보완했음을 밝혀 둔다.

끝으로 이 연구에 참여하여, 장애 관련 국내법의 개정·개혁 과제를 충실히 분석해 주신 나사렛대학교의 우주형 교수님, '심리사회 장애인'들이 겪고 있는 의료와 사회적 정황을 정리하고, 특히 한국의 성년후견제의 문제점에 대해 분석해 주신 한국정신장애연대 사무총장 권오용 변호사님, 때로는 험난한 투쟁의 결과로, 그럼에도 비교적 선진적으로 한국 사회에 도입되었던 「장애인차별금지법」의 시행 과정에서 나타나는 현재의 산적한 과제와 관련 입법을 충실하게 자료를 중심으로 기술해 주신 '한국장애인개발원'의 유경민 팀장님과 유용한 자료를 제공해 준 권순지 연구원님, 오스트리아 비엔나에서 법학을 수학하고 있는 옛 제자 홍순민 선생의 비평에, 연구과정에 조력자로서 최선을 다해 참여해 준 박규영 연구원님 등 모두에게 심심한 감사를 표한다. 무엇보다 출판계에게도 친숙하지 못한 인권과 장애인의 권리에 관한 주제를 우리 사회에 반드시 요구되는 주제라고 판단하여 흔쾌히 출판을 맡아서 여러 조언을 해주신 '도서출판 어가' 어진용 대표님과 직원들에게도 감사의 마음을 전달한다. 그리고 마지막으로 연구를 지원해 준 '한국장애인개발원'에 다시 한번 더 감사한다.

---

7 '포용적 사회'에 관해서는 제7장 '장애인의 사회적 통합'에서 심도 있게 논의됨

8 '컨트롤 타워'에 관해서는 제4장의 논의 참조

9 한겨레, "현 정부의 인권비전을 보고 싶다." 2019.2.24., http://www.hani.co.kr/arti/opinion/column/883387.html#csidxed8b17a6e7beabd9d01ffb2c4e8856c

차 례

제3장 유엔장애인권리협약의 심층적 논의

부록

※ 부록은 별책으로 www.uhga.co.kr을 참고하시오.

부록 1 유엔 장애인에 관한 권리 협약(UNCRPD)

부록 2 2014년 심의를 위해 당사국에 제출한 유엔장애인권리위원회의 쟁점질의 목록(List of Issues)

부록 3 유엔장애인권리협약 제1차 국가보고서에 대한 유엔장애인권리위원회의 최종견해(Concluding Observations)

부록 4 2019년 2, 3차 병합보고서에 대한 유엔장애인권리위원회의 쟁점질의 목록(List of Issues)

부록 5 「장애인차별금지 및 권리구제 등에 관한 법률」 비교표(법률-시행령)

제1장

인권기반의 장애 개념

International Disability Rights and Development of Legislation

1. 협약의 채택 필요성과 과정

「유엔장애인권리협약」(UN CRPD: Convention on the Rights of Persons with Disabilities, 이하 '권리협약' 혹은 CRPD로 표기)은 근 5여 년 동안(2002~2005년) 정부 및 장애 NGO/DPO와의 협의 과정을 거쳐 2006년 12월 13일 유엔총회에서 192개국 만장일치로 채택되었고, 2008년 5월 3일부터 시행되었다. 한국은 2008년 12월 12일 제278회 국회 제14회의에 비준 동의를 얻었으며, 같은 해 12월 11일에 비준서를 기탁하여 2009년 1월 10일 발효를 보게 되었다. CRPD 채택 배경의 핵심 개념은 인권, 평등, 장애인의 자주성, 참여와 연대로서, 장애인의 권리를 강화시키기 위한 근본 목적을 잘 요약해 준다. 장애 분야의 최고 이론가라고 할 수 있는 아일랜드의 퀸(Quinn) 교수와 독일의 더게너(Degener)는 "장애인에 관한 인권적 개념은 근본적으로 인권을 뒷받침하는 가치로부터 비롯된다."[10]고 정의한 바 있다. 즉, 헤아릴 수 없는 모든 개별 인간의 존엄성, 모든 결정 과정에 그들이 차지하고 있는 자주성, 다름에 구애받지 않고 함께 존재하는 평등성, 그리고 모든 사회로 하여금 국가 차원의 법률개혁을 통하여 형식적인 평등을 넘어서 실질적으로 이를 보장할 수 있는 구체적 프로그램을 제시해야 한다. 평등의 원칙이야말로 CRPD는 말할 것도 없고, 모든 인권 조약을 지탱하는 규범이다.

유엔에 의하여 궁극적으로 CRPD가 되기 위하여 한국의 장애인단체총연맹, DPI, RI 등 장애단체는 물론 한국국가인권위원회, 보건복지부, 그리고 유엔 주재 한국 대표부의 지원을 받으며 수년간 CRPD의 채택과 비준을 위한 유엔 특별위원회의 활동에 지대한 관심을 가지고 적극 참여하였다. 세계 각국 정부와 장애 NGO/DPO의 활동도 적극적이었다. 하나의 협약이 채택되기 전에 대개는 특별위원회가 구성되어 상당한 기간에 걸쳐 각 조항에 관한 진지한 논의를 하는 절차와 과정을 거치게 된다. 2002~2006년 동안의 논의 과정에서 각국의 정부 및 NGO/DPO 단체가 적극 참여하였고, 특히 한국을 비롯한 세계 각국의 장애 NGO 단체와 장애 당사자들의 참여는 아주 탁월한 것이었다. 유엔의 협약 비준 과정에서 다양한 NGO/DPO가 대거 참석하게 된 것은 유엔 역사상 전례 없는 일이며, 이러한 과정은 장애인권리협약이 최종 비준될 때까지 지속되었다. 특히 모든 장애 단체를 대표한 '국제장애인단체(IDC: International Disability Caucus)'의 역할은 탁월했다. 기본적으로 IDC는 유엔과 정부 대표를 대상으로 한 '협상(negotiation)'의 관점에서 NGO/DPO의 독특한 관심, 입장, 문제 등을 정리하여 특별위원회에 전달하

10 G. Quinn and T. Degener, "THE HUMAN RIGHTS DIMENSION OF DISABILITY," Paper prepared by the Office of the High Commissioner for Human Rights.

는 특별한 기능을 수행하였다. 한국의 장애 NGO/DPO도 한국 정부와 공조하여 협상 과정을 통하여 여성장애인(제6조), 독립생활(제19조) 및 접근성(제9조)을 CRPD에 포함시키는 데 기여한 자랑스러운 역사를 가지게 되었다. 2002년 협약의 초안은 총 24조였으나 6차 회의 때에는 25조로 늘어났고, 협약이 채택된 2006년 8월에는 50조항[11]과 18개의 선택의정서(Optional protocol)로 늘어났다. 약 5년간의 협의 과정에서 실로 여러 쟁점이 부각되었고, 나중에 CRPD의 기본원리에 반영되었다.

권리협약에 관한 심층적인 논의에 임하면서 몇 가지의 기본적인 문제의식을 가지는 것은 중요하다. 즉, 구체적인 논의 자리는 아니지만, 몇 가지 권리협약의 이행과 관련된 문제를 제기할 여지는 있다. 즉, '법적 구속력을 가지고' 목표가 달성되도록 정부에 대한 건의, 모니터링, 국가 간의 협력 등의 체계화된 활동 전개를 위한 한국 장애 NGO의 준비, 결속과 연대가 절실히 요구됨을 강조한다. 그렇지 않다면 본 협약을 이끌어 낸 핵심 철학인 '모든 결정에서 당사자인 장애인 배제는 없어야 한다(Nothing About Us Without Us)'는 텅 빈 구호가 되어 버린다. 한 가지 우리가 주시해야 되는 것은 소수의 장애 전문가와 관계자를 제외하면 각종 인권협약이 국내·외적으로 어떻게 이행되고 있는지에 대해서는 잘 알지 못하고 있다는 문제이다. 아마도 이러한 움직임에 대한 일반 시민들의 '무지'와 국가 차원에서의 협약 이행이 부진한 것과 밀접한 관계가 있을 것이다. 동시에 유엔이 주도하는 각종 협약이 논의 채택되는 과정에서 법 전공자들, 정치인, 외교관, 서양 경제부국, 심지어는 식민지 종주국이었던 국가들이 주도했던 지난 50여 년의 역사를 반복하지 말아야 할 전환점에 와 있다.[12] 보다 많은 법률 비전공자인 일반시민, 특히 장애인 당사자들이 본 '권리협약'의 이행에 지대한 관심을 가지고 참여해야만 할 것이다.

즉, 장애인의 권리는 어디에서 비롯되며, 누구의 어떤 권리이며, 누구의 혜택을 위하여, 누가 권리를 부여하는가? '권리'가 무엇인가? 누가 권리를 가지며 누가 그 권리, 법적인 평등성을 보

11 제1조 목적, 제2조 정의, 제3조 제반 원리, 제4조 일반적 의무, 제5조 평등과 차별 금지, 제6조 장애여성, 제7조 장애아동, 제8조 장애에 대한 인식개선, 제9조 접근성, 제10조 생명권, 제11조 위험 상황, 제12조 법 앞의 평등, 제13조 재판 접근권, 제14조 인간의 자유와 안전, 제15조 고문이나 잔혹, 인간적 또는 모욕적인 대우나 처벌로부터의 자유, 제16조 착취, 폭력과 학대로부터의 자유, 제17조 인간 고결성의 보호, 제18조 이주와 국적의 자유, 제19조 독립생활과 지역사회 통합, 제20조 개인의 이동, 제21조 표현과 의견 및 정보 접근의 자유, 제22조 사생활의 존중, 제23조 가정과 가족에 대한 존중, 제24조 교육, 제25조 건강, 제26조 헤빌리테이션과 재활, 제27조 노동과 고용, 제28조 적절한 삶의 조건과 사회보장, 제29조 정치적 그리고 공직생활의 참여, 제30조 문화적 삶과 레크리에이션, 여가 및 스포츠에 대한 참여, 제31조 통계와 자료 수집, 제32조 국제협력, 제33조 국내 이행과 모니터링, 제34조 장애인권리 위원회, 제35조 당사국 보고서, 제36조 보고서의 고려, 37조 당사국과 위원회 간의 협력, 제38조 기타 기구와 위원회와의 관계, 제39조 위원회의 보고, 제40조 당사국회의, 제41조 기탁, 제42조 서명, 제43조 구속에 대한 동의, 제44조 지역적 통합기구, 제45조 발효, 제46조 유보, 제47조 개정, 제48조 폐기, 제49조 접근 가능한 형태, 제50조 정본

12 J. Ife 저, 인권과 사회복지(*Human Roghts and Social Work*), 여지영, 김형식 역(서울: 인간과 복지, 2001).

장시켜 줄 의무를 가지는가? 권리협약의 원칙에서 의미하는 권리는 추상적인 미사여구인가? 권리의 위험 요소는 어떤 것인가? 공허하고, 추상적이며, 정치적 수사어로서 실현 불가능할 정도의 이상주의를 지향하는 것은 아니며, 그 결과 협약의 이행을 포기하거나, 방치, 무관심해지는 것이 아닌가? 아니면 이러한 위험 요소 때문에 CRPD는 그 성과의 모니터링 측정이 필수로 요구되어야 하며, 현장의 전문가들도 협약에 명시된 권리를 구체적으로, 분명하게, 현실적으로, 초점이 분명하게, 그리고 융통성 있게 해석할 여지가 있다. 결론으로, 장애권리협약의 핵심은 모든 장애 영역과 모든 정책연구와 입법, 영역을 망라하는 법적 도구로서 장애 문제의 법적 주류화(mainstreaming)를 그 근본 목적으로 하고 있다. 아울러, 장애인복지의 핵심가치도 시혜와 복지가 아닌 인권과 권리, 즉 인간의 존엄성, 평등, 자유, 권리, 완전한 사회통합임을 재삼 강조한다. 법적 개념이면서도 도덕과 사회철학의 영역에 속하는 '권리'에 대해 감히 심도 있는 논의를 시도하지는 못한다. 그러나 법적으로 보장된 권리가 없다면, 인간의 소위 천부적인 권리 그리고 인간의 존엄성은 보호받지 못할 것이며, 인간적인 혹은 '인간의 얼굴을 한' 사회는 상상하기가 어려울 것이다. 사회의 천부적 권리는 시장에서 사고팔 수 있는 것이 아니며 평등하게 소유되어야 하며 장애인들에게 가장 큰 영향을 미치는 제반의 사회 입법 및 기타 일반 법률의 오류를 '교정'하는 역할을 수행한다. 복지와 권리가 상호 상충될 수 있다는 주장은 쟁점이 될 수도 있지만, 분명히 잘못된 복지 수혜, 혹은 잘못된 장애인의 법적 개념이 개혁의 대상이 되는 이유는 바로 법의 교정적 역할에 기인할 것이다.[13] 최소한의 인간의 존엄성은 권리협약과 같은 법적 장치가 국가의 여러 제도와 인간사회의 다양한 고정 관념을 변화시킴으로서 가능해질 것이다. 권리협약의 제8조 '장애인에 대한 인식 개선'이 아마도 좋은 예가 될 것이다. 루소(Rousseau)가 주장하는 포괄적인 의미에서 사회를 변화시키는 수단의 하나로서 교육에 해당할 것이다.[14]

UN은 이미 1948년에 채택된 「세계인권헌장」을 비롯하여, 경제·사회·문화적 권리협약(CESCR), 시민적·정치적 권리협약(CCPR), 아동권리협약(CRC), 여성차별금지협약(CEDAW), 고문방지협약(CAT), 인종차별 철폐위원회(CERD), 이주노동자위원회(CMW) 등[15]의 인권협약을 채택한 바 있고, 기존의 협약을 준수하기에도 상당한 부담을 느끼고 있었기 때문에 또 하나의 권리협약

---

13 제7장 '장애인의 완전사회 통합' 참조

14 김형식, "룻소의 사회적 불평등에 관한 소고," 사회복지와 불평등(중앙대학교 중사연 20주년 기념논문집)(서울: 일조각, 1997).

15 1) 세계 인권 선언(1948): 인권에 관한 국제 협약, 2) 시민적·정치적 권리에 관한 협약(1966. 3.) 경제적·사회적·문화적 권리에 관한 협약(1966), 3) 경제적·사회적·문화적 권리에 관한 협약(1966): 특별한 보호를 규정하는 법률 문서, 4) 모든 형태의 인종차별 철폐에 관한 협약(1965), 5) 여성에 대한 모든 형태의 차별에 관한 협약(l979), 6) 고문, 잔혹하고 비인간적인 대우 및 처벌에 반대하는 협약(l984), 7) 아동권리협약(1989/1990), 8) 이주 노동자와 그 가족의 권리 보호에 관한 협약(1990), 9) 국제 장애인권리협약(2006), 10) 강제실종협약(2006)

이 상정된 것에 대하여 회의적인 분위기이었다. 그러나 실제로 「유엔장애인권리협약」의 제10~23조, 제29조 시민적·정치적 권리협약(CCPR)에 근거했으며, 제24~28조, 제30조는 경제·사회·문화적 권리협약(CESCR)에 근거하여 분명한 인권기반을 구축했다. 협상과 채택 과정을 아래와 같이 요약할 수 있다.

유엔권리협약이 보장하는 인권/권리

- 법 앞의 평등과 차별금지
- 자유, 생명 안전
- 법 앞의 평등과 법적 역량 인정
- 고문으로부터의 보호
- 착취, 폭력, 인권 침해
- 신체와 정신의 온전함
- 이동의 자유와 국민으로서의 신분보장
- 지역사회에서 생활할 권리
- 표현의 자유
- 사생활 보호권
- 가족과 가정에 대한 존중
- 교육
- 건강
- 고용
- 품위 있는 생활, 삶의 질
- 공공생활과 공공활동 참여
- 문화생활에의 참여

1) 장애인권리협약 채택의 역사적 배경

2006년 8월 25일 5년간의 집중된 유엔 특별위원회의 노력의 결과로 우리가 약칭 「유엔장애인권리협약」으로 알고 있는 "장애인의 권리 보호와 추진에 관한 포괄적이고 통합적인 국제적인 협약"(Comprehensive and Integral International Convention on the Protection and Promotion of the Rights and Dignity of Persons with Disabilities)이 통과되었다. 장애인 문제는 전통적으로 '복

지', '시혜' 그리고 '재활'이라는 차원에서 접근되었으나, 지난 20여 년간 '권리 중심(Right-based) 접근'의 패러다임 정착이 가시화되고 있음을 보여준 것이다. '권리'의 관점에서 장애 문제를 인식한다는 것은 과거에는 장애인을 '객체'로 인식하였으나, 이제는 '주체'로 인식한다는 변화를 의미한다. 즉, 장애의 문제란 장애인 당사자 개인 속에 내재한 것이 아니라, 경제·사회·문화·정치적 맥락에서 인식하고 접근한다는 것이다. 따라서 이 협약이 유엔에 의해서 채택되었다는 것은 실로 지난 30여 년간 범세계적인 장애인 운동권, 장애인 단체, 장애인 전문가, 장애인 당사자, 인권 및 국제법 전문가들의 노력과 투쟁이 결실을 맺은 쾌거이다. 또한 이 협약은 전 세계에 약 7억의 장애 인구, 즉, 대략 세계인구의 15%에 해당하는 장애인들에게 시사하는 중요한 의미를 재조명해야 될 것이다.

역사적으로 볼 때 유엔이 1981년에 '세계 장애인의 해'를 선포했고, 1982~1992년에 장애 문제 해결을 위한 범세계적 행동 계획(World Program for Action)을 채택하고 국제장애 10년을 선포했다. 이 행동 계획은 처음으로 장애인에 대한 차별문제를 '권리'의 개념으로 구체적으로 부각시켜 '완전 참여와 평등'(Full Participation and Equality)의 실현을 위해 권리에 기초한 접근을 구체화시킨 것이다. 1987년 최초로 시도되었던 36개 조항의 장애인인권협약의 제안이 좌절된 후 잠정적인 조치로 1993년 12월 20일 유엔총회결의(48/96)에 의해 '장애인의 균등한 권리에 대한 유엔 기본규칙'(UN Standard Rules on the Equalization of Opportunities for the People with Disabilities)을 채택하였다. 위의 규정을 계기로 약 39개국 이상의 국가에서 '차별금지 및 평등에 관한 법률'을 제정하였고, 약 16개의 아시아 국가들도 유사한 입법을 제정하였다. 그러나 이러한 움직임은 최근의 역사가 아니다. 유엔은 이미 1948년에 채택된 「세계인권헌장」을 비롯하여, '경제·사회·문화적 권리협약', '시민적·정치적 권리협약' 등 7개의 인권협약을 채택한 바 있고, 기존의 협약을 준수하기에도 상당한 부담을 느끼고 있었기 때문에 또 하나의 권리협약이 상정된 것에 대하여 회의적인 분위기이었다. 그러나 범세계적이고 연대적인 노력의 결과로 유엔은 장애인의 권리를 보호하고 존엄성을 존중하기 위한 '장애인인권협약' 제정을 위한 특별위원회를 임명하게 되었고, 그 결과로 2006년 8월 25일 50조로 구성된 '장애인권리협약'이 통과되었다. 이제 향후의 일정은 협약의 규약의 문장정리위원회를 통하여 문장을 다듬은 후 2006년 12월 13일 유엔 62차 총회에 상정하여 「유엔장애인권리협약」이 유엔 회원국의 만장일치로 채택된 국제법으로 최초로 법적 구속력을 갖춘 장애인의 권리장전으로서 장애의 전 영역을 포괄하는 정책 연구 도구가 되었다. 20개국 이상이 2007년 1월 31일까지 비준하면 효력을 발생하게 되었다.

본 '권리협약'을 비준의 단계까지 이르도록 하는 노력은 단지 뉴욕의 유엔에만 국한된 것이 아니다. 2000년 3월 한국의 장애계가 적극 참여한 베이징 선언을 통하여 장애인 인권을 보호하고 촉진하기 위하여 법적 구속력 있는 국제 협약의 제정을 유엔에 요청하였고, 한국의 재활협회를 포함한 한국의 장애 NGO가 속한 새로운 아·태 장애인 10년(Asia Pacific Disability Forum, 2003~2012)은 2003년 10월에 유엔 특별위원회에 '협약'에 관한 기본입장(Bangkok Draft)을 전달한 바 있다. 이미 2002년 10월 UNESCAP의 고위급 정부 간 회의에서 새로 연장된 아·태 장애인 10년(Asia Pacific Disability Forum)에서 BMF(Biwaco Millenium Framework for Action towards an Inclusive, Barrier-free and Rights-based society for Persons with Disability)가 채택되었다. 비와코 선언(BMF)은 "통합적이며(inclusive), 장벽 없는(Barrier-free) 권리 중심의(Rights based) 사회 건설"을 추진해 왔기 때문에 본 '협약'의 이행을 위한 아·태지역 차원에서 상당한 준비를 해 왔다고 할 수 있다(한국재활협회, 2003, 2005).[16] 이 연구의 집필 단계인 2018년의 시점에서 돌이켜 볼 때, 오히려 권리협약을 비준한 이후, 한국을 비롯한 여러 국가의 협약 이행 과정은 만족스럽다고 할 수 없다.[17]

2) UN CRPD의 채택 배경: 세계적인 빈곤 장애인

이미 유엔에서 채택했던 장애인의 권리에 대한 여러 형태의 결의문, 선언문, 가이드라인이 유명무실했던 결과로 결국 CRPD가 등장하게 되었지만, 그 외의 절박한 또 하나의 이유가 있었다고 생각한다. 그것은 범세계적으로 만연한 장애인의 빈곤이다. 적어도 연구자들의 견해로서는 의·식·주, 의료, 교육 등 장애인의 기본적 사회권, 생존권을 보장할 수 있으리 만큼 만연한 빈곤의 문제가 해결되지 않으면, 장애인의 인권과 권리의 실현은 다시 한번 미사여구로 끝날 것이라는 국제 장애계의 집요한 주장이 있었다. 이 권리협약은 전 세계 인구 70억(최근에는 75억으로 집계됨) 명 중 15%에 해당하는 약 7억[18]의

그림 1-1. 잊힌 세계 10억의 빈곤 장애인

16 BMF의 7가지 실천 영역: ① 장애인 자조단체, 가족 및 부모 ② 장애여성 ③ 조기발견, 조기개입 및 교육 ④ 자영업을 기반 한 훈련과 고용 ⑤ 물리적 환경 대중교통의 접근성 ⑥ 정보, 의사소통 ⑦ 역량구축, 사회보장 및 프로그램을 통한 빈곤퇴치

17 뒷부분에서 언급되는 나운환, "인천전략 이행 3년의 변화와 전망," 제44차 한국재활협회 재활대회(2015. 9.17) 참조. 연구자는 RI 국가의장으로서 유엔의 장애인권리협약의 협상 과정과 빈번한 UNESCAP의 회의에 참석토록 재정적으로 지원해 준 한국장애인재활협회에 감사한다.

18 WHO 보고서: World Disability Report, 2011.

장애인들에게 그들이 처해 있는 빈곤의 문제가 시사하는 중요한 의미를 재조명해야 될 것이다. 현재 약 2/3에 해당하는 5억 8천만의 장애인은 개발도상국인 남반부(the South)에 속해 있으며, 대략 5명의 빈민 중 1명은 장애인이며[19] 이들은 빈곤과 장애로 인해 그들의 권리를 주장하지 못하는 취약 계층을 대표하는 위치에 있다. 위와 같은 아·태지역의 장애 현실을 감안할 때 새삼 CRPD의 중요성을 인정함과 동시에 이 협약 또한 또 하나의 추상적인 권리만을 제시하고 요구하는 문건으로 남지 않도록 이행시켜야 할 막중한 과제를 앞에 두고 있다.

흔히 인용되는 장애인 빈곤에 관한 피상적인 자료를 열거해 보면 대략 아래와 같다.

- 지구촌 12억 명이 하루 $1 이하, 28억 명 하루 $2로 생존권 유지[20]
- 제2차 세계대전 이후 60여 년간 $2조 3천억 이상의 개발 협력[21]
- 2012년 현재 세계 인구 70억 명 중 12~15%가 장애인이며, 세계은행(World Bank)의 집계에 의하면 세계 빈민의 20%가 장애인
- 6억의 장애인 80%가 개발도상국에 거주하며, 극심한 빈곤으로 인한 취약계층이며, 교육, 고용, 주거, 교통, 건강/의료서비스, 여가 등의 기회 상실로 경제, 사회적 배제 상태
- 약 65.7%에 달하는 고질적인 장기 장애인 실업자의 통계도 비관적이다.[22] 전 세계적으로 장애인의 실업률은 어느 경제제도에서나 예외 없이 65~80%에 달하고 있는 것으로 나타남[23]
- 길거리 청소년의 30%가 장애인이며, 개발도상국 장애아동의 90%는 미취학 상태
- 연구자의 유엔 권리위원으로서의 관찰에 의해서도 장애인/여성은 가정폭력, 강간의 피해자가 될 확률이 큼(제3장, 협약 제6조 분석 참조)
- 새천년개발목표(Millennium Development Goals)는 세계 5억 극빈자의 빈곤을 해결하고자 했으나, 빈민 중의 빈민(the poor of the poorest)이라는 장애인은 전혀 언급되지 않았다. 2015~2030년 '지속가능한 개발목표(Sustainable Development Goals)'에 와서야, 집요한 국제 장애계의 노력으로 장애 관련 지표가 포함됨

(1) 제56회 유엔총회의 결의 56/168 채택

2001년 12월 유엔총회 56차 회의는 멕시코의 제안을 받아들여 "장애인의 권리 및 존엄성을

19 World Bank, 2004.

20 유엔의 최근 보고에 의하면, 세계 극빈자의 수가 1990년 19억에서 2015년에는 8억3천6백만으로 감소했다고 함. *The Weekend Australian* July 7-8, 2018: 16.

21 William Easterly, The White Man's Burden.

22 Peter D. Blank(ed), ***Employment, Disability and the Americans with Disability Act***, Northwestern, 1997. 앞의 책.

23 Disability World, 2003.

보호, 촉진하기 위한 포괄적 국제 협약 결의안(A/RES/56/168)을 만장일치로 채택하고, 동 결의는 (1) 제안을 검토하기 위하여 특별위원회(Ad-hoc Committee)를 설치하기로 함. (2) Ad-hoc Committee는 57차 유엔총회까지 결의를 하여 최저 10일간의 과제 수행을 위한 회의를 최저 1회 개최하는 것을 결정함

(2) 유엔 Ad-hoc Committee 제1차 모임 개최(A57/357)

상기 유엔총회의 결의(56/168)에 따라 2002년 7월 29일부터 8월 9일까지 유엔 본부에서 "장애인의 권리 및 존엄성을 보호, 촉진하기 위한 포괄적 국제 협약"에 관한 제안을 검토하기 위한 장애인권리협약에 관한 유엔의 Ad-hoc 위원회가 개최됨

(3) 제2차 유엔의 Ad-hoc 위원회-협약 초안 기초 작업 개최

제57회 유엔총회 결의(A/RES/57/229)에 따라 2003년 6월 16~27일 유엔 본부에서 장애인의 권리 및 존엄성을 보호, 촉진하기 위한 포괄적 국제 협약에 관한 유엔총회의 장애인 Ad-hoc 위원회 제2차 모임 개최. 최종일 6월 27일 "유엔장애인권리협약 Ad-hoc 위원회의 향후 회의 진행 방법에 관한 결의"가 만장일치로 채택됨. 동 결의는 (a) 향후 협상의 기초가 되는 협약 초안의 준비를 위하여 협약 초안 준비 위원회 구성, (b) 준비 위원회는 지역 그룹에 의해 지명된 27명의 정부대표(아시아 7명, 아프리카 7명, 중남미 5명, 서구 5명, 동구 3명) NGO/DPO 대표 12명 및 국내 인권기구 대표 1명의 합계 40명으로 구성, (c) 준비위원회는 2004년 1월 5~16일에 회합을 개최하고 회합 결과를 제3회 Ad-hoc 위원회에 제출하는 것을 결정함

그림 1-2. 뉴욕 유엔총회장
UN Ad-hoc 위원회의 협상 장면

(4) 유엔총회 Ad-hoc 위원회 제3차 회합

제58회 유엔총회 결의(A/RES/57/246)에 따라 2004년 5월 24일~6월 4일 유엔본부에서 장애인권리협약에 관한 유엔 Ad-hoc 위원회 제3차 모임이 개최됨. 2004년 1월에 개최된 협약 초안 작성위원회가 작성한 초안을 바탕으로 첫 번째 축조심의함

(5) 유엔총회 Ad-hoc 위원회 제4차 회합

3차 총회의 결의에 따라 4차 회합이 8월 23일~9월 3일에 개최됨. 제3, 4차 유엔권리협약 초안 작성위원회가 협약의 모든 조문의 1차 검토를 하였음. 각 조문에 대한 각국의 견해가 취합됨.

(6) 유엔총회 Ad-hoc 위원회 제5차 회합

제59회 유엔총회 결의(A/RES/57/198)에 따라 제5차 회합이 2005년 1월 24일~2월 4일에 개최됨. 제5차 회합에서는 4차 모임까지 각 국가로부터 취합된 여러 가지 의견 등을 집약, 정리 작업을 본격화하였으며, 주로 생명권, 신체, 표현의 자유 등 소위 자유권과 관계되는 제7조 5~15조에 대하여 논의함. 아마도 유엔의 역사상 최초로 외교관이나 정부 대표가 아닌 민간인으로서의 국제 사회 각 지역의 장애 NGO/DPO들이 총회장의 의석 절반을 차지하며 적극적으로 협약의 모든 과정에 참여하였다는 것임. 상징적인 참여가 아니라, Nothing about us, without us라는 분명한 신념과, 식견과 현장의 경험을 가지고 협상에 참여하였다는 사실임.[24]

우리가 유엔장애인권리협약의 채택에 관하여 생각할 때 염두에 두어야 할 사실은 2008년 5월 「유엔장애인권리협약(UN Disability Rights Convention)」이 발효되기 이전에 이미 여러 형태의 법적 제도적 장치가 발효되어 장애인의 권리, 평등 차별 문제에 대응했음에도 불구하고 괄목할 만한 성과가 없었다는 점이다. 예를 들면, 「세계인권 헌장」 제1, 2, 7조, 「경제·사회·문화적 권리협약」 제2, 7, 11, 12, 13 및 15조, 「시민적·정치적 권리협약」 제1, 7, 14, 16, 17, 13 및 26조, 「국제노동기구의 장애인 직업훈련과 고용에 관한 규약」 제2, 3, 5, 7, 및 8조, 「아동권리헌장」 제2, 19 및 23조, 「장애인권리 헌장」 제2, 3, 4, 5, 6, 7, 8, 9, 및 10조항, 「세계장애인 행동 계획」 제2, 3, 13, 14 및 25조항, 「비엔나 선언」 제I장 22조항, 제II장 63 및 64조항, 「카이로행동프로그램」 6단락 29, 6단락 32항, 「코펜하겐 선언」 26단락 (1), 「행동을 위한 베이징 플랫폼」 106단락 (C와 O), 「이스탄불선언」 7단락, 「해비타트(Habitat) 어젠다」 16단락, 40, 43단락 등이다. 이러한 법적 장치들이 분명히 시사해 주는 것은 현재의 CRPD는 분명히 그동안의 여러 법적 장치와 노력을 한데 묶어내어 장애인의 문제를 복지에서 권리로의 패러다임 전환을 실현시키는[25] 성과물로 높이 평가되어야 하고 그 의미를 부각시켜야 한다. UN은 제2차 세계대전 이후 지속적으

---

24 6차에 걸친 협상과정에서는 여러 가지 쟁점이 부각되었으나, 한 가지만 언급하자면 경제 선진국과 개발도상국의 시각 차이를 분명히 보여준 '협약의 점진적 이행(progressive implementation)'이다. 개발도상국만 경제빈곤의 이유로 이행을 지연하려 했지만, 결국 경제 선진국도 이행을 피해거나 지연하려는 수단으로 상용한 것도 사실이다.

25 International Disability Monitor. 2005.

로 인권 관련 협약을 채택[26]하여 오늘에 이르고 있지만 이러한 제도들의 이행에 대해서는 상당한 부담을 가지고 있었기 때문에 아마도 'CRPD'가 최종의 협약이며 향후 더 이상은 없을 것이라는 것을 UN의 측근자들도 강조할 정도였다. 결국, 장애인의 기본권 보장을 위한 기존 UN 조약 기구의 한계를 인식한 것이며, 장애인에 대한 시혜적 차원만 강조했고 권리에 대한 인식이 결여되었음을 인정한 것이다. 따라서 권리협약은 법적 구속력 있는 국제 협약을 통해 국가로 하여금 보편적 인권이 보장하는 장애인의 평등한 권리를 촉진, 보호하고 협약 이행을 보장 촉구한 것이다. 장애인 문제는 전통적으로 '복지', '시혜' 그리고 '재활'이라는 차원에서 접근되었던 시대의 종식을 의미한다. 반면, 권리협약은 지난 20여 년간 '권리 중심(Right-based) 접근'의 패러다임을 정착시키려는 노력이 있었고 이것이 가시화되었음을 보여준다. '권리'의 관점에서 장애 문제를 인식한다는 것은 과거에는 장애인을 '객체'로 인식하였으나, 이제는 '주체'로 인식한다는 변화를 의미한다. 즉, 장애의 문제란 장애인 당사자 개인 속에 내재한 것이 아니라, 경제·사회·문화·정치적 맥락에서 인식하고 접근한다는 것이다.[27] 따라서 이 협약이 UN에 의해서 채택되었다는 것은 실로 지난 30여 년간 범세계적인 장애인 운동권, 장애인 단체, 장애인 전문가, 장애인 당사자, 인권 및 국제법 전문가들의 노력과 투쟁이 결실을 맺은 쾌거이다.[28]

2. 권리협약의 인권기반

권리협약은 그 전문에 명기된 대로 보편적인 인권의 정신을 기반으로 시작된다.

UN CRPD의 전문

장애인은 인간의 존엄과 가치를 가지며 행복을 추구할 권리를 가진다. 장애인은 건전한 사회구성원으로 자신의 능력을 개발하여 자립하도록 노력하여야 한다. 국가와 사회는 헌법과 국제연합의 장애인권리선언의 정신에 따라 장애인의 인권을 보호하고 완전한 사회참여와 평등을 이루어 더불어 살아가는 사회를 만들기 위한 여건과 환경을 조성하여야 한다. …중략…

26 세계인권선언(1948), 경제·사회·문화 권리협약(1976), 시민적·정치적 권리협약(1976), 인종차별금지협약(1969), 여성차별금지협약(1979), 고문방지협약(1987), 아동권리협약(1990), 외국인 노동자와 가족의 권리 보호 협약(1990), 이주 노동자 협약(CMW: 1990), 강제실종위원회(CED: 1992), 장애인권리협약(CRPD: 2006) 등 10대 협약

27 UN, 2002.

28 Al Thani, 2006.

(마지막 부분) 장애인의 권리와 존엄성을 증진하고 보호하기 위한 총체적이고 통합적인 국제협약은 개발도상국과 선진국 모두에서 장애인의 근본적인 사회적 불이익을 완화시키는 데 기여하여 이들의 시민적·정치적·경제적·사회적·문화적 영역에 있어서 동등한 참여 기회를 증진할 것이라 확신한다.

인권의 개념은 본질적으로 문화적 배경, 가치관, 연령, 성별, 능력, 환경 등을 막론하고 모든 인간에게 적용되는 보편적 원칙을 갖는 것을 의미하며 인간이면 당연히 누리는 권리를 말한다. 인권은 평범하게는 모든 인간이 존엄성을 침해받지 않으며 공동체를 구성하는 것이라고 해도 엄밀히 보면 우리의 지구촌은 이러한 이상과 거리가 멀다. 또는 "인권 운동이란 억압적 상황에 정면으로 도전하며 연대감을 가지고 정의를 구현하려는 것이다."[29]라는 개념은 분명히 사람들이 부조리와 굴욕적인 상황에 항거하게 하여 사람들을 결속시키려는 의미가 강하다. 반면에, 인권을 기존의 사회질서에 도전하기 위해 세력을 규합하려는 위험한 요소로 간주하거나, 아무런 위협 요소도 없는 평화스럽고 추상적인 개념으로 이해하기도 한다. 그러나 인권의 언어는 분명히 인간사회의 모든 행동, 규범을 비판하고, 방어하고 개혁하기 위해 도덕적으로 정당화된 요구로 이해되어야만 할 것이다. 한국의 헌법 제10조가 규정하고 있는 인간의 존엄성과 제34조 1항의 인간다운 생활을 할 권리, 교육권(제31조), 근로의 권리(제32조), 노동 3권(제33조), 건강권(제36조 3항), 가족생활 및 보건에 관한 권리(제36조), 행복추구권(제10조), 남녀평등권 등에 대한 규정이 포함되어 있고, 본 헌법이 보장하는 인간다운 생활권과 사회보장권 등 기타 39개의 관련 입법은 인권과 밀접한 관련을 맺는다. 그러나 이러한 법정 규정이 중립적인 상태에서 존재하는 것이 아니라, 지속적인 요구와 투쟁을 통해서 얻어져야 한다는 것을 생각하면, 인권은 그저 아무런 위협의 요소가 없는 평이한 개념은 아니다. 인권은 보편적이라는 점에서 대한민국의 모든 국민은 인권을 가지고 있다. 즉 모든 사람, 어느 곳에서나, 매일의 일상에서 향유할 수 있는 것이 인권이다. 인권은 자유, 평등, 인간의 존엄성 등의 가치에 기반하는 것으로서 우리의 삶의 질을 보호한다. 인권은 우리에게 평소에 친숙한 여러 권리를 포함한다. 예를 들면, 공정한 재판, 투표권, 언론의 자유, 양성평등, 인종, 종교, 장애 등으로 인한 차별로부터의 자유, 정당한 이유 없는 투옥, 고문, 학대 및 비인간적인 처우로부터 보호, 교육의 자유, 건강할 권리, 폭력으로부터의 보호 등을 포함할 수 있다. 그런데 이러한 인권은 어디로부터 오는가? 인권의 원칙에 관한 기원은 고대문명, 기독교, 불교, 유교, 힌두교, 이슬람교와 유태교의 가르침에 바탕

29 Andreww Clapham, *Human Rights: A Very Short Introduction*(New York: Oxford University, 2007).

을 둔다. 또한, 미국, 프랑스 그리고 최근에는 넬슨 만델라를 필두로 하는 아프리카의 국가 발전에도 기여하였다. 20세기의 전제국가, 제2차 세계대전 중의 인류에 대한 끔직한 범죄 등은 인권을 보호해야 된다는 것이 국제적인 우선순위가 되었다. 1948년에 선포된 「세계인권선언」은 인류의 인권을 보호해야 된다는 인식에서 비롯되었다. 「국가인권위원회법」 제2조 1항에서 "인권이라 함은 헌법 및 법률에서 보장하거나 대한민국이 가입·비준한 국제인권조약 및 국제관습법에서 인정하는 인간으로서의 존엄과 가치 및 자유와 권리를 말한다."고 정의하고 있다. 반면에 포드(Ford)[30]는 보다 캠페인 성격이 강한 인권의 정의를 내린다. "현대의 인권은 보편적인 도덕률, 정치적 행동과 법적 형식주의가 독특하게 혼재된 결합체로서 도덕적 직관력과 사회정의를 성문화시켜 정치적 로비, 홍보 및 소송을 통하여 실현하고자 한다." 포드가 정의한 개념의 특징은 인권이 법에만 의존하는 수동적이고 정적인 것이 아닌 다분히 동적인, 또는 투쟁적인 요소를 가지고 있기 때문이다. 이 개념은 인권 투쟁의 현장 분위기를 잘 설명해 준다는 생각이다. 포드의 인권 개념은 법적, 정치적 및 사회적 요소가 혼재되어 있음을 보여준다. 이러한 모습은 한국을 비롯한 세계적인 장애 운동 속에 잘 나타나 있다. 인권에 기반한 장애의 인식은 아래와 같은 몇 가지 전제 조건을 제시한다.[31] 아래의 일곱 가지 전제 조건에 관한 설명은 주로 인권 모델과 사회 모델의 비교로 이루어지는데, 사회 모델은 유럽연합에 의해서 공식적으로 인정된 모델이다. 장애인의 자유권 향상과 시민적 권리의 개념과 평등의 개념을 장애 연구 분야에 정착시키는 역할을 했다.[32] 이에 관한 보다 자세한 논의는 제3장을 참조할 것이다.[33]

권리협약이 처음 논의되기 시작할 무렵, 이미 여러 유엔 협약이 있는데, 새로운 협약으로 채택하려면 무리라는 소위 '협약 피로' 현상도 있었다. 그러나 아래의 여섯 개의 주장이 실효를 거두게 했다.

① 새 협약은 장애인 차별에 대한 구속력 있는 아주 중대한 문건이 될 것이다.

② 새 협약은 유엔과 회원국의 정부 및 기타 기구에 대하여 정당한 주장으로 자원을 이끌어 내게 될 것이다.

③ 이 협약은 유엔의 인권기반에 장애인의 인권이라는 새로운 차원을 더함과 동시에, 지금

30 Richard Thompson Ford, *Universal Rights Down to Earth*(New York: Norton & Company, 2011).

31 Theresia Degener, "*Disability in a Human Rights Context*", © 2016 by the author; licensee MDPI, Basel, Switzerland. This article is an open access article distributed under the terms and conditions of the Creative Commons Attribution(CC-BY) license(http://creativecommons.org/licenses/by/4.0). 참고로, 저자는 장애의 인권 모델의 세계적 학자이다. 요약 발췌함.

32 Michael Oliver, *Understanding Disability*(New York: St. Martin's Press, 1996).

33 아래의 논의에서 언급되는 장애의 사회 모델과 인권 모델의 자세한 논의는 제3장 참조.

까지 탐색지 못한, 즉 '다를 수 있는 권리'와 같은 새로운 분야를 열게 될 것이다.

④ 새 협약은 장애인 단체로 하여금 국내에서 장애인의 인권을 신장하는 새로운 연장을 부여할 것이다.

⑤ 범세계적인 장애운동에 활력을 불어넣는 촉매가 될 것이다.

⑥ 이 협약은 장애인의 인권이란 주제를 유엔의 어젠다로 당당하게 부상시킬 것이다.

이와 같이 권리협약은 상당히 혁신적인 요소를 많이 내포하고 있는 현대적인 국제 인권법이다. 이 협약은 향후 학술적 차원에서 장애학과 인권법에 지대한 영향을 미칠 것이다. 혁신적인 내용으로서는 장애 차별과 장애의 모델과 평등에 관한 것이다. 특히 세 가지 형태의 장애 모델(제3장 참조)과 평등의 원칙을 각기 다르게 해석한 것으로 이해할 수 있다. 가장 두드러진 주장은 권리협약은 장애의 문제를 의료 모델에서 인권 모델로 패러다임을 전환시켰다는 것이다. 특히 권리협약은 차별의 새로운 개념을 국제인권법에 도입했다고 주장할 수 있다.[34] 왜 이러한 패러다임의 전환이 혁신적인가? 역사적으로 오랜 기간을 장애인들은 보이지 않는 '무형'의 존재였고, 권리의 주체가 아닌 보호, 치료, 도움을 받아야 하는 존재로 인식되었다. 이것이 바로 장애인의 임상적, 복지적 개입을 정당화시킨 의료적 차원에 집착한 복지 모델이고 의료 모델이다. 결과적으로 장애인들은 정상적으로 생활할 수 없으므로 사회 속에서, 주류 사회로부터 격리되어 특수학교, 보호 작업장과 숙소, 교통수단 등이 주어졌다. 동시에 그들은 의료, 고용, 교육, 선거, 사회참여, 문화적 활동 등에서 배제되어 기본적 권리와 자유를 박탈당했다. 그러나 지난 20여 년간 장애에 대한 접근은 변하기 시작하였고 이제는 권리의 주체로 인식되기 시작했다. 권리기반으로의 전환은 유엔의 지지를 받았고, '1981년 세계 장애인의 해', '완전참여와 평등' 등이 각국과 유엔총회의 선언문으로 채택되었다. 이것이 장애의 인권기반의 시작이 된다. 인권기반은 '장애'가 아닌 '사람'에게 초점을 두며, 소위 장애인의 문제라는 것도 권리기반에서는 신체와 정신 손상의 문제가 아니라 사회와 국가 및 시민사회의 부적절한 혹은 무(無)반응에 기인한다. 그러므로 국가는 사회적으로 만들어진 장애물의 문제를 해결하여 모든 인간의 존엄성을 회복해야 한다. 이러한 과제를 국제법으로 엮어낸 것이 장애인권리협약이다. 권리협약을 뒷받침하는 인권기반은 이미 유엔에서 채택된 아래의 여러 협약과 밀접하게 연계되어 있으며 일곱 개의 기존 인권기반으로는,

34 Theresia Degener, "Disability in Human Rights Context."

① 세계인권선언(UDHR: Universal Declaration of Human Rights, 1948)
② 경제, 사회, 문화적 권리(ICESCR: International Covenant on Economic, Social and Cultural Rights, 1966)
③ 사회권 협약(ICCPR: International Covenant on Civil and Political Rights, 1966)
④ 인종차별금지협약(CERD: International Convention on the Elimination of All Forms of Racial Discrimination, 1965)
⑤ 여성차별금지협약(CEDAW: Convention on the Elimination of All Forms of Discrimination against Women, 1979)
⑥ 고문 및 학대 금지 협약(CAT: Convention against Torture and Other Cruel, Inhuman or Degrading Treatment or Punishment, 1984)
⑦ 아동권리협약(CRC: Convention of the Rights of the Child, 1989) 등이다.

이러한 협약을 구체적으로 권리협약의 각 조항에 어떻게 반영하였는가는 제3~4장 권리협약의 심층적 분석에서 상세히 논의된다. 간단한 예를 들면, 『유엔장애인권리협약』의 제10~23조, 제29조는 자유권으로부터, 제24~28조, 제30조는 사회권에 기반하고 있다. 그렇다면 권리협약의 인권 모델은 어떤 전제 조건을 기반으로 하는가?

전제 조건 1 장애는 사회적 구성물이며, 인권의 조건 충족을 위해서는 어떤 건강 또는 신체적 자격을 필요로 하지 않는다.

장애의 사회 모델은 단순히 장애를 설명하지만, 인권 모델은 장애인의 존엄성 인정이 장애 정책연구에 포함되도록 한다. 오직 인권 모델에서만 손상의 부재를 요구하지 않는다. 사회 모델의 근원은 장애인의 사회적 배제 현상을 설명하기 위함이었고, 사회의 차별적, 억압적 구조를 설명하는 아주 힘 있는 연장의 역할을 수행했다. 이러한 사회학적 설명이 장애사회학의 시작이다. 권리협약도 이와 동일하다. 권리협약의 제1조는 "모든 장애인으로 하여금 인권과 기본적 자유를 향유하게 하고, 인간의 존엄성을 증진시키고자 한다."로 되어 있다. 사회 모델은 차별금지의 정책연구와 인권의 개혁을 강조하는 반면, 인권 모델은 자유권과 사회권이라는 인권의 두 기둥을 모두 근거로 한다.

전제 조건 2 장애의 인권 모델은 차별금지보다 차원이 훨씬 높은 이상을 추구한다.

사회 모델은 장애인들이 손상 때문에 감수해야 하는 통증, 삶의 질 파괴, 생명단축, 의존성과 아울러 이러한 문제들이 장애인의 정체성에 영향을 미치는 사실 등에 관한 설명이 빈약한 것에 대하여 비판을 받았지만, 인권 모델은 이러한 상황을 인정하여 사회정의 이론의 전개에 포함시킬 것을 요구한다. 사회 모델이 주장하는 '손상'과 '장애'의 양분화와 유물론적인 초점은 여성 장애학자인 제니 모리스(Jenny Morris)로부터 비난을 받았다. 그녀의 유명한 저서 『편견에 대한 긍지(Pride against Prejudice)』에서의 주장이다.

전제 조건 3 '손상'은 인간 고유의 다양성으로 인식되어야 한다.

장애의 사회 모델은 장애인의 신체적 차이 또는 한계는 완전히 사회의 산물이라는 주장으로 장애인들이 당하는 신체적 경험을 외면하는 경향이 있다. 환경장애와 사회적 태도, 지적장애, 질병, 죽음의 공포 등은 장애인들이 피할 수 없는 거의 치명적인 경험의 하나인데, 이러한 모든 것을 모두 외면하라는 것인가? 여성 장애학자들의 기여가 남성과 여성 장애인들의 경험을 정리, 분석한다. 물론 사회 모델은 우리의 신체 손상의 경험, 제한은 모두가 사회적으로 생성된 것이라 주장하며 신체의 경험을 도외시하는 경향이 있다. 그러나 환경장애와 부정적인 사회적 태도는 장애인들이 경험하는 아주 중요한 부분이며, 실제로 장애인으로 만들어 낸다. 그런데 이 모든 것을 부정한다는 것은 신체적, 정신적 질병의 한계와 죽음의 공포마저도 인정하지 말라는 것이다. 바로 이런 점에서 페미니스트 학자들의 장애여성들에 대한 연구의 기여가 큰 도움이 된다.[35]

전제 조건 4 복합적 차별과 정체성의 다층 구조를 인정한다.

장애의 사회 모델은 정체성의 정치를 장애정책연구의 중요한 한 요소로 인정하지 않는 반면, 인권 모델은 소수 층과 문화적 정체성을 인정한다. 아울러 사회 모델은 정체성의 정치를 중요한 해방의 논리로 소홀히 했음에 대해 비판을 받았다. 정체성의 정치는 인간의 상호 사회로부터 무시당하는 특징까지도 수용하여 다름을 긍정적으로 인정한다. 게이 프라이드, 블랙 프라이드, 페미니즘, 또는 장애의 문화는 정체성 정책연구의 표출이다. 장애의 사회 모델은 그 핵심이 세력관계이기 때문에 개인의 해방을 도외시한다. 장애의 맥락에서 정체성의 정치는 여러 가지 의미를

---

35 Jenny Morris, *Pride against Prejudice*(Philadelphia: New Society Publishers, 1991).

가질 수 있다. 즉 이 개념은 손상의 유형이나, 원인을 의미할 수 있다. 농인들은 독특한 그들의 문화를 만들어 내어 정체성이 중요한 위치를 차지한다는 장애학 연구의 한 흐름을 이루고 있다.

전제 조건 5 예방은 인권에 민감할 수 있다.

사회 모델은 예방에 민감한 반면, 인권 모델은 예방이 장애인들의 인권보호 차원에서 사정(査正)의 근거가 될 수도 있다는 입장이다. 공공 의료의 예방은 낙인적이거나 차별적이라는 이유는 장애운동권으로부터 지탄을 받았다. 아마도 비판의 근거는 건강정책연구의 형태나 목적에 있었을 것이다. 교통사고나 소아마비 발생의 예방은 큰 문제가 없어 보이나, 이 예방정책연구가 어떻게 공고되는가에 따라 문제를 일으킬 수 있다. 예를 들면, "장애인이 되면 아예 생명을 잃는 것보다 더 처참하다."라는 식으로 장애를 폄하하는 포스터를 살포하며 안전운행의 중요성을 선전한다면 어떻게 되는가? 다른 예는 소아마비 예방주사를 광고하면서, "구강 접종은 달콤하나 소아마비는 잔인하도록 끔찍하다."라는 슬로건을 사용한다면 어떻겠는가? 1970~1980년대에 이런 형태의 공공 의료정책연구의 광고가 여러 나라의 장애운동가들을 격분시켰다.

전제 조건 6 빈곤과 장애는 상호 연계되어 있으나 변화될 수 있다.

사회 모델이 주장하는 대로 세계 15억 장애인이 상대적 빈곤에 처해 있지만, 인권 모델은 이 문제 연구의 로드맵을 제시한다. 빈곤과 장애의 상호를 강화한다는 증거는 얼마든지 있다.[36] 손상은 빈곤의 가능성을 높이고 동시에 빈곤은 손상의 원인이 될 수 있다. 생존에 필요한 자원과 교육기회의 결핍 외에 기타 기초 서비스 접근의 문제들이 세계 장애인 2/3가 현실적으로 당면하고 있는 문제들이다. 이런 점에서 사회 모델은 장애인의 빈곤은 개발의 문제라는 것을 일찍이 지적했다. 사회 모델의 지지자들과 장애연구가들은 역량 증가의 연구에 지대한 공도 세웠다.[37] 유엔과 세계은행도 장애는 곧 개발의 문제라고 오래전부터 인정했다.[38] 그럼에도 불구하고 장애는 국가정책연구에서 주류화되지 못했다. 새천년개발목표(MDGs)는 세계 5억 명의 빈민을 대상으로 했으나, '빈민 중의 빈민(the poor of the poorest)'이라는 장애인은 아예 언급도

---

36 World Health Organisation and World Bank, ***World Report on Disability***(Geneva: WHO-Verlag, 2011), Jenny Morris, ***Pride against Prejudice***(Philadelphia: New Society Publishers, 1991).

37 United Nations General Assembly, "Standard Rules on the Equalization of Opportunities for Persons with Disabilities." Available online: http://www.un.org/esa/socdev/enable/dissre00.htm(accessed on 10.October 2018). Colin Barnes and Geof Mercer, ***The Social Model of Disability***(Leeds: Disability Press, 2005).

38 Jeanine Braithwaite and Daniel Mont, ***Disability and Poverty: A Survey of World Bank Poverty Assessments and Implications***(Washington: World Bank, 2008).

되지 않았다. 권리협약이 채택된 이후에야 비로소 장애가 국제협력정책연구의 핵심이 되는 획기적인 진전이 있었다. 다시 말하면, 장애인권리협약이 최초로 개발을 제시하는 인권협약 중의 하나가 되었다. 사실상 유엔 협상과정에서도 협약 제32조 국제협력은 처음부터 마지막까지 신랄한 논쟁의 주제로서 모든 개발 프로그램에 장애포괄계획(Disability-inclusive Development)을 NGO/DPO와 모니터링 활동에 참여토록 하였다.[39] '재난의 위기와 인도적 개입'에 관한 권리협약 제11조 또한 국가로 하여금 자연재해와 인도주의적인 위급 사태가 발생하면 장애인을 우선적으로 보호할 것을 요구한다. 제11조는 2004년 인도양에 쓰나미가 발생하여 수십만의 인명 피해를 가져왔고, 구제받지 못해 장애인이 된 사람이 많았다. 2006년에는 레바논 사태가 발생하여, 협약 제11조의 정치적 색깔을 더 강하게 했다. 특히, 제32조와 제11조는 개발정책연구와 인도주의적 개입에 세 가지 중요한 의미를 가진다. ① 인권에 기반을 둔 개발정책연구와 인도주의적 개입, ② 국제협력에 있어서의 장애주류화를 핵심 의제로 부각시킴, ③ NGO/DPO의 적극적 참여와 개입이다. 이러한 핵심원리가 새로울 것은 없지만, 이들이 구속력이 있는 국제법이 되었다는 것은 획기적인 사실이다. 인권기반의 정책연구는 빈곤 장애인들이 복지나 자선의 수혜자가 아니라 자원의 분배와 욕구의 우선순위를 결정할 수 있는 주권자가 된다. 참여는 목적이고 전략이다. 역량강화를 위한 수단이며 전략이다. 정책연구는 취약계층과 소외된 집단을 표적(target)으로 해야 한다. 이러한 원칙들이 유엔이 1977년 채택하고 옹호하는 인권기반의 개발이다.[40] 권리기반의 개발이 완전하기만 한 것은 아니나,[41] 글로벌화 시대에 사회정의를 구현하기 위한 방향을 제시한 것은 분명하다. 장애의 주류화는 오랜 세월 동안의 분리구조를 유지해왔던 전통적 장애정책 연구를 개혁하는 중요한 첫 단계이다. 적극적이고 평등한 장애인 당사자들, 그들의 대표단체들의 참여가 없다면 개발전략은 장애인들에 대한 차별구조를 계속 강화시킬 뿐이다. 각 국가의 협약 이행 과정에서 다양한 정책연구를 통하여 빈곤퇴치에 미치는 영향을 보게 된다. 국제적으로는 2015년 9월 25일 유엔총회가 채택한 '지속가능한 개발목표(Sus-

39 Stefan Trömel, "A Personal Perspective on the Drafting History of the United Nations Convention on the Rights of Persons with Disabilities," *In European Yearbook of Disability Law*, Edited by Gerard Quinn and Lisa Waddington(Antwerpen: Intesentia, 2009): 115-38.

40 United Nations, "The Human Rights Based Approach to Development Cooperation: Towards a Common Understanding among UN Agencies," Availableonline: http://hrbaportal.org/the-human-rights-based-approach-to-development-cooperation-towards-a-common-understanding-among-un-agencies(accessed on 15 August 2018)

41 Andrea Cornwall and Celestine Nyamy-Musembi, "Putting the 'rights-based' approach to development into perspective," *Third World Quarterly* 8(2004): 1415-1437.

tainable Development Goals, SDGs 2030)' 의제가 있다.[42] MDGs와는 달리 SDGs에는 장애 관련 목표가 15개 포함되어 있으며, 이것은 의제에서 장애인들이 외면당하거나 예산 배정에서 제외되지 않을 것임을 분명히 해 준다.

전제 조건 7 사회 모델에서 인권 모델로의 발전이다.

오해는 금물이다. 사회 모델을 완전히 폐기하자는 것이 아니라 더 발전시켜야 한다는 것이다. 장애의 사회 모델은 유엔의 협상 당시 지대한 공을 세웠다. 만일 권리협약이 성공한 이유에 대해서 단언해야 한다면, 국제 장애정책이 의료 모델에서 사회 모델로 패러다임이 변한 것이다. 협상 당시 대중의 인기에 영합하는 지지를 받고 있던 사회 모델은 장애이론의 비판적 현상을 지지한 것이 아니라, 장애학의 급진적 사회 구조론을 선언한 것이었다.[43] 과거의 여러 유엔 협약들이 그러했던 것과 마찬가지로 권리협약도 유엔총회의 채택 이후로 스스로의 자리매김을 해 나갈 것이다. 어느새 권리협약은 몇 가지만 예를 들더라도 모니터링, 국제협력, 접근성, 법적 역량, 독립생활/탈시설, 통합교육 등에서 상당한 파급력을 발휘하고 있다. 그러나 최근의 연구를 보면, 장애운동은 대체로 인권의 정신을 계승하고 있으나, 장애인 단체들은 Amnesty International 또는 Human Rights Watch와 같이 분명한 인권 주류의 단체는 못 되고 있다.[44] 현재 NGO/DPO는 유엔인권제도 안에 속해 있다. 결국 장애의 정치 운동이 인권으로 전환한 것이며, 권리협약은 장애의 인권 모델을 법적으로 체계화한 것이다. 권리위원회도 최종권고문에서 장애의 인권 모델을 수용했다.[45]

위의 논의에서 본다면, 권리협약의 인권기반은 상당히 오랜 기간 동안 장애운동가들과 학자들의 끊임없는 논쟁과 투쟁에 의해 다져짐을 본다. 한국의 장애학, 운동권, 서비스 현장은 분명한 방향을 설정한 것인가, 아니면 아직도 기로에 서 있는 것인가? 이러한 역사를 돌이켜볼 때, 현장의 장애서비스 전문가, 사회복지사의 현장 인권 실천은 인간의 존엄성, 자기 결정권, 내재

42 Bill Albert, *In or out of the Mainstream? Lessons from Research on Disability and Development Cooperation*(Leeds: The Disability Press, 2006).

43 Rosemary Kayess and Philipp French, "Out of Darkness into Light?" *Human Rights Law Review* 1(2008): 1-34.

44 Gerard Quinn and Theresia Degener, *Human Rights and Disability*(New York and Geneva: United Nations, 2002), 14.

45 Concluding Observations on the initial report of Argentina as approved by the Committee at its eighth session(17-28 September 2012), CRPD/C/ARG/CO/1, 8 October 2012, para. 7-8; concluding Observations on the initial report of China, adopted by the Committee at its eighth session(17-28 September 2012), CRPD/C/CHN/CO/1, 15 October 2012, para. 9-10, 16, 54.

적 평등권, 연대의식과 밀접한 관계를 가지며 현실적으로 상당한 긴장과 갈등의 요소도 없지는 않다. 특히 법적 요소는 중요한 의미를 가지는데, 장애인에 대한 사회적 편견과 차별철폐에 대한 투쟁은 취약계층에게 힘을 실어 주어 설자리를 만들어 주어야 한다는 주장이며 투쟁이다. 우리 사회에선 '긴장과 갈등'은 바람직하지 못한 것으로 간주되기 일상이었으며, 긴장과 갈등의 생산적인 면은 거의 무시되었다. 장애서비스 전문가, 사회복지사의 현장 인권 실천은 특별한 범주에 속하는 인권의 실현을 의미한다.

한동안 한국 사회를 소요시켰던 장애아동에게 인권 침해를 가했고 장애인에 대한 인권 침해를 크게 부각시켰던 소재의 영화 〈도가니〉가 있었다. 이 무렵 인간재활, 사회복지 전공자들을 대상으로 여러 차례 강의할 기회가 있었는데, 연구자는 그때마다 〈도가니〉 때문에 시위에 직접 나갔던 사람이 얼마나 되느냐고 물었던 기억이 난다. 침해당한 장애인의 인권 때문에 '분노'한 적이 있었는가를 묻고자 함이었다. 그리고 인권옹호와 행동의 실천의지의 차원에서 학생들의 인권 감수성과 인권의식에 대하여 알아보고 싶었다. 실제로 '도가니' 사태 때문에 공식으로 시위를 하거나, 공적인 성명을 발표한 사회복지학과나 장애인 단체는 하나도 없었던 것으로 안다. 한국 사회의 인권환경, 특히 장애계의 인권의식이 얼마나 열악한가를 말해 주는 것이 아닌가? 아니, 장애 전문인들이 실제로 장애인들이 당하는 편견, 차별, 성폭력을 비롯한 여러 가지의 사회적 규범에 대하여 민감치 못하고 문제의식이 없다는 것이 아닌가? 개인 차원에서 욕구, 보호, 지원 서비스에만 집착한 나머지 사회구조적인 배제와 차별, 불평등, 상호 교차적인 문제에 대한 개입의 방법을 개발하지 못한 것이다. 이어서 아래에 설명하겠지만, 이것은 동서양 장애의 역사 속에 공통 요소로 자리를 잡은 지가 약 100년 이상을 이루고 있다.

1) 장애 권리기반을 지지하는 네 가지 요소

다음의 네 가지 요소는 아래의 논의에 핵심주제로 계속 반복되고 강조된다.

① 경제적 유용성 등과 상관없는 존엄하고 독특한 개별 인간의 존엄성

② 스스로 행동하고 결정할 수 있으며 모든 결정의 중심에 위치한다는 한 개인의 자율성, 자기 결정권

③ 어떤 다름이나 차이에도 불구하고 모든 인간은 내적으로 평등하다는 가치

④ 적절한 사회적 지원으로 모든 개인의 인권을 수호해 주어야 한다는 연대의식

유사한 맥락에서 짐 아이프(Jim Ife)는 사회복지의 맥락에서 아홉 가지를 강조했다.[46] 즉,

① 인간 생명의 존엄성(Respect for Human Life)

② 억압으로부터의 해방(Freedom from oppression)

③ 평등(Equality)

④ 차별금지(No discrimination)

⑤ 정의(Justice)

⑥ 연대(Solidarity)

⑦ 사회적 책임(Social responsibility)

⑧ 점진적 변화, 평화와 비폭력(Gradual change and reform, peace, nonviolence)

⑨ 인간의 복지와 환경과의 연계(Links between human well-being and ecology)

물질만능과 온갖 경쟁적인 각박한 삶 속의 우리가 한번 추구해 보아야 할 존엄한 가치들이 아닌가? 권리기반 장애의 핵심요소의 핵심은 장애인을 법률의 주체로 인식하며, 그 궁극적인 목적은 그들이 역량 강화되어 정치, 경제, 사회, 문화적 활동에 인간의 존엄성을 인정받으며 참여하며 그들이 가지고 있는 '다름'을 받아들인다는 것이다. 인권기반의 장애는 인간에 초점을 맞추어 자신만의 구속된 세계에서 벗어나 적극적으로 사회에 참여하고 혜택을 받음과 동시에 기여할 수 있어야 한다. 인권 모델에 의하면, 소위 장애인의 문제라고 하는 것은 정신, 신체의 손상에 기인하는 것이 아니라, 장애인들이 가지고 있는 '다름'에 적절하게 대응하지 못했던 결과이다. 그러므로 사회는 사회적으로 만들어진 장애물을 제거하여 모든 인간의 인권과 그 존엄성을 존중해야 한다. 이러한 접근의 핵심요소는 장애인을 배제, 격리하는 것은 논리적으로 정신·신체의 손상과는 아무런 관계가 없으며, 장애인이 당면하는 접근성, 인쇄 매체에만 의존하는 시각·청각장애의 문제, 또는 수화통역을 제공하지 않아 발생하는 의사소통의 문제 등의 장애에 대한 그릇된 가정에 기반한 정치적 선택이라는 주장이다. 즉, 장애의 문제를 개인의 문제가 아닌, 서로 다른 인간의 차이점을 인정하지 못하고 문제를 환경과 사회에 부각시키는 것이다.

장애의 인권적 접근은 국제인권규범에 기반하여 장애인의 권리를 보호하고 증진시키고자 한다. 권리기반의 장애는 국제인권규범에 근거한다. 인권을 강화하는 것은 장애의 예방과도 결부된다. 장애는 한편으로는 인권과 인도주의 정신을 위배하기 때문에 발생하는 직접적인 결과이다. 고문과 인권 침해는 영구적인 손상을 유발하고, 고질적인 영양실조는 거의 예외 없이 중

---

46 Jim Ife, 사회복지와 인권(*Human Rights and Social Work*)(서울: 인간과복지, 2002).

증장애의 원인이 된다(아동의 두뇌발달 장애, 비타민 A의 결핍으로 인한 시각상실 등의 예이다). 예방접종을 못 받아 장애로 이어지는 예는 허다하다. 권리기반의 장애를 지지하는 유엔의 협약은 아래의 각주와 같다.[47]

이러한 협약 이외에도 유엔총회는 특별히 장애와 관련된 여러 개의 결의문을 채택한 바 있어 지속적으로 장애의 인권적 차원에 관한 입장을 밝혀 왔다. 몇 가지 예를 들면, 지적장애와 정신 건강 증진을 위한 MI Principles로 알려진 원칙의 채택, 세계장애인 행동 프로그램(WPA: the World Programme of Action concerning Disabled Persons), 장애인의 평등과 기회를 위한 기준(the Standard Rules on the Equalization of Opportunities for Persons with Disabilities) 등이다. 그 외에도 유엔의 장애인 관련 장치에는 아래의 것을 포함한다.

- 1958년 11차 ILO 대회에서 채택한 장애인 고용 현장의 차별에 관한 문제
- 1962년 교육에 있어서 차별의 문제를 UNESCO 대회에서 채택
- 1983년 ILO에 의한 직업재활과 고용의 문제

인권기반의 장애는 장애인들로 하여금 장애인단체가 보다 더 적극적으로 참여하여 그들의 평등한 사회참여를 지지하기 위한 계획과 정책연구를 개발한다. 지역적으로는 1988년 경제, 사회, 문화권 관련 미 대륙 협회의 프로토콜 채택, 그리고 1996년에는 유럽의 사회헌장(Social Charter), 1999년에는 남미의 미대륙간 협약(Inter-American Convention)에서 장애인에 대한 모든 차별행위를 금지할 것을 결의하였다. 이러한 국제적 움직임은 가히 '장애에 관한 국제적 현상'이라 할 만하며, 전반적인 장애의 쟁점과 특히 고질적인 편견의 문제를 공유하고 토론을 지속시킬 수 있는 기회를 열어 주었다. 위와 같은 국제적 흐름이 바탕이 되어 2001년 12월 19일 유엔은 '장애인들의 권리와 존엄성을 보호하기 위한 총체적이고 필수 불가결한 국제 협약 특별위원회'를 구성하였는데 이것은 2001년 11월 28일 유엔총회의 3차 위원회의 결의에 의한 것이었다.[48] 2001년 이후로부터 전개되기 시작한 역동적인 장애인 권리와 입법 및 정책연구는 국가 차원은 물론 지역, 국제법에 큰 변화를 가져올 전조가 되었다. 당시 유엔 인권위원회의 총재였

47 ① 1948 세계인권선언 헌장(UDHR), ② 1966 사회권 협약(ICESCR), ③ 1966 자유권협약(ICCPR), ④ 1965 인종차별금지권리협약(CERD), ⑤ 1979 여성차별금지협약(CEDAW), ⑥ 1984 고문과 학대 방지 협약(CAT), ⑦ 1989 아동권리협약(CRC), ⑧ 1990 이주노동자협약(CMW), ⑨ 1992 강제실종위원회(CED), ⑩ 2006 장애인권리협약(CRPD)

48 G.A Res, 56th Session.〈on the report of the 3rd Committee on the draft resolution concerning a comprehensive and integral international convention to promote and protect the rights and dignity of persons with disabilities〉. (A/56/583/Add.2. UN Doc. A/RES/56/168. 2001).

던 전 아일랜드 대통령 메리 로빈슨(Mary Robinson)은 "현재 지구상에는 많은 장애인들이 극심한 빈곤에 시달리며, 물리적 사회적 장벽에 부딪혀 사회통합을 거부당하고, 지역사회의 삶에 참여도 못 하고 있다. 결과적으로 수천만 명의 아동, 성인 장애인들이 격리되고, 그들의 모든 권리를 박탈당한 채, 말로 다 못 할 열악한 삶을 영위한다."[49]라고 말하면서 장애인 인권의 중요성을 강조하였다. 유엔의 장애인 인권에 대한 접근은 장애인들은 정상적으로, 인간으로서 일상생활과 사회생활을 할 수 없다는 인식을 기반으로 했다. 동시에 모든 사람들이 당연히 기본적으로 향유하는 건강보호, 고용, 교육, 투표권, 문화생활 등에 대한 참여의 평등한 접근을 거부당했음도 인정했다. 그러나 유엔의 개입과 세계적인 장애 운동의 확산으로 지난 20여 년간 장애에 대한 접근에 다소 변화가 일어나기 시작하여 점차로 장애인을 권리의 소유자로 인식하기 시작했다. 장애의 인권기반은 근본적으로 장애인을 법의 주체로 인식하며 궁극적인 목적은 장애인들로 하여금 적극적으로 정치, 경제, 사회 및 문화생활에 참여토록 하여 그들의 다양성을 인정받고 존중받는 삶을 영위하게 하기 위함이다. 이러한 권리기반의 접근은 유엔으로부터 인정받은 것이며 1981년 유엔의 '완전 참여와 평등'이라는 가치 아래 선포된 세계장애인의 해를 기폭으로 많은 변화를 이끌어 내었다. 장애의 인권적 접근은 사람에게 초점을 두며, 장애의 문제를 한 개인의 차원을 벗어나 사회에 참여하고 지원을 받고 또한 사회생활에 기여할 수 있는 것으로 한다.

권리협약의 제3조 협약의 원칙은 다음과 같다.

(가) 천부적인 존엄성, 선택의 자유를 포함한 개인의 자율성 및 자립에 대한 존중

(나) 비차별(차별금지)

(다) 완전하고 효과적인 사회 참여 및 통합

(라) 장애가 갖는 차이에 대한 존중과 인간의 다양성 및 인류의 한 부분으로서의 장애인의 인정

(마) 기회의 균등(평등)

(바) 접근성

(사) 남녀의 평등

(아) 장애아동의 점진적 발달능력 및 정체성 유지 권리에 대한 존중

---

49 Mary Robinson, United Nationals High Commissioner for Human Rights, International Seminar on Human Rights and Disability, Almasa Conference Ceter, Stockholm, Sweden. Nov. 5. 2000.

이 연구에서는 총 50조에 이르는 협약의 내용 중 33조까지 구체적인 해석, 선택의정서의 판례와 각종 관련 문헌을 사용하고자 한다.

한국의 장애인 실태

아래의 자료를 보면서 과연 주변의 장애인들은 '인간다운', '품위 있는 생활'을 하고 있는가? 하고 진지하게 생각해 볼 여지가 있다. 인권의 감수성, 인권적 판단 또는 인권의식을 갖는다는 것은 심오한 철학적 사유를 반드시 필요로 하지 않는다.

통계청 경제활동 인구조사와 장애인 경제활동 실태조사에 따르면 2017년 기준 장애인의 고용률은 36.5%로 일반국민(60.2%)의 약 60.6%에 불과하다. 또한 2017년 장애인실태조사(2017)[50]에 따르면 장애인가구의 월평균 소득은 2,421천 원으로 전국 가구소득(3,617천 원)의 66.9% 수준이다. 이와 같이 장애인의 경우 일반적으로 근로활동이 어려워 비장애인에 비해 생활수준이 열악하다. 장애인 소득을 보전하기 위해 정부는 장애인연금과 장애수당을 도입·시행하고 있다. 15세 이상 장애인의 경제활동참가율은 38.2%로 이것은 2000년의 34.2%와 유사한 수준으로서 큰 변화가 없다. 이 중 실업자의 비율은 통계청 기준을 적용할 경우 10.6%(전체 실업률 3.3%)에 해당한다.

무엇이 달라지는가?

CRPD의 비준과 이행으로 과연 무엇이 달라지는가? 우리가 항상 염두에 두어야 할 주제이며, 보다 구체적으로 '제5장 장애인권리협약을 통한 장애인의 시민적 권리 향상'에서 자세하게 다루고자 한다. 간략하게 설명하자면,

① 협약의 결과로 향후 장애인은 보호(protection), 자선과 시혜의 대상에서 적극적이며, 능동적인 사회성원으로 그 위상이 변하게 된다.

② 두 번째로, 장애인은 과거의 편견과 차별의 대상에서 평등한 시민적 권리를 누려 평등과 반차별 실현의 중심에 서게 된다.

③ 따라서 과거의 수동적이고 의존적이며 부정적인 시민의 위치에서 능동적이고, 생산적이며 독립적인 사회성원으로 인정받는다.

④ 아울러 과거의 배제(exclusion)되고 동화적(integration)이었던 상태에서, 무력함을 극복하고 역량을 강화하여 완전한 사회통합(inclusion)의 자리에 이르게 된다.

---

50 보건복지부. 2017년 전국장애인 실태조사.

한마디로, 시민으로서의 장애인 신분 변화가 이루어진다. 달라지는 것은 장애인의 신분 변화를 통한 사회적 위치의 변화뿐만 아니라, 복지에 대한 과거의 생각도 변화시키게 된다. CRPD에 의한 한 결과로서 '시민적 권리'의 개념이 부각되어야 한다. 그러나 이제는 과거의 시혜적 자선과 박애의 개념으로 아니면 특수 계층만을 대상으로 선별적 서비스를 지향했던 복지가 이제는 최저 조건의 보장에서 전 국민 대상으로 하여 최적 조건을 충족시키는 보편적 복지로, 복지의 개인·가족 책임이 국가와 사회의 책임으로 변천하게 된다. 실로 장애의 주류화가 복지의 대변혁을 이루어 내는 계기를 마련한 것이다. 복지의 욕구 패러다임(Needs Paradigm)에서 권리 패러다임(Rights paradigm)으로의 변화는 상당한 의미를 가진다. 이러한 패러다임의 변화를 이루어 내는 데 약 80여 년의 기간이 소요되었다.

제4장에서 더 심층적으로 논의하겠지만, 우선 분명한 것은 권리협약 제4조 1항에 의해서 아래와 같이 협약에 비준한 국가들이 이행해야 할 의무를 제시하는데, 이것이 달라질 것의 첫째 내용이다. 당사국은 장애를 이유로 한 어떠한 형태의 차별 없이 장애인의 모든 인권과 기본적인 자유의 완전한 실현을 보장하고 촉진하기 위한 의무를 부담한다. 이를 위하여 당사국은 다음의 사항을 약속한다.

(가) 이 협약에서 인정된 권리의 이행을 위하여 모든 적절한 입법적, 행정적 및 기타 조치를 채택할 것

(나) 장애인에 대한 차별을 구성하는 기존의 법률, 규칙, 관습 및 관행을 개정 또는 폐지하기 위하여 입법을 포함한 모든 적절한 조치를 취할 것

(다) 모든 정책연구와 프로그램에서 장애인의 인권 보호와 증진을 고려할 것(이하 생략 원문 참조할 것)

제2장

사회복지와 인권: 실천적 접목의 과제

International Disability Rights and Development of Legislation

1. 서론: 사회복지 인권 실천의 맥락적 이해

몇 가지 문제의 제기

- 사회복지를 '인권 전문직'으로 조명하여 사회복지가 당면하고 있는 딜레마에 대한 이해를 어떻게 높일 것인가?
- 사회복지가 인권 전문직이라는 것은 무엇을 의미하는가?
- 인권기반의 사회복지 실천은 장애인복지에서 어떤 모습을 갖게 되는가?
- 인권에 대한 이해가 어떻게 장애인복지 실천에 도전하는가?

위의 제기된 문제들에 대하여 본 장에서는 포스트모던 시대를 맞아 모든 가치와 도덕관이 상대화되는 시대에 인간성, 인간의 존엄성에 대한 가치를 지향하는 사람들에게 인권은 대안적 가치관을 제시한다.

한국에서는 지난 몇 년간 국가인권위원회의 지원과 현장 실무자들의 인권에 대한 관심에 힘입어 사회복지와 인권이 동시에 부각되는 발전적인 모습이 있었다. 또한 과거에는 장애서비스 전문인과 인권과의 관계는 잘 정립이 되지 않았으나, 예를 들면, 최근에는 장애인복지 전반에서 복지시설의 인권 침해, 가정폭력, 성폭력, 더 나아가서 외국인 근로자들의 복지 문제와 그들이 처해 있는 인권 침해의 현실 등 인권에 관한 관심이 높으며 이미 여러 차례 복지와 인권에 관한 학회 수준의 토론회도 있었다. 이러한 최근의 동향을 염두에 둔다면 장애서비스와 인권은 이미 상당한 관계 정립을 한 것 같아서 더 이상 장애서비스와 인권에 대해서 논의를 한다는 것은 공연히 독자들을 지루하게 할 염려가 있다. 그럼에도 불구하고 현장 중심의 장애인복지 차원에서 본다면 아마도 '장애서비스와 인권의 접목이 현장에서 얼마나 바람직하게 이루어지고 있는가?' 하는 문제를 제기해 볼 여지가 있다.

또는 다른 어느 때보다도 '글로벌화'라는 세계적 현상이 인권의 문제를 부각시키고 있기 때문에 '글로벌화 시대의 복지와 인권 상황' 또는 '장애서비스 전문직이 어떤 의미에서 인권 전문직인가?' '인권의 관점에서 장애서비스 전문가의 역할은 무엇인가?' 등의 문제를 제기해 보는 것도 의미가 있을 것이며 이러한 기본적인 문제는 이미 관련 문헌을 통하여 해답이 시도되고 있다.[51] 아래의 각주에서 최근 한국에서 출판된 사회복지와 인권 관련 출판물을 인용하였

51 Jim Ife, **사회복지 실천과 인권**(*Human Rights and Social Work*), 김형식·여지영 역(서울: 인간과 복지, 2001). 엘리자베스 라이커트, **사회복지와 인권**, 국가인권위원회 시회복지연구회 역(서울: 인간과 복지, 2008).

는데 이들은 우선 나름대로 사회복지와 인권 간의 관계 정립을 시도하고 있다. 이러한 출판물들이 경쟁적으로 강조하고 있는 것은 다소 늦은 감이 있기는 하지만 복지는 본래 그 영역이 인권 침해에 취약한 빈민, 노약자, 아동, 장애인 심지어는 여성을 포함한 사회 취약계층이기 때문에 인권 침해의 가능과 밀착되어 있음을 상기해야 될 것이며 동시에 인권옹호 전문직으로서, 인권 지향적 전문직으로서의 과제를 명백히 해야 된다는 지적이다. 실제로 사회복지를 예로 들더라도 인권은 사회복지의 이론이나 윤리강령에서 분명히 나타나듯이, 역사적으로 오랫동안 서로 밀접한 관계를 가지고 있었음에도 불구하고 대부분의 전문 사회복지사들에게는 다분히 추상적이고 생소한 분야로 간주되고 있다는 것이 저자들의 견해이다. 이것은 장애서비스 전문가들에게도 해당될 것이다. 그것은 아마도 인권에 대한 과거 우리의 생각이 다소 편협했던 결과일 것이고 막상 사회복지 학술지의 목차를 대충 검색해 보아도 인권에 관한 논문을 접하기는 참으로 어려운 것도 사실이다. 인권, 또는 인권 침해는 과거에는 국민의 일반 사회생활과는 다소 거리가 먼 다분히 제한된 정치적인 의미로 사용되어 왔으며, 인권 침해 하면 수감자의 가족이나 개인의 신상에 관련된 인권 침해, 불법감금, 고문, 불법체류 외국인 노동자의 강제 출국, 정치사범에 대한 억압, 노동조합의 시위에 대한 억압, 경찰에 의한 폭력적 시위 제압 등만을 연상했다. 우리에게는 오랜 세월 동안 독재 정권에 항거하며 극심한 인권의 침해를 받았던 뼈아픈 과거가 있고, 한국의 대통령이 인권투쟁의 공으로 한국 최초의 노벨 평화상을 받았으며 2001년에 '국가인권위원회'가 설립되었으니 사실상 우리는 이미 인권 국가이기도 하다. 그럼에도 불구하고 사람의 피부 색깔이 다수와 다르다는 이유만으로, 여성이라는 이유만으로, 마이너리티라는 이유만으로, 힘이 없다는 이유만으로 그리고 장애를 가졌다는 이유만으로도 차별을 받고 있는데도 그러한 인권 침해 현상을 구체적인 사회복지의 영역으로 인식해 내지 못했다. 최근에 들어서야 겨우 사회복지와 인권에 관한 학회, 세미나, 출판물이 등장하는 것이 그 예이다. 장애서비스 전문가의 경우, 장애인의 복지나 서비스와 관련된 분야에 국한해서 접근을 해왔을 뿐 인권 침해, 인간으로서의 장애인의 존엄성, 편견과 차별, 주류 사회로부터의 배제 등의 문제는 인권의 문제로 인식하지 못했다. 우리가 우리의 장애 분야의 실천적 과제와 인권과의 관계 정립을 소홀히 했던 것은 교육과정과 내용상의 문제와 연계될 수도 있고, 일반 시민으로서 인권에 대한 과거의 편견이나 무관심을 지적할 수도 있을 것이다. 이것이 바로 우리가 처해 있는 상황이기 때문에, 아직도 장애와 인권은 지속적으로 상호의 관계를 정립해야 될 과제

손병돈, 김기덕 외, 사회복지와 인권(파주: 양서원, 2008).

를 안고 있다는 관점을 가지고, 인권 문제로서의 장애, 장애 패러다임의 변화와 인권/사회입법 제도의 개혁이 보다 체계적이고 신속하게 이루어져야 한다.

이 책에서는 기본적으로 사회복지의 인권 실천은 사회복지에 이미 내재된 철학적, 이론적, 제도적(법적) 기반을 실천적 영역으로 확대시켜 사회복지의 정체성을 강화시키는 발전이 이루어져야 함을 주장한다. 동시에 사회복지와 인권의 접목이 보다 체계적이고 신속하게 이루어야 함이 당면 과제라고 주장한다.

2. 사회복지의 가치 기반과 인권

사회복지와 인권 간의 관계 성립은 사회복지의 가치 기반으로부터 시작된다. 학문과 실천 영역으로서의 사회복지 그 자체는 사회문화적 환경과 시대적 발전에 따라 다양하게 변화되어 왔지만, 사회복지가 일관성 있게 표방해 온 가치는 인간의 존엄성, 평등, 자유, 권리, 사회정의 등이었으며 이러한 가치 기반은 사회복지로 하여금 '인권 전문직'이라는 주장을 가능하도록 하였다. 사실상 사회복지는 본질상 인권의 이상을 여러 형태로 실현, 보장해 주는 실천 분야이었던 것이다. 이것은 단순히 우리만의 생각이 아니고 세계적인 추세이기도 하다(국가인권위원회, 2008).[52] 이러한 추세에 대한 이해는 사회복지 실천가들에게는 하나의 도전임과 동시에 인권실무의 중요성을 환기시켜 새로운 생각과 실천의 장을 제공하는데 아래와 같이 정리할 수 있다. 이러한 정리는 새로운 것도 아니며, 인권 관점이 사회복지 교육과정(Human rights perspective and SW Curriculum)에 이미 통합되어 있다는 지적과 인식을 부연 설명하는 것에 지나지 않는다.[53] 사회복지는 인본주의·평등주의 사상에 기초하여, 모든 인간의 존엄성과 가치를 존중하고 천부의 자유권과 생존권의 보장활동에 헌신한다. 다시 짐 아이프(Jim Ife)를 인용하자면,

(1) 사회복지와 인간 간의 관계를 성립시키며 주로 강조되었던 가치로서

① 생명 존중, ② 자유: 억압으로부터의 해방, ③ 평등: 차별하지 않음, ④ 정의, ⑤ 연대책임, ⑥ 사회적 책임, ⑦ 점진적 변화: 평화와 비폭력, ⑧ 인간의 복지와 생태계와의 관계

52 UN Human Rights Center, "Teaching and Learning about Human Rights: A Manual for Schools of Social Work and the Social Work Profession," New York, 1992.

53 국가인권위원회 워크숍, 사회복지와 인권. 2006.

등의 개념이다.[54] 사회복지가 이런 가치를 표방할 뿐 아니라 실천으로 엮어낼 수 있는 전문직으로 그 위상을 인정받도록 해야 될 것이다.[55]

(2) **사회복지 윤리강령과 인권**: 사회복지사윤리강령 윤리기준 26개 항목 중 15개 항목이 클라이언트의 인권에 관한 것이다.

① 한국 사회복지사 윤리강령: 1988년 제정 공포, 2001년 제2차 개정 "사회복지사는 인본주의, 평등주의 사상에 기초하여, 모든 인간의 존엄성과 가치를 존중하고 천부의 자유권과 생존권의 보장 활동에 헌신한다." 여기에서 천부의 자유권과 생존권은 인권의 하위 범주로 해석이 가능하다.[56]

② 미국사회복지사협회(NASW) 윤리강령: 사회복지의 실천은 인권 실천의 과정이라는 점을 재삼 강조하고 있으며 핵심 가치로서 서비스, 사회정의, 인간의 존엄성과 가치, 인간관계의 중요성, 충실, 능력을 포함하며 한국의 윤리강령에서와 마찬가지로 '인권'이라는 개념을 사용하지는 않는다. 그러나 좀 더 자세히 살펴보면 윤리강령의 윤리원칙에는 "사회복지사는 사회적 불공평에 도전한다."는 기준이 있다.[57] 이러한 기준에 대한 해석은 사회복지사는 빈곤, 실업, 차별, 기타 유형의 사회적 불공평을 변화시키기 위해 노력해야 하며, 이러한 활동에는 억압과 문화적, 인종적 다양성에 대한 지식의 민감성을 증진시켜야 한다고 되어 있다. 결국 이러한 노력은 차이의 존중과 다양성에 대한 이해에 기반하지 않으면 불가능하기 때문에 전문직으로서의 사회복지사의 윤리적 책임에는 "인종, 민족, 국적, 피부색, 성별, 성적 지향, 연령, 혼인상태, 정치적 신념, 종교, 정신적 또는 신체적 장애로 인한 어떠한 유형의 차별도 행하거나 이를 묵과, 조장, 협조하여서는 안 된다."[58]는 인권의 원칙을 바탕으로 하고 있다.

③ 국제사회복지사협회(IFSW): 1994년 스리랑카 콜롬보 의원 총회에서 채택된 '사회복지 윤리: 원칙과 표준' 중 사회복지의 윤리적 원칙에 대한 국제적 선언은 "사회복지사는 인권을 존중하고 진작시켜야 된다."는 언명[59]이 있다. 국제사회복지사협회는 "사회사

54 Jim Ife, 사회복지 실천과 인권(*Human Rights and Social Work*), 김형식·여지영 역(서울: 인간과 복지, 2001).
55 Jim Ife, 앞의 책.
56 손병득, 김기덕 외, **사회복지와 인권**, 49.
57 미국사회복지사협회 엮음, **사회복지실천이론의 토대**, 이필환 역(서울: 나눔 문화, 1999), 399.
58 ________________, NASW 윤리강령(2001), 415.
59 손병규, 김기덕 외, 앞의 책, 50.

업이란 사회변동을 추구하며, 인간관계의 문제를 해결하며, 역량강화와 해방을 통하여 복지를 향상시킨다. 인간행동과 사회체계 이론을 활용하여 인간이 환경 속에서 상호작용하도록 개입한다. 인권과 사회정의의 원칙은 사회복지 실무의 핵심이다."(IFSW, IASSW 2001)

(3) **인권 전문직으로서의 사회복지 정체성 제고**: 인권의 문제는 더 이상 법조계, 변호사 등 법학 전문가들, 또는 서구의 전문가들에만 맡겨 놓을 수 있는 성격을 초월하고 있다. 과거에 인권의 문제는 전형적으로 변호사, 학자, 정치가, 외교관, 언론인을 포함한 인권 NGO의 특권층에 속하는 소수만이 관심을 갖는 영역으로 간주되었다. 이 사람들은 전체인구에 비해 본다면 특권층이며 편중된 계층일 수밖에 없었다. 그러나 분명한 것은 인권의 문제를 소수 전문가 계층에게만 맡겨 둘 수는 없으며 저변계층, 빈민, 장애인, 노인 등 인권 침해에 취약한 대상들과 일하는 사회복지사들의 핵심 영역이 되어야만 한다. 사회복지가 포괄적인 의미에서 인권을 옹호해야 된다는 것은 단순히 권리입법, 국제인권헌장 등을 지지하는 것을 초월하며 법적 구조와 절차가 강력하고 독립적이며 법적 구속력을 갖는 '권리협약'과 같은 제도와 입법을 활용하여 압력을 행사해야 하며, 스스로의 인권을 보호할 수 있는 법적 역량(legal capacity)이 없는 계층을 위한 옹호자(advocator)의 역할을 수행해야 한다. 더 나아가서 인권에 관심을 갖는다는 것은 지역사회개발, 적극적이고 참여적인 사회를 만들고 기반이 굳은 공공서비스를 개발하고 독립성과 의존성 간의 균형을 잘 이루는 그러한 사회를 만드는 데 참여하는 것이다. 사회복지는 그 핵심이 인권일 수밖에 없으며, 사회복지에 진정한 관심을 갖는 사람이야말로 인권운동가일 수밖에 없다.[60] 마찬가지로 인권은 곧 사회복지이며 인간의 복지가 바람직하게 보장되고 실현되는 것을 의미한다.

(4) **사회복지와 인권교육**: 사회복지와 인권 간의 정체성 내지 관계성을 성립시키는 것은 어려운 과제가 아니다. 그러나 실제로 어려운 과제는 한국의 사회복지 교육이 얼마나 구체적으로 인권 실천을 위한 교육이 실시되고 있는가의 문제를 제기할 수밖에 없다. 이용교 교수는 이미 2001년에 "인권에 대한 사회복지계의 접근: 성과와 한계"[61]라는 발표를 했는

60 Jim Ife, 앞의 책.

61 이용교, "인권에 대한 사회복지계의 접근: 성과와 한계," 박영란, 이예자 외, **한국의 사회복지와 인권**(서울: 인간과 복지,

데 과연 그 후 얼마나 괄목할 만한 변화가 있었는가를 검토해 볼 여지가 있다.

우선 교재의 출판에 있어서도 가장 괄목할 만한 것은 1992년 제네바 소재 UN Center for Human Rights의 주도로 *Teaching and Learning about Human Rights: A Manual for Schools of Social Work and the Social Work Profession*이 있었고 아마 한국어로도 번역된 것으로 알고 있다. 한국에 이미 잘 알려진 Jim Ife(2001)의 번역서[62] 외에 Elizabeth Reichert의 *Social Work and Human Rights*(2003)[63]가 『사회복지와 인권』[64]으로 번역 출판되었고, 인도에서 2004년 인도의 사회복지교육을 위해 출판된 *Human Rights and Social Work: Challenges and Responses*(A.S. Kohli, New Delhi: Kanishika Pub.)가 있을 뿐이다. 평택대학교에서 『사회복지와 인권』이 출판된 바 있다.[65] 사회복지 영역에서 전 세계적으로 사회복지의 윤리 등 파생적인 주제가 아닌 인권에 관한 총론적 수준의 교재가 총 5권 남짓하다는 것은 사실 우리도 인권에 대하여 '생각'만 할 뿐 구체적인 실천으로 엮어내지 못하고 있음을 잘 말해 준다. 그러나 이러한 출판물이 누구에 의해서 얼마나 적극적으로 활용되고 있는지는 알 수가 없다. 국가인권위원회와 사회복지계, 특히 현장과 그동안의 인권실천 노력을 감안한다면 한국이 뒤지지 않았다는 생각마저 들게 한다. 적어도 인권 주제를 사회복지 교육에 도입하려는 노력의 차원에서 본다면, 한국도 문제가 있지만 선진국들도 활발하게 기여를 한 것처럼 보이지는 않는다. 사회복지 관련 학술지나 학회에 인권과 사회복지에 관한 발표가 거의 전무한 것이나 국내 시장에 나와 있는 2~3권 정도의 서적도 강좌가 개설되었지만 주문되지 않았던 점을 볼 때 사회복지계의 인권교육은 아직도 답보상태에 있다고 추정할 수밖에 없다.[66]

2001) 참조. 인권 교육에 관한 국가인권위원회가 권고안 2007-2011, 국가인권위원회법 제26조〈인권교육과 홍보〉, 일반인의 5.3%만이 인권교육을 받은 경험(국가인권위원회의 2005년 국민인권의식조사), 세계인권교육프로그램(1995-2004), (2007-2007). 2005. 8.5, 제59차 유엔총회 결의안(A/59/113B). 국가인권위원회법 제26조4항〈시험내용〉.

62 Jim Ife, 앞의 책.

63 에리자베스 라이트커, 앞의 책.

64 손병득, 김기덕 외 5명(평택대학교 다문화가족센터 편), **사회복지와 인권**(파주: 양서원, 2008).

65 손병득, 김기덕 외 5명(평택대학교 다문화가족센터 편), 앞의 책.

66 2001년 Jim Ife의 책이 한국에서 번역 출판되도록 주선했던 당사자로서 출판사에게 "인권과 사회복지"의 교과과정과 관련하여 교재로 일정 대학에 납품된 적이 있는지에 대하여 문의를 한 적이 있었다. 물론 대답은 '그런 적이 없다'는 것이었다. 참고로, 2007년 10월 19~20일에 '한국사회복지학회 창립 50주년기념 학술대회'가 있었다. 이 학회에서는 자유주제와 대학원 논문 발표를 포함하여 약 46편의 논문이 발표되었는데, 인권과 사회복지에 관한 것은 단 한 편도 없었다. 계간 사회복지학회지를 무작위로 검색해 보아도 인권에 관한 논문은 찾아보기가 어려웠다.

교육과정

우리에게 잘 알려진 미국의 몇몇 사회복지대학을 무작위로 검색해 보아도 구체적으로 '인권'과 관련된 과정이나 과목을 접하기가 어려웠다. 한 가지 예로 'National Survey of Ageing Curriculum', 'National Survey of Psychiatry Curriculum'은 있었지만 'Human Rights Curriculum'은 검색하지 못했다. 겨우 한두 가지 검색할 수 있었던 것은 'International Master Program with Focus on Social Work and Human Rights' Faculty of Social Sciences, Goeteborg University 정도였다. 다른 하나는 호주의 'Curtin University of Technology' Centre for Human Rights Education[67]에서는 석·박사의 교육과정이 개설되어 있다. 교수진은 대부분 사회복지 전공자들인 반면 다분히 학제적 성격이 강하다고 할 수 있다. 대학마다 차이는 있겠으나 전통적인 평화연구와 인권의 문제에 관한 연구가 공동 개설되기도 한다.

아래의 자료는 한국 사회복지의 인권 교육에 관한 거의 모두를 말해 주는 것이 아닐까 한다.

표 2-1. 2019~2020년도 사회복지학 교과목 지침서 분석 결과[68]

과목명	포함 내용(사회복지학 교과목 지침서 목차 중심)		책임검토 위원(교수)
사회복지개론	교과목 내용	4. 사회복지와 인권 1) 인권과 정의 2) 권리로서 사회복지 3) 인권과 사회복지	오승환(울산대)
노인복지론	교과목 내용	12. 노인인권실천 1) 노인학대의 개념과 이해 2) 노인학대에 대한 사회제도 3) 성인후견인제의 이해	석재은(한림대)
사회복지윤리와 철학	교과목 내용	9. 사회복지사의 사회적 책임과 관련된 윤리적 쟁점 1) 인권지향적 사회복지와 사회복지사의 역할	김기덕(순천향대)
아동복지론	교과목 목표	3. 아동의 권리 1) 아동의 권리와 아동복지 2) 유엔아동권리협약 3) 한국의 아동인권	정익중(이화여대)
장애인복지론	교과목 목표	13. 장애인복지 핵심 이슈 II 2) 장애와 인권 3) 권익옹호와 성년후견	김용득(성공회대)

67 연구자 김형식은 본 Center의 겸임교수임.

68 2019~2020 사회복지학 교과목 지침서, 한국사회복지협의회.

과목명	포함 내용(사회복지학 교과목 지침서 목차 중심)		책임검토 위원(교수)
정신건강론	교과목 내용	15. 인권과 정신건강 1) 인권과 정신건강의 개념과 이슈	성준모(나사렛대)
정신보건 사회복지론	교과목 내용	9. 인권보장과 실천윤리 1) 정신질환자의 인권 2) 차별과 낙인	최영민(백석대)
청소년복지론	교과목 내용	7. 청소년인권과 참여 1) 청소년의 인권: 소수계층청소년, 다문화청소년 등	노혁(나사렛대)
학교사회복지론	교과목 내용	4. 학생에 대한 이해 2) 학생의 인권에 대한 이해	김민정(강남대)
국제사회복지론	교과목 내용	3. 국제사회복지의 지식기반 2) 인권 및 양성평등	김경휘(예수대)
다문화 사회복지론	교과목 내용	3. 다문화 사회복지의 이론적 관점 1) 인권과 문화적 다양성	최혜지(서울여대)
		8. 다문화 사회복지실천 3) 다문화 사회복지실천의 관점 - 인권관점, 강점관점, 역량강화관점	
		14. 성소수자와 다문화 사회복지 1) 성소수자의 인권 실태 및 쟁점	
케어복지론	교과목 내용	2. 케어복지의 이념 2) 인권·윤리 ① 인권의 개념과 차별, 배제 등 ② 인권 관련 법의 내용과 방법 * 국가인권위원회 홈페이지를 방문하기 * TBL에 의한 주변에서 차별과 인권 침해의 사례 찾아 토론하기	조추용(꽃동네대)
사회복지경영론	교과목 내용	5. 사회복지 인적자원관리 3) 사회복지 인적자원의 관리 - 사회복지 인적자원 관리의 기본 원칙: 인간존중과 인권	황창순(순천향대)

위의 제시된 자료를 살펴보면 독립된 '인권 과목'이 아니라 일반 사회복지학 과목 속에 소주제로 다루어지고 있는 현 상황이다. 하지만 고무적인 것은 2006년도 사회복지학 교과목 지침서 분석 결과 6개 과목[69]에 비하면 소주제 속에 인권을 다루는 교과목은 확대되었고 특히 숙명여자대학교 사회복지학과 사회복지 전공 대학원과정[70]에서는 2019년도부터 정책 및 운영기

69 사회복지법제론, 사회문제론, 아동복지론, 사회복지윤리와 철학, 여성복지론, 청소년복지론

70 http://www.sookmyung.ac.kr/policy/4713/subview.do(검색일 2019.03.14)

관 과정에 '사회복지와 인권' 교과목이 개설 예정이고 향후 다양한 석박사 대학원과정에도 많은 인권 과목이 개설되길 고대한다. 그리고 성공회대학교의 '장애와 인권'은 어느 정도 유엔의 권리협약에 접근한다고 할 수 있을 것이다. 참고로 연구자는 일찍이 2010년에 호주의 사회복지 학술지에, 사회복지의 이론적 기반의 한 축으로서 유엔의 권리협약을 신중히 고려할 여지가 있음을 주장한 바 있었다.[71] 구태여 장애인의 권리·인권을 핵심주제로 하지 않더라도 사회복지의 전반적인 과정에서 인권의 주제가 자리를 잡을 수 있다면 상당히 고무적인 흐름이 될 것이다.

국제 활동

국제사회복지사협회(IFSW)도 인권 주제를 사회복지 교육과 실천에 도입하려는 노력을 해 오고 있는데, IFSW Action Plan 2004-2006에서 보더라도[72] 여러 실천 영역에 Action Plan을 제시하고 있지만, 구체적으로 실천에 옮긴 기록은 제시하지 못하고 있다. IFSW의 구체적인 행동계획을 아래와 같이 몇 가지 요약해 볼 수 있다.

- IFSW 인권분과위원회는 회원 국가들을 위하여 행동으로 옮겨야 할 국제적인 인권의제를 규명
- IFSW는 인권분과위원회는 이사국으로 하여금 인권 관련 쟁점에 대하여 입장을 취하도록 독려하고 지원한다.
- IFSW 인권분과위원회는 지역/회원국의 인권 상황과 쟁점을 모니터링하고 매 2년마다 보고서를 제출한다.
- IFSW는 사회복지 업무 실천 과정에서 인권 업무와 관련하여 사회복지사, 실습생 및 해당 복지 인력이 피해/위협을 받게 될 경우 지원을 한다.
- IFSW는 인권문제에 대하여 입장을 취하는 국가/지역 차원의 사회복지 기관을 지지한다.

IFSW는 각국의 인권위원회에 아래와 같은 구체적인 요청을 한 바 있으나 '준비 중'이라는 응답만 있을 뿐 과제가 완성된 것 같아 보이지는 않았다. 그러나 사회복지의 인권실천을 위하여 우리에게도 시사하는 점은 있다. 즉,

- 국가인권위원회는 인권 주제가 사회복지 교육에 포함되도록 최우선의 노력을 한다.

---

71 Hyung Shik Kim, "UN Disability Rights and Implications for Social Work Practice," *Australian Social Work*, 63, 1(2010): 103~116. Online publication date: 05 March 2010.

72 www.ifsw.org/en

- 국가인권위원회는 최우선 과제로서 국제사회사업의 정의와 사회복지 교육에 관한 윤리와 기준에 기반한 인권과 사회정의 교재를 개발하여 개별 사회복지사, 사회복지협의회 회원/회원국에 배포한다.
- 국가인권위원회는 국제 및 지역대회를 통하여 사회복지사들을 대상으로 한 워크숍을 개최하여 인권 관련 관심사를 규명하여 이에 합당한 전략을 세우도록 한다.
- 국가인권위원회는 개별 사회사업가를 위한 '인권의 모범사례'를 개발한다.
- 국가인권위원회는 인권쟁점 때문에 인권을 침해당하는 사회복지사/사회복지종사자들을 대상으로 하는 옹호사업을 우선사업으로 선정하여 지속적인 지원을 하되 필요하다면 국제사면과 협력한다.
- 국가인권위원회는 인권과 사회복지에 관한 Website를 구축하여 인권과 사회복지에 대한 정보를 제공하고, 동시에 IFSW의 활동을 알리는 것을 최우선 과제로 한다.
- 국가인권위원회는 사회복지전공 학생들로 하여금 보다 적극적으로 인권 관련 활동에 참여토록 한다.

IFSW가 사회복지의 인권실천을 강화하기 위하여 노력함에 지지를 표명하면서도 한 가지 문제점은 생각해 볼 여지가 있다. 반드시 Asian Values[73]의 관점에서가 아니더라도, 여러 형태의 인권 선언문과 규약, 제도를 실천으로 엮어 내는 데에는 경제선진국(the North)과 경제후진국(the South)에는 불가피한 차이가 존재한다는 지적이다. 그렇다면 과연 IFSW는 이러한 문제점을 고려하여 행동지침을 제시했던 것인가? 한국 사회보다 구체적으로는 한국 사회복지의 특수한 상황이 실천적 과제를 풀어 나가는 데 장애가 되고 있는가를 검토해 볼 여지가 있을 것이다.

73 Tatsuo Inoue, "Human rights and Asian values," *The Globalization of Human Rights*, Ed. Jean-Marc Coicaud (New York: United Nations University Press, 2003).

3. 인권의 3세대와 복지 패러다임의 변화

- **대한민국 헌법**

  제10조: "모든 국민은 인간으로서의 존엄과 가치를 가지며 행복을 추구할 권리를 가진다."

  제34조 ①: "모든 국민은 인간다운 생활을 할 권리를 가진다."

- **UN 세계인권선언 제22조**: 사회복지가 추구하는 다양한 가치를 함축성 있게 요약해 준다.
  "사람은 누구를 막론하고 사회보장을 받을 권리를 가지며 국가적 노력과 국제적 협조를 통하여 또는 각 국가의 기구와 자원이 허락하는 범위 내에서 그 존엄성과 인격의 자유로운 발달에 불가결한 경제적, 사회적 또는 문화적 권리를 실현하는 권리를 갖는다."

위에 인용한 대한민국 헌법과 UN 세계인권선언 제22조는 사회복지의 구체적 이념이 각각 헌법과 UN 헌장과 얼마나 밀접한 관계를 가지고 있는가를 보여준다. "국가는 개인이 가지는 불가침의 기본적 인권을 확인하고 이를 보장할 의무를 가진다."는 사회적 기본권에 상응하는 이 규정은 모든 국민에 대한 이러한 법적 보장은 시혜가 아닌 권리이며 이는 보다 구체적으로 아래와 같은 사회복지사업 관련법으로서 구체화되었으며 국민연 금, 의료보험, 고용보험, 산업재해 등에서 보듯 한국의 사회입법 발달의 역사에서 이제 사회복지는 시혜의 차원을 넘어선 국민의 권리로 등장해 있음을 볼 수 있다.

오랜 기간 동안 사회복지는 시혜적이고 자선적이며 박애적인 요소만을 강조해 협의의 개념인 복지의 '보완적', '잔여적' 기능이 크게 부각되었지만 이미 헌법은 '제도적' 관점에서 복지를 뒷받침하며 활발하게 사회입법의 발달을 주도해 왔다. 우리는 최근에 특히 2006년 「유엔장애인권리협약」의 채택 이후 사회복지를 뒷받침하는 과거의 여러 사회입법 제정이 단순한 복지문제의 차원을 뛰어넘어 권리의 문제로 재인식되고 발달되는 단계를 거치고 있음을 본다. 여기에서 사회권, 또는 '시민적 권리'의 개념은 모든 국민이 공동체의 완전한 성원이라는 평등한 인간의 관계를 기본으로 하며 공동체의 완전한 성원에게 부여되는 하나의 지위이다.[74] 또한 이 지위는 경제·사회의 관계에서도 개인의 위치나 어떤 신체적 특성에 따라 결정되는 것이 아니라 헌법이 보장하는 것으로서 "국가가 국민에게 최저의 임금과 의·식·주와 교육의 기회를 보장

74 제6장의 논의 참조

하는 것은 자선이 아니라 국민의 권리이다."라는 입장을 천명한다.[75] 분명하게 짚어야 할 점은 사회권은 사회복지와 직접적인 관계를 성립시켜 주며, 우리의 헌법은 이례적일 정도로 구체적이고, 직접적으로 사회복지의 대상이 되는 다양한 사회권을 보장함으로써 "사회연대성에 입각한 복지국가원리를 수용하고 있다."[76] 사회적 기본권의 이념을 바탕으로 하여 사회복지의 근거를 가장 가깝게 규명해 주며 우선 사회연대성을 강조하는 사회권의 범주 속에는 헌법 제10조가 규정하고 있는 인간의 존엄성과 제34조 1항의 '인간다운 생활을 할 권리', 교육권(제31조), 근로의 권리(제32조), 노동3권(제33조), 건강권(제36조 3항), 가족생활 및 보건에 관한 권리(제36조), 행복추구권(제10조), 남녀평등권 등에 대한 규정이 포함된다. 인간다운 생활을 할 권리는 처음 1962년 제3공화국 헌법에 의해서 명시되었다가, 동 규정이 1980년 헌법에서 '국가의 사회복지 증진노력의무'(제32조 2항) 조항이 추가 보완되었고, 1987년에 개정된 현행 헌법은 생활무능력자 보호, 환경권, 국가의 주거생활 개선 노력 의무 등에 대한 세부적인 규정을 통해 구체적인 실천 사항을 제시한 것으로 정리되고 있다. 이러한 헌법상의 규정은 보다 구체적으로 국가와 지방자치단체는 공공부조상의 일정한 사회보장 수급권, 건강보험, 사회보험, 교육, 노동, 기타의 복지 서비스를 제공할 헌법상의 의무를 갖는다.

현재 우리는 사회보장급여법 안에 39개의 다양한 법(률)이 포함된 법체계하의 사회복지법 혜택들을 받고 있다. [그림 2-1]을 살펴보면, 「사회복지사업법」, 특히 23개의 사회서비스법의 재·개정 입법으로 사회보장과 복지 영역을 점진적으로 확대해 가고 있다는 것을 확인할 수 있다.

---

75 김형식, 시민적 권리와 사회정책(서울: 중앙대학교 출판부, 1998).
76 윤찬영, 사회복지법제론(파주: 나남출판사, 2001).

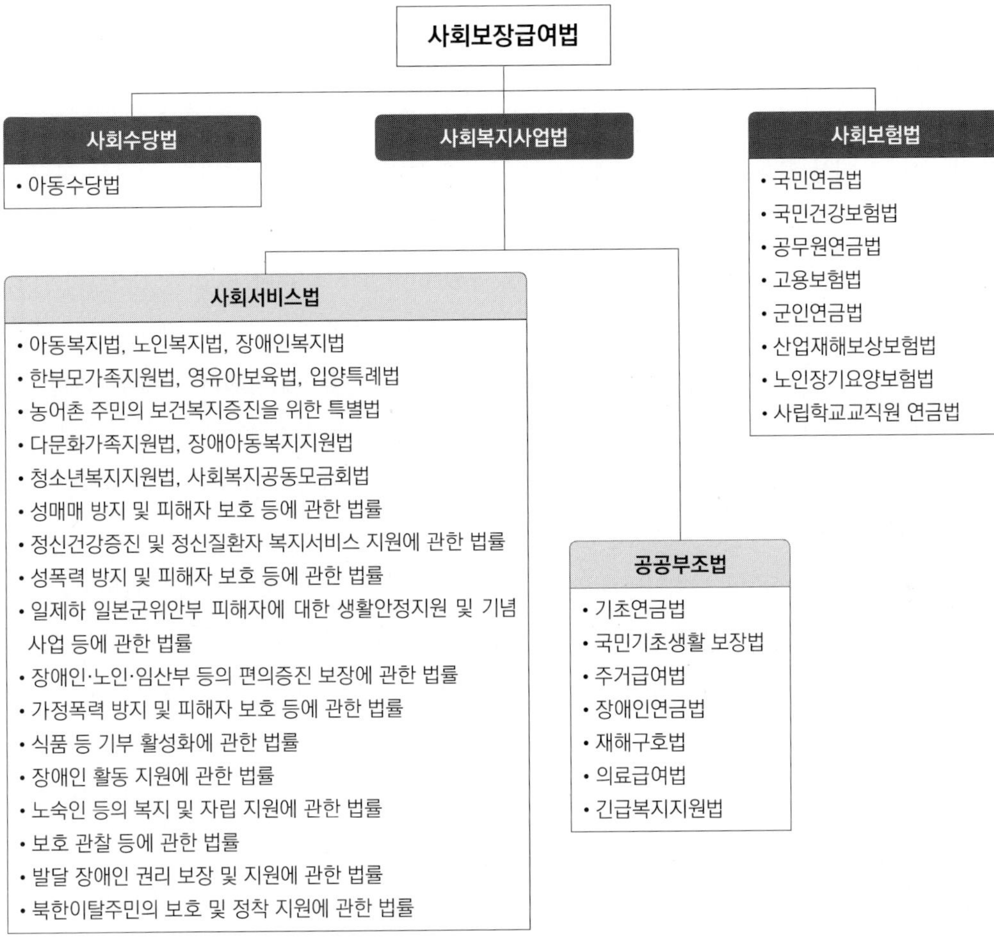

그림 2-1. 일반적 법체계하에서 사회복지법[77]

이러한 사회입법의 발달만을 예로 들더라도 사회복지는 '인권'이라는 개념을 사용하지 않았을 뿐 이미 오래전부터 인권, 보호의 의무시행을 위해 제도적으로 뒷받침해 왔음을 알 수 있다. 아마도 복지-헌법-인권 간의 불가분의 관계는 최근에 와서 인권과 복지에 대한 세계적인 추세가 전통적인 시혜적 복지에서 권리의 개념으로 변화하기 시작하며 사회입법 발달이 보다 중요한 의미를 갖게 된다. 즉, 과거 사회복지의 핵심적 접근이 의·식·주와 같은 '인간의 기본적 욕구 충족'이라는 욕구 패러다임(Needs Paradigm)에서 권리 패러다임(Rights Paradigm)으로

77 사회복지법제론 강의 노트 재구성
사회복지사업법 법령 참조 http://www.lawnb.com/Info/ContentView?sid=L000000202#P2

사고의 전환이 이루어지기 시작한 것인데, 복지수혜 대상자가 생존을 보장받을 수 있는 욕구를 충족해야 된다는 것은 단순한 개인의 능력이나 선택의 문제가 아니라 국가의 책임이 강조되는 기본적인 정의와 권리의 문제라는 인식의 전환이 있었음을 시사한다. 물론 이것은 '욕구'의 개념이 더 이상 사회복지 실천의 핵심적 가치로서 약화시키는 것이 아니며, 국가는 공공의 복리, 사회정의, 사회질서의 유지 등을 활용하는 적극적(positive) 역할을 수행함으로써 복지를 시혜가 아닌 권리로서 인정하여 욕구의 충족을 가능케 하였다. 그러나 헌법, 사회입법의 발달이 욕구 패러다임에서 권리 패러다임으로의 전환을 지지하고 있지만 이러한 패러다임의 변화를 아직도 현실적 구체성을 가진 실천으로 엮어 내지 못했기 때문에 복지의 소극적 개념인 보완적 차원에 기초한 '욕구 패러다임'을 넘어서지 못하고 있다. 따라서 사회복지가 권리 패러다임으로 전환된 실천을 추구해야 되는 것은 인권을 사회복지 실천의 구체적인 가치이며 실천 영역으로 인식하는 아주 중요한 의미를 갖는다.[78]

헌법이 보장하는 각종의 사회입법과 복지 39법이 충실히 시행된다면 적어도 헌법이 보장하는 사회권 실현을 통하여 인권 침해를 최소화할 수 있음을 기대할 수 있다. 여러 사회입법의 제정은 복지의 향상 그 자체만이 아닌 인권 수호의 이상과 밀접한 관계를 가지고 있으며 '시혜'가 아닌 '권리'의 개념을 기본원칙으로 하고 있다. 그렇다면 권리란 무엇인가? 간략히 정의하자면, "권리란 도덕적, 법칙 규칙에 근거한 정당한 요구 혹은 정당한 자격이다."[79] 대체로 권리의 의의를 의사설(意思說), 이익설(利益說), 권리법력설(權利法力說)로 구분하면서 "사회복지법상 권리라 함은 법의 적용을 받는 대상자들을 권리의 주체로 인정하고 사회복지 급여 및 서비스에 대한 이익을 추구할 수 있는 힘을 법이 부여해 준 것"이라는 해석에 주의를 기울일 여지가 있다.[80] 단, 문제는 현실과 이상 간의 괴리와 복지 대상자들이 그들에게 부여된 법적인 힘을 행사하지 못한다는 것, 그리고 사회복지가 달성하고자 하는 복지와 인권 이상의 실현은 자동적이며 순탄한 것이 아니라 사회의 인권에 대한 인식, 제도적 장치, 예산 확보와 자원 등의 맥락 속에서 이해되어야 하는 한계가 있다. 이러한 문제에 대한 포괄적인 이해가 실천을 엮어 내는 선행과제가 될 것이다. 사회복지의 교과과정은 '사회복지법제론'을 통하여 아래서 설명할 인권의 2세대에서 등장하는 복지권/사회권의 개념을 도입한다. 사실 사회복지는 구태여 '인권'의 주제까지는 포용을 못 했다 하더라도 최소한 복지권/사회권에 대해서만이라도 보다 심도 있는

78 제11장 논의 참조.

79 Michael Freeman, 인권이론과 실천(*Human Rights: an interdisciplinary Approach*), 김철효 역(서울: 아르케, 2008).

80 윤찬영, 앞의 책.

접근을 지속시킬 수 있었다면 인권은 이미 사회복지의 든든한 기반이 되었을 것이다. 다시 말하자면, 공민권, 정치권의 발달과정에서 마지막으로 등장하는 사회권(Social Rights)[81] 또는 복지권은 사회복지와 인권을 보다 구체적인 관계로 부상시켰을 것이다. 근대적 사회권은 적극적인 국가의 개입(positive intervention)에 의한 사회보장, 의료보장, 주택, 교육 등 사회적 안전망의 구축을 통해 인간의 존엄성을 보장하고자 했다.

위에서 언급한 '제도적 장치, 예산 확보와 자원' 등의 요구 조건과 인권 실천과의 관계를 인권의 3세대 발전이라는 관점에서 접근해 보자. 입법발달의 차원에서 보자면 한국도 UN의 '경제·사회·문화적 권리에 관한 국제규약'(1968)을 정책에 반영시키기 위한 제도적 기반을 아주 오래전부터 갖추고 있다.

표 2-2. 인권의 다양한 영역과 차원들[82]

	적극적 차원 (자원 투입과 구체적 정책이 필요한 차원)	소극적 차원 (의도적으로 침해하지 않아야 하는 차원)
시민적·정치적 영역 **1세대**	• 사법개혁 • 법 집행 절차 및 교정시설 개선 • 경찰처우 개선 • 선거제도 개선 • 과거 인권 침해사건 조사 및 과거사 정리	• 고문 및 가혹한 처우 • 자의적 구금 • 초법적 살인 및 실종 • 불공정한 재판 • 선거부정
경제·사회·문화적 영역 **2세대**	• 보건 • 복지 • 교육 • 기업 등 사적 주체에 의한 인권피해자 구제	• 보건, 복지, 교육 영역에서의 젠더, 인종, 나이, 언어 등에 따른 차별 관행 및 정책
연대·집단 영역 **3세대**	• 과거사 정리, 진실/화해/배상 • 외채탕감 • 해외개발원조	• 환경 훼손 • 지구 온난화 • 불공정 무역

아직도 일반인들에게는 인권 3세대 개념은 생소하기 때문에 논의가 필요하겠지만(이 논의는 짐 아이프의 저서를 참고하기 바란다.)[83] 요컨대, 제1세대 인권은 흔히 자연권(또는 자유권), 즉 자연적 질서의 일부로서 18세기의 계몽주의와 자유주의적 정치, 철학의 영향을 받아 발달을 본 공

81 사회권과 복지권에 관한 논의는 김형식, **시민적 권리와 사회정책**(서울: 중앙대학교 출판부, 1998); 안치민, "복지권의 구성과 성격" **한국 사회복지학** 55, 55(2003): 5-25 참조.

82 Jim Ife, 앞의 책; 조효제, **인권의 문법**(서울: 후마니타스, 2006).

83 Jim Ife, 앞의 책, 제2장 참조.

민권과 정치권 영역이다. 그런데 초기의 시민적·정치적 권리의 개념은 개인주의적인 요소가 강해서 개인의 존엄성, 공공의 안전성, 여러 형태의 편견, 억압, 고문으로부터의 자유(freedom from) 등으로서 보호를 받아야 할 권리들을 강조했다. 이것을 시민적·정치적 권리를 주축으로 하는 1세대 인권, 또는 부정적 권리(negative rights)라 한다. 반면에, 제2세대 인권(생존권)은 경제·사회·문화적 권리 등을 총망라하는 개념으로서 인간의 잠재력을 최대한으로 실현시키는데 필요한 제반 사회적 지원을 요구하는, 즉 'rights to…'의 요소가 강하다. 따라서 2세대 인권의 실현은 보다 구체적인 국가의 역할을 필수로 하기 때문에 적극적 권리(positive rights)라는 추상적인 표현을 쓰지만 제2세대 인권을 헌법 제10조, 34조와 '사회권'의 개념 등을 부각시켜 사회복지와 연결시켜 고려해 볼 여지가 있다. 사회권은 국가의 적극적인 개입을 요구하고 정당화하기 때문에 사회복지와 직접적인 관계가 있으며 사회권의 확보는 추상적인 프로그램의 규정을 초월하여 사회권이 실정법상 구체화될 수 있도록 의료보장, 기초생활보장 등 공공부조 예산에 대한 예산편성 우선권, 예산 확보, 헌법적·제도적 보장이라는 목표와 맞닿는다. 즉, 국가가 사회권에 포함된 의무를 적극적으로 이행하지 않는 것 자체도 인권 침해가 된다. 2세대 인권이 포함하고 있는 경제·사회·문화적 권리의 실현을 위해서는 학교, 병원, 공공주택, 복지시설, 사회보장제도의 구축, 복지서비스 등을 제공해야 되므로 상당한 국가 차원의 투자를 필요로 한다.

「세계인권선언문」(1948)은 '인권'의 문제를 세계적 관심사로 등장시켰으며 인권의 침해를 세계평화와 안전을 위협하는 요소로 단정하여 국제적인 차원에서 개입할 수 있는 여지를 만들어 놓았지만 인권 침해에 관한 개별 국가의 인권 기준을 준수해야 할 법적 의무(legal duty)를 명시하지 않았다. 결국 이러한 인권 선언이 하나의 '선언문'인가 아니면 '법적 구속력'이 있는 문건인가 하는 취약점이 자유 진영과 공산 진영의 이념적 갈등으로 이어지기도 했다.[84] 이러한 이념적 갈등은 1966년에 채택된 제2세대 인권에 속하는 '시민적·정치적 권리'와 '경제적·사회적·문화적 권리'에 관한 국제협약에서도 잘 나타나 있다. 요컨대 미국, 영국, 호주 등이 주장하는 '자유권' 원칙에 기반한 전자는 '사회주의'의 이상을 담고 있는 후자와는 이론과 실제에 있어서 질적으로 다른 입장에 서 있다. 예를 들면, 후자의 경우는 법정의 판단이 아닌 국가의 개입적 정책을 필요로 하며, 실제적으로 권리 이행을 위해서도 상당한 예산을 필요로 한다. 전자의 경우는 인권위원회(Human Rights Committee)에 의한 판결을 받도록 되었지만 후자는 경제·사회위

84 Robertson, Geoffrey, *Crimes Against Humanity: the Struggle for Global Justice*(Penguin Books, 2006), 30-32.

원회(Social and Economic Committee)에 규약 이행에 관한 보고서를 제출하도록 되어 있다.[85]

2세대 인권에 속하는 '경제적·사회적·문화적 권리' 중 사회권은 사회복지와 밀접히 관련이 있기 때문에 '복지권'의 시각에서 이해는 되지만 일반 대중이나 대중매체에서는 '인권'의 문제로까지는 인식을 못 하고 있다. 열악한 의료/보험 제도와 관련된 문제나 교육의 권리가 박탈당하는 상황을 '인권 침해의 문제'로 인식하도록 하는 것도 사회복지의 과제가 될 것이다. 그러나 최근에 와서 보다 구체적으로는 '성 차별, 장애인 차별, 학력 차별' 등의 분야는 인권적 접근이 이루어지기 시작했다. 그러나 아동의 인권 분야에서도 대체로 총론적·이론적 논의 수준에 그치고 말며, 사회복지실천과의 직접적인 통합은 이루어 내지 못하고 있는 것 같다. 사회복지가 2세대의 인권에 주목하는 이유는 이러한 권리의 실현을 위해서는 비용이 소요되고, 경제 영역에서 국가의 적극적 개입이 요구되고 국가 주도의 사회복지서비스가 필요하기 때문이다. 국가로 하여금 복지예산과 개입을 감소하라는 목소리가 높아지는 현시대적 상황에서는 2세대의 권리가 위협을 받을 수밖에 없을 것이며, 이에 대하여 사회복지는 분명한 입장을 취할 여지가 있다.

마지막에 등장하는 제3세대 인권(환경권)은 20세기의 산물로서 1세대·2세대 인권이 근본적으로 서로 분리된 차원에서 정의된 취약성을 인정하여, 인권의 이해에 있어서 인류의 공동체적인 열망, 즉 평화에의 권리, 생태학적 환경의 보호, 발전권 등 인권의 연대성을 강조한다. 특히, 제3세대 인권은 개개인에게 적용되기보다는 지역사회, 전체 국민, 사회 또는 국가에 해당하는 권리로서 경제개발에 대한 권리, 세계 무역과 경제성장으로부터 혜택을 받을 권리 등을 포함한다. 이 권리들은 부여되거나 획득되거나 실현되는 것이 아니라 보호되고 방어되어야 할 성격의 권리이다.

위에서 살펴본 바와 같이 헌법의 정신에 의한 사회입법의 시대적 발달, UN의 각종 인권협약 국제법의 발달 동향은 복지에 대한 접근이 시혜에서 권리의 패러다임으로 변하여 왔음을 시사해 주고 있다. 사회복지법제론에서 다루는 인권 또는 사회권/복지권의 주제와 사회복지 실천방법론과 사회복지 윤리 등에서 다루는 인간의 존엄성 등은 오래전부터 사회복지의 인권적 실천(Human rights practice)과 밀접한 관계가 있었음을 입증해 준다. 단, 남아 있는 과제는 이러한 기반을 '재발굴'하여 사회복지의 이론과 법 제도적 실천 기반을 강화시켜야 할 것이다.

85 앞의 책, 175.

4. 결론: 실천을 위하여

본 장에서는 사회복지의 가치와 윤리 및 교육 동향 그리고, 한국의 사회입법과 국제 인권법 제도와의 관계를 중심으로 사회복지가 인권의 주제와 얼마나 밀접하게 연계되었는가를 설명하고자 하였다. 아마도 이러한 시도의 장점은 인권 주제, 또는 인권을 지지하는 각종의 국·내외적인 법적 장치가 사회복지의 학문적·실천적 정체성을 더욱 강하게 할 것이라는 점이다.

첫째, 인권과 사회복지의 관계에 대해서는 이미 이론적·철학적 작업을 통해 여러 차례 논의되고 발표되어 두 영역 간의 관계를 성립시키기 위한 역사적 배경, 각 인권의 세대와 사회복지 이념과 실천 간의 관계 등 원론적인 논의는 상당히 진전되어 있다. 연구자의 입장은 이미 이와 같은 원론적인 논의는 이미 수년 전부터 시작된 바 있고 어느 정도 정리가 되어 있기 때문에 이제는 사회복지가 보다 적극적으로 인권 전문직으로 탈바꿈해야 된다는 것이다.[86]

'인권과 사회복지'에 있어서 가장 핵심적인 문제 내지 과제는 실로 말만 무성할 뿐 '실천'은 적어도 사회복지 교육과정상에서는 거의 전무했거나 상당히 느렸다는 점을 인정해야 될 것이다. 때문에, 사회복지가 인권을 주류(Human Rights Based)로 하는 전문직으로 그 정체성을 굳힐 것인가 하는 것의 여부는 아직도 합의를 보지 못한 과제이다. 따라서 이러한 합의를 이루어 낼 의지는 있는가? 사회복지의 교육과정을 권리 패러다임을 주류화하는 방향으로 개편할 의지는 있는가? 이러한 과제를 수행할 인력과 교수진은 확보되어 있는가? 교재 개발과 실천업무의 지침 개발은 어떻게, 누가 주도해야 될 것인가? 하는 문제를 제기한다. 요컨대, 이러한 기본적인 문제에 대한 답이 궁색하다면 한국 사회복지의 인권에 대한 시각은 박태영의 지적처럼[87] 사회복지 영역 가운데서 인권은 특수한 영역, 즉 외국인 노동자, 정신장애인, 일부 시설생활자와 관련된 인권 침해 요소가 많은 영역에 관계하는 자들의 몫으로 여기고 일반적인 영역에서는 인권을 '좋은 생각이나 바람직한 것' 정도로만 생각하고 자신의 업무에 어떻게 적용시켜 나갈지에 대한 생각이나 구체적인 실천은 '미흡'하다는 지적이 아직도 유효할 것이다. 그러나 사회복지의 인권에 대한 이렇게 좁은 시각은 반드시 한국만의 시각이 아니며 선진국의 경우에도 크게 다를 것이 없다는 점을 밝혀 둔다.

둘째, 한국 사회복지계의 노력, 출판, 사회복지와 인권의 접목을 위한 제안, 국제적 동향에 관

86 김형식, **인권과 사회복지**; 이혜원, "사회복지 학과 교육과정과 내 인권교육 도입방안," 인권위원회 주관 토론회(2006. 6. 12.); 이용교, "인권에 대한 사회복지계의 접근: 성과와 한계"; 박영란, 이예자 외, **한국의 사회복지와 인권**. 참조.

87 박태영, "사회복지시설에서의 인권에 관한 소고", **사회복지**, 2002 겨울호, 63.

한 논의를 통하여 사회복지와 인권의 접목은 한국 사회복지계만의 문제가 아닌 다분히 보편적인 과제라는 인식의 확산이 요구된다. 향후의 실천적 과제를 풀어 나가기 위한 근거를 제시하는 차원에서 사회복지가 인권과의 접목을 보다 적극적으로 수용해야 되는 몇 가지 근거로서

① 사회복지 윤리강령의 보다 강화된 실천은 인권과의 접목을 불가피하게 한다.

② 글로벌화 시대에 인간화를 지향해야 되는 사회복지는 인권의 가치와의 불가분적인 관계를 가진다.

③ 인권 침해의 대상이 될 수 있는 취약계층이 가장 집중적으로 많이 몰려 있는 현장이 사회복지 현장이라는 인식의 확산이다.

④ UN의 여러 인권법과 제도는 사회복지 실천을 보완하며 강화시키는 구체적 장치로 인식하여 사회복지의 이론적, 실천적 기반을 강화시켜 사회복지의 위상을 높이도록 해야 될 것이다.

결론으로 사회복지와 인권 간의 접목과 관련된 몇 가지 문제를 제기함에 있어서 2006년에 출판된 제프리 로버츤의 『인권에 관한 문헌(Crimes Against Humanity)』[88] 에 아래와 같은 인권 실천상의 어려움을 인용한다. 그는 이 저서에서 인권실천이 안고 있는 과제에 대해서 언급하면서,

"최근에 인권은 하나의 유행어가 되어 버렸다."
"현 시대는 인권에 대하여 입놀림만 한다."
"인권의 주제는 대체로 추상적이며 구속력에 대한 보장은 아직도 요원하다!"
"인권은 '문화적 상대성'의 관점에서 논의되어야 한다(마하티어)는 억지 같은 주장이 있다."
"인권 논쟁은 '아시아적 가치'의 논쟁으로 인해 퇴색되고 말았다."

한마디로 사회복지도 '인권에 대하여 입놀림만 한다'는 비난의 대상은 되지 말아야 할 것이다.

88 Geoffrey Robertson, *Crimes Against Humanity*(London: Penguin Books, 2006).

제3장

유엔장애인권리협약의 심층적 논의:

자유권 협약(ICCR) 기반 권리 조항(1조~, 23, 29조)

International Disability Rights and Development of Legislation

서론

「유엔장애인권리협약」이 2006년 유엔에 의하여 채택된 이후 2018년 말 무려 177여 개국이 협약을 비준하였지만, 시혜적인 장애인복지에서 권리 패러다임으로의 전환, 그리고 의료적 장애의 접근에서 장애의 사회적·인권적 모델의 접근은 아직도 아주 느리고 먼 길로 남아 있다. 그럼에도 불구하고 이미 177여 개국이 협약을 비준했다는 사실은 의료와 시혜·복지 모델에 대한 도전이 시도되고 있음을 보여준다. 아울러 기존의 여러 유엔 협약이 있지만, 차별금지와 평등을 핵심원칙으로 하는 권리협약이 장애 문제의 법적 관점을 제시한 것은 새로운 접근으로 인정받아야 한다. 본 협약은 설사 유엔의 협약과 같은 국제법의 실제적 이행이 전반적으로 어렵다고는 하나, 협약의 전문 위원으로서 지난 8년간의 관찰에 의하면, 이행의 연구 인지는 해당 국가의 주요 정부 당국자들의 본 협약의 철학과 원칙에 대한 심층적 이해가 매우 부족하다는 것이다. 당사국은 일단 협약에 비준하면 이에 따른 국가의 의무를 이행해야 하는데, 대체로 국가의 의무에 대한 깊은 인식이 부족하다. 그 이유는 협약에 대한 심층적 이해가 부족하기 때문이라는 생각이다. 구체적으로, 일단 「유엔장애인권리협약」을 채택한 국가는 "모든 장애인들로 하여금 인권을 향유하고 기본권을 누리도록 증진, 보호, 보장하도록" 아래의 의무를 준수해야 하는데, 심지어는 이러한 의무의 존재도 모르고 있는 국가들이 허다하다.

- 협약 4조의 국가의무가 명시하는 대로 협약에서 인정한 권리 수호를 목적으로 정책연구, 입법, 행정적 수단을 강구해야 되며 차별의 요인이 되는 규제, 관습, 관행들을 폐기한다.
- 모든 사람은 법 앞에 평등하며, 장애에 기반한 차별을 금지하고, 평등한 법적 보호를 해야 한다(5조).
- 편견과 고정 관념을 퇴치하여 장애인들의 역량에 관한 사회적 인식을 개선한다(8조).
- 장애인들은 타인과 평등하게 삶에 대한 천부적 권리를 향유할 수 있으며(10조),
- 여성과 소녀들의 평등한 권리와 발전을 보장하고(6조) 장애아동들의 권리를 보호해야 한다(7조).
- 장애물과 장벽을 규명하여 제거해서 장애인들로 하여금 환경, 교통, 공공시설 및 각종 통신수단에 접근할 수 있도록 한다(9조).
- 장애인들로 하여금 재난, 재해, 분쟁, 인도주의적 위기 상황으로부터 보호받고 안전하도록 장치를 갖추어야 한다(11조).
- 재산, 자산관리, 은행 융자, 신용 담보 등에서도 평등한 접근이 가능하도록 권리가 보장되

어야 하고(12조), 타인과 평등한 조건으로 사법권이 인정되어야 하며(13조), 불법 또는 인위적으로 장애인들의 권리와 자유가 박탈당하지 않도록 한다(14조).

- 타인과 동일하게 장애인의 신체적, 정신적 온전성을 보호하며(17조), 고문, 비인간적 처우 또는 처벌로부터 보호하며, 당사자의 승낙 없이 의료 또는 과학적 실험을 금한다(15조).
- 착취, 폭력, 권리 침해로부터 보호하도록 보장하며, 권리 침해를 당했을 경우 국가는 침해를 조사하고 피해자를 구제, 재활하여 정상을 회복토록 한다(15조).
- 장애인으로 하여금 독립된 생활을 하며, 지역사회에 포함되고 어디서, 누구와 함께 생활하며 재가 시설 또는 지역사회 서비스를 이용하도록 한다(19조).
- 동시에 개인의 이동성을 보장해 주고 이동기술, 이동기구 등 필요한 지원을 제공한다(20조).
- 장애아동들도 동등한 권리를 가지며 아동의 최대이익에 도움이 된다는 당국의 결정이 없는 한 장애를 이유로 부모와 격리시킬 수 없다(23조).
- 일반인들이 접근하는 정보 매체에 접근할 수 있도록 점자, 브레일, 수화 등 각종의 통신매체에 접근 가능토록 하며, 대중매체와 인터넷으로 하여금 접근 가능한 매체를 활성화하도록 독려한다(21조).
- 장애인들이 임의적 또는 불법으로 사생활, 가정생활, 서신 왕래나 의사소통의 방해를 받지 말아야 한다. 그들 개인적 사유, 건강, 재활에 관한 정보도 타인과 마찬가지로 보호되어야 한다(22조).
- 결혼, 가정, 개인관계 등에서도 차별은 철폐되어야 하며, 장애인도 부모가 될 수 있으며, 결혼하고 가정을 이루며, 자녀 산출의 시기를 정하는 일, 가족계획, 교육을 받을 수 있는 평등한 기회를 누려야 하며, 보호자, 후견인으로서 아동을 입양할 권리를 가진다(23조).
- 초등·중등 교육, 직업훈련과 성인 교육과 평생 교육에 평등하게 접근할 수 있는 권리를 보장하고, 지원이 필요한 아동들은 지원을 해야 되고 시각·청각 장애학생은 수화와 브레일에 익숙한 교사로부터 가장 적합한 의사소통 방법으로 교육받을 수 있다. 장애인들은 교육을 통하여 사회에 참여하여 그들의 존엄성을 높일 수 있고, 퍼스낼리티, 능력, 창의성을 발전시킬 수 있다(24조).
- 장애로 인한 차별을 받지 않고 최상의 건강을 유지할 수 있어야 한다. 타인과 동등한 범위와 수준의 의료서비스를 무상 또는 저렴한 비용으로 제공받을 수 있으며 장애로 인한 서비스를 의료 보험 등의 이유로 차별받지 않고 제공받아야 한다(25조).
  - 개발도상국의 장애인 중 2%만이 기본 의료와 재활서비스를 접근할 수 있다.

- 80%의 장애인들은 지역사회 내에서 그들의 의료 욕구를 충족시킬 수 있으며, 20% 정도만 전문가의 도움이 필요하다.
- 개발도상국 장애인들의 0.1% 이하만 필요한 적절한 서비스를 받는다.
- 5세 이하 아동의 사망률이 20% 이하로 감소된 국가에서도 장애아동의 사망률은 80%에 달한다.
- 간질 환자 5천만 명 가운데 80%는 개발도상국에 있으며 치료비는 매년 U$5 이하이다.
- 휠체어가 필요한 2천만 명이 휠체어가 없다.

● 종합적인 가활(habilitation), 건강, 고용, 교육 등의 재활 서비스를 제공함으로써 최대한의 독립과 능력을 발휘할 수 있도록 한다(26조).

● 장애인들도 노동으로 생활할 평등한 권리가 있으며, 취업과 활동상의 차별을 금지하며, 자영업, 공공기관과 사기업에 차별받지 않고 취직할 수 있도록 하며 필요하다면 '정당한 처우'를 받도록 한다(27조).

● 적절한 생활수준을 누려야 할 권리와 보호를 인정하며, 장애와 관련된 공공주택, 서비스, 빈곤으로 인한 비용을 지원할 의무를 포함한다(28조).

● 정치 및 공공 생활, 투표권, 피선거권, 공직에 취업할 권리를 갖는다(29조).

● 문화생활, 여가, 운동, 공연 등에 참여하도록 하며, TV 접근이 가능한 문화 프로그램, 영화, 연극, 도서관, 박물관 등의 문화적 자료를 접근 가능케 하며, 자신들뿐만 아니라 온 사회를 위해서 그들의 창의적 잠재력을 활용토록 한다. 장애 전용 및 주류화 체육 활동에 참여하게 한다(30조).

● 권리협약을 이행함에 있어서 국제협력이 장애 포괄적이고 장애인들의 접근을 보장해야 한다. 정보와 경험, 훈련 프로그램, 모범 사례들을 공유함으로써 장애인들의 역량 강화를 추구한다(32조).

● 분명히 권리협약의 이행에 따른 모니터링이 이루어지도록 정부에 연구 부서를 설치하고 국가 차원에서 권리협약 이행의 모니터링이 이루어지도록 한다(33조).

따라서 본 장에서는 보다 심층적 분석에 기반한 협약의 각 조항에 대한 논의를 시도한다. 이미 본서의 서론 부분에서 이 연구를 집필하는 이유 네 가지를 구체적으로 밝힌 바 있다. 핵심적으로 본서에서는 장애인들이 '장애' 그 자체가 아니라 '차별'이 문제이며, 이로 인해 고통받는다는 것을 핵심주장으로 제시한다. 실로 장애인 차별의 문제는 본 협약의 여러 조항 속에 마치 금맥처럼 요소요소에 흐르고 있는 주제이기도 하다. 협약의 대체적인 구성은 제1~23조와 제29조는 자유권(ICCPR), 제24~28조와 제30조는 사회권(ICESCR)에 근거하고 있다. 본 장에서는 하나의 연구의 틀로서,

- 과연 이 두 협약에 나타난 권리의 양분화는 어떤 의미를 가지는가?
- 본 권리협약은 어떻게 이 양분화된 권리 논쟁에 기여하는가? 하는 문제의식을 가지고 접근한다.

간혹 학자들 간에는 본질적으로 사회권(ICESCR)은 열망, 희망적이며, 자유권(ICCPR)은 타당한, 실현 가능한 것이라 주장한다. 그러나 연구자는 사회정책 연구 전공자로서 실제로 국가의 제도적인 기반과 예산을 필요로 하는 사회권 실현에 더 관심이 많고, 실현 가능한 것으로 만들어야 된다고 생각한다. 하지만, 교육과 같은 사회권은 다소 애매하고 개념 정의도 어려워 실제로 국가가 이행하기 어렵다고도 한다. 과연 그런가? 실제로 장애인의 차별에 따른 다양한 문제, 예를 들면 접근성, 이동성 등과 관련된 차별의 문제는 경제·사회·문화적 권리의 이행과 직결되기 때문에 권리의 양분화는 큰 의미가 없다. 한 가지 예로서, 위원회의 일반논평(General Comments)에서는 협약 제19조의 독립생활과 완전 통합(Inclusion)은 자유권과 사회권이 함께 적용되어야만 실현될 수 있는 규범으로 설정하고 있다. 좀 더 심층적으로 들어가 지난 10년간 협약위원회에서 각 심의 대상국가에 대한 '최종견해', '일반논평', '여러 선택의정서 판례'를 통하여 권리의 이중성을 지속적으로 그리고 반복적으로 문제시해 왔음을 알 수 있는데, 이것은 관심 있는 대학원 학생의 연구주제로 제시할 만하다. 제5조 '차별'에 대해서는 이미 본서의 서론에서 자세히 설명한 바 있다. 서론을 진부하게 한 것은 이 장에서의 목적은 「유엔장애인권리협약」의 법리학적(jurisprudence) 차원의 심층적 이해의 중요성을 강조하기 위함이다. 참고로, 이 연구의 독자들은 유엔 협약의 각 조항의 내용을 알고 있어야 하는데, 여의치 못하다면, 영문 원본이나 번역본을 참고해야 할 것이다.

제1조 목적[89]

> 이 협약의 목적은 장애인의 모든 인권과 기본적인 자유를 완전하고 동등하게 향유하도록 증진, 보호 및 보장하고, 장애인의 천부적 존엄성에 대한 존중을 증진하는 것이다.
>
> 장애인은 다양한 장벽과의 상호작용으로 인하여 다른 사람과 동등한 완전하고 효과적인 사회 참여를 저해하는 장기간의 신체적, 정신적, 지적, 또는 감각적인 손상을 가진 사람을 포함한다.[89]

위에 인용한 제1조에서 협약의 목적은 모든 장애인의 인권을 보호, 증진시키기 위함이며 그들의 '천부적 존엄성'을 존중하기 위함이라고 명기한다. '모든 장애인'이라는 개념의 해석은 협약 전문의 (마)항을 근거로 하는데, 여기에 따르면 세세한 '손상'의 범주를 명기하지 않음으로써 협약위원회로 하여금 적절한 원칙이나 새로운 상황을 고려하도록 했다. 즉, 장애의 범주는 폐쇄적이 아니며 장애의 점진적 발생 개념은 협약위원회의 법리가 된다. 즉, 전문에서 장애의 '점진적 발생(an evolving concept)'의 개념은 "장애란 손상을 가진 사람이 여러 환경장애, 태도 등과 상호작용하여 타인과 완전 평등한 위치에서 효과적이고 완전한 참여를 의미한다." 이런 관점에서 본다면 한국의 장애등급제는 협약의 기본원칙에 위배되는 것이며, 법률 개혁을 통하여 모든 입법과 조화를 이루어 장애의 주류화를 이루어 내야 한다. 실제로 당사국들을 대상으로 하는 많은 심의 과정에서 상당수, 아니 거의 대부분의 국가들이 의료적 접근, 또는 WHO가 ICF에서 밝힌 의료적 개념을 가지고 접근하기 때문에 심의 초반부터 진통을 겪는다. ICF에 의하면, '기능'의 개념은 신체의 모든 기능, 활동과 참여를 모두 포함한다. '장애'는 손상, 활동 제한 혹은 참여 제한을 모두 아우르기 때문에 한 개인의 건강상태와 개인적 요인, 그 사람이 생활하는 환경과의 외적 요인을 포함하는 복잡한 결과로 이해한다. 특히, 법률 개혁이 강조되는 것은 법률 개혁을 통해서만 장애인들의 권리 보장의 실현 가능성을 강조하기 위함이다. 따라서 세계적인 장애운동의 주류는 장애인들을 환자나 특별한 케이스로 간주하는 각종 입법의 개혁 내지 철폐를 주장하고, 일상생활에서 평등하게 사회참여를 할 수 있도록 모든 환경의 장벽을 제거하는 입법을 하도록 요구했다. 따라서 제4조 (가)에서는 "이 협약에서 인정하는 권리의 이행을 위하여 모든 적절한 입법적, 행정적 및 기타 조치를 채택할 것" 그리고 (나)에서는 "장애인에 대한 차별을 구성하는 기존의 법률, 규칙, 관습 및 관행을 개정 또는 폐지하기 위하여 입법을 포함한 모든 적절한 조치를 취할 것"을 명기하고 있다.

89 본서는 외교통상부 번역본의 『유엔장애인권리협약』을 사용한다.

두 가지 논의가 요구된다. 첫째는 장애의 개념이며, 두 번째는 헌법의 개정이다.

선택의정서의 판례: 장애의 개념

선택의정서를 통해 올라온 사례 중 백색증(albinism)으로 고통받는 'X vs 탄자니아'는 협약위원회가 전문 (마)를 적용하여 판결을 내린 좋은 예의 하나이다. 백색증은 아주 희귀한 비전염성이며 유전적으로 전해지는 것으로서 인종이나 지역에 상관없이 세계 어느 나라 사람에게 발생할 수 있는 현상이다. 장애의 인권적 접근은 '장애의 다양성을 인정'하여 권리협약 전문의 (자)와 전문의 (마)가 한 개인의 손상이 환경과 태도의 상호작용으로 장벽을 형성하는 것을 인정한다. 따라서 위원회는 백색증은 협약의 제1조에 근거하여 장애로 결론을 내렸다. 협약 제1조와 전문의 (마)는 장애인은 분명히 법의 소유인이며 이러한 법은 불가분적이며 박탈당할 수 없다. 제1조에서는 소위 '장애인의 개념'을 제시하지 않으며 단순히 "장애인은 다양한 장벽과의 상호 작용으로 인하여 다른 사람과 동등한 완전하고 효과적인 사회 참여를 저해하는 장기간의 신체적, 정신적, 지적, 또는 감각적인 손상을 가진 사람을 포함한다."로 되어 있다. 권리위원회는 'X vs 탄자니아'의 사례에 대하여, 당사국이 협약의 제5, 7, 8, 15, 16, 17조를 위반한 것으로, 관련 사항을 예방, 보호, 조사할 수 있었던 사안이므로 제4조와 제24조를 아울러 위반한 것으로 판정하였다.

우리는 여기에서 '권리협약'은 초기부터 아예 장애나 장애인의 개념 정의를 피했다는 사실에 주목해야 한다. 만일에 그렇게 하지 않았다면 장애의 의료 모델에 대해 문제 제기를 하지 못하는 등의 불필요하고 예기치 않은 상황에 부딪혔을 것이다. 동시에 이러한 열린 접근은 인권을 기반으로 장애에 접근함에 있어서 손상에 따르는 어떤 핵심 경험을 분석하거나 열거할 필요를 차단한다. 동시에 손상을 가진 개인의 경험과 환경 간에 어떤 상호작용을 통하여 어떻게 차별이 발생하는가에 대한 이해도 불필요하게 한다. 유엔에서 협약을 협상하던 당시에도 연구자가 적극 참여하였던 '장애협의체(IDC: International Disability Caucus)'도 어떤 형태로든 장애의 정의를 반대했다. 참고로 '최종견해'에서 위원회는 협약 제1조에 근거하여 '장애 예방'을 지지하는 어떤 정책연구도 용인할 수 없음을 명기했다. 그 이유는 바로 예방정책연구는 곧바로 의료적 접근에 기반한 것이며, 본 협약의 경계를 벗어난다. '장애의 예방'은 장애인은 의료적 치료나 개입을 필요로 한다는 전제를 깔고 있다. 이러한 이유로, 위원회는 초기부터 이 문제를 집요하게 심의했으며, 당사국들로 하여금 '장애 예방'에 관한 입법개혁과 정책연구를 변경하도록 강력히 권고하였다. 참고로, 권리협약 제1조의 장애의 개념과 관련하여 의료 모델이 각 당사국의 보고서에 크게 부각되고 있는데, 최종견해를 통해 피력된 한국 정부에 대한 권고 사항

을 살펴보자.[90]

- 위원회는 「장애인복지법」이 장애에 대한 의료적 모델을 나타내고 있음에 우려를 표한다.
- 위원회는 당사국이 「장애인복지법」을 검토하고, 동법을 협약이 지지하는 장애에 대한 인권적 접근과 조화시키도록 할 것을 권고한다.
- 위원회는 「장애인복지법」에 따른 새로운 장애판정 및 등급제도가 서비스 제공에 있어서 의료적 평가에만 의존하고, 장애인들의 다양한 욕구를 고려하거나 정신장애인을 포함한 모든 장애인들을 포괄하지 못하고 있음에 우려를 표한다. 위원회는 동 제도가 결과적으로 장애등급에 따라 장애인들의 복지서비스 및 활동보조서비스의 대상자를 제한하고 있다는 것에 우려를 표한다.
- 위원회는 당사국이 「장애인복지법」에 따른 현행 장애판정 및 등급 제도를 검토하여 장애인들의 개별적 특성, 상황 및 필요에 부합하도록 보장하고, 복지서비스 및 활동보조서비스가 정신장애인을 포함한 모든 장애인들에게 그들의 필요에 따라 확대 보장될 것을 권고한다.

한국의 국가보고서에 대한 권고 내용이지만, 한국 외에도 많은 당사국들이 거의 예외 없이 지적받는 문제라는 것을 분명히 밝혀 둔다. 그렇다면 한국의 '장애판정'은 무엇이 문제인가? 아니, 약 30여 년 동안 장애인복지정책 및 실천현장의 근간을 이루어 왔던 '장애등급제'의 폐지가 2019년 7월 1일부터 시행되는 본질적 의미는 무엇인가? 목원대학교의 김동기 교수는 아래와 같이 주장한다. 즉, "기본적으로 장애등급을 폐지한다는 것은 장애인복지정책에 있어서 근본적인 변화를 의미하는 것으로, 이는 단순히 등급 그 자체를 없애거나 등급을 대체하는 대안적 성격의 새로운 기준을 제시하는 수준의 지엽적인 변화를 의미하는 것이 아프니다. 즉, 장애인복지정책 전반에 걸쳐서 일어나는 본질적이면서 혁신적인 변화를 의미하는 것으로 그동안 장애등급제가 담당해 왔던 절대적 역할과 그 의미를 거부하는 것이다. 첫째, 장애등급제를 폐지한다는 것은 장애인의 인권, 즉 인간으로서의 존엄함을 보다 적극적으로 인정하는 것을 의미한다. 즉, 장애인이기 전에 사람인 장애인에게 등급을 매겨 등급을 기준으로 서비스를 제공한다는 발상 자체가 반인권적이기 때문이다.[91]

---

90 장애인권리위원회의 대한민국 최초 보고서에 대한 최종견해(권리협약/C/KOR/CO/1). 2014년 9월 17일과 18일에 개최된 제147·148차 회의

91 김동기, "'장애인=특수집단' 사회를 거부해야 한다. [좋은나라 이슈페이퍼] 장애등급제 폐지: 의미와 현실, 그리고 그 다음 미래," 프레시안, 2019.04.15. 13:59:30.

위의 주장에서 장애인의 인권이 강조된 점을 우리는 주목해야 한다. 그러나 의료 모델보다는 인권의 모델/개념을 추구하는 것이 권리협약의 원칙이며 철학임에도 불구하고, 한국 정부가 지적받은 것과 유사한 최종결론이 많다. 중국의 예도 그러한 경우이다.

- 본 위원회는 장애의 개념 정의와 이후 계속되는 장애 관련 언어와 담론에서 장애의 의료 모델이 광범위하게 사용됨과, 본 권리협약이 지향하는 장애의 인권 개념을 기반으로 하여 협약의 모든 영역에 명시되어 있는 장애인의 실제적 평등을 실현하고자 하는 총체적이며 일관성 있는 장애 전략이 부족하다는 점에 우려를 표한다. 동시에 위원회는 중국장애인 연합회(China Disabled Persons' Federation)의 외곽에서 활동하는 장애인 당사자 대표 단체들이 본 협약의 이행에 참여하지 않음에도 우려를 표한다.[92]

두 번째의 논의로서, 위의 (나)에서 '기존의 법률…을 개정 또는 폐지하기 위하여 입법을 포함한 모든 적절한 조치를 취할 것'을 명기하고 있는데, 실제로 심의 과정에서는 권리협약의 이행에 부합하도록 당사국의 헌법을 수정하는 예가 적지 않다. 구체적인 사례로 스페인의 헌법 개정을 들 수 있다. 스페인의 헌법 49조는 본래 장애인과 같은 사회적 약자의 권리를 보호하기 위함을 목적으로 하였다. 그러나 40년이 경과한 시점, 특히 2006년 유엔이 채택한 권리협약의 이행을 위해서는 법률용어, 언어, 49조 전반의 구조적 변경 등 대폭 수정이 불가피하였다. 우선 49조는 장애인의 개념을 'people with disabilities'로 하여 법률용어를 현대화하며 헌법의 가치를 보존함과 동시에 장애인의 천부적인 권리를 인정하였다. 둘째로, 다각적인 방법으로 장애의 문제를 해결할 수 있도록 법률을 네 개의 차원으로 변경하여 장애인의 권리를 보호하고자 했다. 셋째로, 헌법 49조가 내포하고 있는 영역을 장애인의 권리 보호를 강화하고, 본래의 의료적 장애의 개념을 삭제하였다. 새 법률 용어는 모든 차별로부터 자유롭고 평등한 시민으로서의 장애인, 그리고 공공 행정 집행자들로 하여금 장애인의 자율권과 사회적 통합이 이루어지도록 할 의무가 있으며, 모든 정책은 장애인 자신들의 선호와 선택이 존중되도록 해야 한다고 명기했다. 아울러, 모든 정책연구와 프로그램 개발에 있어서 장애인 대표단체에 자문하고 그들을 참여시킬 것을 강조했다. 특히 49조는 취약 계층에 속하는 장애여성과 소녀들의 권리를 소홀히 취급하지 않기를 주문했다.[93]

---

92 중국의 최종견해, 2012. 9, 17~18.

93 전 권리위원이며 잘 알려진 Spain Once 재단 이사장 Ana Peláez Narváez와의 전자우편 교환 내용, 2018. 10. 26.

제1조의 논의에서 중요한 것은 '장애의 개념'과 헌법을 비롯한 관련 입법의 개정과 폐지이다. 장애의 개념은 전통적인, 특히 의료 모델과 관련된 것인데 이 주제는 이미 제1장 권리협약의 인권기반에서 충분히 논의되었으므로 참조하기 바라며, 이 부분은 생략한다.

제2조 여러 개념의 정의

> 이 협약의 목적상, "의사소통"이란 문어·음성언어·단순 언어, 낭독자 및 접근 가능한 정보통신 기술을 포함한 확장적이고 대안적인 의사소통의 방식, 수단 및 형식뿐만 아니라 언어, 글자표시, 점자, 촉각을 통한 의사소통, 대형 인쇄, 접근 가능한 멀티미디어를 포함한다. (이하, '외교통상부 번역본의 '유엔장애인권리협약' 참조)

제2조에서는 협약의 기반을 구성하는 커뮤니케이션, 차별, 정당한 처우, 유니버셜(보편적) 디자인 등 여러 개념을 정의한다. 이러한 개념들은 위와 같은 개념 속에 내포된 인권기준을 실제적으로 달성하고자 한다. 즉, 일상의 생활에서 장애인들이 당면하는 상황에 대처하기 위함이다. 제5조의 '평등과 비차별'에서 '차별과 정당한 처우'에 대하여 상세히 논의하겠지만, 이러한 개념들은 장애인 및 장애인 단체에 의하여 정당하게 소유되어 있다는 것을 의미한다. 제2조의 이러한 개념들은 협약에 명시된 의무를 국가들이 얼마나 성실히 이행하는가를 측정하게 하도록 하는 가치가 있다. 구체적으로 권리협약의 (바)는 이 협약 제2조가 규정하는 바와 같이, 장애인의 특별한 필요를 충족시키기 위하여 가능한 최소한의 개조 및 최소한의 비용이 요구되는 보편적인 디자인 제품, 서비스, 장비와 시설에 대한 연구 및 개발을 시행 또는 촉진하며, 이들의 유용성과 사용을 촉진하고, 표준 및 지침의 개발 시 보편적인 디자인을 촉진할 것. (사) 적정한 비용의 기술에 우선순위를 두어 장애인에게 적합한 정보와 통신기술, 이동 보조기, 장치 및 보조기술을 포함한 신기술의 연구와 개발을 시행 또는 촉진하고, 그 유용성과 사용을 촉진할 것 등을 국가에 요구하고 있다. 차별의 개념과 함께 위의 개념들은 2008년 이후부터 유효성을 발생하기 시작했고, 특히 차별의 원칙은 자유권과 사회권 영역을 확산시키기 위해 적용되었고 경제, 사회, 문화적 권리(사회권)의 영역에서 정당성을 크게 확보해 나가고 있다.

구체적인 예로서, 제2조의 '합리적인 편의제공'의 의미를 선택의정서에서 심의한 몇 가지 판례를 중심으로 심도 있게 살펴보자.

'합리적인 편의제공'이라 함은, 다른 사람과 동등하게 장애인에게 모든 인권과 기본적인 자유의 향유 또는 행사를 보장하기 위하여, 그것이 요구되는 특별한 경우, 과도하거나 부당한 부담을 지우지 아니하는 필요하고 적절한 변경과 조정을 의미한다.

선택의정서 판례 1: 호주의 사례

Gemma Beasley vs Australia의 사례는 원고가 청각 손상이 있어서 호주 수화로 의사소통을 해야만 했다.[94] 젬마(Gemma)는 뉴사우스웨일스 주 고등법원에 배심원으로 출두하라는 통지를 받았다. 청각 손상으로 수화통역이 필요하다는 전갈을 받은 법원은 배심원으로부터 배제할 수 있도록 의사의 진단서를 보내라는 요청을 받았다. 그러나 젬마는 여러 차례 배심원의 역할을 수행할 수 있다고 통보했으나 그녀의 요청을 기각했다. 젬마의 주장에 따르면, 당사국의 거부는 청각장애인은 효과적으로 배심원의 역할을 수행할 수 없다는 결정을 했다는 것이다. 배심원의 역할 수행을 위해 호주 수화통역원을 이용하는 것은 '합리적인 편의제공'에 해당하지 않는다는 것이 법정의 견해였는데 그 이유는 수화통역을 사용한다면 청각장애인 배심원은 법정의 의사소통을 충분히 이해하지 못할 것이라는 것이다. 젬마의 요청을 기각한 것은 청각장애인과 수화통역사가 피고의 공정한 재판을 타협으로 이끌어 갈 소지가 있다는 것이다. 12명의 배심원에 통역사가 포함되면 13명 배심원 상호의 신뢰를 강조하는 관습법에 위배된다는 것이다. 더 나아가, 통역사가 있음으로 인해서 법 절차의 진행에 그만큼 더 시간이 소요된다는 지적이었다. 당사국 호주는 제13조는 장애인으로 하여금 법정 접근을 인정하는 것에 국한되므로, 젬마의 주장은 제13조의 범위와 권한을 초과하는 것이라고 주장했다. 당사국은 또한 장애인의 사법에의 접근 권리는 통역사를 동반하는 것과 같은 다른 형태로 접근하는 것을 용인하는 것이 아니라고 주장했다. 이 점에서 당사국은 권리협약의 예비 작업(travaux preparatorie)에 준해서 '직접 및 간접 참여'는 사건의 증인들에게만 적용된다고 주장했다. 또한 당사국의 주장은 배심원들은 협약 제13조 1항 "1. 당사국은 장애인이 조사와 기타 예비적 단계를 포함한 모든 법적 절차에서 증인을 포함한 직접적 및 간접적 참여자로서의 효과적인 역할을 촉진하기 위하여, 절차적 편의 및 연령에 적합한 편의의 제공을 포함하여 다른 사람과 동등(평등)하게 사법에 효과적으로 접근할 수 있도록 보장한다."에 포함되지 않았다고 주장했다. 더구나 통역 서비스를 활용하는 것은 부수적인 비용을 가중시키며, 재판의 기간을 지연시키게 된다는 주장도 덧붙였다.

위와 같은 당사국의 주장에 대하여 원고인 젬마는 당사국의 주장에 동의할 수 없으며, 그녀의 효과적인 사법에의 접근은 협약이 명시한 절차적 수용에 부합한다고 하였다. 또한 그녀의 요청인 수화통역은 '합법적 처우'로서 권리협약 제5조 3항에 명시된 국가의 의무에 준한다고 지적했다. 장애인의 절차적 수용과 합법적 처우는 동일한 개념이 아니다. 우선 젬마의 경우 절차적 수용은 당사국으로 하

---

94 Gemma Beasley vs Australia. 2016. 권리협약/C/15/D/11/2013.

여금 해당 법을 폐기하거나 개정하여 수화통역사로 하여금 청각장애인이 법정에 출두하도록 통역사가 필요하다는 것을 선서토록 하면 된다.

이러한 선서를 통해서 통역사가 13번째의 배심원으로 간주된 것을 피할 수 있다. 다른 한 면은, '합법적 처우'의 제공은 단순히 통역사가 청각장애인을 위해 참석토록 하면 된다. 젬마의 경우 그러한 약간의 조정이 필요 이상으로 법정에 부담을 가했다. 그러나 권리협약 제13조에서 명기하는 절차적 편의 및 연령에 적합한 편의의 제공은 당사국에 분명한 의무를 지워 주며, 필요 이상의 부담 테스트에 해당하지도 않고 권리협약 제5조에도 명시되어 있다. 협약 제13조는 자유권협약의 명기사항이기도 해서 이 당사국 의무는 지체 없이 이행되어야만 한다.

권리협약위원회는 당사국의 주장을 기각하며 젬마의 진정에 동의했다. '효과적인 사법접근'은 일반적인 사법에의 접근을 의미하며, 협약 제13조 1항이 의미하는 '간접 및 직접 참여자'는 배심원을 배제하는 형태로 해석될 수 없다는 것이다. 당사국은 장애시민들로 하여금 '직접 및 간접 참여자'로 법절차에 타인과 평등하게 사법에 효과적으로 접근하도록 할 의무를 진다. 이 의무는 절차 및 연령에 부합하는 수용을 포함한다. 그러므로 권리협약위원회는 호주 당사국이 젬마로 하여금 배심원으로서의 역할을 원만히 수행하도록 호주 수화통역을 제공하는 등의 조치를 취하지 않았다고 지적했다. 따라서 당사국은 해당 법령, 규제, 정책연구 프로그램 등을 장애인 당사자와 대표단체들과의 긴밀한 자문을 통하여 청각장애인에게 수화통역을 제공하여 타인과 평등하게 사법접근을 할 수 있도록 하라고 아래와 같이 권고했다. "호주의 수화 오슬란(Auslan)이 호주 공식 수화로 채택되도록 할 것이며, 청각장애인의 오슬란(Auslan) 접근권이 법적 보장을 받도록 할 것"[95] 또한 권리위원회는 당사국으로 하여금 젬마에게 적절한 보상 등의 구제를 하라고 지시했다. 위의 구체적 판례와 해설에서 보듯, 절차적 수용은 장애인의 능력, 신분에 구애받음이 없이 장애인들로 하여금 공정하게 사법접근을 보장하는 데 필수적이며 법치의 정신을 강화한다. 젬마로 하여금 배심원으로 활동하는 데 장벽으로 등장했던 것은 절차적 수용의 실패이다. 또한 호주의 법률은 젬마의 신분을 취약하게 하고 차별의 희생이 되도록 했다. 아울러 법제도도 차별과 수치에 대한 적절한 보상을 하지 않았다. 권리위원회는 당사국이 원고가 배심원으로 역할을 수행하도록 모든 지원을 했어야 한다며 협약의 제5조 2항과 3항, 21조의 (가)와 (마)를 위반한 것으로 판결하였다.

제3조 협약의 원칙

재삼 강조하지만, 장애인 인권의 역사에 중요한 획을 그은 것은 2006년에 채택된 「유엔장애인권리협약」이다. 「유엔장애인권리협약」의 목적은 모든 장애인들의 인권과 근본적인 자유를 촉진하고 보호하며 보장하는 것이고 천부적인 존엄성에 대한 존중을 증진시키는 것이며, 제3

95 권리위원회 제10차 회의, 2013.

조에 일반적인 원칙이 기술되어 있으며 그 내용은 다음과 같다(UN, 2006).

① 천부적인 존엄성에 대한 존중, 선택의 자유와 독립성을 포함하는 개인의 자율성에 대한 존중
② 차별금지
③ 완전하고 효과적인 사회 참여와 통합
④ 인간의 다양성과 인류애의 측면에서 장애인의 다름을 존중하고 받아들임
⑤ 기회의 평등
⑥ 접근성
⑦ 남녀평등
⑧ 장애아동의 역량을 증진시키는 것에 대한 존중과 장애아동이 자신의 정체성을 보존하는 권리에 대한 존중

「유엔장애인권리협약」을 비준한 국가는 적절한 입법, 행정적 조치를 취하여야 하고 장애인을 차별하는 법과 관행을 폐지하여야 한다. 또한 모든 정책연구에 장애인을 포함하여야 한다. 유엔의 장애인권리협약은 장애인들이 당면하고 있는 여러 가지 장벽의 문제를 제거하기 위한 국제적인 노력으로 볼 수 있다. 제3조는 풍부한 국제적 도덕 가치의 전통을 반영하여 천부적인 권리를 증진하고 보호하기 위한 국제적 인권 규범을 기반으로 한다. 동시에 유엔의 여러 권리장전, 즉 세계인권선언(UDHR), 자유권(ICCR), 사회권(CESCR)의 원칙들에 기반한다. 세계인권선언 제1조는 "모든 사람은 태어날 때부터 자유롭고, 존엄하며 평등하다. 모든 사람은 이성과 양심을 가지고 있으므로 서로에게 형제애의 정신으로 대해야 한다."고 명시하고 있다. 장애인에 대한 인권 침해, 편견과 차별의 현실은 이러한 유엔의 현실과는 거리가 멀다.

연구자의 견해로는 만일, 제3조의 '완전 포함과 참여'의 원칙이 제5조의 평등과 비차별 원칙과 동시에 이행된다면 제19조의 (다) "일반인을 위한 지역사회 서비스와 시설은 동등하게 장애인에게 제공되고, 그들의 욕구를 수용한다."의 조항과 협약 제9조의 접근성의 원칙도 함께 적용될 수 있을 것이다. 더 나아가서 제2조의 '보편적 디자인'의 원칙도 아울러 적용된다면, 더 포괄적인 의미에서의 평등과 비차별의 원칙을 실행할 수 있을 것으로 생각된다. 한마디로 협약의 여러 조항/원칙이 상호 교차적으로 이행되어야 함을 보여준다.

제4조 일반 의무

제4조 1항은 아래와 같이 협약에 비준한 국가들이 이행해야 할 의무를 제시한다.

> 1. 당사국은 장애를 이유로 한 어떠한 형태의 차별 없이 장애인의 모든 인권과 기본적인 자유의 완전한 실현을 보장하고 촉진하기 위한 의무를 부담한다. 이를 위하여 당사국은 다음의 사항을 약속한다.
> (가) 이 협약에서 인정된 권리의 이행을 위하여 모든 적절한 입법적, 행정적 및 기타 조치를 채택할 것
> (나) 장애인에 대한 차별을 구성하는 기존의 법률, 규칙, 관습 및 관행을 개정 또는 폐지하기 위하여 입법을 포함한 모든 적절한 조치를 취할 것
> (다) 모든 정책연구과 프로그램에서 장애인의 인권 보호와 증진을 고려할 것(이하 생략 원문 참조할 것)

제4조 (가)는 국가로 하여금 절대적으로 그리고 조속히 협약이 제시하는 국가 의무를 국내의 해당 법률에 반영시킬 것을 촉구한다. 많은 유엔 당사국이 신속하게 협약을 비준하는 것은 그만큼 장애인에 대한 차별과 분리를 종식시키려는 의지의 표현으로 볼 수 있다. 실제로 위원회에서는 대상국의 헌법도 심의에 포함시키며, 헌법상 장애인을 지속적인 차별의 대상으로 간주하는 문제점을 지적하여 최종견해에 반영시키기도 한다. 그러나 최종견해에 비쳐진 각국의 입장은 기만적이고도 황당하기도 하다. 해당 국가에게 다소 변명의 여지를 열어 주는 것을 제4조 2항에서 찾아볼 수 있는데, 즉,

> 2. 각 당사국은 경제적, 사회적 및 문화적 권리와 관련하여, 국제법에 따라 즉시 적용 가능한 이 협약에 규정된 의무를 손상하지 아니하면서 이러한 권리의 완전한 실현을 점진적으로 달성하기 위하여, 필요한 경우 국제적 협력의 틀 내에서, 가용자원이 허용하는 최대한도까지 조치를 취할 것을 약속한다.

제4조 2항에서는 국가의 의무 중 경제적, 사회적 및 문화적 권리를 기반으로 협약 전문 (어)와 같이 "장애인이 모든 인권과 기본적인 자유를 완전히 향유할 수 있도록 하는 데 있어 물리적, 사회적, 경제적, 문화적 환경 및 보건과 교육, 그리고 정보와 통신에 대한 접근성의 중요성을 인정하며," '점진적으로 이행(progressive implementation)'할 수 있음을 암시하는데, 실제로 '이행의 점진성'은 협약의 협상 당시 경제 선진국과 개발도상국의 견해를 첨예하게 갈라놓았던 주제이기도 하다. 개발도상국은 지체 없는 협약의 이행을 주장한 반면, 오히려 선진국들은 다소 유보적인 자세를 취하려 했다. 간혹 이러한 해석상 차이가 심의 과정에서도 나타나는데, 현실적으로 개발도상국은 자원이 부족하여 국제협력(제32조)의 지원을 호소하게 된다. 그러나 위

원회는 입장이 분명하여, 이 조항이 악용되는 것을 막기 위하여 더 분명한 입장을 피력한 바 있다. 즉, 점진적 이행의 의무를 주장하는 것은 경제적, 사회적 및 문화적 권리의 향유를 퇴보시키려는 추정으로 단정해야 한다. 행여 퇴보적 조치가 채택되어야 한다면, 해당 국가는 적용 가능한 국가의 모든 자원을 고려한 모든 대안을 면밀히 검토하여 역진적 조치가 협약의 원칙에 전혀 위배되지 않는다는 것을 정당화해야 한다.

이러한 입장을 피력함에 있어서 위원회는 경제·사회·문화적 권리(CESCR)의 이행에 있어서, 해당 국가들이 역진적 이행을 하지 못하도록 한 조항들을 기반으로 했다. 즉, 역진적 조치를 취함에 있어서,

(가) 정당한 사유가 있어야 함

(나) 포괄적인 대안에 대한 검토가 선행되어야 함

(다) 조치 방안과 대안의 검토에서 이해 당사자들의 의미 있는 참여 보장

(라) 조치 방안이 직·간접적으로 차별요소가 없어야 함

(마) 채택된 조치방안이 협약의 이행에 직접적인 영향을 주지 않도록 하며, 또는 해당 개인이나 집단이 부당하게 사회보장의 혜택에서 박탈당하지 않도록

(사) 국가 차원에서 채택된 방안에 대한 독립적 심의를 거쳤는가의 여부[96]

권리협약의 국내 이행을 위한 '국가 이행전략'의 개발은 다른 어느 과제보다도 시급하다. 또한 국가보고서를 모니터링해야 할 중요성을 강조하는 것은 국제 심의 과정에서 자국의 입법과 정책연구개발이 얼마나 충실히 권리협약의 기대에 부응하고 있는가를 다른 국가와 비교하면서 점검하기 위함이다. 아울러 협약의 이행을 위한 '총 사령탑'(focal point, 제33조)[97]은 '복지에서 권리'로의 패러다임의 철학적 차원에서 기존의 복지서비스 전달 업무를 담당했던 보건복지부나 특수교육보다는 범분야의 부서(cross-cutting)나 별개의 '사령탑'을 신설하는 것도 고려해 보아야 할 것이다. 그 이유는 '복지에서 권리'로 패러다임을 전환함에 있어서 종래의 보건복지부, 사회개발부 혹은 Department of Human Services는 다소 문제가 있을 것이라는 우려 때문이다.[98] 한번 고려는 해볼 만한 지적이다. 끝으로, 권리협약 이행에 절대적으로 필요한 '국가전략'

96 영국과 북아일랜드에 대한 위원회의 조사, 2016, 권리협약/C/15R.2, para. 2.

97 제10장 참조

98 Eillionoir Flynn, *From Rhetoric to Action: Implementing the UN Convention on the Rights of Persons with Disabilities*(New York: Cambridge Cambridge University Press, 2011), 27-28.
Mary Lou Breslin and Silvia Yee, *Disability Rights Law and Policy: International and National Perspec-*

혹은 '이행을 위한 국가의 행동 계획'의 핵심요소를 정책연구 입안자들을 위한 하나의 제안으로서 소개한다. 대체로 '국가 이행전략'은 아래와 같은 요소를 포함한다.

국가 이행전략의 핵심요소

① 권리협약 이행을 위한 리더십과 입법 개혁, 정책연구 입안 및 국가 예산에 반영된 정치적 의지
② 국가의 모든 장애입법과 정책연구에서 평등과 차별금지의 목적이 분명하게 나타나야 함
③ 정책연구 입안자, 장애 대표단체와의 지속적인 자문과 의미 있는 참여의 파트너십 유지
④ 국내 차원의 국가전략 이행과 모니터링 전 과정에 장애인 단체가 참여하는 것은 법적 의무
⑤ 국가전략의 이행 관련 보고와 해당 정부 부서에서 활용한 이행 및 모니터링 방법, 대중매체의 이행 전반에 관한 보도 및 독립기구에 의한 평가 등이 투명하고 일관성 있게 관리되어야 하며 관련 정보가 일반 대중에게 공고되어야 함
⑥ 범부처를 포함한 국가의 전 분야에 국가전략이 주류화되도록 해야 함
⑦ 국가전략 이행에 대한 권위 있는 외부 기구의 단기, 중기, 연 단위의 모니터링
⑧ 권리협약 이행에 관한 양적, 질적 정보를 통계 수집하여 체계적으로 국가전략이 수행되고 있음을 입증[99]

부실한 정책연구 결정과 입법상의 공백이나 이행 과정에 나타나는 문제는 대체로 이해 장애인 당사자들이나 대표단체들의 결정 과정에 의미 있는 참여가 보장되지 않기 때문이다. 추후에 더 상세히 논의되지만, 협약의 제4조 3항은 즉, "당사국은 이 협약을 이행하기 위한 법률과 정책연구의 개발 및 이행, 그리고 장애인과 관련된 문제에 관한 그 밖의 의사결정절차에서 장애인을 대표하는 단체를 통하여 장애아동을 포함한 장애인과 긴밀히 협의하고 이들을 적극적으로 참가시킨다."는 이러한 관점에서 아주 중요한 의미를 갖는다. 협약 전문 중 (파)는 "지역사회의 전반적인 안녕과 다양성에 대한 장애인의 가치 있는 현재의 기여 및 잠재적 기여를 인정하고, 장애인의 인권과 기본적 자유의 완전한 향유 그리고 장애인의 완전한 참여의 증진이 장애인의 소속감을 강화시키고, 사회의 인적, 사회적 및 경제적 발전과 빈곤퇴치에 있어서 상당한 진보를 가져올 것임을 인정하며" 협약의 제4조 3항은 협약 제33조 국가이행과 모니터링

tive(Transnational Publishers, 2002).

99 Ibid. op.cit에서 발췌.

의 3항, 즉 "시민단체, 특히 장애인과 이들을 대표하는 단체들은 감독(원문은 평가 monitoring이다) 절차에 충분히 개입하고 참여한다."와 맥을 같이하기 때문에 동일 선상에서 고려해야 한다.

명실상부한 제4조 3항을 통하여 "Nothing about us without us"라는 세계적인 장애운동의 구호가 실현된다. 일반논평의 논의과정에도 모든 해당 법률, 정책, 프로그램에 장애인들의 참여와 기여를 보장해야 된다는 것이 다시 한번 천명되었다. 연구자가 재임 중 심의하였던 69개국 가운데 협약이 요구하는 제4조 3항을 성실히 이행한 국가는 단 하나도 없었다. 영국의 보고서 심의에서도 제4조 3항을 성실히 이행하지 못했음을 시인한 바 있다. 국가 심의가 있기 전 위원회는 시민사회와 대담을 통해, 그들의 견해를 경청하고, 협약의 각 조항에 관련하여 심의에 필요한 각종 자료를 수집한다. 헝가리 대표단은 제네바 현지에서의 시민사회, 특히 장애인 단체의 활동에 매우 불만스러워하였는데, 결국 심의를 마치고 귀국한 후 해당 장애인 단체의 지원금을 전격적으로 중단한 것으로 나타났다. 이 사건은 계속 위원회의 관심과 조사의 대상이 되었다. 한 가지 특기할 사항은 2014년 한국 국가보고서 심의 당시 한국의 시민단체, 특히 장애인과 이들을 대표하는 단체들의 활약상이다. 심의가 있기 전부터 근 6개월여간 공동으로 학습하며 충실한 준비를 했고, 권리위원들을 대상으로 문서와 대화로 직접 로비활동도 전개했다. 한국 시민사회 단체들의 충실한 내용과 적극적인 활동으로 전개된 활동은 위원들은 물론 웹사이트를 통해 시청하는 세계 각국 5,000여 명 이상의 장애인들과 단체들에게 고무적인 모습을 보여주었다. 그 후로 다른 나라의 시민단체들이 한국 단체들의 활동을 모방하는 것을 볼 수 있었다.

제4조 4항은 "이 협약의 어떠한 조항도 당사국의 법률 또는 그 당사국에서 시행되고 있는 국제법에 포함되어 있는 장애인 권리 실현에 보다 기여하는 규정에 영향을 미치지 아니한다. 이 협약이 그러한 권리 또는 자유를 인정하지 아니하거나 보다 협소한 범위에서 인정하고 있음을 이유로 하여 법률, 협약, 규정 또는 관습에 따라 당사국에서 인정되고 있거나 당사국에 존재하는 일체의 인권과 기본적인 자유에 대하여 제약이나 침해가 있어서는 아니 된다."고 명시하는 것을 우리는 주목해야 한다. 어떠한 경우에도 국가는 현존하는 해당 국가의 입법, 규제 등을 근거로 협약의 이행 과정에서 인권의 가치에 위배되는 협약의 원칙을 폄하 또는 부분적 수정을 해서는 안 되며, 본 협약은 장애인의 권리가 타협되거나 절충되는 것을 인정하지 않는다.[100] 최종견해는 협약 제3조 원칙의 이행 여부에 주목하지만 실제로 당사국은 협약의 이행

100 4조 3항의 심층적 이해를 위해서는 2018년 9월 21일 위원회에 의하여 채택된 일반논평(General Comment, No. 7)은 장애인 당사자들과 그들의 대표단체가 어떻게 모든 이행 과정상의 자문활동을 수행해 나갈 것인가를 구체적으로 설명한다. 결

에 있어서 복지적(caring) 혹은 가부장적인 접근을 취하는 경향이 있는데, 장애인의 권리 관점에서 본다면 원칙에 위배된다. 혹은 국가에 따라 노동 능력 여부에 초점을 맞추기도 하고, 장애를 '고쳐서' 정상화시키겠다는 다분히 기능적인 접근도 있다.

제5조 평등과 차별금지

협약 전문 (아)는 "장애를 이유로 한 차별은 인간 개인의 천부적 존엄성 및 가치에 대한 침해라는 것을 또한 인정하며,"가 있는데 협약은 '장애를 근거로 한 차별행위'는 인간의 존엄성과 가치에 위배됨을 인정한다. 동시에 전문 (자)는 "장애인의 다양성을 보다 더 인정"한다고 되어 있다. 이러한 강조를 통하여, 제1조의 판례 X vs 탄자니아의 경우와 같이 특이한 상황에도 대처할 수 있는 원칙을 세워 두었다. 협약의 법리는 69개국의 선택의정서 심의와 판례에서 보듯이 협약 기초위원들은 장애의 점진적 개념을 포함시킴으로써 협약의 이행을 준비시켰음을 알 수 있다. 선택의정서의 심의는 어떻게 장애인의 권리와 존엄성의 개념이 얼마나 빈번히 잘못 해석되는가를 보여준다.

국가마다의 국내법은 어느 정도나 협약에, 또는 기타 유엔의 협약에 비중을 두느냐에 따라 다소 차이가 있다. 브라질은 권리협약을 특별하게 간주하여 헌법과 동일한 위상을 부여하였다. 어느 법이든지 협약에 위배되는 법률은 곧 헌법에 위배되는 것으로 간주된다. 그런데도 판사를 비롯한 법조인들이 협약의 내용과 적용에 대해서 잘 모르기 때문에 협약의 실제 이행은 난항을 겪는다. 그리고 협약의 이행은 법정에 의해서만 아니라, 정부의 사전적(proactive) 조치를 필요로 한다. 한국은 헌법 제5조에 준하여 동등한 효력을 인정하지만, 실질적인 협약의 이행과의 사이에는 상당한 괴리가 있다. 반면에 만일 미국이 협약을 비준한다면, 여타의 인권협약에서와 동일 선상에서 자동 발효가 되지 않도록 하여 어느 법정에서도 직접 협약의 이행을 지시하지 못하게 할 것이다. 미국은 선택의정서를 비준하지 않음으로써 개인이나 단체는 효과적으로 유엔의 협약 적용에 제약을 받는다. 법에 따르면 장애인에 대한 실질적인 차별은 역사가 길며 다양한 양상이다. 예를 들면 교육기회의 박탈, 물리적·사회적 장벽에 의한 교묘한 격리 또는 고립과 같은 불쾌하고 괘씸한 것도 많다. 권리협약에서는 '장애기반 차별'을 특별한 처우, 배제, 제한, 특혜, 또는 장애에 기반한 적절한 처우의 거부 등을 열거하여 장애인들의 경

정 과정에서 접근 가능한 모든 정보를 활용할 수 있어야 하고, 옹호 활동의 필요에 따라 국내 외의 기금도 활용할 수 있어야 한다. GENEVA(3 October 2018) Follow the UN human rights office on social media! We are on Twitter@UNHumanRights; Facebook@unitednationshumanrightsand; instagram@unitednationshumanrights

제적, 사회적, 문화적 권리를 무효화/박탈하는 결과를 가져왔다[101]고 정의한다.

협약의 제5조는 아래와 같이 시작한다.

1. 당사국은 모든 인간은 법 앞에서 그리고 법 아래 평등하며, 법이 인정한 동등한 보호 및 동등한 혜택을 차별 없이 받을 자격이 있음을 인정한다.
2. 당사국은 장애를 이유로 한 모든 차별을 금지하고, 모든 이유에 근거한 차별에 대하여 장애인에게 평등하고 효과적인 법적 보호를 보장한다.
3. 당사국은 평등을 증진하고 차별을 철폐하기 위하여, 합리적인 편의 제공을 보장하기 위한 모든 적절한 절차를 취한다.
4. 장애인의 사실상 평등을 촉진하고 달성하기 위하여 필요한 구체적인 조치는 이 협약의 조건하에서 차별로 간주되지 아니한다.

2017년 위원회는 '일반논평 No.6 평등과 비차별'에 대한 논의를 하루 종일 개최한 바 있다.[102] 대체로 일반논평을 시도하는 이유는 위원회가 각 당사국으로 하여금 최선의 방법으로 협약을 이행할 수 있도록 지침적인 역할을 한다. 이 논의를 위하여 범세계적인 장애인 대표단체, 시민사회 및 각종 전문 연구기구로부터 토론문을 접수하였다. 당시 사회를 맡았던 독일 Bochum대학의 법대 교수이며 위원장 데그너(Degner)는 "협약 제5조야말로 협약 전체를 꿰뚫는 금맥과도 같다."고 천명한 바 있다. 실제로 일반논평에서는 실질적이고(substantive), 통합적인(inclusive) 평등을 언급하지만 실용적인 차원에서는 제5조 1항에 나와 있는 '법 앞의 평등', '법 아래의 평등', '법의 평등한 혜택' 등과 같은 협약의 용어를 설명하고 해석하는 시도를 할 것이다. 보다 강력하게 이러한 용어를 해석하고 활용하는 것이 더 분명하게 장애인의 평등을 보장해 줄 것이다. 이러한 협약의 제5조의 시도는 자유권과 사회권 사이의 공백을 채워 주는 역할도 할 수 있다. 분명한 것은 평등과 비차별은 완전한 국가의 의무로서 달리 이양함이 없이 이행해야 하는데, 특히 세계인권선언(UDHR) 제7조를 유념할 여지가 있다. 즉 "모든 사람은 법 앞에 평등하며, 차별 없이 법의 보호를 받을 수 있다."이다. 1948년 선포된 이후 세계인권선언의 정신은 유엔의 여러 협약에 골고루 반영되어 있다. 협약이 유엔에 의하여 채택된 이후, 여러

101 일반논평 No.5(1994) on persons with Disabilities on the 10th and Eleventh Sessions. UN.ESCOR. 1995. Supp. No.2

102 Day of General Discussion on Article 5 -Equality and Non-discrimination. 18th Session 27 August bodies, 2017./www.ohchr.org/EN/HB Bodies/권리협약/Pages/Equality and Non-Discrimination. aspx. accessed 2018-10-09.

국가들은 '장애인차별금지법'을 제정하였고 대개는 헌법의 틀 속에 포함되어 있다. 한국은 2007년에 「장애인차별금지법」이 제정되었다. 헌법 제11조는 "① 모든 국민은 법 앞에 평등하다. 누구든지 성별·종교 또는 사회적 신분에 의하여 정치적·경제적·사회적·문화적 생활의 모든 영역에 있어서 차별을 받지 아니한다."로 되어 있다. 몰도바(Moldova)공화국은 2012년 5월 25일 입법 25호, 몬테네그로(Montenegro)는 2011년 '장애인차별금지법'을 통과시켰다.[103] 그러나 위 두 국가의 경우 비차별 입법과 모니터링의 틀은 협약 제5조의 목표 달성에 미치지 못했다. 한국의 경우 최종견해를 통하여 아래와 같은 권고를 받은 바 있어, 법의 이행에 문제가 있음을 지적받았다. 즉, "11. 위원회는 「장애인차별금지법」이 효과적으로 이행되지 않는 것을 우려한다. 위원회는 특히 구제를 요청한 진정의 대부분이 해결되지 않은 것을 우려한다. 위원회는 법원이 자신에게 부여된 명령 권한을 제대로 인식할 필요가 있음을 주목한다. 12. 위원회는 대한민국이 국가인권위원회의 인력을 확충하고 독립성을 더욱 확보해 줄 것을 권고한다. 또한 법원을 통한 권리구제에 접근할 수 있도록 장애로 인한 차별 피해자의 소송비용을 감면하고, 법무부 장관의 시정명령 요건(「장애인차별금지법」 제43조)을 완화할 것을 권고한다. 위원회는 또한 대한민국이 「장애인차별금지법」의 효과적인 이행 필요성 및 법관에게 부여된 명령 권한을 제대로 인식할 필요성에 대해 법관들의 인식을 제고할 것을 권장한다."[104] 그렇다면 세계적인 복지국가이며, 모든 면에서 첨단의 위치에 있는 위원회로부터 스웨덴은 어떤 권고를 받을까?

> "본 위원회는 차별의 형태를 분류하는 새 입법에서 10명 이하의 고용인을 두고 있는 소기업에서 '정당한 처우의 거부'를 차별로 인정하지 않음에 대하여 우려를 표한다. 스웨덴의 전반적인 법적 구조에 '정당한 처우'의 개념이 일반적으로 적용되지 않으며, 정부의 각기 다른 산하기관에 일률적으로 적용되지 않음에 대하여도 우려를 표한다."[105]

가끔 "어느 나라가 가장 완벽하게 협약을 이행하는가?"라는 질문을 받기도 하는데, 대답은 한결같다. '어느 국가도 완벽하게 협약을 이행하는 나라는 없다.'라고 대답해 준다. 그렇다고 해서 위안을 받거나 이해에 다소 차질이 있어도 무방할 것이라는 생각은 절대 금물이다. 이미 본서의 서문 부분에서 차별의 여러 형태를 상세하게 기술한 바 있다. 그러나 맥락상 적절할 것

---

103 권리협약 Committee Concluding Observation on the Initial Report of the Montenegro. September 22, 2017. 권리협약/C/N\MNE/CO/1

104 CRPD. 3 October 2014.

105 CRPD. 3 April 2014.

으로 생각되어 아래에 재인용한다.

편견에는 직접적 차별, 간접적 차별, 연계성 차별, 구조적 및 제도상의 차별과 아울러 혐오(harassment), 복합적 및 교차적 차별도 있다. 직접적 차별의 예로서, 한 정신장애인이 경찰의 조사나 심문에 임하고 있을 때 적절한 지원이 따르지 않으면 허위 자백으로 몰릴 수 있다. 범법 행위가 없음에도 불구하고 범법자로 구속당할 수가 있다. 직접적 차별은 여러 가지 가면을 쓸 수도 있는데 장애 때문에 학교 입학을 거절당하는 경우, 장애를 이유로 고용을 거부당하는 경우, 또는 장애 때문에 어떤 공공장소의 출입을 거절당하는 경우 등의 예를 들 수 있다. 반면에, 간접적 차별은 비교적 중립적 성격을 가지고 있는 법, 정책연구, 규제 등의 적용에서 나타난다. 장애권리위원회에서 다루었던 선택의정서의 판례(2012)에서 예를 들어 보자. 스웨덴은 모든 국민이 법 앞에, 법 아래 평등하다는 것을 명문화하고 있는데, 위원회의 심의 대상이었던 2010년에 발효된 건축법의 경우도 마찬가지이다. 사건의 경우는 이렇다. 즉, 스웨덴의 한 여성 장애인이 지속적인 재활치료를 위해 반드시 거주하는 주택에 수영장을 설치해야 된다는 의사의 권고를 실천에 옮기고자 했던 것인데, 위의 건축법에 의하여 거부를 당한 것이 선택의정서를 통해 위원회에 접수된 것이다. 특히 이 건축법도 장애 여부를 불문하고 모든 국민에게 평등하게 적용됨을 명기함과 동시에 이 건축법에 의하여 신청이 거부될 경우에도 모든 국민에게 공정하게 적용된다고 밝히고 있다. 그런데 위원회에서는 중립적으로 집행되는 법률이라고 해도 이 법률의 적용을 받는 개인의 특수한 상황을 충분히 고려하지 않는다면 차별적 요소를 가지게 된다는 입장을 피력했다. 협약에 의하여 보장된 권리를 향유함을 객관적이고 합리적인 정당성이 없이 거부당하여 차별을 받게 된다면, 차이를 인정받아야 할 충분한 조건을 인정하지 않은 간접차별로 판정할 수 있다는 것이다.[106] 연계성 차별은 우리 주변에서 빈번히 경험하게 되는 경우인데, 본인은 장애가 없음에도 불구하고 부모나 가족 등 장애인과의 어떤 연계성으로 인해 차별대우를 받는 경우이다. 위원회에서 심의했던 판례 가운데, 한 장애아동의 어머니가 장애인 자녀로 인해 생산성이 저하되거나 용이하게 시간을 낼 수 없을 것이라는 이유의 차별이었다. 그러나 법정에서는 평등한 처우의 원칙은 장애인 당사자에게뿐 아니라 장애를 근거로 한 모든 상황에 공정하게 적용된다고 판결하였다.[107] 구조적 및 제도상의 차별(Intersectional and systemic)은 사회구조나 제도가 내재적으로 차별적 요소를 가지고 있기 때문에 발생한다. 이러한 요소는 공개적-노골적일 수도 잠재적일 수도, 혹은 한 국가의 헌법 속에 숨겨져 있을 수도

---

106 선택의정서 H.M vs Sweden(2012). 협약/C/7D/3/2011

107 선택의정서 Coleman vs Attridge Law(C-303/06,C)

있다. 혹은 차별이 아예 제도화되거나 문화적 전통, 사회적 규범 속에 묻혀 있어서 장애인에 대한 해로운 행위나 부정적 고정관념을 고착화할 수 있다. 위원회에서는 아프리카, 특히 탄자니아에 뿌리 깊은 백색증(albinism)에 대한 거의 주술적이고 미신적 행위를 차별이라고 규정하고 협약의 제1조에 근거하여 장애로 인정한 바 있다.[108] 혐오(harassment) 또한 장애의 유무와 상관없이 사람을 차별하는 또 하나의 근거가 된다. 이것은 조직적이며 원치 않는 행위, 행동으로서 한 개인의 존엄성에 해를 가하며 위협과 폭력으로 나타난다. 혐오는 간혹 또 다른 혐오를 유발하게 되는 상황으로 이어진다. 혐오는 직접적으로 장애인을 대상으로 언어나 놀림 등 행동으로 나타나지만 최근에는 사이버 불링(cyber bullying, 지속적인 괴롭힘)을 통한 범죄가 증가하는 차별의 현상으로 나타나는데, 아주 도가 지나칠 정도로 악랄하고 혐오스럽게 나타난다. 이제 끝으로 복합적 및 교차적 차별(inter-sectional)을 설명해 보자. 세라 리드는 영국에서 2016년 범법 행위에 대한 탄원을 할 수 있는 능력이 있는지의 여부를 가리는 최종 판결을 기다리던 중 사망했다. 리드는 장애, 여성, 인종이라는 복합적 차원에서 복합적 및 교차적 차별의 예를 잘 설명해 준다. 영국의 정신건강법(2017~2019)은 2010년 루이스라는 환자가 베들레헴 왕립병원에서 사망한 것을 이유로 한 국회의원에 의해서 국회에 입법 상정하여 자발적으로 정신건강치료를 받도록 하는 것이 핵심이었다.[109]

기회의 평등과 결과의 평등에 대해서는 이미 여러 분야에서 진부하게 개진된 주제이다. 따라서 본 장에서는 제5조 1항의 "모든 인간은 법 앞에서 그리고 법 아래 평등하다."에 집중하는데, 이것은 어떤 의미인가?

(1) 법 앞에서의 평등

많은 국가들의 헌법은 거의 예외 없이 "모든 국민은 법 앞에 평등하다"는 것을 헌법에 명문화하고 있는데, 이것은 모든 차별행위로부터 국민을 보호한다는 분명한 의미를 담고 있다. 가장 단순하게는 법은 어떤 한 개인 혹은 집단의 특성이나 속성을 전혀 고려하지 않는다는 것이다. 적어도 이론상으로는 법은 모든 사람을 평등하게 취급하도록 보장해야 된다는 것이다. 개인 혹은 집단의 역량/자원/능력은 아무런 효력을 발생할 수 없고, 해서도 안 된다. 역량은 피의자, 남(男), 여(女), 증인, 변호인, 검사, 안내원 등의 신분에 따라 다르다. 모든 장애인이 법 앞에

108 선택의정서 X vs Tanzania

109 Mental Health Units. Bill 2017-19. https://services.parliament.uk/bills

평등하다는 것은 국가로 하여금 법적 혹은 사적인 행정기구로 하여금 장애인을 차별해서는 안 된다는 의무를 국가에 가하는 것이다. 국가의 모든 국민에 대한 보장 의무는 위임될 수 없다.

(2) 법 아래 평등

협약 제5조 1항은 사법부, 법 집행기구와 모든 시민들은 법 아래 모두 평등하다는 것을 인정한다. 이것은 모든 국가가 법치를 존중해야 한다는 국제법상의 요구 사항이다. 법은 정치권력을 위임받은 당사자들의 행동지침이 된다. 법 아래의 평등의 다른 하나, 즉 국제적 도덕규범과 일치한다는 의미를 담고 있다. 론 풀러(Lon L. Fuller)라는 법학자의 견해에 의하면 법 제도는 몇 가지 기준을 충족시켜야 하는데, 즉 선포해야 하고, 효과적이어야 하고, 누구나 이해할 수 있어야 하고, 상호 일관성이 있어야 하고, 법의 저촉을 받는 상대의 능력을 초월하지 말아야 하며, 신뢰를 상실하지 않도록 자주 개정되어는 안 되며, 법률 용어에 합당하도록 운용되어야 한다.[110] 모든 장애인이 법 아래 평등하다는 것은 장애인을 대상으로 하는 어떠한 형태의 거부, 제한, 한계, 권리를 제한하는 형태의 법률이 허용될 수 없다는 것이다. 모든 법률과 정책연구에서 장애가 주류화되어야 한다는 원칙의 재천명이기도 하다.

평등한 보호와 법의 혜택

'평등한 보호와 법의 혜택'은 유엔인권선언문 제7조에 선포되어 있다.

> "모든 사람은 법 앞에 평등하며 어떠한 차별도 없이 법의 동등한 보호를 받을 권리를 가진다. 모든 사람은 이 선언에 위반되는 어떠한 차별과 그러한 차별의 선동으로부터 동등한 보호를 받을 권리를 가진다."

위와 같은 유엔의 원칙은 국가가 정책을 수립할 때 장애인에 대한 차별을 하지 못하도록 한다. 예를 들어, 차별 철폐 조치는 시각장애인이 공무 수행을 하는데 활동보조인을 동반하지 못하게 하는 법(예 호주의 Gemma Beasley vs Australia의 경우)을 폐지하도록 한다.[111] 국가는 장애인을 완전 포함시키는 평등법을 제정하고 이행해야 한다. 이러한 법률 제정 과정에 장애인 당사자, 장애인 대표단체와 국가 인권위원회와 긴밀히 공조해야 한다. 국가는 또한 국민들에게 장

---

110 Lon L. Fuller, *The Morality of the Law*(Yale University Press, 1964).

111 Gemma Beasley vs Australia, 2016. 권리협약/C/7/D/3/2011

애인 권리의 범위, 내용, 실제적 결과 등에 대한 것을 국민의 인식 차원에서 홍보해야 한다. 끝으로 국가는 평등의 원칙 차원에서 여성, 아동, 노인, 레즈비언, 게이, 성전환자 및 성 소수자(LGBTI) 등이 당하는 복합적 및 교차적 차별에 대한 특수한 조치도 마련해야 한다. 법 앞에서 평등과 법 아래의 평등, 그리고 한국의 헌법 제11조의 관점에서 볼 때, 한국 사회는 '사법농간', '유전무죄', '전관예우' 등과 사법부의 비리 등 사실상 헌법을 무차별하게 위배하는 나라로 볼 수밖에 없다.

대체로 여러 나라의 차별금지법은 고용차별에 집중하는 경향이 있다. 아마도 이 분야에서 과거 소수 층에 대한 차별이 많이 경험되었고 이에 따른 제도의 발달이 있었던 것 같다. 인종과 젠더에 관한 차별도 고용 분야에서 먼저 채택되었다. 따라서 장애인도 이 범주에 따르게 된 것 같다. 그러나 엄밀히 생각하면 고용은 사회권, 즉 경제·사회·문화적 권리에 속한다. 이 사회권 영역이 전통적으로 장애 분야에 적용되었으며, 자유권은 대체로 적용되지 않았다. 다소 반복이지만, 각국의 차별금지법은 다양한 양상을 띤다. 장애인은 헌법, 형법, 민법, 사회법 등에서 보호를 받는다. 그러나 장애 분야의 다수 전문 학자들은 자유권 영역에서 장애인의 차별이 논의되는 것이 타당하다는 견해이다. 그러나 전문가들의 견해라는 것도 대체로 아래의 각주에서 보는 대로 문헌상의 분석에 제한되었다. 또한 대체적인 장애인 차별에 대한 견해는 차별 문제에 대한 정치적·사회적 의무감과 아울러, 입법부의 해석이 중요한 역할을 담당한다는 견해이다.[112] 다른 법에서는 자유권에 대한 언급은 없으나 대체로 일반적인 차별 법에 장애인 차별 문제가 포함된다. 장애인 차별의 법적인 핵심문제는 각 나라의 해당 헌법에 의하면, '장애 기반의 차별은 장애인에 대한 부당한 처우'이며[113], '소수자로서 차별을 하는 것도 차이를 정당화하지 않는 것'[114]이라고 한다. 현재로서는 장애인의 차별에 대한 온 세계가 수용할 수 있는 차별과 기회의 평등에 대한 개념은 채택된 것이 없다.

위에서 논의한 "모든 인간은 법 앞에서 그리고 법 아래 평등하다"는 의미는 다르게 표현하자면 '법률적 평등'이다. 법률적 평등은 직접적인 차별을 금지하며, 차별의 대상이 되는 인종, 젠더, 장애, 성적 성향 등에서 탈피한다. 실제로 위와 같은 특성에 따라 차별을 하는 것은 다분히 임의적이며 차이를 외면하는 것이라는 판단이다. 이러한 법적 판단은 의료 모델로부터 벗어

112 The Nigerians with Disability Decree has provisions on the right to vote and the right to information.

113 Australia(5조), Canada(5-11조), Fiji(38조), Germany(3조), Gutemala(35조, 44조), Hong Kong(6조), Ireland(6조), Namibia(107), Maritious(16조), New Zealand(22, 37, 42, 53조), Philippines(32조), South Africa(9조), Sweden(31조), the UK(5조), Zambia(19조). 대한민국(헌법 11조)

114 France(225-1), Luxembourg(454), Ethiopia(3), Uganda(21.3).

나고자 하는 장애운동가들의 지지를 받으며, 장애 자체가 문제의 원인이라는 관념을 거부한다. 그러나 차별받지 않고 평등을 달성하려면, 건물의 구조변경, 프로그램 조정 등 접근성의 문제에서 장애를 고려해서 넣어야 한다. 사회구성원 모두에게 평등을 보장하려면 그들이 각자가 가지고 있는 차이를 인정해야 한다. 일찍이 미노(Minow)는 장애와 같은 차이를 평등의 실현하는 데 따르는 도덕적 문제를 갈파한 적이 있다.[115] 차이를 무시하는 것은 낙인과 차별을 예방할 수는 있으나, 차이가 엄연한 현실 앞에 정의를 희생시킬 수밖에 없을 것이다. 차이를 고려하는 것은 정의를 실현하게 하나 잠재적으로 차이의 본질에 대한 억측을 고정시키는 위험이 따른다. 요컨대, 평등의 원칙은 각 개인의 욕구는 모두 평등하다는 것이며 욕구가 사회의 자원분배와 기획에 있어서 모든 사람들이 참여할 수 있는 평등한 기회를 보장해야 한다. 장애인도 사회의 성원으로서 그들의 지역사회에 남아 있을 자유가 있다. 일반 교육과 건강, 고용, 사회복지 서비스에서 지원을 받아야 한다.

제6조 장애여성

제6조는 한국에 시사하는 의미가 매우 크다. 협약의 제6조에 포함시키려는 캠페인이 전개될 무렵, 이미 1979년의 여성차별금지협약(CEDAW)이 존재했지만 장애여성과 소녀들의 상황을 대변하고 옹호해 줄 만한 권위 있는 국제적 포럼도 없었다. 그럼에도 불구하고, 권리협약 제6조에 여성장애를 포함시키는 논의에 대한 반대의 목소리는 매우 강했으나 종국에는 한국 정부와 한국 장애여성을 비롯한 세계적인 여성장애운동이 주도하여 협약의 제6조를 통하여 장애여성과 소녀의 권리를 보장해 주는 국제협약의 빈 공간을 메우게 되었다. 완전하고 분명한 한국의 기여이다. 다른 어느 협약의 채택 과정에 한국이 또 기여한 적이 있는지는 확인해 보아야 할 것이다.[116]

역사적으로 장애여성과 소녀들은 폭력, 침해, 착취의 대상이었다. 강간, 성 학대, 희생, 차별 등은 여성을 사회의 가장 밑바닥으로 밀어내는 데 일조하였다. 「2013 Human Rights Watch」의 보고서에 의하면 인도에서는 장애여성들을 정신 병동이나 다른 시설에 강제로 입소시켜 불결한 환경과 신체 및 성적 침해에 노출시켰고, 전기 충격 치료를 했다고 보고했다.[117] 그러한 비

115 Martin Minow, *Making All the Difference: Inclusion, Exclusion and American Law. 19-79*(Ithaca, N.Y: Cornell University Press, 1990).

116 2018년 유엔 선거에서 권리협약 한국대표 위원으로 당선되어, 2019년부터 임기가 시작되는 김미연 위원의 독보적인 활동은 기록되어야 한다. 연구자는 당시 뉴욕 유엔의 권리협약 협상 현장에서 활동 중이었다.

117 Human Rights Watch, "Treated Worse than Animals, Abuses against Women and Girls with Psychosocial/

인간적이고, 치욕적인 인권 침해 행위는 빈곤의 악순환과 함께 세계 각처에 비일비재하다. 장애여성과 장애소녀들은 장애와 젠더라는 두 가지 이유로 이중적으로 차별을 받아서 보편적인 인권을 누려야 하는 권리를 침해받는다. 특히 그들은 여성이라는 젠더 때문에 가정과 외부에서 폭력, 성폭력, 유기, 부당한 처우, 강제 시설 입소, 강간, 강제 결혼, 여성 할례, 장애아동을 출산할 것이라는 억측으로 인한 임신 중절 등 온갖 위험함에 노출된다. 장애소녀들은 가족과 지역사회에 의해서 여러 위험에 노출되며, 새로 출생한 장애여아는 가족의 부양능력 부족과 장애소녀들은 성장해 가면서 비(非)장애 소녀들의 5배 이상 강간을 당할 위험이 있기 때문에 일찍이 아예 살해해 버리는 지역도 있다. 이러한 여러 불합리한 위험에도 불구하고 부정적 태도, 의사소통의 문제, 정보와 물리적 장벽 때문에 장애여성들에 대한 법적 구제는 쉽게 이루어지지 않는다. 더 나아가서, 많은 나라에서는 장애여성과 소녀들은 교육, 고용, 정치, 사회적 참여와 전반적인 의료혜택의 불평등에 처한다.

입법의 제정과 법 집행이 남성에 의해서 거의 독점된다는 사실 또한 여성 장애인에 대한 차별과 폭력의 문제와 무관하지 않다. 라트비아(Latvia)에 대한 최종견해에서 협약위원회는 정치와 공공 영역에 여성의 참여가 현저히 부족한 사실을 지적한 바 있다.[118] 마찬가지로 이슬람공화국 이란에 대해서도 여성들이 당면하는 여러 형태의 젠더에 기반한 폭력, 여성의 발전을 지원하는 공공정책연구의 빈곤, 역량강화의 결핍 등 복합적/구조적 차별 현상에 대하여 우려를 표명하였다.[119] 에티오피아에 대해서도 위원회는 여성이 당면하는 폭력, 착취, 침해 등의 문제를 지적하고 각별한 보호 대책을 강구하도록 권고하였다.[120] 반면에 한국이 최종견해에서 권고받은 사항은,

> "위원회는 당사국이 장애 관련 법률과 정책연구에 성인지적 관점을 주류화할 것과 장애여성을 위한 특화된 정책을 개발할 것을 권고한다. 또한 위원회는 당사국이 특히 성폭력·가정폭력 예방교육 프로그램을 구상할 때, 장애인지적 관점을 도입하는 등 거주시설 내·외부에서 벌어지고 있는 장애여성에 대한 폭력을 해결하기 위한 효과적인 조치를 취할 것을 권고한다. 아울러 위원회는 당사국 장애여성들이 정규교육을 마쳤든지 또는

Intellectual Disabilities in Institution in India," December 3, 2014. http://www.hrw.org/report/2014/12/03. accessed 10. 12. 18.

118 권리협약 Concluding Observations on Latvia, October 10, 2017.

119 권리협약 Concluding Observations on Iran, May 10, 2017.

120 권리협약 Concluding Observations on Ethiopia, November 4, 2016.

그로부터 배제되었든지 관계없이, 그들의 선택과 필요에 따라 적절한 평생교육을 받을 수 있도록 보장할 것을 권고한다. 또한 위원회는 당사국이 장애여성의 임신 및 출산 기간 동안 그들에 대한 지원을 확대할 것을 권고한다."[121]

여성과 장애소녀에 대한 위원회를 비롯한 여성 장애 연대와 여성 학자들을 포함한 세계 인권운동은 각 국가로 하여금 보다 더 적극적으로 여성 장애와 소녀의 문제에 대처하도록 촉구해 왔다. 그러나 각국으로부터의 대처는 대단히 미흡한 상황이다. 유엔인권선언 제1조는 "모든 인간은 태어날 때부터 자유로우며 그 존엄과 권리에 있어 동등하다. 인간은 천부적으로 이성과 양심을 부여받았으며 서로 형제애의 정신으로 행동하여야 한다."고 명시했으며, 자유권(ICCR)의 제3조는 국가는 "모든 시민적 및 정치적 권리를 향유함에 있어서 남녀에게 동등한 권리를 확보할 것을 약속한다."고 되어 있으며, 사회권(ICESCR)의 제3조에서는 평등사상으로 확장시켜 경제, 사회, 문화적 권리를 향유하도록 보장한다. 그러나 이러한 협약은 여러 나라의 장애여성과 소녀들의 위치를 평등하게 하도록 재정립하거나 보장하기에 미흡했다. 제2차 대전 이후 불어닥친 페미니즘은 합리적이고 지적인 근거를 제시하여 1979년 여성차별금지협약(CEDAW)을 이끌어 내었다. 그러나 여성차별금지협약은 장애여성과 소녀의 권리존중과 보호를 포함하지 않았다. 더구나 여성차별금지협약이 채택될 당시만 해도 국제사회는 복합적이고 교차적 차별에 대해 이해도 못 할 때였다. 세계는 1991년 여성차별금지협약의 일반논평 18이 채택될 무렵에야 겨우 여성장애인에 대한 언급이 등장했으나, 그 당시에도 장애여성과 소녀들에 대한 권리의 보장은 논리 정연하고 구속력 있는 국제협약에 이르지 못했다.[122] 그러나 위에 언급한 대로 한국 여성계의 활동에 힘입어 유엔 협약에 포함되었다.

(1) 제6조의 범위

협약의 제6조와 일반논평 3번 '장애여성과 소녀'는 여성들이 당면하는 복합적이고 가중된 차별을 신중하게 논의한다. 〈권리협약 Concluding Observation on the Republic of Korea. 17. September, 2014(한국)[123]〉 위의 일반논평은 장애여성과 소녀들이 처한 상황에 대한 분석과 사회의 다양한 요소가 어떻게 상호작용하는가를 정리했다. 즉,

121 권리협약 Concluding Observation on the Republic of Korea. 17. September 2014(한국)
122 CEDAW Committee, General Comment 18(Disabled Women). 1991.
123 권리협약, General Comment No.3 on Article 6. August 26, 2016. 권리협약/C/GC/3

"여성의 인권을 보장하려면, 다른 무엇보다도 우선 사회구조와, 법률과 정책연구를 결정하는 권력구조와 경제·사회의 동적인 요소, 가정과 지역사회 생활 그리고 문화적 특성에 관한 것을 이해해야 한다. 여성에 대한 고정관념은 그들의 역량을 개발하고, 커리어를 추구하는 것과 그들의 삶의 설계에 대한 선택을 제한한다. 공격적/부정적 혹은 고정관념 그 자체는 위험의 요소가 된다. 양성 평등의 달성을 위해서는 여성 장애인에 대한 해로운 고정관념이 인식되어야 한다. 권리협약은 장애인에 대한 나이와 성 등 모든 생활과 관련된 영역에서 고정관념, 편견, 가혹행위를 철폐하도록 명시하고 있다."[124]

(2) 복합적/교차적 차별의 의미

여성은 여성임과 동시에 장애를 이유로 복합적이고 가중적인 차별을 받는다. 협약은 '복합적 차별(multiple discrimination)'은 '한 가지 이상의 이유로 차별의 대상이 되어 가중된 차별에 이르게 된 것'이라 정의했고, '교차적 차별(intersectional discrimination)'은 '다양한 차별의 이유가 교차적으로 동시에 상호 분리할 수 없는 상황을 만들어 차별을 불가피하게 하는 것'으로 정의했다.

(3) 착취, 폭력, 침해로부터의 자유

여성에 대한 폭력은 아마도 '젠더에 의한 것으로 사(私), 공공 생활에서 여성에게 신체적, 성적 및 심리적 피해나 심리적 고통을 유발시켜, 강제 혹은 임의적인 자유를 박탈하는 것'으로 정의해 볼 수 있다. 여성차별금지협약(CEDAW) 위원회의 건의 No.19는 젠더로 인한 폭력을 '여성으로 하여금 남성과 평등한 위치에서 권리와 자유를 누리지 못하게 하는 것'으로 정의했다. 반면에 장애와 착취에 관한 권리협약 제16조는 폭력과 침해는 모든 장애인에게 적용되며 장애여성과 소녀에 대한 부차적인 보호를 제시한다. 협약 제16조는 젠더와 장애로 인한 여성과 소녀에 대한 다른 여러 형태의 착취를 제거할 수 있는 효과적인 연장이 될 수 있다고 피력했다. 이것은 국가가 여성과 소녀에 대한 예방적이고도 당연한 조치를 취해야만 할 것을 시사한다. 또한 외부와 차단된 가정 내에서 발생하므로 처벌을 피해 나가는 장애여성과 소녀에게 가해지는 가정폭력 예방을 위한 입법을 제정하도록 긍정적인 의무를 국가에 부여한다. 위원회는 일반논평 No.3에서, "심리사회 장애여성과 시설 장애인에 대한 폭력과 자유의 박탈은 더욱 심각하다. 정신시설에서 자유를 박탈당하는 장애인들은 실제 혹은 추정된 손상을 빌미로 더욱 심

124 United Nations Assembly, "Declaration on the Elimination of Violence Against Women," December, 1993. A/RES/48/104, Article 1.

각한 폭력 상태, 비인간적이고 모멸적인 혹은 처벌을 받거나 격리된 상태에서 보호를 받으면서도 성 학대를 경험하며, 특수교육의 대상자로 전락한다. 시설 장애여성에 대한 폭력의 형태는 남성 직원에 의한 강제 탈의, 강제 심리 치료, 과잉 약물치료로 인해 성폭력에 의한 기억을 상실하게 한다."(일반논평, No.3. para.53)

여성차별금지협약(CEDAW) 위원회는 논의와 결정문에서 반복하여 사회에 뿌리 깊게 내리고 있는 여성들을 폭력의 희생물이 되도록 하는 사회 환경의 현실을 인정하지 않았으며, 여성이 당하는 폭력은 특정한 나라(예 불가리아) 법정의 문제가 아니라 관련된 장애여성과 소녀 자신의 개인 문제라는 입장을 취하며, '손상'을 입은 여성이 당면하고 있는 취약성에 초점을 두었다. 물론, 장애여성이 비(非)장애여성보다 더 착취의 대상이 되는 것은 직접적인 장애의 결과일 수 있다. 그러나 '취약성'에 딱지를 붙이는 것은 사회에 만연한 고정관념이나 차별적 태도를 외면하는 처사이다. 장애여성과 소녀들은 자신들을 방어할 정신 능력이나 신체의 결함 때문에 아주 손쉬운 희생의 대상이 되고 쉽게 발각될 가능성도 적기 때문에 손쉽게 법적 제재도 피해 나간다.[125]

(4) 폭력과 군사갈등

여성차별금지협약(CEDAW)은 군사갈등으로 장애여성들과 소녀들이 특히 폭력과 압박에 노출된다는 것을 주시한 바 있다.[126] 최근 이 위원회는 가자지역 분쟁에서 여성들이 당한 대대적인 피해, 특히 여성 장애인과 소녀들이 심각한 위험에 노출되었던 점을 부각시켰다. 세계적으로 장애인 대표단체(DPO)는 여성의 권리 옹호에 괄목할 만한 기여를 했는데, CEDAW도 이를 인정하고 Women Enabled International(WEI)의 보고서를 높이 평가했다. 실제로 나이지리아의 여성 단체는 군사갈등 상황 속에서 여성과 소녀 장애인들이 심한 차별과 폭력의 대상이 되었던 것을 보고한 바 있다.[127] 장애에 대한 고정 관념과 여성이라는 젠더, 그리고 복합적인 차별적 태도로 가정에서도 적절한 보호를 받지 못하며, 교육도 제대로 못 받고 결혼을 해서 가정을 꾸리지도 못한다는 생각을 가지고 있다. 자주 당하게 되는 성폭력은 특별한 문제 중의 하나이다. 여성과 소녀 장애인들은 간혹 가족으로부터도 버림을 받아 지역공동체로부터 소외되면 최소한의 서비스 접근도 불가능하다. 장애여성들은 아예 임신도 못 하는 것으로 간주한다.

---

125 일반논평, No.3. para. 53.

126 CEDAW 위원회 일반권고 30(Women in Conflict Prevention, Conflict and Post-conconflict Situations. 2013)

127 NGO Submission to CEDAW Committee Pre-sessional Working Group for Nogeria. October 2016. http://womenenabled.org/pedfs

여성들이 필요로 하는 산전·산후 건강 서비스, 특히 AIDS/HIV 예방 서비스도 못 받는다. 여성들이 성폭력으로 인한 임신 관련 서비스를 받으려면 많은 국가들은 강제로 임신중절을, 즉 '임신 관련 차별' 행위를 저지르는 것이다.

(5) 강제 임신중절

미국은 1927년 Buck vs Bell의 고등법원 판례에서 지적장애인에 대한 임신중절은 헌법상 타당하다는 판결을 했다.[128] 이 판결은 사실상 '정신박약'에 해당하는 지적장애인의 강제 임신중절을 합법화했고, 20세기에 약 70,000여 명의 장애여성이 그들의 동의 없이 임신중절을 당했다.[129] 영국의 상원도 60년 후에 유사한 입법을 채택했다. 단, 영국의 상원은 지적장애 여성이 임신중절에 합의할 수 있는 판단 능력이 있는지의 여부를 먼저 결정해야 한다고 했다. 약간의 모순은 '여성에게 가장 좋은 것이라면' 여성의 합의가 없어도 의료 시술을 정당화할 수 있다는 것이다. 임신중절의 절차가 어떤 것인지를 이해할 수 없다면 '법적 역량'이 없는 것으로 간주하는 것이다.[130] 호주의 보건부 vs JWB & SMB의 재판에서, 호주 고등법원은 13세의 지적장애 딸의 부모들이 딸의 임신중절을 결정할 수 있는가의 여부를 심의하는 것이었다. 고등법원은 법적 역량이 부족한 경우에는 가정법원이 임신중절을 결정하도록 했다. 고등법원의 견해는 가족이나 의료진이 행여 잘못된 결정을 할 위험 가능성이 법정의 결정보다 훨씬 크다고 생각했다. 그러므로, 가정법원이 그 임신 소녀의 최대이익을 보장할 수 있는 최선의 법정이라고 간주했다.[131]

위의 판례들은 강제 임신 중절이 많은 나라에서 마치 차별행위가 아닌 문화적 특성의 하나로 정착함을 보여준다. 현실은 우생학, 생리 관리, 출산 예방 등의 허울 좋은 구실들로 여성의 강제 임신중절을 정상화하려는 노력을 계속하고 있다. 여성차별금지협약(CEDAW)도 임신중절 그 자체는 콜롬비아 법정의 결론대로[132] '어느 누구도 성폭력으로부터 보호할 수 없으며 오히려 위험을 가중시킨다는 입장'을 받아들이고, 여성의 '임신을 필요 이상으로 의료화시킬 수 없다는 유엔특별보고관의 권고'[133]를 수용하여 이제는 모든 국가로 하여금 강제 임신중절을 불

---

128 Catarina Devanda, Aguilar, Sexual and Reproductive Health and Rights of Girls and Young Women with Disabilities. Bell & Bell, 274. US 200. 1927.

129 Adam Cochen, *Imbeciles: The Supreme Court, American Eugenics, and Sterilization of Corrie Buck*(London: Penguin, 2016).

130 General Comment No. 3. para. 53.

131 Catarina Devanda, ibid.

132 UN General Assersbly. Dreft Resolution. June 28, 2016. A/HRC/32/1.25.

133 UN General Assersbly. November 13, 2017. A/C3/72/L.18/Rev.1

법화하도록 권고하며, 권리협약의 제17조(신체와 정신적 온전함)를 위반하는 것이다. 참고로 한국에서의 장애여성의 권리 찾기에 관한 자료를 살펴보자.[134]

"장애여성 공감(이하 '공감')은 1998년 활동을 시작한 이후 장애여성 인권문제에 집중했고, 몸의 차이를 비롯한 섹슈얼리티, 여성폭력, 독립, 문화예술 생산 등의 주제를 다루었다. 최근에는 가족을 꾸리기도 하고, 임신·출산·양육의 재생산 과정을 경험하는 중증 장애여성 회원들의 변화를 같이 나누고 함께 고민해 왔다. 이를 통해 장애여성의 재생산권이 모성권 보장만으로 풀어질 수 없고, 다양한 측면이 뒷받침되어야 함을 느꼈다. 경험이 쌓여 가면서 '공감'은 장애여성의 관점으로 재생산권에 대해 이제 이야기할 때라고 생각했다. 이러한 내용을 바탕으로 장애여성 관련 법적 검토와 세미나, 회원 인터뷰를 통해 2014년 〈우생학, 낙태, 모성권, 자기결정권-장애여성 재생산권 논의를 시작하며〉 토론회를 진행하고 보고서를 제작했다. 과거의 논의를 바탕으로 장애운동과 여성운동의 재생산권에 대한 고민을 들어 보고, 장애여성들의 삶 속 재생산권에 대해 알아보는 시간을 가졌다.

그간 여성운동은 사회경제적 사유로 낙태한 여성을 처벌하는 것이 아니라 존중해야 한다고 주장해 왔다. 한국 사회에선 1970~1980년대의 경우 인구 조절을 위해 임신중절을 허용·유도하는 분위기가 형성되었으나, 2010년 발표된 〈저출산 고령사회 기본발표〉와 프로라이프의 생명권을 필두로 한 고발 과정으로 인해 낙태 단속 및 낙태를 한 여성에 대한 처벌 등이 강화되면서 여성의 재생산권은 크게 침해당했다. 이 과정에서 오랫동안 이야기해 왔던 "임신중지 결정 여성을 처벌하지 말라!"는 구호와 함께 사회경제적 사유로 인한 낙태허용 주장이 강력하게 제기되었다.

한편, 1999년에는 김홍신 의원의 보고서를 통해 장애인 생활시설의 거주자들을 대상으로 진행된 강제 불임 시술이 공론화되었다. 이를 계기로 장애운동은 모자보건법에서 우생학적 사유로 인한 임신중절 허용 조항이 장애인의 인권 침해라고 문제제기를 해 왔다. 재생산권에 관한 논의 흐름 속에서 '공감'은 재생산권을 임신·출산으로 한정되는 것이 아니라 임신·출산의 결정권, 피임, 성관계, 성교육, 양육 등 전 과정으로 해석하고, 장애여성의 입장에서 이야기할 필요성을 절감하게 되었다. 그래서 '공감'은 공익인권변호사모임 희망을 만드는 법, 건강과 대안, 지구지역행동네트워크, 연구자의 배경을 중심으로 장애/여성 재생산권은 〈새로운 패러다임 기획단〉을 구성하였고, 기획단을 주축으로 수도권과 지역에서 연속포럼을 4차례 진행했다. 1, 4차 포럼은 여성운동계, 장애운동계의 간담회로 진행하면서 재생산권에 대한 정의와 장애여성 관점에서의 쟁점을 나누었다. 대구와 목포에서 열린 2, 3차 포럼에서는 장애여성 집단토론 및 인터뷰를 진행하였다."

(6) 결론

복합적이고 교차적 차별까지를 고려한다면 차별의 문제가, 특히 여성장애인에 대한 차별의 문제가 얼마나 심각한가를 알 수 있다. 그런데 여성차별 반대의 선두에 있는 여성차별금지협약

134 박서연, "[연재] 장애X젠더, 재생산을 말하다 ①," 장애여성 공감, 1998.

(CEDAW)마저도 개혁의 많은 기회를 놓치고 있다. 위의 여러 국가의 사례에서 보듯이 권리협약이라는 새로운 도전 앞에 얼마나 무관심하게 변화를 주저하고 있는가를 볼 수 있다. 아마도 더욱 큰 문제는 남성들의 심장과 영혼을 변화시키는 것이다. 2016년 유엔총회는 복합적이고 교차적 차별과 인종주의/인종차별주의, 인간 혐오증 등이 여성과 소녀 장애인들로 하여금 인권을 향유하지 못함을 개탄하는 결의문을 채택했다. 2017년에는 「유엔장애인권리협약」과 선택의정서에 여성과 소녀 장애인에 대한 부수적 결의문을 채택하였다. 이것은 국제적으로 상당히 의미 있는 조치이다. 그러나 개별국가, 지역사회 및 가족 차원의 변화도 이에 따르지 않으면 안 된다. 모든 국가는 여성과 소녀 장애인들의 결정권 행사를 저해하는 모든 장애물, 그들의 삶의 질을 저해하는 정책연구와 입법을 제거해야 한다. 또한 모든 여성으로 하여금, 그들의 권리를 향상시킬 수 있도록 모든 장애단체와 네트워크를 평등하게 충분히 활용해야 한다. 이를 위해서 보다 구체적으로,

첫째, 모든 국가는 여성의 역량 증강을 위해서 ① 법절차의 평등한 접근, ② 폭력의 제거, ③ 교육, ④ 가정생활 존중, ⑤ 여성 신체 건강과 임신할 권리, ⑥ 고용과 사회 보호 등과 같은 적극적 조치를 취해야 한다. 이러한 조치는 여성단체와의 긴밀한 협의를 거쳐 채택한다. 협약 제9조(접근성)와 일반논평 No.2(2014)에서 강조한 대로 공·사의 모든 서비스를 총체적으로 접근할 수 있어야 한다. 둘째, 모든 국가는 여성, 소녀 장애인에 관한 연구를 적극적으로 추진해야 한다. 마찬가지로, 모든 연구 활동에 여성들이 참여하여 연구주제, 방법론, 평가, 자료수집 등에 적극적인 참여를 보장해야 한다. 셋째, 여성들의 발전과 그들의 역량강화를 저해하는 법적·절차적·사회적 방해물을 제거하고, 지역 및 국제적 차원에서 지원해야 한다. 마찬가지로 여성은 자문의 대상이 되어야 하며 여성들이 참여하여 연구주제, 방법론, 평가, 자료수집에 참여한다.

제7조 장애아동

일반적으로 성인들은 자신들의 인권의 중요성을 인정하고 존중하는데, 아동의 인권에 대한 존중 인식은 어떤가? 2017년의 인구 집계에 의하면 전체 인구의 17%가 아동이다. 전 국민은 제외하더라도, 아동 관련 기관, 기구에 종사하는 사람들은 이 아동들의 권리에 대하여 얼마나 알고 있는가? 아동들도 성인과 마찬가지로 권리가 있지만, 성인들이 그들에게 권리에 대해서 알려주어야 하고, 타인의 권리 존중의 중요함을 알게 해야 한다. 다른 무엇보다도 아동들이, 자녀들이 우리의 삶에, 우리의 가정에, 직장에, 더 나아가서는 전체 지역사회에 얼마나 중요한가를 먼저 생각해야 할 것이다. 우리는 아동들의 권리 존중과 향상을 위해 얼마나 잘 하고 있는

지를 되새겨 보아야 할 것이다. 아울러 장애아동과 장애청소년의 권리에 대해서도 생각을 해 보아야 할 것이다. 한국도 다른 유엔(1997.9.21.)회원국과 마찬가지로 '아동의 권리에 관한 협약'에 비준(1991.11.20)한 당사국이며 이 협약은 2018년에 25주년을 맞는다.

4개 기본권[135]

- 생존권: 안전한 곳에서 살 권리, 충분한 음식을 먹을 권리, 아프면 치료받을 권리, 기본적인 생활을 할 권리
- 보호권: 학대로부터 보호받을 권리, 차별로부터 보호받을 권리, 유해한 약물로부터 보호받을 권리, 응급상황에서 보호받을 권리
- 발달권: 교육을 받을 권리, 잠재능력을 발휘할 기회를 가질 권리, 놀이와 여가를 즐길 권리, 생각과 양심, 종교의 자유를 누릴 권리
- 참여권: 정보를 접할 권리, 의견을 표현할 권리, 모임을 만들 권리

3개 원칙

아동의 성장·발달을 위해 '아동의 정의(참여)/비차별/아동 최선의 이익'의 균형 필요

그림 3-1. 아동복지의 3대 요소

135 한국청소년상담복지개발원 https://www.kyci.or.kr/specialserv/specialserv10_4.asp
1부(1조~44조), 2부(42~45조), 3부(46~54조)

[그림 3-1]에 나와 있는 3개의 원칙은 권리협약의 거의 모든 조항에 걸쳐 반복적으로 논의되고 있는 주제이므로 중복의 여지가 많다. 그러나 '제3조 아동 최선의 이익' 원칙은 반복이 되더라도 좀 더 부연할 여지가 있다. 그 이유는 장애아동은 성인이 되어도 거의 평생 아동으로 취급받는다는 지적을 이미 오래전 울펀스버거(Wolf Wolfensberger)가 한 적이 있다. 장애아동들은 생활하는 가운데, 여러 형태의 참여와 선택, 결정에서 거의 언제나 자기의 의사대로 하지 못하며 부모나 보호자 등의 타인에 의해서 지배를 받는다. 이것은 우선 권리협약 제12조의 법적 역량을 침해당하는 것이다. 이러한 문제가 고질적으로 반복되는 한 가지 이유는 보호자나 전문가가 거의 예외 없이 '아동 최선의 이익' 원칙을 대리 결정으로 해석하고 실행해 왔기 때문이다. 제12조에서 더 상세히 논의될 것이지만, 거의 언제나 보호자나 전문가의 의지, 경험, 판단, 권위 때문에 아주 빈번히 '제3조 아동 최선의 이익' 원칙은 오용, 남용된다는 점을 강조해 둔다. 보호자나 전문가는 최대한의 노력과 지원으로 장애아동이 이 원칙을 사용할 수 있도록 조력해야 한다. 2018년 2월 7일 제5, 6차 유엔 아동권리협약 국가보고서는 '아동의 최선의 이익' 조항에 대해 어떻게 보고 있는가에 대해 살펴보자.

> "101. 정부는 아동 관련 법률의 제·개정, 종합대연구 수립, 관련 정책연구 및 제도 등의 추진에 있어서 협약의 일반원칙, 특히 아동의 이익이 최우선적으로 적용될 수 있도록 노력하고 있다. 본 보고서의 각 영역에서 추진되고 있는 아동정책연구는 아동이익 최우선의 원칙을 고려한 것이다."

> "102. 정부는 아동의 이익을 최우선으로 고려하여 2007년 「민법」을 개정하여 부모에게만 인정되던 면접교섭권을 자녀에게도 인정하였다. 또한 이외에도 아동이 최대한 가정적인 환경에서 성장·발달할 수 있도록 입양에 대한 인식을 개선하여 국내입양 활성화를 위해 노력하고, 가정위탁, 그룹 홈 등의 가정보호 확대 사업을 추진하고 있다."

위 보고서의 102는 내용적으로 권리협약의 제12조 법적 역량과 맥을 같이하는데, 실상 장애인 영역에서는 보호자에 의한 대체 결정을 완전히 개혁하지 못하고, 지원 결정이나 독립적인 결정을 원칙적으로 지지하고 있지 못하다. 이 주제는 제12조에서 보다 심층적으로 논의된다.

각 조항을 모두 논의할 수는 없으나, 장애, 비(非)장애 구별 없이 모든 아동들에게 적용되는 기본권으로서는 모든 아동은 장소에 구별 없이 안전해야 하며, 소속감을 보장받아야 하고, 공정하고 인간다운 처우를 받아야 하며, 결정권을 보장받고, 경청의 대상이 되어야 하며, 탐구력을 기르고, 자기 의사대로 표현하고 창조성을 발휘해야 하며, 평생교육이 포함되는 교육, 건강한 삶과 재미있게 놀이를 즐기며 활동적이어야 하고, 사랑을 받아야 한다. 아동이 그들의 권리에 대하여 잘 이해하면, 가족과 타인의 권리도 존중하게 된다. 우리 모두는 가족과 케어러(carer)와 지역사회에 대한 책임감이 있으며 함께 이러한 권리들을 실현해야 한다. 분명한 것은 장애아동과 가족은 지속적으로 그들의 기본 인권과 완전한 사회통합에서 장벽에 부딪힌다. 그들의 능력은 거의 예외 없이 무시당하며 그들의 역량도 과소평가되며 그들의 욕구도 우선순위에서 벗어난다. 동시에 그들의 손상 때문에 생활환경 속에서도 빈번히 여러 장애를 경험하게 된다. 성장 과정에 따라 장애아동의 문제가 점차로 호전되기도 하지만, 심각한 격차나 공백이 남았음도 사실이다.

긍정적인 차원에서 지난 20여 년간 장애인 단체와 시민사회가 주축이 되어 장애아동과 가족에 대한 세계적인 관심이 높아져 가고 있다. 많은 지역의 국가와 지역에서 입법과 개정을 위한 로비와 개혁운동이 전개되고 있다. 결과적으로 장애아동의 참여를 가로막던 장벽이 국가적으로 차이는 있지만, 점차로 제거되고 있으나 아직도 관련 입법의 미흡으로 장애인들의 권리가 침해되는 현상도 있다. 특히 2006년의 「유엔장애인권리협약」은 모든 국가에 장애인들이 평등한 권리를 보장받도록 입법 개혁과 제도 개선을 비롯한 변화가 일어나게 하고 있다.

보다 구체적으로 아동의 권리, 인권보장을 위해 2003년 UNICEF는 다섯 가지의 우선순위를 제안한 바 있는데, 장애아동에게도 동일하게 적용되어야 한다. 즉,

① 모든 아동에 예방접종을 할 것

② 모든 아동의 취학 보장

③ HIV/AIDS의 전염이 청소년에 미치는 영향을 감소시킬 것

④ 폭력과 착취로부터 아동 보호

⑤ 모든 국가에 조기 아동 프로그램 도입 등이다.

장애아동에 관한 자료의 한계가 크지만 RI International의 자료가 UNICEF에 의해서도 광범위하게 사용되므로 이에 준하고자 한다.[136]

통계

장애아동 관련 국제 자료는 많지 않다. 따라서 유엔의 기구들도 RI가 1970년대에 집계한 자

136 UNICEF & Disabled children and youths: Background Information:(It Is Our World Too! A Report on the Lives of Disabled Children, Disability Awareness in Action 2001).

료에 의존하며 이에 의하면, 세계 인구의 10% 정도, 따라서 2018년 현재의 인구를 감안한다면 약 7억 5천만 명의 아동들이 평생 삶의 주기에서 장애를 갖게 된다. 이러한 계산에 따른다면, 약 250만 명의 장애아동 수치가 나오게 된다.[137] 그러나 어떤 연구는 개발도상국의 장애아동 출현율을 훨씬 높게 추정한다. 좀 오래된 자료이기는 하나, 1999년 세계은행이 집계한 자료는 "대체로 개발도상국의 장애아동 출현은 경제 선진국보다 높으며, 인도의 경우 6~10%의 아동들이 장애를 가지고 출생하며, 평균 수명이 짧기 때문에 전체 장애인구의 3% 정도가 장애아동일 것으로 추정한다."[138] 최근에 보다 더 많이 인용되고 있는 WHO의 World Report on Disability 2011은 70억의 인구 중 15%에 해당하는 장애인구, 즉 80%가 개발도상국에 살고 있는 것으로 추정하는데, 그렇다면 10명 중 1명이 장애아동으로서 아동의 80%가 개발도상국에 속해 있다.

2005년 UNICEF에 의하면 18세 이하의 장애아동 1억 5천만 명이 교육의 기회가 없으며, WHO(2002)는 5만 3,000명의 아동이 유아살해되고, 1억 5천만 명의 여아, 남아 7천 3백만 명이 아동폭력의 피해자이며, 전쟁과 관련하여 아동 3명 중 1명이 영구적 장애를 갖게 된다고 하였다. 일단 장애아동이 되면, 기본 자원의 활용이 어렵게 되며, 빈곤, 영양실조, 건강부진, 문맹, 기본위생, 청결한 음료 등이 부족하여 배제와 장애의 문제를 가중시킨다. 그럼에도 불구하고 한 가지 분명하게 지적해야 될 점은 전반적인 개혁과 개선 과정에서 장애아동은 거의 예외 없이 DISABILITY RIGHTS INTERNATIONAL[139]에서 지적된 것처럼 국내법의 개혁 과정에서 뒤처진다(left behind)는 것이다. 당사국의 보고서 또는 최종권고안에 나타나는 장애아동의 현실을 보더라도 지속적인 성 학대와 폭력, 빈곤 등의 문제가 크게 부각된다. 아래 여러 당사국의 사례를 접하면서 2014년 한국 사회를 격분하게 했던 청각장애학생들에 대한 성폭력을 고발한 소설과 영화 〈도가니〉를 잊지 말아야 할 것이다.

중국의 사례

본 위원회는 당사국의 장애아동들이 부모에 의해 유기당하거나, 고립된 시설에 방치됨에 대해 우려를 표한다. 가정과 농촌지역에 거주하는 장애아동들에 대한 체계적인 지원 대연구가 강구되어야만 한다.

137 Disability Awareness in Action 2001. It Is Our World Too! A Report on the Lives of Disabled Children.

138 World Bank, Poverty and Disability: a Survey of the Literature, 1999

139 Copyright 2013 By Disability Rights International

스웨덴의 사례

장애아동들이 비장애아동들보다 더 높게 폭력에 노출되어 있으며, 아동 전담 전문가들도 장애아동에 대한 인식이 부족하다는 보고서에 우려를 표한다.

아제르바이잔에 대한 권고

본 위원회는 당사국이 본 위원회의 장애아동의 권리에 대한 일반논평 9호(2006)를 참조하되, 아래 사항을 시정해 주기를 요청한다.

① 장애아동들에게 적절한 도움과 지원 대책을 세울 것
② 장애아동들의 교육 접근성을 개선하고, 특수학교 교사의 수를 늘임과 동시에 교사와 학교 감독관 대상 지속 교육을 제공하여 장애아동에 대한 교육이 충실히 이루어지도록 할 것이며
③ 장애인 대상 특별교육현장을 적절한 예산 지원과 인력 보강으로 보다 효과적으로 실시할 것이며
④ 가능한 한 장애학생들에게 완전통합 교육을 최대한 실시할 것

대만의 사례[140]

① 포괄적인 장애아동 대상 조기 프로그램 부족
② 특수학교 아동들에 대한 성폭력이 광범위하게 보고되고 있으며, 특히 심리사회 장애아동들에 대한 대응연구가 장기간에 걸쳐 미흡하다.
③ 도시와 농촌의 장애아동 지원 서비스의 격차가 크다.
④ 훈련된 인력과 긴급 의료서비스의 미흡으로 인해 특별 지원을 필요로 하는 장애아동들의 미취학

제8조 장애인식 개선

제8조 '장애인식 개선'은 얼핏 생각하면, 장애인에 대한 이해를 높이자는 의도 정도로 생각하고 넘어가기 쉽다. 그러나 좀 더 깊이 생각해 본다면 권리협약 전체에 스며 있는 장애인에 대한 차별, 편견, 평등, 혐오, 괴롭힘, 배제, 심지어는 민주 사회에서 과연 표현의 자유를 어디까지 수용할 것인가 하는 등의 문제가 제8조의 원칙과 밀접하게 연결되어 있다. 예를 들어, 장애인에 대한 부정적 혹은 혐오표현은 민주주의에 있어 가장 기본적인 권리라고 할 수 있는 자유로운 인간의 존엄을 의미하는 실질적인 평등을 침해한다. 최근에는 인종이나 여성에 대한 차별적 행위나 언어를 자율적 규제만으로는 해결이 어려우니 차별금지법이 제정되어야 한다는 주

140 대만은 중국과의 정치적인 이유로 유엔에 가입하지 못하는 대신, 2014년의 지방자치법을 통해 비준 당사국에 못지않게 성실하게 권리협약 이행을 위해 국가적으로 노력한다.

장도 강하다. 실제로 차별적 언어나 행위로 보상, 벌금형 심지어는 형사적 판결을 받는 경우도 있다. 아래의 몇 가지 사례를 보면서 과연 이러한 문제들에 어떻게 대처하는 것이 합당할 것인가 생각해 볼 여지가 있다.

국가보고서 심의 과정에서 제8조 장애인식 개선에 이르면, 여러 가지 흥미 있는 사실들을 발견한다. 그중에서도 소련의 언어 문화권에 속하던 사회주의 국가들, 동유럽의 여러 나라들, 즉 투르크메니스탄, 몽골, 아제르바이잔, 폴란드, 체코, 슬로베니아, 불가리아 등은 거의 동일하게 장애인에 대해 비하하고, 혐오적인 언어 표현이 많다. 우리나라의 현실은 어떠한가? 특수학교 설립을 애원하는 장애아동의 부모가 무릎을 꿇고 애걸하게 하는 나라가 아니던가? 그렇다면, 한국의 경우 특수학교 건립을 반대하는 주민들을 어떻게 처벌해야 하겠는가? 어떤 법을 적용해 '사회적 해악'으로 규정할 수 있는가? 현재는 사회적 인식 개선을 통한 자율적 개선 내지는 규제의 방법을 취하고 있는데, 이러한 집단행동도 '차별금지법'의 대상이 되어야 하는 것 아닌가? 이러한 과정에서 표현의 자유는 보장하는 것인가? 타인에게 상처를 주는 표현의 자유도 보호되어야 하는가? 하는 여러 의문을 갖게 한다. 아래의 예는 아주 예외적인 경우가 아닐 것이며, 「장애인차별금지법」과 유엔 협약이 실효를 거두지 못하고 있는 현상으로 보아야 할 것이다. 아래는 2014년 9월 권리위원회의 '최종권고문'에 포함된 한국 정부에 대한 권고 내용이다.

한국 정부에 대한 권고 내용

위원회는 대한민국이 인권의 주체로서 장애인의 긍정적인 이미지를 확대하기 위해 인식 제고 캠페인을 강화할 것을 권장한다. 특히 위원회 협약의 내용과 목적을 체계적이고 지속적으로 홍보하고, 공무원, 국회의원, 언론, 일반 대중들에게 관련 교육을 제공할 것을 권고한다.

장애인식의 개선은 장애인은 장애로 인해 특수한 욕구를 가지고 있으나 그러한 욕구 충족을 위한 충분한 자원이 부족할 수도 있다는 인식으로부터 시작한다. 중앙정부를 포함한, 주 정부, 지방정부는 연령, 인종, 젠더, 종교 등과 관계없이 필요한 자원을 공급해야 한다. 동시에 장애인들의 권리는 신성하며, 기금분배, 대중매체, 지역사회 교육 등에서 폄하하거나 손상의 대상이 될 수 없다. 기본원칙으로서의 장애인의 권리는 ① 지역사회가 장애인의 권리를 이해하고, 장애인의 특수한 상황을 수용한다. ② 한 사회의 평등한 시민으로 인정받을 권리, ③ 사회에 대한 장애인의 기여를 인정받고 존중받아야 할 권리, ④ 장애 관련 기금모집, 마케팅 및 지역사회 교육에 대한 정보를 받을 권리를 포함한다.

한국 정부에 대한 장애인식의 권고와 원칙들을 고려할 때, 한국의 장애인에 대한 인식은 어느 정도의 수준인가? 아래의 사례를 한번 살펴보자.

"XX역 X번 출구 분식집 가지 마세요. 장애인 손님을 상대로 병신이라고 욕하고 제가 하지 말라니 저보고 당장 나가라며 먹던 그릇을 던져서 깨버렸어요."

지난 2일 사회관계망 서비스(SNS)에 올라온 이 글은 4일 오후 4시 현재 3만 3,000회 이상 공유되며 누리꾼들의 공분을 사고 있습니다. 이날, 이 분식집에서는 무슨 일이 발생했던 걸까요? 경향신문이 SNS에 글을 올린 장연정 씨(27·가명)와 해당 분식집 점주의 이야기를 직접 듣고, 당시의 상황과 여기에 얽힌 문제를 되짚어보려 합니다.

"성깔이 저러니 병신 낳아서 달고 다니지."

지난 2일 오후 1시 15분쯤 서울 시내 분식집에서 김치볶음밥을 먹던 장 씨는 귀를 의심했습니다. '설마' 하는 마음에 귀에 꽂혀 있던 이어폰을 뺐지만 분식집 종업원은 여전히 '병신'이라는 장애인 혐오표현을 큰 소리로 반복하고 있었습니다. 음식 포장 문제로 종업원과 실랑이를 벌이다 끝내 식당을 떠난 노인과 그의 장애인 아들을 향한 말이었습니다.

장 씨는 참다못해 종업원에게 "아무리 그래도 그건 아니죠. 그분들 나갔으니 그만 하세요."라고 말했습니다. '빈말이라도 죄송하다는 말이 돌아오겠지' 생각했습니다.

그러나 장 씨가 기억하는 다음 상황은 이렇습니다. 종업원과 점주는 도리어 "장사하는 사람 마음"이라며 장 씨에게 삿대질을 했고, 뒤쪽에 앉아 있던 점주의 아들도 "아가씨, 음식 안 파니까 당장 나가요! 나가라고!"라고 소리쳤습니다. 급기야 그는 장 씨가 먹고 있던 김치볶음밥, 된장국, 반찬이 담긴 그릇을 그대로 주방 쪽으로 내던져 깨부쉈습니다. 김밥집 안에는 두어 명의 손님이 더 있었지만 아무도 점주 가족의 행패를 말리지 않았습니다. 위협을 느낀 장 씨는 도망치듯 분식집을 나와 뒤늦게 경찰에 신고했지만, 출동한 경찰관은 장 씨가 그 자리를 바로 뜬데다가 목격자 진술이 없어 수사를 종결하겠다고만 말했습니다. 그러나 분식집 점주의 입장은 다릅니다. 점주는 이날 상황에 대해 "종업원이 영업 방침에 따라 '원조김밥은 포장만 되고 홀에서 식사가 안 된다'고 하자 장애인 아들을 둔 노인이 먼저 욕설 섞인 고성을 질렀다."면서 "이 때문에 그를 헐뜯는 말을 한 것은 사실"이라고 말했습니다. 그러나 장 씨가 주장하는 장애인 혐오표현은 사용하지 않았다고 합니다. 또 장 씨의 그릇을 깨지도 않았으며, 이미 식사를 마친 장 씨의 그릇을 주방 쪽으로 옮기다가 '철그렁' 소리가 크게 났을 뿐이라고 주장했습니다. 지난해 1월 국가인권위원회가 발표한 장애인 혐오표현 실태조사에 따르면 응답자의 10명 중 7명(73.5%)이 실생활에서 혐오 피해를 당했습니다. 온라인 혐오표현은 더욱 심각합니다. 장애인 10명 중 9명(95%)은 온라인상에서 장애인 혐오표현을 보거나 듣는 경험을 한 것으로 조사됐으며 8명가량(79.5%)이 실제 피해를 입었습니다. 혐오는 곧 두려움으로 이어졌습니다. 전체 응답자 중 70%가 '자신이 장애인이라는 이유로 비난을 받을까봐 두려움을 느낀다.'고 답했습니다.

경향신문 2018. 10. 4.

현장의 예를 하나 더 들어 보자.

"장애인차별금지추진연대와 전국장애인차별철폐연대가 2일 장애인 비하 발언 논란을 일으킨 이해찬 더불어민주당 대표와 이 대표를 비판하는 과정에서 오히려 장애인 비하에 합세한 홍준표 전 자유한국당 대표를 상대로 국가인권위원회에 진정을 제기했다. … 이들은 진정서를 통해 "사회 구성원을 정상과 비정상의 범주로 구분하고 장애인을 비정상으로 인식하고 있는 점이 여실히 드러나 있다. 장애인을 위한다고 하면서도 신체 장애인을 한심한 존재라고 표현하고, 정신장애인에 대해서는 대놓고 비하 혐오하는 발언을 쏟아 내놓고도 심각성을 인식하지 못하는 사과문을 보면 정치인으로서 또 고위공무원으로서의 자질을 의심하지 않을 수 없다."고 꼬집었다. … 이어 "이번 발언은 「장애인차별금지법」에 따른 명백한 차별행위다. 인권위 진정을 통해 장애인에 대한 차별행위가 명백하게 법 위반 행위이며, 아무런 사과와 재발 방지 약속 없이 유야무야 지나갈 수 없는 일임을 제대로 확인하고자 한다." 면서 "강력한 시정권고를 내려 달라."고 강조했다.

에이블뉴스, 2019. 1. 3.

인권의 선진국이며 세계에서 가장 평등한 나라라고 할 수 있는 덴마크에서 일반 대중의 장애인에 대한 인식조사를 한 적이 있다. 이 조사에 의하면, 비장애인은 대체로 장애인에 대해 부정적인 시각을 가지고 있는데, 예를 들면 64% 정도만 장애인 동료와 직장에서 일할 용의가 있다고 했다. 아동을 대상으로 한 장애인의 인식은 오히려 훨씬 더 부정적이었다. '그들과 우리'라는 구별의식이 분명했는데 이러한 부정적 시각은 반드시 개선되어야만 한다. 같은 맥락에서, 오래전의 법률은 편견과 차별적인 용어의 사용이 두드러지게 나타났다. 최근의 법률도 크게 개선되지 않아서 분명히 전체 인구 속의 다양성을 인정하는 것과는 장애인과 거리감을 갖게 하며 타자(他者)로 표현한다. 이러한 법률적 용어는 반드시 수정되어야 한다.

덴마크의 인식 개선 캠페인

덴마크는 인구 약 5백만 명인데, 2017년에 〈장애가 아니다〉라는 인식 개선을 위해 약 4억 8천만 원의 예산을 배정하여 일반 대중에게 장애인과 그들의 권리를 알리려 했다. 이 캠페인은 주로 TV와 대중 매체를 통한 것이며, 우선 폭넓은 캠페인을 전개하고자 했으나 모든 장애인을 대상으로 하지 못했다. 결과적으로 시청각 자료, 이지리드(Easy Read), 삽화의 사용 등은 하지 못했다. 예산 부족을 절감해야 했다.

복지국가로 알려진 또 하나의 국가 스웨덴도 전반적으로 장애의 다양성에 대한 인식이 부족하다는 권리위원회의 지적을 피할 수 없었다. 따라서 스웨덴 정부는 장애의 다양성에 대한 인식을 개선하도록 새로운 국가전략을 세우며, 일반 대중에게 장애인에 대한 긍정적인 이미지 뿐 아니라 남·녀 장애인은 존엄성을 갖춘 독립적이며 능력 있는 시민으로서 권리협약이 천명하는 모든 인권의 소유자이므로 공공 생활의 모든 영역에서 모든 사회 문화적인 차별을 철폐해야 한다고 권고했다. 이러한 목적을 위하여, 고등법원의 법관, 검찰 등 모든 법조인, 입법을 담당하는 정치인과 고급공무원, 교사, 경찰, 교도관, 고용주, 교육기관 등 모든 시민이 인식 개선의 대상이 되도록 장애인 단체와 긴밀한 공조를 통해 협조로 인식 개선 전략을 세우도록 권고한 바 있다. 간혹 당사국의 보고서에 제시된 인식 개선의 내용을 보면, 장애인 당사자 단체들이 장애인을 대상으로 하는 캠페인이 있는데, 이것은 권리위원회가 스웨덴에 권고한 포괄적 대상, 즉 '고등법원의 법관, 검찰 등 모든 법조인, 입법을 담당하는 정치인과 고급공무원, 교사, 경찰, 교도관, 고용주, 교육기관 등 모든 시민'과는 거리가 멀다.

제9조 접근성의 권리

'접근성'이라는 용어는 장애인의 다양한 일상생활의 영역에서 접근의 능력을 의미한다. 권리협약 제9조로 채택하면서 장애인들로 하여금 독자적으로 생활할 수 있게 하며 모든 생활에 참여하도록 하는 것을 목적으로 한다. 접근성은 장애인들의 독립생활과 평등한 사회참여의 기본 전제가 된다. 환경, 교통수단, 정보통신기술에 기반한 정보와 의사소통, 기타 일반 대중에게 제공되는 시설과 서비스에의 접근 없이는 장애인들은 그들이 속한 사회에서 평등하게 참여할 수가 없다. 접근성은 권리협약 제3조의 일반원칙 (바)에서 천명한 대로 협약의 제1원칙에 속하지만, 권리협약 채택 이전 이미 유엔의 여러 협약에서도 천명된 원칙이라는 것을 밝혀 둘 필요가 있다. 역사적으로도 장애인의 이동권 보장을 위한 물리적 환경과 교통수단의 접근은 「세계인권 선언」 제13조와 자유권협약(ICCPR) 제12조에도 보장된 권리이다. 같은 맥락에서 정보와 의사소통의 접근은 「세계인권선언」 제19조와 자유권협약(ICCPR) 제19조 (2)가 보장하는 사상의 자유보장의 기본요건이다. 자유권협약(ICCPR) 25 (c) 이하에는 "평등의 원칙에 기반하여 모든 시민은 해당 국가의 공공 서비스에 접근할 권리가 있다."라고 되어 있다. 이 원칙을 근거로 하여 모든 인권협약에 접근성을 하나의 권리로 인정하는 기반이 된 것이다. 모든 형태의 인종차별협약(ICERD: International Convention on Elimination of All Forms of Racial Discrimination) 5조 (f) 이하도 자유권협약 제25조와 마찬가지로 "모든 시민은 해당 국가의 공공 서비스, 예를 들면, 대중교통, 식당, 호텔, 카페, 영화관, 공원 등에 접근할 권리가 있다."며 유엔의 기본적인 원칙을 반영했다. 물론 다른 인종 집단의 접근성을 강조한 것은 인종 소수자들에 대한 접근을 거부하는 인종 차별과 편견의 문제를 극복하고자 함이었다. 반면에, 장애인들은 건물 입구의 계단 또는 접근 가능한 형태의 정보 부족에 부딪힌다. 이러한 대중적 서비스의 장벽은 반드시 장애인에 대한 노골적 차별 때문이 아니라 기술적인 정보의 부족에 의한 것이다. 자유권협약(ICCPR)과 인종차별협약(ICERD)은 접근성을 인권의 보편적 원리로 그 기반을 제공했으나, 권리협약은 '접근성의 권리'를 보다 구체적으로 장애인들로 하여금 자유권, 사회권 차원의 자유와 권리를 누릴 수 있는 핵심 원칙이자 전제 조건으로 구체화하였다. 요컨대 접근성은 하나의 원칙이며, 권리로서 장애인의 완전한 참여와 통합 그리고 이동권의 자유를 보장한다. 합당한 처우와 접근성의 결여는 장애인에 대한 차별행위와 다를 바 없다.

접근성은 대체로 세 가지 요소로 구성되는데 ① 물리적 장벽 제거, ② 상호적 정보통신기술(ICT: Interactive Communication Technology)을 통한 의사소통의 장벽 제거, ③ 사고방식, 문화적 장벽의 제거로 경제, 사회 활동 참여이다. 2011년 WHO와 세계은행은 물리적 환경, 교통, 정보통신은 간혹 장애인들의 접근을 불가능하게 한다고 공동으로 보고했다.[141] 장애인들은 취업, 건강서비스에 대하여 교통수단의 미흡으로 접근이 어렵다. 실제로 당사국의 여러 보고서에 의하면, 대체로 접근성은 취약하며 정보통신수단의 미흡으로 의사소통에도 제한을 받는다. 설사 수화통역의 이용이 가능한 당사국에서도 대개는 통역사의 수가 적어 수요를 충족하지 못한다. 이러한 이유로 권리위원회는 당사국과의 직접 심의 과정에서 접근성의 문제를 핵심적 원칙의 하나로 간주한다. 특히 제기되는 문제는 권리협약의 이행에 있어서 접근성 수준에 대한 모니터링이 부족하며 관련 입법의 시행도 미흡하다는 것이다. 어떤 당사국은 접근성의 모니터링을 기술적 역량과 인력, 자원이 부족한 지방정부에 의뢰하는 경우도 있다. 이해당사자 대상의 훈련 부족과 장애인 단체의 모니터링 참여 미흡도 또 하나의 문제로 지적된다.[142] 아울러 최종권고문에서도 여러 형태로 이 문제의 개선이 부각된다.

코스타리카의 사례

본 위원회는 코스타리카의 장애인 평등권법(법령 No. 7600) 중 장애인의 물리적 접근성에 치중한 반면, 정보통신 의사소통의 부분을 소홀히 한 것에 우려를 표한다. 동시에 81개의 지방정부 가운데 18개만 물리적 접근 위원회가 설치되어 있을 뿐이고 그나마 정보통신 의사소통에 대해서는 정보가 없음에 우려를 표한다.

141 WHO, World Disability Report, Summary, 2011. p.10.

142 CRPD/C/TUN/CO/1, para. 21, April 2011(R) CRPD/C/ESP/CO/1, para. 28, September 2011(R) CRPD/C/ARG/CO/1, para. 18, September 2012(R), CRPD/C/HUN/CO/1, para. 24, September 2012(R), CRPD/C/CN/CO/1, para. 62, September 2012(R).

한국의 사례

본 위원회는 도시와 농촌 지역에 접근 용이한 버스와 택시가 부족함에 우려를 표한다. 동시에 건물의 접근성도 적용 범위가 극히 제한되어 있으며, 접근성 적용에 있어서도 해당 건물의 규모나 건축 연도 등의 명기가 되어 있지 않음에 우려를 표한다. 동시에 많은 웹사이트가 시각장애인의 접근이 쉽지 않으며, 청각장애와 지적장애 장애인의 웹사이트 접속이 용이치 못함에 우려를 표한다.

덴마크의 사례

본 위원회는 비장애인과 평등한 원칙하에 물리적 환경, 교통, 정보통신 의사소통, 일반 대중에게 농촌과 도시에서 보편적으로 제공되는 서비스 등에 대한 포괄적 조치가 부족함에 우려를 표한다. 본 위원회는 공공 웹사이트가 체계적으로 접근 가능하지 못함에 우려를 표한다.

타이완의 사례

본 '독립심의위원회'는 당사국에 의한 접근성 조치가 임시방편적이며, 장애인의 접근성을 충분히 고려하지 못하고 있음을 지적한다. 전자 은행과 모바일 활용이 장애인, 특히 시각장애인이 접속할 수 없음에 우려를 표한다.[143]

위에서 인용한 사례들은 거의 예외 없이 접근성과 관련된 문제에 우려를 표하는데, 주목할 것은 덴마크와 같은 선진국도 예외가 아니라는 점이다. 또 한 가지 유념해야 될 점은 권리협약의 모든 조항이 그러하듯이 제9조 또한 다른 여러 조항과 연계 선상에 있다는 것이다. 그래서 제9조는 모든 당사국은 모든 조치를 갖추어 장애인으로 하여금 다른 사람과 평등하게 그들이 선택하는 방법으로 제21조가 명시하는 〈사상과 의견의 표현 자유와 접근성의 권리〉를 행사하도록 보장해야 한다. 제21조는 보다 구체적으로 어떻게 이러한 권리를 보장해야 되는가를 설명한다. 즉, 제21조 (나) 더 나아가 이 조항은 수화, 점자, 부가적으로 언어를 확장하는 대안적 의사소통의 수단 및 기타 장애인이 선호하는 접근 가능한 모든 수단과 방법, 제21조 (다) 공적 상호작용에 있어서 장애인이 선호하는 대중매체, 인터넷 등 이용에 용의한 수단과 방법을 장애인에게 제공해야 하며, 제21조 (마) 또한 당사국은 제24, 27, 29, 30조가 요구하는 대로 수화통역을 인정하고 사용하도록 장려해야 한다. 제30조에 국한하여 예를 들자면, 일반논평(No.2)에서 명기한 대로 평등하게 문화생활을 즐기게 하려면, 당사국은 아래와 같은 적절한 조치를 취

143 타이완은 중국과의 정치적 갈등으로 유엔의 당사국은 아니나, 2014년 타이완 지방자치법으로 권리협약의 이행을 다른 국가의 모범이 되리만큼 성실히 이행하고자 함.

해야 한다. ① 접근 가능한 형식으로 문화생활을 즐기도록 하며, ② 접근 가능한 형식으로 TV 프로그램, 영화, 극장, 기타 문화 활동을 즐기도록 하며, ③ 가능한 한 극장, 박물관, 영화, 도서관, 관광, 유적지 등과 같은 문화 공연과 서비스 등을 즐기도록 한다. 실제로 문화 유적지 등의 방문은 상당한 배려와 노력이 필요하겠지만, 당사국은 이러한 명소의 접근을 가능케 하는 것도 권리협약의 이행에 수반되는 하나의 의무이다.

제10조 생명권

제10조 생명권은 단순히 해당 조항의 분석이나 해설만으로는 부족하리만큼 인류 역사에 부정적인 의미에서 긴 역사를 가지고 있다. 이러한 인류사적 배경을 제외한 조항 설명은 그 깊은 의의를 살릴 수 없다. 우선 앞부분에서는 간략하게 조항을 소개하지만, 미흡한 대로 좀 더 심층적으로 생명권의 시대적, 인류사적 고찰을 시도하고자 한다.

권리협약의 제10조에 의하면 "당사국은 모든 인간은 생명에 대한 천부적인 권리를 가지고 있으므로 모든 필요한 조치를 동원하여 모든 장애인들로 하여금 이 권리를 향유하도록" 권고한다. 이 권고를 성실히 이행하지 않아 비록 생명에는 지장이 없는 경우에도 당사국은 책임을 감수해야 한다. 당사국은 단순히 임의적인 생명의 침해를 예방할 의무가 있을 뿐 아니라 협약 제10조의 구체적인 불이행이 아니더라도 생명권을 위협할 수 있는 미래의 가능성도 예방할 의무가 있으며, 분명한 보호 조치를 취해야만 한다. 더 나아가서 고문, 착취, 폭력, 인권 침해 등과 상호 연류되어 생명권에 위협을 줄 수도 있으므로 정신적 및 신체적 온전성을 보호해야 됨도 염두에 두어야 한다(자유권협약 ICCPR 제7조 및 권리협약의 제15~17조 참조).

유엔은 상당 기간 생명권 보호를 위해 고심한 기록이 있다. 국제법은 '생명권의 개념'을 제시하지 않는 반면, 인권학자들과 운동가들은 생명권의 핵심 요소에 대해 심사숙고했다. 유엔인권헌장 제1조와 제3조는 모든 인간은 생명권을 향유하며 그들은 모두 평등한 존엄성과 권리를 소유하고 있다고 했다. 그러므로 인간의 존엄성과 권리는 분류될 수 없다. 유엔 회원국들은 자유권협약을 통해서 인간의 생명과 존엄성은 존중되어야 한다고 합의했다. 이것은 오랫동안 인류의 생명권을 위협해 온 역사적 배경과 무관하지 않다. 한번 거슬러 올라가 보자.

인류의 최근 역사를 둘러봐도 인간의 심성이 얼마나 독단적인 이념과 불합리한 신념에 의해 부패할 수 있는가를 알게 한다. 나치즘을 비롯한 종교적 신념과 같은 다른 형태의 극단주의는 최대다수의 선을 추구한다는 명분하에 얼마나 엄청난 고통을 인류에게 초래했는지 모른다. 1933년 아돌프 히틀러는 '완전한 인간상의 추구'라는 그의 강박적인 집착 때문에 '우생학적으로 결함'이 있는 시민을 제거하기 위하여 강제 임신중절을 합법화하는 법령을 발효시켰다. 모든 형태의 '손상'은 알코올 중독자를 포함하여 히틀러의 '우생학적으로 결함'으로 판정을 받았다. 일단 히틀러가 권력을 잡은 후에는 더욱 극렬하고 무차별하게 장애를 가진 많은 사람들이 안락사의 대상이 되었다. 히틀러의 의도적 살인행위는 폭력의 극치를 넘어 대량 학살의 수단으로 아우스비치의 가스 실험실을 만들어 냈다.

세계의 역사를 통해서 생각해 보면, 인종 학살과 대량 살인은 수백만 명의 생명을 빼앗았다. 15~20세기 사이에 무력으로 토지를 탈취하는 이주자들에 의해 수십만 명의 미국 원주민 인디언이 살해되었고, 한반도의 34배나 되는 호주에도 현재 30만 명 정도의 원주민밖에 생존하지 않으리 만큼 학살행위가 심했다. 1915년과 1923년 터키의 오스만 왕국에 의해 수십만의 아르메니아인이 학살되었고, 1994년 아프리카 루안다의 투씨(Tutsis)와 후투(Hutu) 족 간의 집단 종족 학살에서는 약 100일 만에 80만 명이 살해되었다. 최근 관심을 끄는 미얀마의 국경을 넘은 70만 명 이상의 로힝야 족에 대한 대량 학살 문제는 다른 하나의 생명권 문제이다. 인종학살의 문제는 사실상 많은 국가의 법률 속에 출생 전후의 장애아동들의 생명권을 위협한다. 예를 들면, 2017년 권리위원회는 법정의 절차적 수용의 결핍으로 인해 사형선고의 위험을 감수해야 한다.[144] 그러나 현실적으로는 생명권은 계속해서 갈등적이고 모순적인 쟁점의 대상이다.

국제법으로 '모든 인간은 천부적인 생명권'을 부여받았다는 생명권은 자유권협약(ICCR) 제6조 1항에 최초로 제안되었다. ICCR 자유권협약 제6조 1항은 그 생명권은 국가가 법으로 보호해야 하며 어느 누구도 임의로 그 권리를 박탈할 수 없으며, 법이 정하는 범위 내에서만 생명권 박탈이 가능하다고 덧붙였다.[145] 권리협약의 전문도 유엔 헌장이 천명하는 대로 "사회의 기본구조는 자유롭고, 정의로우며, 평화로운 세계의 기반이 되는 인간가족으로서 인간이 소유한 평등하고 박탈할 수 없는 천부적인 인간의 존엄성을 인정하는 데 있다."는 것을 상기시켰다. 권리협약의 제10조는 ICCR 자유권협약을 수용하여 당사국으로 하여금 평등의 원칙하에 생명권이 존중되어야 할 것을 재확인하였다. ICCR 자유권협약과 권리협약의 제10조는 함께 모든 생명의 임의적 박탈을 분명하게 금지한다. 국제법에 의하면, 임의적 생명권의 박탈은 고문이나 신체적, 정신적 해, 상처 등으로 인한 예측할 수 있고 예방 가능한 고의적 행동에 의한 생명권의 침해를 의미한다. 가장 큰 도전은 사형선고, 강제 실종, 잉태된 생명의 권리, 임신중절(낙태), 안락사이다. 이 모든 영역이 생명권과 관련이 있지만, 권리협약 중 장애여성과 정신장애인과 밀

---

144 CRPD. 이란에 대한 최종견해. 2017. 5. 10. CRPD/C/IRN/CO/No.1
145 자유권협약 6조 1항~6항.

접한 관련이 있는 제6조, 15조를 감안하여 잉태된 생명의 권리, 임신중절(낙태)에 대한 심층적 논의를 시도한다.

생명권과 임신중절/낙태

모든 인간의 생명은 존엄하다. 그러나 이 단순한 단언은 임신중절에 와서는 심각한 쟁점이 된다. 천부적인 인간생명의 존중이 다수에 의해서 용납되지만, '인간이 언제, 어느 시기에 인간이 되는가?' 하는 질문은 더 심한 쟁점이 된다. 생명권에 관한 논의는 물론 과학, 종교, 철학 또는 법률적으로 접근될 수도 있지만, '인간의 신분'을 얻는 시기는 종교, 윤리적 신념, 철학자 등의 주장과는 다를 수 있다. 생명은 출생 전·후를 구별함이 없이 신성한 것이다. 단, 여기에 예외가 하나 있다면 특히 자유권협약(ICCPR)이 사형선고를 용인한 것이다. 표면상으로는 유엔 인권위원회(UN Human Rights Commission)도 일반논평 36호에 임신중절을 합법화하고 있는 듯하다. 임신중절 합법화는 자유권협약의 어디에도 유엔 인권위원회의 입장을 지지해 줄 요건이 없다고 오랜 논쟁을 계속해 왔다.[146] 임신 중인 인간의 생명을 보호해야 된다는 논쟁은 "임신 중인 여성에게는 사형선고를 할 수 없다."는 자유권협약 제6조 5항이 입증해 준다. 유엔 인권위원회와 자유권협약의 논쟁이 상호 절충의 여지가 없어 보이는데, 분명한 것은 일반논평 36호는 분명히 장애인에게는 불편한 문건이다. 유엔 인권위원회의 핵심 권고는 '낙태법은 임신 중인 여성의 생명에 위험이 되거나 잔혹하고 비인간적인 결과가 발생하지 않도록' 해야 된다는 것이다. 유엔인권위원회의 임신중절에 대한 입장은 태아와 여성의 생명권 간의 균형을 고려해 달라는 것이다.[147] 반면에, 여성차별금지위원회(CEDAW)는 안전하지 못한 임신중절에 대해 우려를 표한다.

> "안전하지 못한 임신중절은 산모의 생명에 위협이 된다. 그러므로 당사국은 강간, 근친상간, 모친의 건강/생명에 위험이 될 경우, 또는 태아의 손상이 우려될 때에만 해당하되, 임신중절 이후의 위험을 방지하기 위한 높은 수준의 유산 후 의료서비스가 제공되어야 한다. 동시에 낙태에 임하는 여성에게 어떠한 형태의 가혹한 처벌을 가해서도 안 된다."

146 European Centre for Law Institute, "The Right to Life is not the Right to Kill" 2017. https//eclj.org/abortion/un/protgez-toute-vie-humaine-, 2018. 11. 15. 접속.

147 유엔인권위원회 일반논평 39호. 9절

비록 안전하지 못한 임신중절에 대해 경고를 한다 해도 분명한 것은 권리협약에 관한 한 '손상'을 근거로 한 낙태는 장애의 인권기반 원칙에 위배된다. 설사 낙태를 해야 되는 상황이 치명적이라 해도 대개는 '손상'이 그 이유가 된다. '손상된 태아'가 치명적일 수는 없다. 경험에 의하면 '손상'에 대한 진단 자체도 오류일 경우가 많다. 설령 틀리지 않는다 해도, 장애판정은 '장애란 좋은 삶이 아니다'라는 것을 분명히 상기시킬 뿐이다.

그러나 태아가 생명을 유지할 수 없을 뿐더러 낙태를 하지 않을 경우 산모의 신체적, 정신적 건강에 해가 된다면 낙태의 권리가 인정되어야 한다. 이런 경우는 태아가 바람직하지 못한 특징이나, 손상 때문에 생명권이 박탈당하는 것이 아니기 때문에 우생학적 논란에 휘말릴 필요가 없다. 세계적으로 낙태에 관한 법률은 여권운동가, 인권운동가들이 모두 합세하여 여성들은 그들의 신체에 대해 자율성을 행사해야 된다고 주장하기 때문에 낙태는 증가 추세이다.

결론으로, 권리위원회는 유엔인권위원회의 일반논평 36호를 거부하며 여성과 장애태아의 존중과 보호 증진에 대하여 두 가지 입장을 취한다. 낙태를 할 것인가 말 것인가는 분명히 여성의 자의적인 선택에 달려 있지만, 그 임신이 성공할 수 있는가의 여부 결정은 임의적으로 의료적 견해나 판단에 따를 수 없다. 권리협약의 채택과 비준의 역사가 비록 짧기는 해도 생명권과 고문의 영역을 법리적으로 확산시키는 데 기여했다. 새로운 법리적 원칙을 만들어 낸 것이 아니라 기존의 여러 협약의 원칙을 새로운 영역에 적용시킨 것이다. 권리협약은 생명권과 장애에 대한 새로운 법리 분석을 통해 독특한 기여를 한 것이다. 2016년 117개국의 유엔 회원국들은 보편적인 사형선고를 유예하는 결의안에 동의한 바 있다.[148] 이 결의안은 사형선고의 대상이 될 수 없는 사람들의 범주를 넓히면서 의료장애, 정신·사회장애인을 포함시켰다. 이러한 개선이 이루어지는 것을 환영하면서도 장애인들은 보호인에 의한 대체결정의 지속으로 공정한 재판(협약 제12조)을 거부당하는 현실을 외면할 수 없다. 정신, 지체장애인을 포함한 모든 장애인은 평등하게 생명권을 향유할 수 있도록 특별한 조치가 취해져야 한다. 이러한 조치는 장애인들의 생명권을 보장하기 위하여 특별 긴급 서비스가 장애인에 대해 과도한 법적 강압 요소에 노출되지 않도록 공공정책연구 속에 합당한 처우가 고려되어야 한다.

제11조 위험 상황과 인도적 차원의 긴급사태

2011년 3월 11일 일본 동해는 쓰나미로 큰 재해를 당했다. 20,000여 명의 사망자 가운데 장

148 CRPD 룩셈베르그 최종권고안 2017. 10. 1.

애인 사망자는 평균인구 사망의 두 배가 되었다. 이러한 경험을 바탕으로 '장애포괄' 재해 방지 사회를 만들어야 한다는 생각을 굳혔고 동시에 권리협약 제11조의 중요성을 환기시켰다. '장애포괄' 재해 방지는 2015년 '지속가능한 개발목표(Sustainable Development Goals)'에도 포함되었다. 김승완의 연구에서도 서울시 소방재난본부와 국립재활원이 실시한 '장애인 재난위기관리 매뉴얼 개발·보급(2013)' 연구에 따르면, 2010년부터 2012년까지 서울시 소방공무원 신고사례를 분석한 결과 재난은 누구나 경험할 수 있으나 재난에 대한 대처능력은 장애인이 비장애인보다 2배 이상 취약한 것으로 나타났다.[149] 유엔의 한 온라인 조사에 의하면, 재해가 닥치면 장애인에 대한 연구는 거의 외면당한다(New York, Oct 10 2013 2:00 PM). 평소에 장애인들과 함께 재해 연구를 시도한 적이 없기 때문에 재해가 나면 많은 수의 장애인들이 부상을 당하거나 목숨을 잃는다. 정부 또한 속수 무연구이다.[150] 태국을 비롯한 아·태지역의 여러 나라에서도 재난 구조에 장애인과의 자문은 없고 전반적으로 장애인에 대한 보호대책연구는 전무한 듯하며, 실제로 재해가 발생하면 20% 정도만 겨우 도피할 수 있다고 한다. 시간이 충분히 주어진다면 도피할 수 있는 확률이 20%에서 38%로 올라가는데, 그래도 58%는 어느 정도 혹은 아주 많은 어려움이 있으며, 4%는 도피가 불가능하다고 했다. 가장 위험한 재해 다섯 가지는 ① 홍수 54%, ② 극심한 기후 40%, ③ 태풍 39%, ④ 가뭄 37%, ⑤ 지진 27%이다. 이외에도 화재, 교통사고 등에 장애인들이 노출되어 있음을 잘 안다.

유엔 인권위원회는 유엔 고등인권판무관(UN OHCHR)으로 하여금 권리협약 제11조에 의거 재해 상황하에서의 장애인에 대한 인도주의적 개입을 강화하도록 해당 이해당사자, 지역기구, 인권기구, 장애 특별보좌관과 장애단체들로 하여금 보고서를 제출하도록 하였다. 유엔 인권위원회는 준비된 보고서를 OHCHR website 31차 회의 전에 올리도록 요청하였다. 협약의 제11조는 국제 인도주의 의무의 관점에서 당사국들로 하여금 군사갈등, 인도주의적 및 자연재해와 같은 위기, 위험 상황에 대처하여 보호와 안전 대책연구를 세우도록 하였다. 협약의 유엔 협상 당시에도 재해나 위기 발생 시 장애인들을 '취약계층, 소외계층'이라는 용어의 사용을 파기하고 장애의 인권기반 보호조치를 하도록 했다. 이와 관련하여 권리위원회는 협약 제11조의 이행을 위해 몇 가지 지침[151]을 제시했다.

---

149 김승완 외, 장애포괄적 재난관리체계 구축을 위한 기초 연구(서울: 한국장애인개발원, 2015).

150 news9-bounces@list.un.org [mailto:news9-bounces@list.un.org.: Friday, 11 October 2013 5:00 AM

151 The full texts of submissions received are available on the OHCHR website at www.ohchr.org/EN/Issues/Disability/Pages/StudiesReportsPapers.aspx. 2 See for example the Geneva Conventions of 12 August 1949 and the Protocols additional to the Geneva Conventions of 1977.

① 인도주의적 개입 대책 연구에 당사국은 장애인들을 중심에 두고 그 디자인과 이행에 장애인의 접근성을 보장함
② 이 대책 연구는 대피 계획에 장애인을 포함시켜야 하며, 적절한 예산 배정을 해야 함
③ 당사국은 모든 인도주의적 조치에 난민과 이민자를 주류화해야 함
④ 위원회는 '장애포괄' 재해대책연구를 강구함에 있어 장애 대표단체들의 적극적인 자문, 건의와 참여, 우선순위 연구 등에 그들의 참여를 강조
⑤ 위원회는 모든 재해대책연구 매뉴얼이 점자, 수화 등 원주민이 사용하는 언어를 포함하여 널리 보급되고 이해되도록 한다고 강조
⑥ 재해와 인도주의적 개입에 동원되는 소방대원과 기타 구급 요원들로 하여금 장애포괄 구호대책연구에 대하여 잘 인지하도록 할 것

참고로 아시아·태평양지역 국가 간 재난대비 및 대응활동을 규제하는 법적 구속력을 가진 문서 두 가지를 소개한다.[152]

① 재난관리 및 긴급대응에 관한 ASEAN의 합의(AADMER)
② SAARC의 자연재난 신속대응메커니즘(NDRRM)

재난관리 및 긴급대응에 관한 ASEAN의 합의 AADMER는 ASEAN 10개 회원국이 합의한 지역 내 복합적 위험요인 관리 및 정책연구 틀로서, 재난관리 모든 측면에서 필요한 협력, 조정, 기술적 지원과 자원운용에 관한 법적 구속력을 갖는다. AADMER은 효과적인 메커니즘을 제공하여 재난으로 초래되는 인명손실과 사회적, 경제적 및 환경적 자산피해를 실질적으로 줄이고, 해당 국가의 협조 및 지역과 국제사회의 집중적인 협력을 꾀하며 긴급재난을 공동 대응하고자 하는 데 목적을 두고 있다. ASEAN의 활동 프로그램(2010~2015)은 합의의 의도와 정신을 반영한 포괄적이고 총체적인 행동계획이다.

ASEAN은 공동재난구호 및 긴급대응활동을 위한 SASOP(Regional Standby Arrangements and Coordination of Joint Disaster Relief and Emergency Response Operations)을 마련하여, ASEAN 회원국들이 긴급대응 시 자원을 동원하고 파견하도록 지원한다. ASEAN 회원국들은 2005년에

152 OHCA- Regional Office of Asia Pacific. UNCC Building. Bangkok, Thailand. 아시아·태평양지역 재난대응을 위한 국제적 활용도구 및 서비스 안내서 Disaster Response in Asia and the Pacifc: A Guide to International Tools and Services. 2005.

동 합의서에 서명하였으며, 합의서는 2009년 12월에 발효되었다. 다음으로 SAARC의 자연재난 신속대응메커니즘(NDRRM)은 신속한 재난대응을 위하여 기존의 체제를 강화하는 지역 내 재난관리 합의이다. 자연재난 신속대응메커니즘(NDRRM)은 SAARC 회원국들에게 합의사항을 이행할 수 있는 국내 법적 및 행정적 조치를 의무적으로 취하도록 하고 있다. 이러한 조치는 지원요청과 수용, 수요현황 파악 활동 실시, 장비와 인력 그리고 물자와 기타 시설의 사용, 지역 비상대기팀 구성, 긴급구호물자 비축, 구호물자에 대한 질적 관리 등을 포함한다. SAARC 회원국들은 2005년에 동 합의서에 서명하였으며, 합의서는 2009년 12월에 발효되었다. 흥미 있는 사실은 권리협약이 채택시점과 제11조에 관한 논의가 거의 시기적으로 맥을 같이하고 있음이다. 참고로 제11조 관련 한국에 대한 최종권고문을 살펴보자.

제11조 한국에 대한 최종견해

> "위원회는 자연재해를 포함한 위급상황에 대비해 모든 유형의 장애인이 접근 가능한 형식으로 제작된 구체적인 전략이 없음을 우려한다. 위원회는 특히 「건축기본법 시행령」과 「장애인·노인·임산부 등의 편의증진보장에 관한 법률」에 장애인 대피 체계가 포함되지 않은 것을 우려한다."

김승완의 연구는 인위적 재난과 자연적 재해 같은 국가 위기 상황에서 장애인을 고려하지 않은 현 국가위기관리 대응체계를 살펴보고, 장애포괄적 재난관리체계를 구축하기 위한 방안을 마련하고자 한 바 있다.[153] 이 연구에서는 장애포괄적 재난관리체계(Disability-Inclusive Disaster Management System)는 장애인을 위한 별도의 관리체계가 아니라 재난관리의 전 과정(예방, 대비, 대응, 복구)과 계획에서 장애인의 관점을 주류화시켜 장애인의 참여를 보장하는 정책연구와 이를 실천하기 위한 단계별 가이드라인을 포함하는 것이라고 정의한다. 제11조의 논의와 관련하여 2015년 3월 18일 '일본재단'의 후원으로 개최되었던 '센다이 선언(Sendai Declaration)'은 중요한 의미를 가진다.

2014년 권리위원회도 당사국, 유엔의 각종 부서, 그리고 국제사회로 하여금 제11조와 관련하여 의무를 이행해 줄 것을 명백히 요청한 바 있다.

1. 권리협약과 국제적으로 공인된 접근성 원칙에 근거하여, 제3세계에서 논의한 재해대책연구와 2015~2030년 SDGs 관련 논의 내용이 이행되도록 해야 한다.

153 김승완 외, 장애포괄적 재난관리체계 구축을 위한 기초 연구(서울: 한국장애인개발원, 2015). 보고서 참고.

2. 장애인과 그 대표단체 및 기타 관련 단체들은 모든 회의와 자문 과정에 효과적으로 참여하도록 한다.
3. 모든 국제 논의에서 장애포괄-권리기반 지속가능한 개발 의제에 장애포괄 재해대책연구의 모델이 되도록 해야 한다.
4. 유엔총회의 결의를 통하여 투명하고 더욱 공개적인 장애인의 참여가 보장되도록 한다.

인도네시아의 사례

인도네시아의 재해 당시 정신·사회장애인을 Pasung(족쇄 채움)한다는 보고를 접한 '국제장애연대(IDA: International Disability Alliance)가 공식으로 정보를 요청한 바 있었다. 지진 피해를 당했던 팔라우(Palu) 지역 정신·사회장애인의 상황 조사를 위해 지역주민 몇 명과 소문의 진원지를 지진 피해 이후 곧바로 방문했다. 외국인의 방문이 금지되어 있었으므로 아·태지역의 위원들은 동행할 수 없었다. 실제로 정신·사회장애인이 족쇄에 채인 채 감금되어 있었다. 그들은 생명은 보존했으나 그들을 그대로 남겨둔 채 다른 사람들은 모두 피신을 했다. Human Rights' Watch는 비디오로 그들의 참상을 알리기도 했지만, 그들은 마치 도저히 도망하지 못할 쇠고랑에 채인 짐승과도 같았다. 한 가지 다소 위안이 된다면 지진에 강한 전통적인 나무로 된 움막 속에 갇혀 있어서 그 집이 무너지지는 않았다. 재난 시의 보호, 구호대책연구에 대해서는 어느 누구에 의해서도 전혀 고려된 적이 없었다.

제12조 동등한(평등한) 법적 권한 인정

서론

제12조에 있어서의 핵심쟁점은 두 가지로 요약된다. 첫째는 장애인, 특히 심리사회 장애인의 판단과 사고 능력의 한계로 인한 보호자, 후견인 혹은 법정대리인이 대행해 주는 '대체결정(substitute decision making)'이다. 둘째는 장애인 당사자가 자신의 결정권을 자율적으로 최대한 발휘하여 결정할 수 있도록 지원하는 '지원결정(supported decision making)', 즉 자기결정권에 방점을 둔다. 그러나 실제에 있어서 이 두 가지 제도는 상호 갈등의 요소가 심하여 합리적인 실천이 용이치 못한 경우가 많다. 권리협약 제12조는 법 앞에서 인정을 '법적 권한'으로 칭한다. 이 법은 장애인으로 하여금 그들의 삶에 타인과 평등한 권한을 부여한다. 아울러 자유권협약 제1조에 명기한 대로 모든 사람들은 자신의 정치적 입장을 표명할 수 있고 자유의사대로 경제, 사회, 문화적 개발을 추구하는 등의 자기결정권에 대한 천부적인 권리를 정교하게 한다. 이에 대한 국가의 최소한의 의무는 제12조 5항에 명기되어 있다. 외교통상부의 번역은 '법 앞의 동등한 인정'으로 되어 있으나 '법 앞의 평등한 법적 권한 인정'이 타당할 것이다. 즉,

> "5. 이 조항의 규정에 따라, 장애인은 재산을 소유 또는 상속할 수 있는 동등한(평등한) 권리를 보장하고, 자신의 재정 상황을 관리하고, 은행대출, 담보 및 다른 형태의 재무신용에 대하여 동등(평등하게)하게 접근할 수 있도록 모든 적절하고 효과적인 조치를 취하며, 장애인의 재산이 임의적으로 박탈당하지 아니하도록 보장한다."

법적 권한은 두 가지 요소로 구성된다. 즉, 당사자로서의 법적 적격성과 법률 대리인이다. 법적 적격성은 장애인 당사자가 소유하고 있는 실질적인 권리로서 그 개인의 법적 성격으로서 인정된다. 반면에, 법률 대리인은 실질적인 권리를 충실히 적용하고자 하여 그러한 행동이 법에서 존중되도록 한다. 법적 권한에서 이 두 가지 요소는 밀접하게 연관되어 있으며 법 앞에서의 평등을 보장하기 위하여 필수적이다. 권리협약위원회에 의하면 정신능력(mental capacity)은 '객관적'인 것이거나, 과학적 또는 자연적 현상이 아닌데 그 이유는 정신역량의 표출은 정치적 혹은 사회적 맥락에 달려 있기 때문이다. 권리협약위원회에 의하면, 협약 제12조를 심의한 대부분의 권리협약들은 대체로 정신능력과 법적 적격성의 차이를 인식하지 못하고 있었다.[154] 그러한 예를 아래의 판례에서 찾아볼 수 있다. 선택의정서에서 심의된 폴란드의 한 판례에 대한 분석으로부터 시작해 보자.

선택의정서 판례 1

원고가 법정 대리인도 없는 상태에서, 더구나 수감 통지서를 4개월이 넘어서 받게 해 항소할 기회를 놓치게 한 후에 강제로 정신병원에 입원되었던 사례로서 자유권협약 제9조와(임의적인 체포와 구금을 금지하는), 제11조의 권리(계약의 의무를 위반하였다 하여 무조건 감금당할 수 없다)를 위반한 것이다. 인권위원회의 심의 결론에 의하면, Fikalkkouska vs Poland에 대한 법적 추론에는 오류가 있었다. 인권위원회의 입장은 '한 개인을 정신병동에 감금하는 것은 그 사람의 법적 능력이 상실되었다.'는 것을 인정하는 것인데, 여기에서는 법적 권한과 정신적 능력에 대한 구별을 하지 않았다.[155]

경향신문에 게재된 "'심신미약 인정' 핵심은 진단명 아닌 '판단력'"이라는 기사(2018. 10. 24.)를 발췌해 보자.

154 일반논평. 1호. para. 13.
155 Fikalkkouska vs Poland 2006. CCPR./C/ 84//1061//2002. para. 3.

> 우울증 진단서를 낸 서울 강서구 PC방 살인사건 피의자 김성수 씨의 정신감정 결과에 뜨거운 관심이 쏠리고 있는 가운데, 16년 동안 우울증 치료를 받았어도 범행 당시 사물을 변별할 능력이 있었다면 심신장애를 인정할 수 없다는 판결도 나왔다.
>
> 23일 부산지법 서부지원 형사1부(재판장 임광호 부장판사)는 이웃을 흉기로 살해한 하모 씨(50)에게 징역 23년을 선고했다. 하 씨는 지난 4월 부산 북구의 한 아파트에서 이웃 주민 ㄱ씨의 배와 등, 목 부위를 흉기로 6차례 찔러 살해한 혐의를 받고 있다. 그는 흉기가 부러지자 다른 흉기로 교체하고, ㄱ씨가 달아나자 추격하며 범행을 이어갔다. 하모 씨는 16년 동안 우울증으로 치료받은 이력 등을 내세워 범행 당시 심신장애 상태였다고 주장했다. 그러나 재판부는 "달아나는 피해자를 쫓아가 제압하는 등 범행 당시 상황과 범행의 결과를 충분히 인식했다고 보인다."며 받아들이지 않았다.

위 기사[156]에서 판단의 근거가 된 '판단력'은 폴란드 법정에서 근거로 한 '정신능력'과 유사한 것이 아닌가?

"협약 제12조를 심의한 대부분의 권리협약들이 대체로 정신능력과 법적 적격성의 차이를 인식하지 못하고 있었다."는 지적을 자세히 살펴보자. 정신능력과 법적 권한의 개념은 혼재되어 있어서 한 장애인이 간혹 인지장애나 정신이상으로 인해 결정능력에 손상이 올 수 있는데, 곧바로 어떤 결정을 내릴 수 있는 법적 권한을 박탈해 버린다. 이것은 단순히 손상의 진단(상황적 접근)을 기본으로 하거나, 그 사람이 그 결과가 부정적이라고 간주되는 결정(부정적 결정)을 하거나, 그 사람의 결정능력이 기능적으로 결핍(기능적)이 있다고 판단할 때 법적 권한을 박탈한다. 기능적 접근은 정신능력을 검토하려는 것이며, 따라서 법적 권한을 부정한다. 이것은 그 사람이 결정의 결과를 제대로 이해하는지 혹은 주어진 정보를 제대로 활용하는지의 여부를 판단한다. 그런데 이 접근은 두 가지 점에서 문제가 있다. 즉, ① 이것은 장애인에게만 차별적으로 적용된다. ② 이것은 인간의 역동적인 내적인 심리를 정확하게 사정할 수 있다는 추정에 근거하며 이 사정을 통과하지 못하면 법 앞에 평등해야 된다는(위 제5조 해설 참조) 그 사람의 핵심적인 인권마저 부정된다. 모든 접근의 형태는 한 개인의 장애나 결정능력을 합법적인 기준으로 간주하여 권리를 박탈하므로 법 앞에서의 평등권을 부정당하게 된다.

---

156 http://news.khan.co.kr/kh_news/khan_art_view.html?artid=201810231809011&code=940301#csidx3af6dfd07ebc3ceb949b1d1780d49db

선택의정서 판례 2

선택의정서에서 심의된 호주의 Novel vs Australia의 경우, 원고에게 지적장애가 적용되고 증명된 후, 그는 인지 손상이 있는 것으로 간주되어 결과적으로 자신을 변호할 능력이 없는 것으로 판단되었다. 그러나 권리위원회는 '정신에 이상이 있다(unsoundness of mind)'는 것과 다른 차별적 판단과 낙인은 법적 적격성이나 법률 대리를 내세워 법적 권한을 부정하는 것은 합당치 못하다는 입장을 피력했다. 협약 제12조의 법적 권한에 의하면, 정신능력에서 실제로, 혹은 인지된 결함 때문에 법적 권한을 부정해서는 안 된다.[157]

<선택의정서 판례 2>는 권리협약들로 하여금 '장애인들은 어느 나라에서나 법 앞에 평등하며 법 앞에 인정받을 권리가 있음'을 분명히 확인하였다.

제12조 1항에 명기한 대로 "당사국은 장애인이 모든 영역에서 법 앞에 인간으로서 인정받을 권리가 있음을 재확인한다."와 같이 장애인은 법적 권한을 인정하는 기본 요건인 법적 인격을 소유한 자이다.[158] 동시에 권리협약 제12조 2항은 "당사국은 장애인이 모든 생활 영역에서 다른 사람과 동등(평등)하게 법적 능력을 향유함을 인정한다."고 명기한다. 권리위원회는 법적 권한이란 법의 소유자일 뿐만 아니라 그 법을 행사할 능력을 가지고 있다는 입장을 표명했다.[159] 법의 소유자란 장애인으로 하여금 법 안에서 그의 권리를 보호할 능력이 있음을 인정한다. 법을 '행사'한다는 것은 업무적인 거래, 예를 들면 혼인과 이혼을 할 수 있고 법적 관계를 생성, 수정, 출산, 입양과 같은 개시, 수정 또는 종료할 수 있다. 이러한 모든 법률적 절차를 원만히 진행하도록, 권리협약 제12조는 차별적 사정에 의한 법적 권한의 부정을 인정하지 않을뿐더러 법적 권한의 행사를 지원(support)하도록 한다.[160]

선택의정서 판례 3

선택의정서를 통해 권리위원회의 심의를 받게 된 후견인의 보호를 받던 '심리사회 장애인' Eujdodo vs Hungary는 투표권을 거부당했다.[161] 그러나 당사국은 권리협약 제12조 3항이 명시하는 대로 투표 시 법적 권한을 행사하도록 지원해야 되는 의무를 지키지 않았다.

---

157 일반논평. 1호. para.13.
158 일반논평. 1호. para.11.
159 Ibid.
160 일반논평. 1호. para. 14.
161 일반논평. 1호. 협약 12조. 2014. 4. 11. 권리협약/C/GC/1. para. 30.

> "3. 당사국은 장애인이 법적 능력(권한)을 행사하기 위하여 필요한 지원에 접근할 수 있도록 적절한 조치를 취한다." 원고인 Eujdodo는 선거에 참여할 수 있도록 지원을 받았어야 함에도 불구하고 그 기회를 놓쳤다. 권리위원회는 헝가리 국내 법정과 입법부는 전적으로 권리협약 제12조 3항을 잘못 이해한 것으로 결론을 내렸다. 권리협약 제4조 4항에 의하면,
>
> "4. 당사국은 법적 능력의 행사와 관련된 조치를 취할 때 이것이 남용되지 아니하도록 국제인권법에 따라 적절하고 효과적인 안전장치를 제공하도록 보장한다. 그러한 안전장치는 법적 능력 행사와 관련된 조치가 개인의 권리, 의지 및 선호도를 존중하고, 이익의 충돌 및 부당한 영향이 없고, 개인이 처한 환경에 비례하고 적합하며, 가능한 빠른 시일 내에 적용되고, 권한 있고 독립적이며 공정한 당국 또는 사법기관의 정기적인 검토를 받도록 보장한다. 안전장치는 그러한 조치들이 개인의 권리와 이익에 영향을 미치는 정도에 비례한다."

권리협약 제4조 4항에서 의미하는 안전장치는 타인과의 평등한 위치에서 이익의 충돌 및 부당한 영향이 없고, 개인이 처한 환경에 비례하고 적합해야 한다. 이익의 충돌 혹은 최대이익은 전통적으로 장애인의 권리 보호를 위해 적용되었으나 엄밀한 의미에서 권리협약 제12조에 의하면 충분치 못한 면이 있다. 권리위원회의 견해는 '무엇이 장애인의 최대이익인가' 하는 것은 '장애인의 의사와 기호를 가장 잘 해석'하므로 대체되어야 한다는 것이다. 연구자의 진솔한 반성은 클라이언트의 '최대이익'은 빈번히 전문가의 생각, 사정에 의하여 결정되었던 것 같다. 얼마나 큰 차이가 있는가? 우리는 법정에서 판사가 판단에 실수를 할 수 있는 충분한 가능성을 염두에 두어야 한다. 그렇다면, 앞에서 인용한 경향신문에 게재된 "'심신미약 인정' 핵심은 진단명 아닌 '판단력'"이라는 기사는 올바른 판단을 한 것으로 사료된다.

장애인의 법적 권한이 적극적으로 실현되도록 협약의 제12조 1~5항은 다른 조항과 아울러 준수되어야 한다. 조항을 상세히 분석해 보면 협약 제5조의 '법 앞의 평등'과 12조의 3항에 '법 앞의 법적 권한 인정'이라는 아주 중요한 경계가 구분되어 있다. 분명한 차이는 '합리적인 편의 제공'이라는 점에 있는데, 이것은 제2조에서 "'합리적인 편의제공'이라 함은, 다른 사람과 동등하게 장애인에게 모든 인권과 기본적인 자유의 향유 또는 행사를 보장하기 위하여, 그것이 요구되는 특별한 경우, 과도하거나 부당한 부담을 지우지 아니하는 필요하고 적절한 변경과 조정을 의미한다."고 이미 정의된 바 있다. 협약 제12조의 3항은 장애인이 그들의 법적 권한을 활용할 수 있도록 지원해야 할 의무를 부과한다. 반면에, 협약 제5조하에서의 '합리적인 편의제공'은 편의를 제공하는 제3자에게 부당한 부담이 되지 않도록 적절한 검토를 할 수 있도록

되어 있는데, 제12조 3항은 그러한 검토에 제한받지 않도록 했다. 제12조 3항은 장애인들로 하여금 그들의 권한을 실현하는 데, 법 앞에, 법 아래 평등한 인정을 받아 지원을 해야 할 의무를 수행하도록 국가에게 단호한 의무를 부과했다. 자유권협약이 권리협약 제4조 2항(장애인에 대한 차별을 구성하는 기존의 법률, 규칙, 관습 및 관행을 개정 또는 폐지하기 위하여 입법을 포함한 모든 적절한 조치를 취할 것)에서 발효를 못 하기 때문에 국가는 법 앞의 평등한 인정을 '점진적'으로 이행할 수 없도록 되어 있다. 권리위원회의 일반논평 No.1에서는 제12조에 명기된 '법 앞의 평등'은 자유권에 그 뿌리를 두고 있으므로 자유권 영역에 속한다고 언급했다. 자유권협약은 변경할 수 없는 권리로서 비준 당시에 비준국가로 하여금 수용하도록 하여 그러한 권리들을 지체 없이 이행하도록 하였다. 따라서 일반논평 1호에 의하면, 비준 국가들은 협약 비준과 동시에 이행에 옮기는데, 이행 과정이 신중해야 하고, 잘 기획되어야 하며, 장애 당사자들 및 대표단체들과의 의미 있는 자문이 있어야 한다고 명기했다. 더 나아가서 협약 제4조 1항 (나)는 국가로 하여금 장애인에 대한 차별적 요소가 있는 '법적 조치와 법, 규제, 관습, 및 실무를 폐기하거나 개혁하도록 한다. 즉, "(가) 이 협약에서 인정된 권리의 이행을 위하여 모든 적절한 입법적, 행정적 및 기타 조치를 채택할 것"이다. 장애인의 법적 권한을 제한하는 대체결정은 여러 나라에서 허용되고 있는 것이 오늘의 실정이다. 예를 들어, 카타르의 최종권고문에서 권리위원회는 협약 제12조에서 요구하는 것과는 거리가 멀다고 우려를 표했다.[162]

제12조에 관한 논의를 마칠 무렵 제네바 권리위원회로부터 흥미 있는 문건이 하나 도착했다.

2018년 10월 28일 유럽인권법정은 후견인의 보호하에 있는 장애인의 협약 제12조와 관련 〈Delecolle vs France〉 실질적인 판결을 내렸는데, 즉 오래 사귄 친구와의 결혼을 하게 되면 경제문제를 충분히 이해시킬 수 없으므로 결혼을 허락하지 않았다. 본 권리위원회의 선택의정서 심의위원회는 제12조에 의해 법적 권한을 가진 사람들은 결혼을 하고 가정을 이룰 권리가 있다고 판정했다. 처음의 판결 당시 결혼할 능력의 박탈이 타당했는지의 여부는 논의하지 않고 대신 프랑스의 법적 절차의 문제점에만 집중하였다. 결론은 노령 장애인에 대한 가부장적인 태도와 편견이 주도했다는 것이다. 흥미 있는 사실은 유럽의 인권법정이 점차로 「유엔장애인권리협약」의 법 원칙을 수용하기 시작했다는 점이다. 통합교육에 관한 〈Cam vs Turkey〉, 접근성과 합당한 처우에 관한 〈Guberrina vs Croatia〉 등의 판례가 그러한 예이다.[163] 위의 판례들은 권리협약의 원칙 중 적용이 어려운 법적 권한, 접근성의 권리, 독립생활 등과 같은 영역에 대해

162 권리협약위원회. 2015. 10. 2. 권리협약/C/QAT/ CO/1 para. 21.
163 UNCRPD; December 3, 2018 Guest Blogger Delecolle v. France, Disability, Elderly

보다 일관성 있는 원칙의 적용을 제시한 것이다. 아래의 사례는 근년에 한국에서 논의되고 있는 법적 권한에 대한 내용들이다. 사례별 논의나 토론의 의도 없이 참고로 제시하며, 본 제12조 해설의 마지막 부분의 대체결정의 원칙에 비추어 생각해 볼 만하다.

사례 1

누구나 피의자가 될 수 있고, 경찰은 어떠한 사건이라도 인지할 수 있는 권한이 있다. 장애인이라고 해도 형사상 잘못을 했다면 처벌을 받을 수도 있다. 그러나 수사 초기 피의자에 대한 정보를 입력할 때 장애인 관련 기초정보(등록 여부, 등급 유형 등)를 입력할 아무런 장치도 마련되어 있지 않은 현실에서, 수사 개시 이후 장애인에게 법령상 방어권을 보장하고, 정당한 편의를 제공하는 것은 거의 불가능한 일이다.[164]

사례 2

지난 2014년 유엔 장애인권리위원회는 대한민국 정부에 대해 '의사결정지원제도(성년후견제도)'를 폐기하고 지원의사결정제도를 도입하라는 취지의 권고를 내리기도 했다. 의사결정지원제도는 정신적 장애인, 노령자가 지역사회에 참여하고 자기결정권을 보장받도록 도입되고 있는 제도로 성년후견제도의 문제점을 보완할 수 있는 것으로 각광받고 있다. 이에 장애우 권익문제 연구소 등 6개 단체와 여야 국회의원실은 22일 서울 여의도 이룸센터에서 '의사결정지원제도 도입을 위한 국제포럼'을 갖고 외국 사례를 통해 제도 도입을 위한 방안을 모색했다.

독일의 의사결정지원제도

의사결정지원제도(혹은 의사결정대행제도)는 말 그대로 '심리사회 장애인' 혹은 노령자의 의사결정을 대행하는 제도 일반을 뜻한다. 성년후견제도와 다른 점은 단일한 의사결정에 관한 것일지라도 장애인의 법적 능력(legal capacity)을 박탈하지 않고 원치 않는 의사결정대행자를 선임하지 않아도 된다는 점이다. 의사결정지원제도 중 하나로 각광받는 것은 지속적 대리권 제도다. 국민대학교 법과대학 안경희 교수에 따르면 독일의 경우 지속적 대리권은 장애인 등이 행위능력을 상실할 경우 또는 후견 필요성이 발생할 경우를 대비해 특정인(본인)이 다른 특정인(대리인)에게 수여한 의사표시 내지 법률행위를 할 수 있는 자격을 말한다. 지속적 대리권의 범위는 재산 관련 업무, 의료 관련 사무, 폐쇄병동 입원 및 기타 자유 박탈적 처치에 관한 사무, 기타 신상에 관한 사무 등 재산 및 신상에 관한 것이다. 이 외에도 소송행위, 부동산 행위, 후견에 관한 사전지시, 사전의료지시도 포함된다. 단 독일 법원은 해

164 김예원 서울시 장애인인권센터 변호사(한겨레 [기고] 장애인 피의자 양산하는 사회/신문에 게재되었으며 A31면의 3단 기사 2015-12-21 18:55)

당 대리인이 '심리사회 장애인' 등이 설정한 권한을 넘어설 경우, 자체적으로 후견인을 선임해 대리인의 자격을 박탈할 수 있다.[165]

선택의정서 판례 4

홍콩대학교 법학부 루지나 호 교수에 따르면 과거 홍콩의 '심리사회 장애인' 등은 의사와 변호사를 찾아 문서들의 서명을 요청해야 했고 본인이 정신적으로 판단하기 어렵다는 것을 이야기해야 했다. 의사와 변호사의 서명을 동시에 받아야 했기 때문에 대리권제도를 이용하는 수는 매우 적었다. 이에 홍콩 정부는 2012년 문제를 인식하고 법을 개정해 의사로부터 서명을 받은 후 28일 이내에 변호사가 서명을 하면 지속적 대리권이 성립되도록 기준을 낮췄다. 이후 2013년부터 2016년까지 지속적 대리권 요청 건수는 383건으로 대폭 늘어났다. 홍콩 역시 지속적 대리권의 범위는 재산에 한정된다. 다만 현재 추진 중인 개정법안(2017년 12월 개정법안 초안 발표)은 신상에 대한 부분도 포함해 범위를 넓히는 것은 물론 신상과 재산을 혼합해 선택할 수 있게 했다. 지속적 대리인이 할 수 없는 것은 '심리사회 장애인' 등의 장기기증, 불임수술, 정신병원 입원, 연명치료 결정, 의학적 연구 참여 등이다. 이 같은 것들은 본인의 인권 침해를 하는 부분이어서 안 된다는 것이다. 홍콩 정부의 경우 지속적 대리권을 위해 법원에 등록하는 방법을 채택하고 있다. 이는 법원이 관리하고 실행하는 게 안전하다고 생각하기 때문이다. 하지만 법원에 판사들이 충분하지 않다 보니 여러 문제가 생겼고, 법원의 권한을 후견위원회(지속적 대리인 등록 담당 행정기관)에 넘기는 안이 논의되고 있다.

선택의정서 판례 5. 정의의 오심: James Marlon Noble vs Australia의 사례

원고인 Marlon 씨는 '심리사회 장애인'으로서 호주 정부가 권리협약 제5조 1항, 제12조와 제13조를 위반했다고 고소했다. 그는 여러 차례 성폭력을 행사한 것으로 기소되었다. 그런데 단 한 번도 기소된 범죄를 인정할 기회도 주어지지 않았고, 법정에서 구형을 선고받음도 없었음에도 10년간 수감생활을 했다. Marlon 씨에게 씌워졌던 모든 범죄행위는 나중에 철회되었다. Marlon은 법정이 타인과 평등한 법적 권리를 행사해야 할 자기에게 '답변하기에 정신적으로 부적합하다.'는 판결을 내린 것은 협약 제12조 3항에 위배된다고 주장한다. 그는 자기에게 부과된 기소 내용에 대해 방어할 수 있는 적절한 지원이 주어지지 않았다고 주장한다. 또한 협약 제13조 1항에 규정된 사법의 접근성을 거부당했다고 주장한다.

Marlon 씨는 2002년에 체포되어 보석으로 나오지 못하고 보호 관찰소에 구금되었다. 당시의 검사는 Marlon 씨에 대한 기소를 방어할 수 없다는 보고서를 첨부했다. 보고서의 내용이 결정적인 것이 아니었기 때문에 변호인 측과 기소 측은 모두 〈1996년의 정신장애인 관련 형사법〉에 의거, 정신과 전문의의 견해가 필요하다고 요청했다. 2003년 1월 14일 3명의 정신과 전문의의 진단보고서가 법정에

165 에이블뉴스, 기사작성일: 2018-02-22 18:45:3

제출되었는데, 이 중에 두 전문의의 진단은 Marlon 씨가 기소 내용에 대해 방어할 수 있는 능력이 없고, 다른 의사는 다시 한번 검토를 해야 된다고 제안했다. 세 번째 전문의의 견해는 "그가 그에게 부과된 기소 내용을 이해하고 있는 듯하며, 죄를 인정할 용의가 있는 듯하다."라고 했다. 변호인과 검찰 측은 공식적으로 "Marlon 씨가 기소를 방어할 능력이 없다."고는 하지 않았고 법정에 충분한 재검토가 필요하다고 건의했다.

법정은 결론을 보류하고, 기소인은 다시 구치소에 구금되었다. Marlon 씨는 2003년 3월 7일에 다시 법정에 섰는데, 이번에도 기소 내용에 대해 방어할 수 있는 능력이 없다는 판결을 받았다. Marlon 씨는 〈1996년의 정신장애인 관련 형사법〉에 의해 구류되었다. Marlon 씨의 구류에 책임이 있는 '심리사회 장애인 판결위원회'는 다른 범법자들과 함께 교도소에 수감되어야 한다고 결정했다. 간혹 위원회에 의하여 재론이 있기는 했으나 Marlon 씨는 9년간 수감되어 있었다. 2010년 법의학 심리학자가 Marlon 씨 정신능력을 검사한 후 법률과정에서 그가 필요로 하는 도움을 받는다면 재판을 받을 수 있다는 견해를 피력했다. 이 심리 검사 이후 Marlon 씨의 법정 대리인들은 즉각 최초의 판결을 부인하도록 신청을 했다.

2010년 9월 20일에 더 이상 Marlon 씨의 수감을 철회한다는 결정이 났다. 검찰총장은 이 결정에 대해 두 가지 근거를 제시했다. 첫째, 설사 Marlon 씨가 정상적으로 혐의를 인정받아 수감되었다 해도 이미 상당한 수감 기간이 경과했다. 둘째, 현재 동원할 수 있는 모든 증거자료가 불충분하기 때문에 어차피 유죄판결을 내리기가 어렵다는 것이다. Marlon 씨의 법정 대리인들은 집요하게 그가 법정에 설 수 있는 능력이 있다고 재신청을 했으나, 법정은 이를 수용할 법적 근거가 없다고 했다. 더구나 Marlon 씨는 호주의 모든 법적 구조 제도를 모두 활용했으므로, 당장에 그를 석방하는 일만 남아 있었다. 그러나 그는 구속 수감된 상태였으나, 권리위원회가 Marlon 씨 사건 처리에 우려를 표명한 후에 겨우 석방이 되었다.

권리위원회는 협약 제12조 2항에 의하여 '국가는 평등의 원칙하에 장애인들도 생활의 모든 면에서 법적 권리를 향유할 수 있도록 보장할 의무가 있음을 상기시켰다.' 더 나아가 제13조 3항에 의거 '국가는 장애인들이 법적 권리를 행사하는 데 필요한 지원을 보장할 의무가 있음'도 상기시켰다. 제13조 1항에 의거 '국가는 장애인들이 사법에 접근할 수 있도록 연령에 적합한 절차적 지원을 제공해야 할 의무가 있다'고 상기시켰다. 호주 정부는 Marlon 씨의 불복을 예방하기 위하여 그가 제출한 증거물을 검토하는 데 소홀히 하였고, 아울러 그가 필요로 하는 적절한 지원도 제공되지 않았으므로 불리한 재판을 받을 수밖에 없었다. 그는 성범죄자로 간주되었으며 범죄자로 판결받았다. 권리위원회는 이 판결은 협약 제12, 13, 14조를 위반한 것으로 판결, 이 판결의 핵심 근거는 그는 지적장애였으며, 이것은 분명히 장애를 핵심이유로 하여 그를 기소한 사례이다. 권리위원회는 위의 판례에서 당사국인 호주가 협약 제5조 1, 2항, 제12조 2, 3항, 제13조 1항, 제14조 1항(b), 그리고 제15조를 위반한 것으로 판결하였다.

한양대학교 법률전문대학원 제철웅 교수에 따르면 한국에서도 법률전문가의 조언을 받으면 심리사회 장애인(혹은 정신적 장애 발생이 예상되는 사람)도 지속적 대리권을 본인이 정한 기간 동안 지속적으로 활용할 수 있다고 한다. 하지만 이러한 법률전문가의 전문자문을 받기 위해서는 많은 비용이 들어 고소득자만 이용할 수 있다는 단점이 있다. 즉, 이 때문에 심리사회 장애인의 보호를 위해 일정범위에서의 대리권은 한국 정부가 그 활용을 지원할 필요가 있다는 것이다. 이에 제 교수는 심리사회 장애인 혹은 정신 장애가 예상되는 사람이 변호사 선임비용 등 비용부담 없이 대리권을 이용할 수 있도록 하고, 지속적 대리인에 대한 적절한 수준의 감독을 통해 심리사회 장애인을 보호하도록 하는 등 정부의 역할을 제시했다.

지속적 대리권을 등록하는 기관은 민간보다는 국가가 운영하는 게 좋다. 지속적 대리권 등록기관의 역할은 대리권 서류 작성 유효성의 상당 부분 보장, 대리권 행사의 실효성 담보, 적절한 대리권 행사 지원(지속적 대리권 효과에 대한 교육 및 홍보 등)이다. 지속적 대리권의 범위는 일상생활의 경우 요양 및 치료에 관한 의사결정(법률행위 및 준법률행위), 통상적 생활비 지출금액 통장의 관리 권한(의식주 관련 통상적 식생활 비용 등), 요양의 경우 장기요양등급 신청 및 요양 급여권 행사, 요양사 고용, 요양시설 입소 등이다. 제 교수는 "지속적 대리권으로 당장 행할 수 있는 것은 일상생활 비용 지출, 요양서비스 등이다. 이런 것은 심리사회 장애인에게 필수적이다. 이 부분에 관해서는 손쉽게 지속적 대리권 등록을 할 수 있도록 해서, 대리인 등록권을 발급받아 행사할 수 있다고 본다."고 전했다. 이어 "국가가 등록기관을 직접 운영하면 대부분의 사람들은 신뢰한다. 국가가 나서서 활동하려면 법이 필요하다. 등록기관의 운영에 관한 법을 만들 필요가 있다."면서 "이 기관이 어떤 권한과 서류를 등록할지에 대해서는 홍콩, 독일의 경험을 조합해서 한국 실정에 맞는 시스템을 개발하면 좋을 것이다."고 밝혔다.[166]

한국장애인부모회 이길준 사무총장은 "지속적 대리인 제도도 후견제도의 한계를 완벽히 커버하지 못한다고 본다."면서 "두 제도의 차이는 사회적 비용 지출 여부, 절차의 간소화에 대한 것뿐"이라고 지적했다. 이에 대해 한양대학교 법학전문대학 제철웅 교수는 "공공후견인 제도는 반드시 필요한 제도고 지속돼야 한다고 생각한다. 정부는 오는 9월부터 치매어르신 중 독거노인에 대해 1,000건 중 공공후견서비스 계획을 세우고 있다. 이런 사업은 계속 진행돼야 한다. 공공후견도 의사지원결정제도의 모범이 된다고 본다."고 답변했다.

한국은 제12조에 관련해 어느 시점에 와 있는가? 유엔 장애인권리위원회 한국의 제1차 국가

166 에이블뉴스, 기사작성일: 2018-02-22 18:45:32

보고서의 최종견해에 따르면, 성년후견제도는 세 가지 유형으로 성년후견, 한정후견, 특정후견 유형이 존재하기 때문에 경우에 따라 당사자의 의사를 적극적으로 반영할 수 있는 한정후견 또는 특정후견을 이용하도록 하고, 한정후견과 특정후견을 이용할 수 없는 경우에 한하여 보충적으로 성년후견을 이용하여 의사결정능력이 결여된 장애인의 의사를 조력하는 방식으로 운영상 보완이 가능하다. 또한 성년후견제를 전면 폐지하면, 오히려 사무처리 능력이 지속적으로 결여된 장애인 권리 행사에 장애가 될 수 있다. 법 앞에서의 평등의 원칙은 일체의 차별대우를 부정하는 절대적 평등이 아니고 합리적 근거 있는 차별을 허용하는 상대적 평등을 의미하므로, 사무처리 능력 결여 수준에 따라 필요한 의사결정 지원이 오히려 획일적인 평등실현조치로 의사결정지원이 필요한 장애인의 권리보장을 저해할 우려가 있고, 그러나 스스로 사무 처리를 할 수 없는 성년자를 위해 의사결정의 지원이 유효적절하게 이루어질 필요가 있다. 그리고 실무상 한정후견, 특정후견 유형에 비하여 성년후견 유형에 대한 이용비율이 높기 때문에 즉각적인 폐지는 어렵다는 입장이다.[167]

제12조 3항, 지원(support)의 의미

> "당사국은 장애인이 법적 능력을 행사하기 위하여 필요한 지원에 접근할 수 있도록 적절한 조치를 취한다."

권리위원회는 위의 조항에 대하여 아래와 같이 부수적인 설명을 제시했다.

법적 권한의 행사에 있어서 지원은 권리, 의사, 장애인의 기호를 존중해야 하며, 절대로 임의로 지원결정을 권하거나 택해서도 안 된다. 제12조 3항은 어떤 형태의 지원을 할 것인가를 규정하지는 않는다. 여기에서 '지원'은 광범위한 의미로서 사적 및 공적 지원을 모두 포함하며, 지원의 강도 또한 동일하지 않다. 지원이 필요한 장애인 당사자는 사전에 어떤 지원이 필요한가를 고려해서 어떤 지원이 필요한지 선호도를 밝힐 수 있으며, 이러한 선택이 적절히 전달되지 못할 경우에는 무엇이 차선인지도 의사를 표명할 수 있다. 모든 장애인들은 사전에 타인과 동등하게 지원을 위한 계획을 세울 수 있는 기회가 있다. 당사국은 장애인의 여러 선택을 수용 가능하도록 사전 계획을 세울 수 있도록 한다. 어떤 형태의 지원을 하게 되든 차별적인 요소는 배제해야 한다.[168]

---

167 대한민국 법무부의 견해. 2, 3차 병합 국가보고서 권리협약 12조에 대한 응답.

168 일반논평. 1호. para. 17.

보건복지부의 '발달장애인 공공후견지원 사업'은 개정 「민법」에 도입된 성년후견제도를 따르고 있으며, 성년후견제도 중 특정후견을 원칙으로 사업을 진행하고 있다. '발달장애인 공공후견지원 사업'은 2015년부터 의사결정에 도움이 필요한 만 19세 이상 등록 발달장애인(지적·자폐성)을 대상으로 지역사회 안에서 자립해 살아가는 데 필요한 도움을 받을 수 있도록 후견인 선임을 지원하고 있다.[169]

법적 권한 행사의 중요 원칙

1. '법적 권한'은 '권리를 행사할 수 있는 능력과 행동할 수 있는 능력'으로 이해할 수 있다.
2. 협약이 의미하는 장애인의 '법적 권한'은 장애인을 포함한 모든 국민에게 모든 당사국에 적용된다.
3. 법적 능력은 어떠한 경우에도 문제를 삼거나 도전해서는 안 된다.
4. 장애인들은 그들의 법적 권한 행사를 위해 지원이 필요하다. 지원은 함께 법적 공조를 모색하며, 합의나 신뢰를 통해서 당사자 본인의 의사를 표명할 수 있어야 한다.
5. 본인의 법적 권한을 행사함에 있어서 합당한 처우 등 지원을 받을 수 있다.
6. 장애인을 포함한 모든 성인은 법적 권한을 행사할 수 있다. 이것은 본인의 자율권 행사에서 천부적인 권리를 부정당할 수 없으며 이에 수반되는 의무가 따른다. 지원과 합당한 처우는 권리를 평등하게 향유하고 의무를 수행하도록 한다.
7. 장애아동을 포함한 모든 아동은 점진적으로 발전하는 법적 권한이 출생 시부터 시작하여 권리행사를 위한 능력이 성숙해지어 성인이 되면 완전한 능력을 갖게 된다. 장애아동들은 동일한 연령층의 아동들과 마찬가지로 그들의 점진적으로 발전하는 법적 권한을 행사하도록 적절한 지원을 해야 한다.
8. 부모와 보호자는 아동의 권한과 의무를 존중함에 있어 점진적으로 발전하는 아동의 최대이익을 존중해야 하며, 당사국은 만일 부모나 보호자가 이를 이행하지 않을 경우 개입할 수 있다. 부모와 보호자의 장애아동을 위한 행동은 일단 아동이 법적인 성년이 되면 종료된다. 이것은 장애아동이 성년이 된 후에도 장애인으로 분류되는 것을 금한다.

169 대한민국 법무부의 견해. 2, 3차 병합 국가보고서 권리협약 12조에 대한 응답.

'지원 결정'을 위한 법적 및 지역 구조 구축

9. 당사국은 현행의 '대리결정'을 허락하는 관련 입법을 '지원결정'으로 수정해야 한다.
10. 당사국은 지원 서비스를 개발하고 지원, 추진해야 하고 모든 사람의 권리와 의사 존중, 부당한 압력에 의한 갈등 유발, 개인의 환경을 수용하게 하는 등의 문제로부터 보호가 되도록 안전 연구를 만든다.
11. 지원은 어떠한 형태로든 강압적 요소가 없어야 하며 장애인을 의사와 역행하는 행동으로 이끌어서는 안 된다. 지원은 장애인 당사자의 행동 능력을 저해해서는 안 되며, 본의 아니게 제공된 지원을 받게 해서는 안 된다. 지원의 형태로는 지원 네트워크, 개인 옴부즈맨, 동료지원, 개인지원, 사전계획 등이 있다. 아울러, 장애인들이 직접 표현한 의사와 연령, 종교, 문화적 차이나 기호 등도 고려의 대상이 되어야 하며,
12. 지원이 필요함에도 장애인의 의사 타진이 어려울 경우, 또는 진정한 노력에도 불구하고 지원이 실패할 경우에는 장애인의 자율성을 충분히 고려해야 되는 의무를 잘 준수하는 훈련된 지원자의 활용이 필요하다. 당사국은 또한 예측 가능한 지원의 종류를 감안하여 사전 계획을 세우는 것이 바람직하다.
13. 장애인은 조력자가 장애인의 요구를 사정상 결정할 수 없으면, 어떤 형태의 합의를 할 수 있다. 이것은 장애인이 그의 결정권을 상실한다는 것은 아니며, 조력자는 최대한 장애인의 요구를 수용할 수 있도록 충분한 의사소통이 있어야 한다. 노력에도 불구하고 의사소통에 실패한다면, 나중에 조정할 수 있는 최선의 지원을 선택해야 한다.
14. 결정 내용이 장애인 당사자가 귀중하게 생각하는 가치나 문제, 예를 들면, 임신중절, 코흐리어 삽입, 신경성 투약, 전기 충격, 뇌수술을 통한 정신장애 치료 등과 같이 장애인의 본심을 상하게 하는 소지가 있는 경우에는 장애인 당사자의 분명한 의사를 먼저 확인해야 한다.

대체결정을 해체하는 제도적 측면

15. 당사국은 즉각 아래의 제도를 구축한다.
    a. 모든 사람이 장애로 인한 차별 없이 법적 권한을 행사하도록 입법조치,
    b. 입법, 정책연구, 예산 연구정책으로 ① 위에 제시한 원칙에 따라 결정을 할 수 있도록 지원,
    c. 아래의 제도를 해체한다.

① 후견인 제도의 완전 폐지

② 시간제한이 없는 무제한의 후견인 제도

③ 타인의 결정을 거부하도록 허락하는 후견인의 불법적인 신분

④ 장애인 외의 3자에 의한 후견인의 권위 행사

⑤ 장애인 당사자의 의사-단기 혹은 장기간의-를 거부하는 당사국

⑥ 이외의 기타 대리 결정제도의 폐지

단, 당사자가 거부하지 않는다면-종국에는 장애인이 독자적으로 완전한 법적 권한을 행사할 수 있도록 하는 부수적인 지원 장치가 있어야 한다.

16. 장애인의 법적 권한 행사 능력을 박탈하거나 제한하는 모든 법률은 법적 권한을 행사할 수 있도록 하는 법률로 대체되어야 한다. 위에서 언급한 대리 결정은 무능력자, 무력에 의한 이동/수송, 복지 명령, 강제 시설 입소, 병원 입원 및 의료치료들이 포함된다.

17. 마찬가지로, 장애를 이유로 권리행사 혹은 의무 이행 등을 박탈하는 법은 폐지되어야 한다. 예를 들면, 투표, 공공기관의 취업, 배심원 수락, 동의의 수락 혹은 거부, 재산 소유나 상속, 결혼과 자녀 양육 등은 권리협약이 보장하는 것으로서 법적 권리행사의 영역이다. 이러한 권리와 의무 수행을 원만히 하도록 적절한 지원이 제공되어야 한다. 아울러 이들의 서면도 동일한 효력을 발휘한다.

18. 권리협약 제12조의 이행에 있어서 당사국은 형사법에 있어서 형사상의 정당성 제도의 함의를 염두에 둔다. 정신장애인도 범죄를 저지르게 되면 타인과 동등하게 형사상 민법 혹은 형사법상의 책임을 져야 할 법적 능력을 외면할 수 없다. 단, 인권과 존엄성이 손상되지 않도록 지원을 받을 수 있다. 사형선고 혹은 이와 유사한 혹독한 처벌은 인도적 처우를 위해서 폐기되어야 한다.

19. 권리협약 제12조 이행의 모든 면, 즉 지원의 개발과 제공 등은 장애인 당사자와 대표단체들의 적극적인 파트너십이 필요하다. 위에서 열거한 모든 원칙은 권리협약이 보장하는 국제법 차원에 보호를 필요로 하는 점진적 장애 발생의 개념에 해당하는 모든 사람들에게 적용된다.

권리협약 제12조에 관한 요약과 결론

제12조는 장애인들도 법 앞에 평등하다는 것을 인정한다. 법 앞에 평등한 시민으로 인정받는다는 것은 행동 능력을 포함하여 그들의 법적 권한이 평등하다는 것을 인정하는 것이다. 동

시에 제12조는 당사국으로 하여금 법적 권한 행사에 장애가 되는 모든 요소를 제거하여 그들의 능력을 발휘하고 즐길 수 있도록 한다. 현재의 국내법이 행여 장애인의 법적 권한 행사나 그 권한 행사에 요구되는 지원이 거부되는 경우는 권리협약 제4조 1항 즉, "1. 당사국은 장애를 이유로 한 어떠한 형태의 차별 없이 장애인의 모든 인권과 기본적인 자유의 완전한 실현을 보장하고 촉진하기 위한 의무를 부담한다. 이를 위하여 당사국은 다음의 사항을 약속한다."에 의거 협약 제12조가 요구하는 대로 해당 입법들을 개정해야 한다.

그런데 문제는 「민법」에 도입된 성년후견제 등으로 간단히 해결되는 것 같지는 않다. 현장의 목소리를 참고로 해 보자.

1. 사건 하나 터지면 온통 정신질환자를 가두려고 고민하는 생각만 하는 후진적인 사회, 이미 형사법, 치료감호법, 보호관찰법 등 갖은 범죄 연구와 관리에 관한 법률과 치료감호소, 범죄예방센터 등 많은 기관과 기구들이 있음에도 불구하고 범죄만 발생하면 '정신질환'에서만 그 원인을 찾아 환자들을 가두려고만 하는 사회는 그 사건의 내막이나 본질적인 원인은 알지 못한 채 국가 시스템을 마구 뒤흔들어 놓은 세월호 사건 이후 혼란을 다시 보는 것 같습니다. 문제는 후진적인 정신건강시스템과 정신병원, 시설 등에 막대한 예산을 지출하면서 환자들이 입원하기 전에, 퇴원 이후에 도움을 받을 서비스가 없는 예산과 권한의 독과점 구조와 정신질환자를 인격적으로 대우하지 않는 구시대적인 진료와 서비스 시스템과 수가체계에 있습니다.
   WHO가 Quality of Rights Toolkit을 만들어 보급하고 있는 근저에는 Quality Service와 Human Rights를 정신건강서비스와 제도에서 보장하려는 노력인데 대한민국 사회는 선진국에 많이 뒤처지는 정신건강시스템을 개선하기는커녕 OECD 전문가들이 5년 전에 지적하였던 "정신병원 독점과 예산에 대한 카르텔구조"가 심화되고 있으니 참으로 안타깝습니다.[170]
2. 지난 해 말, 서울의 한 대학병원 외래에서 진료 중이던 교수가 환자가 휘두른 흉기에 찔려 사망했다는 충격적인 소식이 전해졌다. 가해자는 조울증(양극성 정동장애)을 앓고 있었으며, 1년 전 입원치료를 받고 퇴원한 후 예약도 없이 나타나 끔찍한 사건을 저질렀다고 한다. 더욱 우리를 슬프게 한 것은 그 의사가 이미 진료가 마감됐음에도 환자를 마다하지 않고 진료하다 사고를 당했다는 점이다. 또 나중에 알려진 일이지만, 그 의사는 범인이 위협을 하며 공격적인 행동으로 쫓아오는 상황에서 간호사들을 먼저 대피시켜 의료진뿐만 아니라 국민들에게 살신성인의 교훈을 남겼다. 당시 언론들은 정신질환자의 위험성을 부각시키는 방향으로 앞다퉈 보도했다.

아래의 내용은 서중석 교수의 기고에서 인용한 것이다.

---

170 권오용(한국정신장애연대KAMI 사무총장, 변호사) facebook 2019. 1. 31.

3. 사실 언론의 영향이 아니더라도 많은 국민들은 정신질환자들을 평범한 시민과는 달리 사회와 동화될 수 없는 대상으로 생각하는 경우가 많다. 그러나 연구자는 조울증, 조현병 등을 앓고 있더라도 주로 급성기에 공격성 혹은 충동성 장애가 있는 중증 정신질환자들은 문제가 될 수 있지만 이러한 증상을 잘 관리하면 정상적 생활을 영위할 수 있는 것으로 알고 있다. 중증 정신질환을 앓고 있거나 그로 인해 치료를 받았던 환자들에 의해 일어나는, 공격성·충동성 장애로 인한 사건은 과연 어느 정도나 될까. 그 사건들이 전하는 의미는 뭘까.
4. 중증 정신질환자와 관련된 또 다른 타살 사례는 어린 중학생이다. 1990년대 중반 평소 불안장애, 환시, 환청 증상을 갖고 있던 남학생이 환각물질을 흡인한 후, 집 안에 있던 둔기로 자신을 돌보던 할머니를 가격해 사망하게 한 사건이다. 이 학생의 경우 가정 형편상 의료기관에서 정확한 진단을 받은 적은 없었다. 직접 확인해 볼 기회는 없었지만, 환청 및 환시가 중증 증상이었던 점으로 미뤄 당시 조현병을 앓고 있었을 가능성이 매우 크다고 추정할 수 있으나 그 질환의 정도를 단정해 가늠하기는 어렵다. 또 다른 사례는 모녀가 주거지에서 함께 사망한 사건이다. 우울증·조현병으로 11년간 치료를 받아오던 40대 중반의 어머니가 중학생 딸을 살해한 후 자살한 것이다. 어머니의 경우 부검 소견상 전형적인 목맴 사망이었다. 아이는 위 속 내용물과 장기에서 우울증 치료제인 벤라팍신이 다량 검출됐다. 아이의 사인은 약물중독으로 판단됐다. 벤라팍신은 다량 복용할 경우 고혈압이나 저혈압, 심장의 부정맥, 간질 발작, 혼수상태 등 치명적인 부작용을 일으킬 수 있는 것으로 알려져 있다. 연구자(서중석)의 경험으로 볼 때, 중증 정신질환자들이 강력사건의 가해자로 연루되는 경우는 사람들이 생각하는 것만큼 그리 흔하지 않다. 물론 연구자의 경험이 우리나라 전체의 부검 통계를 대변하지는 않는다. 그럼에도 불구하고, 25년의 경험이 완전히 비상식적이라고도 판단되지 않는다. 따라서 연구자의 법의학 세계에서 조울증이라고 알려진 양극성 정동장애나 조현병 환자들이 급성기 일부를 제외하고는 정상인보다 위험한 사람들이라고 할 수는 없다. 이들을 증상에 상관없이 한꺼번에 사회로부터 격리해야 할 대상으로 치부해 버리는 것은 정신적으로 불안정한 상태인 사람들도 함께 잘 살아갈 수 있는 환경을 만들어 가는 데 결코 도움이 되지 않는다. 또한, 연구자의 부검 사례에서 중증 정신질환자들이 어떻게 죽음을 맞이했을까를 살펴봤다. 위의 사례를 포함, 20여 건이 확인됐다. 우선 나이는 24세에서 82세까지 다양하며, 성비는 8 대 12로 우리나라 부검 예의 통계보다는 여성의 비율이 높았다. 사망할 당시 장소는 병원이 9사례, 거주지가 11사례로 중증 정신질환자들이 완전히 무방비 상태로 사망하는 것이 아니었다. 부검 후 실시한 검사에서 정신과 약물이 검출되지 않은 사례는 10건으로 분석됐다. 이러한 결과는 아마도 어느 정도 치료가 완료됐거나 전혀 정상적인 치료를 받지 못한 상황이었을 것으로 판단된다. 집에서 사망한 경우 중 4사례에서는 음주가 확인됐다.[171]

---

171 서중석의 facebook. 2019. 1. 21. [서중석의 법의학 이야기-침묵 속의 진실을 찾아서] (2) 정신질환자는 위험? 편견·차별이란 사회적 낙인이 더 위험하다. 전 국립과학수사연구원 원장. 중앙대 의대에서 박사 학위를 받았다. 1991년 국립과학수사연

위의 사례를 소개한 서중석 교수의 견해는 "정신질환자들에 대한 사회적 편견과 차별은 환자는 물론 환자 가족 등 보호자들의 고통도 가중시키므로 인식 개선이 요구된다. 정신질환자들에 대한 사회적 편견과 차별은 환자는 물론 환자 가족 등 보호자들의 고통도 가중시키므로 인식 개선이 요구된다." 법 개정을 통한 한계를 잘 설명해 준다.

제13조 사법에 대한 접근

이미 협약 제12조의 논의에서 심도 있게 논의된 바와 같이 절차적 수용은 실로 협약 제13조의 핵심원리이다. 협약 제13조는 독립적이고 공정한 법정은 법의 간접 혹은 비간접 이용자로서 장애인들을 보호해야 한다. 장애인의 목소리는 경청해야 하며, 차별적 법률을 인정하는 결정권자들은 연구 책임을 감수해야 한다. 협약 제13조 1항은 법정에 국제적 법치와의 동일선상에서 새로운 기준을 제시했다. 즉, "1. 당사국은 장애인이 조사와 기타 예비적 단계를 포함한 모든 법적 절차에서 증인을 포함한 직접적 및 간접적 참여자로서의 효과적인 역할을 촉진하기 위하여, 절차적 편의 및 연령에 적합한 편의의 제공을 포함하여 다른 사람과 동등(평등)하게 사법에 효과적으로 접근할 수 있도록 보장한다." 이 조항은 장애인이 효과적으로 사법기구에 접근할 수 있도록 조모조목 조건을 제시했는데, 즉 법정에서 의미 있는 하루를 보낼 수 있으며, 타인과 평등한 조건으로 법의 혜택을 받도록 해야 한다. 협약의 첫째 조건 제13조 1항은 당사국으로 하여금 장애인들이 평등하게 사법에 효과적으로 접근토록 하는 의무를 명시한다. 여기에서 "사법에 효과적으로 접근한다."는 것은 당사국으로 하여금 장애인들의 사법접근을 저해하는 절차적 그리고 실질적인 법적 제한을 폐지하라는 것이다. 제13조 1항은 또한 장애인이 요구하는 내용에 대한 이해를 반영하는 새로운 법 해석의 문화가 도래할 것을 보여준다. 사법권의 환경은 보다 인간의 다양성에 열린 자세를 가져야 하며 법조인들은 그들이 오만함을 버리고 상아탑 사고방식을 탈피해야 한다. 또한 협약 제13조 1항은 장애인들이 효과적으로 사법에 접근할 수 있도록 조건들을 제시한다. 그중에는 '연령에 적합한 법적 절차'를 제공해야 할 의무이다.

합당한 처우와 절차적 수용은 제13조에도 적용된다. 그러나 이에 대해서는 이미 권리협약 제2조의 여러 개념의 정의에서 비교적 상세하게 해설한 바 있으니 참고하기 바라며, 반복은 피한다. 그러나 권리협약위원회가 협약 제13조에 대하여 여러 형태의 건의를 한 것을 주시할 여

구원 법의관으로 국과수에 들어간 뒤 법의학부 부장, 원장 등으로 25여 년을 국과수에서 지냈다. 대한법의학회장, 아시아법과학회 회장, 중앙대의대 겸임교수, 경찰대 외래교수, 대전보건대 총장을 역임했다. 현재 에스제이에스법의학연구소장 및 성균관대학교 교수로 검안, 부검과 강의활동 등을 통해 법의학 발전에 역할을 하고 있다.

지가 있다. 첫째, 장애인의 권리 증진 차원에서 법 제도하의 이해당사자들, 예를 들면 사법부의 판사들, 검사, 경찰, 교도소의 직원들을 대상으로 장애인지 강화를 위한 역량배양 훈련이 필요하다. 둘째, 법절차에 임하는 지적장애 및 정신질환자들을 대상으로 하는 결정제도를 구상하고 시행할 필요가 있을 것이다. 셋째, 당사국은 이러한 제안이 실효를 거두도록 충분한 예산지원을 해야 한다. 넷째, 필요하다면 장애인들은 접근해야 할 충분한 사전지식을 얻기 위하여 법률구조협회(legal aid)의 도움을 받는다. 다섯째, 장애인들이 사법, 법원을 접근하는 데 행여 비용부담 때문에 사법의 접근에 문제가 되지 않도록 한다. 여섯째, 당사국은 사법에 접근하는 장애인들이 배심원의 위촉을 받았을 경우 충분한 '절차적 수용'을 하여 청각장애인에 대한 수화통역을 제공하여 타인과 평등하게 참여토록 한다. 아울러 당사국은 장애인이 법조인으로 활동할 수 있도록 필요한 지원을 제공한다. 당사국은 장애인 대표단체와 개별 장애인의 필요 요건과 다양성에 대한 깊은 이해가 있어야 한다. 이러한 이해와 인정은 장애인이 타인과 같이 평등하게 사법에 접근하는 데 필요하다. 당사국은 모든 장애인 자율성을 존중하고 모든 장애인의 법적 권한을 인정해야 한다. 아울러 장애인의 모든 생활과 참여를 가능하게 하도록 효과적인 소통체계를 갖추어야 한다. 당사국은 교차적(intersectional) 차별의 복잡한 본질이 어떻게 장애인에게 영향을 미치는지를 인식해야 한다. 이미 협약 제5조의 논의에서 상술한 대로, 교차적 차별은 문화적 관습, 종교 및 기타 등 다른 형태의 사회정체성 규명과 관련된다. 결론적으로, 당사국은 장애 이외의 다른 어느 정체성으로 인해 장애인이 차별의 대상이 되지 않도록 해야 한다.

참고로 한국의 「형사소송법」 제244조의 5는 검사는 피의자가 신체적 또는 정신적 장애로 사물을 변별하거나 의사를 결정·전달할 능력이 미약한 때에는 장애인과 신뢰관계에 있는 자를 동석시켜 조사할 수 있도록 정하고 있다. 특히 '심리사회 장애인'이 조사 또는 신문의 대상인 경우에는 「발달장애인 권리보장 및 지원에 관한 법률」 및 '발달장애인사건조사에 관한 지침'에 따라 '발달장애인 전담검사'가 해당 사건을 수사하도록 정하고 있으며, 검찰청은 매년 발달장애인 전담검사를 대상으로 발달장애인의 특성과 수사 방법에 대한 교육을 실시하고 있다. 그뿐만 아니라, 법원이 피해자인 발달장애인을 증인으로 신문하는 경우, 피해자가 희망 시 피해자 증인에 대한 2차 피해 방지와 원활한 증인심문을 위하여 법정동행서비스를 제공하여 재판의 진행 절차, 법정의 구조와 좌석의 위치, 증인심문의 순서와 방법 등 재판 전반에 걸친 정보 전달과 증인 신문 전후 증인의 심리적 안정을 위한 상담 등을 제공하고 있다. 검찰이 청각·시각 등 신체적 장애를 가진 사람을 조사 또는 신문할 때에는, '인권보호 수사준칙'에 따라 수사 과정에서 수화·문자 통역 등 편의를 제공하고 있다. 또한, 성폭력·아동학대 범죄 피해자 중 장애로 인해 수사기관 및 법원과의 의사소통이나 의사표현에 어려움이 있는 경우, 법무부는 해당 피해자의 의사소통을 중개하거나 보조하는 '진술조력인'을 지원하고 있다. 여기서 진술조력인은 장애인의 발달단계 및 장애인 개인의 고유한 특성에 대한 이해를 바탕으로 장애인이 피해 사실을 원활히 진술하도록 돕고, 장애인의 진술에 대한 수사기관, 법원의 이해를 증진하여 원활한 의사소통이 가능하도록 이를 중개하는 역할을 한다. 또한 검찰은 장애인 활동가의 검수를 거친 "장애유형별 피해자 조사 가이드"를 마련하여 일선 검찰청에 배포한 바 있다.

본 장에서는 권리협약의 제14조(신체의 자유 및 안전), 제15조(고문 또는 잔혹한, 비인도적이거나 굴욕적인 대우나 처벌로부터의 자유), 제16조(착취, 폭력 및 학대로부터의 자유), 제17조(개인의 존엄성 보호)는 모두가 임의로 자유를 박탈하든가 고문을 가해 안전과 자유를 박탈하는 것과 관련된다. 자유권은 신체의 얽매임으로부터의 자유라고 비교적 좁은 의미로 개념 규정된 반면,[172] 안전에 대한 자유라는 개념은 의도적인 정신적·신체적 해로부터 개인을 보호한다는 구체적인 개념이다.[173] 의도적인 정신적·신체적 해는 결국 고문방지 협약 제1조, 자유권협약 제7조, 권리협약 제15조에서 명시하고 있는 고문, 비인도적 행위이고 모멸적인 행위 모두를 포함한다. 장애인에 대한 자유의 구속은 실제적 혹은 지각된 손상을 바탕으로 여러 형태로 나타날 수 있다. 예를 들면 본인의 승인 여하를 막론한, 또는 보호자에 의한 대체결정으로 장애인을 시설에 수용하는 행위이다. 페루에 대한 최종권고문에서 권리위원회는 지속적인 강제 약물 투여, 신경억제 마취제, 최소한의 재활 조치도 없이 10년 이상을 불량 시설에 수용하는 것 등에 대해 우려를 표했다.[174] '심리사회 장애인'이 범죄자 취급을 당하는 것은 심각한 안전의 자유 박탈이다. 불법적이고 부당한 방법으로 자백을 얻어 내는 것 또한 자유와 안전을 박탈한다. 이러한 이유 때문에 자유권협약 제9조와 권리협약 제14, 15조는 체포 전과 수사과정, 심문, 구금 및 재판에 필수적인 안전장치가 필요하다는 것을 명시했다. 당사국들은 또한 입법과정에서도 자유권협약 제14, 16조를 유념해야 하는데, 특히 제14조는 사법에 대한 접근과 관련하여 누구나 법률에 의해서 임명된 역량과 독립성을 갖춘 공정한 재판정에서 공정한 재판을 받을 수 있어야 한다고 명기한다. 자유권협약 제16조는 모든 사람은 어디서나 법 앞에 인정을 받아야 한다고 했으며, 어느

172 유엔인권위원회(HRC). 일반논평 35호. 제9조(자유와 안전에 대한) 2014. 12. 16.CCPR/C/GC35. para. 3.
173 Ibid., para. 9.
174 장애권리위원회 페루에 대한 최종권고문. 2012.5.16. CRPD/PER/CO/1

당사국이나 국제 공공법의 기준에서 벗어난다면 오심을 범하기 때문에 도저히 변명의 여지가 없다고 했다. 장애인은 정신적·신체적 고문과 학대에 처할 수 있는 강제 시설화를 통하여 본인의 자유나 안전권을 박탈당할 여지가 있다. 제1조의 논의에서와 같이 장애의 의료적 정의는 장애인 당사자의 의지, 자율권 및 선호도가 무시당할 수 있다. 본인의 승낙 없이 심리사회 장애인이 병원에 강제 입원된다면 당사국의 관련 입법이 권리협약 제14, 15조에 준하지 못하는 것이다. 같은 맥락에서 정신건강법이 그 본질이나 적용에 있어서 차별적이라면, 마찬가지로 아래의 제14, 15조를 위배하는 것이다. 권리협약 제14조는 그 핵심이 반차별이다. 장애를 근거로 한 모든 차별을 금하며 장애인과 관련 자유와 안전의 범위를 분명히 하였다. 그러므로 제14조는 본질적으로 장애인의 존엄성과 천부적 권리, 인권과 기본적 자유를 향유할 수 있어야 한다는 협약의 정신을 반영한다.

제14조 신체의 자유 및 안전

1. 당사국은 다른 사람과 동등(평등)하게 장애인에 대해 다음의 사항을 보장한다.
   (가) 신체의 자유 및 안전에 관한 권리를 향유한다.
   (나) 장애인의 자유는 불법적 또는 임의적으로 박탈당하지 아니하고, 자유에 대한 일체의 제한은 법에 합치하여야 하며, 어떠한 경우에도 장애의 존재가 자유의 박탈을 정당화하지 아니한다.
2. 당사국은, 장애인이 어떠한 절차를 통하여 자유를 박탈당하는 경우, 모든 사람과 동등(평등)하게 국제인권법에 따라 보장받을 자격이 있고, 합리적인 편의제공을 비롯하여 이 협약의 목적과 원칙에 따라 대우받도록 보장한다.

위 제12조에서 〈선택의정서 판례 5. 정의의 오심: James Marlon Noble vs Australia〉를 다소 상세하게 다룬 바 있다. Marlon은 본래 당사 국이 권리협약 제5, 12, 13조를 위반하였다고 하였는데, 그는 장애인은 불법적으로 혹은 임의적으로 권리를 박탈당해서는 안 된다는 14조 1항(b) 권리 또한 위배 당하였다고 주장했다. 자유권의 박탈은 법률에 준해야 하며 어떠한 경우에라도 장애가 그 이유가 되어서는 안 된다. Marlon은 1966년 형법 정신장애 피고인법에 의하여 자유를 박탈당하였는데 이것은 권리협약 14조 1항(b)에 위배된다는 주장이다. 만일에 위의 조항을 제대로 준수했더라면 Marlon 씨는 구금되지 않았을 것인데도 10년 동안이나 수감생활을 했다. 수감 중에도 다른 죄수들로부터 상당한 해를 입었고, 부당하게도 자유의 구속을 빈번히 당했다고 주장했다. Marlon 씨는 석방된 후에도 아주 억압적인 열 가지의 보호관찰 수칙을 준수해야만 했다. 교도관의 지시에 따라 지정된 프로그램에 참여해야 했고 대마초와 같은 마약류 물질의 소유 및 알코올도 금지당했다. 무작위로 마약류나 알코올 사용을 탐지하기 위한 검사도 당했다. 동시에 피해를 받았다는 여성과의 접촉은 물론 교도관의 허락이 없이 16세 이하의 여아와는 접촉이 금지되었다. Marlon 씨는 '정신장애 피고 위원회'의 사전 허락이 없는 한 현재의 거주지를 이탈한 외박을 할 수도 없었고 심지어는 술집(Pub)에도 들어갈 수 없었고, 음주측정 검사를 받아야만 했다.[175]

범죄 사실이 없음에도 Marlon 씨를 수감하기로 결정한 것은 국가권력에 의한 그의 정신지체판정이었고 이로 인해 Marlon 씨의 장애는 그가 수감되어야 하는 핵심 요인이 되었다. 이것은 협약 제14조 '장애의 존재 여부가 어떠한 경우에라도 자유를 속박할 수 없다.'는 1항 (b)를 위반한 것이다. 국제 인권법의 여러 협약에 명기되어 있는 안전장치는 Marlon 씨의 경우에는 전혀 적용되지 않았다. 호주 정부는 자유권협약 제9조가 보장하고 자유와 안전의 권리와 선택의정서를 비준한 당사국이다. 그럼에도 불구하고 임의적인 체포나 구속을 방지하는 자유권협약 제9조는 작동되지 않았고 Marlon 씨의 경우에는 적용이 되지 않았다. 애당초 경찰이 Marlon 씨의 사건에 대하여 철저한 초동조사를 수행하였는지 의심하지 않을 수 없다. 2012년 약 10년이 경과한 후 Marlon 씨의 정신감정을 거치고서야 비로소 수감생활을 면할 수 있었는데, 이 사례의 부당함은 이루어 말할 수가 없다. Marlon 씨의 판례·사례를 장황하게 설명했지만, 문제는 이와 유사한 사례가 너무나 많다는 것이다. 아마도 더 심각한 문제는 권리위원회가 협약 제14조 1항 (b)에 의거하여 보다 치밀하게 국내법 내에서 해결을 모색하지 않았다는 것이다. 제14조 2항 "당사국은 장애인이 어떠한 절차를 통하여 자유를 박탈당하는 경우, 모든 사람과 동등하게 국제인권법에 따라 보장받을 자격이 있고, 합리적인 편의제공을 비롯하여 이 협약의 목적과 원칙에 따라 대우받도록 보장한다."는 조항을 간과한 것이다. 동시에 권리위원회는 자유권협약 15조 (1), 권리협약 14조 2항은 모두 권리협약 15조항 1항과 동일한 원칙을 기반으로 하는데 이 점도 소홀히 고려되었다고 보았다.

2014년 제14조에 관한 논의안을 권리위원회가 채택한 후로(CRPD/C/12/2, Annex IV), 유엔의 기구들과 정부 간 협력체는 장애 수감인이 그들의 자유와 안전에 위협을 주거나 박탈하는 상황에 처하지 않도록 지침을 만들었다.[176] 몇몇 당사국은 자발 혹은 강제 치료를 받고 있는 '심리사회 장애인'을 보호하기 위한 부수적이고 구속력 있는 지침을 만들 것을 논의했다.

동시에 위원회는 당사국 심의 과정에서 제14조에 관한 관심의 환기 이행을 강화해 왔다.

175 James Marlon Noble vs Austrlia, 2016. CRPD/C/17/17/2012. 12조의 심층 분석 참조.

176 CRPD, Guidelines on article 14 of the Convention on the Rights of Persons with Disabilities. 2014.

대한민국 정부는 불필요한 강제입원을 막고 정신질환자의 인권 강화를 위해 강제입원 요건 및 절차 강화 등의 내용이 포함된 「정신보건법」을 전부 개정(2016년 5월 29일)하여, 「정신건강증진 및 정신질환자 복지서비스 지원에 관한 법률」을 시행하였다(2017년 5월 29일). 「정신건강증진 및 정신질환자 복지서비스 지원에 관한 법률」에 의해 ① 치료가 필요한 정신질환이 있고, ② 질환이 급성기 발현하는 등 자·타해 위험이 있는 경우에만 치료적 목적으로 정신의료기관에 치료를 위한 비자의입원이 가능하도록 하였으며, 이 경우에도 자유의 박탈은 필요 최소한도로 하도록 하고 있다. 다만 「정신건강증진 및 정신질환자 복지서비스 지원에 관한 법률」의 '정신질환자'와 「장애인복지법」의 '정신장애인'은 다른 개념으로, 「정신건강증진 및 정신질환자 복지서비스 지원에 관한 법률」에 의한 정신질환자 비자의입원에 대해서만 서술하고 있다. 위와 관련하여 권리위원회는 다시 한번 건강을 이유로 장애인을 강제 입원시키는 것은 제14조 1항과 2항을, 그리고 협약 제25조 건강 조항에 위배된다는 점을 재삼 확인한 바 있다.[177]

제15조 고문 또는 잔혹한, 비인도적이거나 굴욕적인 대우나 처벌로부터의 자유

제12조의 심층적 분석에서 호주의 Marlon 씨는 13년간이나 잔혹하고 비인도적이며 굴욕적인 대우와 처벌을 받았다는 점을 갈파하였다. 어쩔 수 없는 정신장애가 무기한 구금을 초래하게 했으며, 구금된 후에도 계속 가해진 폭력은 협약 제15조 1, 2항의 위배인데, 즉, 그 누구도 고문 또는 잔혹한, 비인도적이거나 굴욕적인 대우나 처벌의 대상이 되지 아니한다. 특히, "1. 그 누구도 자발적인 동의 없이 의학적 또는 과학적 실험의 대상이 되지 아니한다. 2. 당사국은 다른 사람과 동등하게 장애인이 고문 또는 잔혹한, 비인도적 또는 굴욕적인 대우를 받거나 처벌당하지 않도록 하기 위하여 모든 효과적인 입법적, 행정적, 사법적 또는 그 밖의 조치를 취한다."

협약의 제15조 1항은 학대금지협약(CAT)의 1조 (가)에 기반한 것이다. 협약 제1조의 논의에서 인용한 〈X vs Tanzania〉의 사례에서 권리위원회는 적극적으로 학대금지협약(CAT)과 같은 유엔 국제법과 일치하는 입장을 견지했다. 학대의 핵심요소는 ① 극심한 통증 또는 고통, ② 고의적 가해 행위와 ③ 의도, ④ 국가의 개입 등이다. 대개의 국제법은 일단 학대의 혐의가 있으면, 국가로 하여금 그 오류를 증명하도록 한다. 입증기준은 합리적 의혹이나 혐의를 초월해야 한다. 국가가 학대행위 방지에 실패했거나 학대행위 자체가 국가가 아닌 타자에 의해서 가해졌을 경우 국가는 그 원인을 규명해야 할 의무가 있다.

177 선택의정서 Denis Yevdokimov and Artiom vs Russian Federation, CCPR/C101/D/1410/2005. para. 7.4

권리위원회는 심의 과정에서 현실적으로 많은 당사국들이 아직도 그 본질이나 적용에 있어서 차별적인 정신건강법을 개혁하지 않고 있음을 알게 되었다. 예를 들면, 덴마크에서 본인이나 타인에게 위험이 된다고 간주되면 그 '심리사회 장애인'은 강제적이고 동의 없이 병원에 입원시키거나 치료를 강행한다.[178] 권리협약 제14조에 의하면 이것은 장애를 근거로 한 자유 혹은 안전의 박탈에 해당한다. '심리사회 장애인'의 정보제공에 의한 자유로운 승낙이 치료나 정신병원에 입원되기 전에 있어야 한다. 이러한 결정은 대체결정이 지원결정으로 변경되어야만 이루어질 수 있다. 동시에 '심리사회 장애인'의 신체적·정신적 온전함이 권리협약 제17조와 부합해야만 한다. 즉, 제17조(개인의 존엄성 보호) "모든 장애인은 다른 사람과 동등하게 신체적 및 정신적 존엄성을 존중받을 권리를 가진다." 많은 나라에서 정신이상이 있거나 유사한 증세가 있으면 강제로 정신병원에 입원시키지 않으면 더욱 큰 손상을 유발할 것이라는 판단이 서면 그대로 입원이 강행된다. 그러나 많은 연구 결과가 이것을 지지하지 않음에도 불구하고 잔혹하고 비인도적이거나 굴욕적인 처우는 '심리사회 장애인'을 대상으로 빈번히 발생하며, 윤리적, 법적, 과학적으로도 결코 정당화될 수 없는 것이다. 강제 정신과 치료는 항정신성 투약을 주로 하는데 그 효과가 아주 저조한 것으로 잘 알려져 있다. 플래시보(속임 약, 위약) 시험을 통해서 보더라도 항정신성 투약은 그 결과에도 문제가 많다. 더구나 이런 약제는 아주 위험한 부작용도 있어서 의사나 환자 모두 위약을 썼는지 항정신성 약을 썼는지 알 수 있는데도 그 측정된 결과를 과장한다. 환자의 가치와 선호도를 존중해야 하는 윤리적 기준, 법 앞에 평등해야 할 기본적 인권은 모든 사람에게 적용되며, '심리사회 장애인'에게도 적용된다. 수많은 당사국에 의해 비준된 권리협약은 이 점을 분명히 하고 있는데도 이 협약을 무시한 채 '심리사회 장애인'에 대한 차별이 계속되고 있다. 특히 제15조는 제12조의 법적 권한의 행사와 밀접하게 연계되어 있다.[179]

한국의 현황

이 논의는 주로 정신장애인의 인권(2015, 서미경)과 관련하여 다양한 쟁점을 집중적으로 조명

---

178 CRPD Committee, Concluding Observations on the initial Report of Denmark. Oct 30, 2014. CRPD/DNK/CO/1. para. 36.

179 사회복지사업법 제11조의2(사회복지사의 결격사유) 다음 각 호의 어느 하나에 해당하는 사람은 사회복지사가 될 수 없다. 1. 피성년후견인 또는 피한정후견인 2. 금고 이상의 형을 선고받고 그 집행이 끝나지 아니하였거나 그 집행을 받지 아니하기로 확정되지 아니한 사람 3. 법원의 판결에 따라 자격이 상실되거나 정지된 사람 4. 마약·대마 또는 향정신성의약품의 중독자 5.「정신건강증진 및 정신질환자 복지서비스 지원에 관한 법률」 제3조 제1호에 따른 정신질환자. 다만, 전문의가 사회복지사로서 적합하다고 인정하는 사람은 그러하지 아니하다.: "정신질환자"란 망상, 환각, 사고(思考)나 기분의 장애 등으로 인하여 독립적으로 일상생활을 영위하는 데 중대한 제약이 있는 사람을 말한다.

하고 있는데, 특히 '평등을 향한 긴 여정'에서의 평등권 쟁점을 논의한다. 제3부의 평등권에서 가장 핵심적인 쟁점은 차별이다. 저자는 이 장에서 심리사회 장애인에 대한 차별을 평등권 보호의 맥락에서 살펴보고 있으며 심리사회 장애인이 우리 사회에서 차별받는지에 대한 이유를 차별이론에 입각하여 설명하고 있다. 위 제12조의 논의에서 이미 법 아래, 법위의 평등에 관한 개념이 포함되었다.

2018년 5월 초, 국가인권위원회는 국무총리와 보건복지부 장관에게 두 가지 사안을 권고했다. 첫째는 심리사회 장애인의 자격·면허 취득 제한을 다룬 현행 27개 결격 조항을 폐지하거나 완화시키도록 범정부 연구를 시행하라는 것이다. 둘째는 4월 시행된 「사회복지사업법」에 규정된, 사회복지사 자격에 심리사회 장애인이 결격자로 제한된 조항을 폐지하는 것을 말한다. 이러한 조항들은 헌법이 보장하는 평등권과 직업선택의 자유 그리고 CRPD를 위반하기 때문이다. 특히 정신질환 자체를 치료과정이 아닌 고정적 지위로 보는 것은 정신질환에 대한 편견이 강한 우리 사회의 분위기를 감안할 때 결과적으로 심리사회 장애인에 대한 차별로 이어질 것으로 판단한 것이다. 문제의 심각성은 사회복지사업법이 「정신건강복지법」 시행 이후에 개정되었음에도 불구하고 이러한 문구가 개정 취지와 상반되게 명시되었다는 점이다. 이는 심리사회 장애인에 대한 차별을 금지하고 이들의 사회복귀를 지원한다는 「정신건강복지법」의 목적에 명백하게 위배된다고 볼 수 있다. 심리사회 장애인이 사회복지사로 근무하기에 적합한지 자격의 판단을 정신과 전문의가 결정한다는 점에서 특히 그렇다. 일본의 경우 이전의 법률에 명시된 결격조항이 장애인에 대한 차별이라는 점에 동의하여 2001년 63개 관련 법률의 결격조항을 정비하였다. 영국도 2013년 정신건강(차별금지)법을 개정하여 정신질환자도 공직에 근무할 수 있고 자격 취득도 가능하도록 하였다. 미국은 정신장애로 인해 개인이 특정 유형의 자격 요건에서 배제되는 것을 금지하고 있다.

2019년 유엔의 권리위원회는 2, 3차 병합 심의에서 "한국 정부는 물리적 제지, 고립 수용, 강제 약물처방을 비롯해서 장애인이 잔혹하고 비인간적이며 굴욕적인 치료와 처벌을 감내해야 하는 강제 치료를 폐지했는지의 여부"를 묻게 될 것이다. 이에 대해 한국 정부는 「정신 건강증진 및 정신질환자 복지서비스 지원에 관한 법률」 전부 개정·시행을 통해, 정신질환자 치료에 있어 잔혹하고 비인간적 강제치료의 여지가 없도록 하였다. 같은 법 제68조(입원 등의 금지 등)에 의해 정신의료기관 등에 강제입원 및 강제입원 기간을 연장할 수 없도록 되어 있다. 또한 같은 법 제72조(수용 및 가혹행위 등의 금지)에 의해 정신질환자를 보호할 수 있는 시설 외의 장소에 수용할 수 없으며, 폭행을 하거나 가혹행위를 하지 못하도록 되어 있다. 이를 상시 감시하기 위해 보건복지부 및 국립정신병원의 관련 업무에 종사하는 공무원에게 '특별사법경찰권'을 부여하였으며(2017년 12월 19일), 이를 통해 정신의료 기관·정신요양시설의 인권 침해 여부 등을 조사하고 적발 시 처분할 예정이라고 응답한다.[180]

제16조 착취, 폭력 및 학대로부터의 자유

제16조의 심층적 논의는 몇몇 당사국 대상 최종권고문에 나타난 착취, 폭력 및 학대에는 어떤 종류와 형태가 있는지를 살펴보고자 한다. 2014년 9월 한국에 대한 최종권고문 중, 협약 제16조에 대해서, "31. 위원회는 장애인이 여전히 강제노동을 포함하여 폭력, 학대 및 착취에 노출되어 있음에 우려를 표한다. 위원회는 당사국이 가해자들을 처벌하고 피해자들에게 보상을 제공하지 못하고 있는 점과 성폭력 및 가정폭력 피해자를 제외한 장애인을 위한 쉼터가 존재하지 않는 점에 대하여 우려를 표한다."고 했다.

"32. 위원회는 당사국이 거주시설 내·외부에서 장애인들이 겪은 모든 폭력, 착취 및 학대 사건을 조사하고, 가해자의 처벌과 피해자에 대한 보상을 보장하며 피해를 입은 장애인들을 위한 접근 가능한 쉼터를 제공할 것을 촉구한다. 특히 위원회는 당사국이 장애인의 강제노역 사건에 대한 조사를 강화하고 피해자들에 대한 적절한 보호를 제공할 것을 권고한다."고 되어 있다.

위 권고문 32에서 언급한 '장애인의 강제노역 사건'은 아래의 온 세계에 폭로시킨 '염전 노예' 사건을 예로 들지 않을 수 없다.

> "63명의 염전노예 피해자 중 상당수가 장애인이었는데, 염전주들은 이들이 지능이 낮고 의사소통이 원활하지 않은 점 등을 악용해 숙식 제공을 빌미로 임금을 주지 않고, 수시로 폭행하는 등 이들을 자신의 노예로 부렸습니다. 이처럼 수많은 사람들이 노예상태에 놓여 있었고, 그 지역에서 이러한 사실을 모르는 사람은 없었으며, 지척에 파출소와 면사무소가 있었지만 주민을 보호해야 할 이들은 오히려 이러한 관행을 묵인하거나 방조했고, 그럼에도 누구도 이에 대해 책임지지 않았습니다."[181]

이 사건은 실로 '착취, 폭력 및 학대'를 모두 포함하는데, 2018년 11월에 와서야 '염전노예사건 소송' 승소 판결을 환영한다는 공인인권법 재단 '공감'에 실렸다.

---

180 2019. 한국 2, 3차 병합 국가보고서.

181 http://withgonggam.tistory.com/2189 [공익인권법재단 공감의 블로그입니다]

참고로 장애인에 대한 폭력·학대에 관련된 자료를 보자.

2018년 6월 말 기준으로 장애인권익옹호기관에 신고·접수된 장애인에 대한 노동력 착취, 성폭력 등 학대 의심 사례는 총 984건이며, 이 중 532건이 학대로 판정되었고, 중복 학대를 포함할 경우 총 767건으로 나타났다. 학대 유형별로는 노동력 착취나 횡령 등 '경제적 착취'(218건, 28.4%)가 가장 많았으며, 그다음으로는 '신체적 학대'(186건, 24.3%)로 나타났다. 학대 발생 장소로는 피해장애인의 거주지(275건, 35.85%)가 가장 높으며, 그다음으로는 장애인 거주시설(212건, 27.64%)에서 발생하였다. 장애인 등록이 이루어진 713건 중 가장 많이 피해를 입은 장애유형은 지적장애로 전체의 69.7%에 달하였다.[182]

영국의 사례

본 위원회는 장애여성과 소녀, 노령 남·여 장애인 및 장애인에 대한 여러 형태의 인권 침해, 부적절한 처우, 성폭력과 착취와 이를 방지하기 위한 조치가 불충분함에 대하여 우려를 표한다. 아울러 영국과 웨일즈에 장애에 대한 각종 증오범죄 처벌과 관련된 여러 법적 장치의 자료가 부족함에 또한 우려를 표한다.[183]

한국의 사례 1

위원회는 강제불임을 금지하는 법률 조항에도 불구하고, 장애여성에 대한 강제불임 사례가 있음을 우려한다. 위원회는 또한 이 문제에 대해 대한민국이 실시한 조사에 관한 정보가 없음을 우려한다.[184]

그런데 한국의 사례는 장애여성의 강제 불임 그 이상의 문제를 가지고 있는데, 아래의 한 사례를 예로 들어 보자.

한국의 사례 2

"이리 와" 비명 지르는 장애인 무차별 폭행한 교사들[185]

서울시와 노원구가 운영하는 발달장애인 평생교육 센터 교사들이 발달장애인을 상습적으로 폭행

182 한국 2, 3차 병합 국가보고서. 2019.

183 CRPD. Concluding observations on the initial report of the United Kingdom of Great Britain and Northern Ireland.(CRPD/C/GBR/1) at its 348th and 349th meetings(see CRPD/C/SR.348 and 349), held on 23 and 24 August 2017.

184 CRPD. Concluding observations on the initial report of the Republic of Korea.(CRPD/C/KOR/1) at its 147thand 148th meetings, held on 17 September and 18 September 2014.

185 국민일보. 2018. 12. 29. 입력 MBC 캡처.

하는 영상이 공개되었다. 폭력이 일어난 매트리스에는 핏자국이 선명하게 남아 있었다. MBC는 제보자의 말을 인용해 "교사들이 장애인을 CCTV 사각지대로 데리고 가거나 아예 불을 꺼놓고 상습적으로 폭력을 휘둘렀다고 전하며 CCTV 영상을 공개했다. 영상 속 A씨(23세)가 비명을 지르며 방으로 뛰어 들어온다. 뒤쫓아온 여 교사가 슬리퍼로 A씨 얼굴을 수차례 때린다. 잠시 후 남자 교사가 방으로 들어와 커다란 인형을 마구 휘두른다. A씨는 벽에 있는 CCTV가 흔들릴 정도로 두들겨 맞았다. "이리와" A씨가 발길질을 피하려 하자 CCTV가 안 찍히는 사각지대로 몰고 가서 무릎으로 상반신을 찍어 누른다. 교사들은 장애인을 심리안정실로 끌고 가서 무차별폭행을 가했다. 심리안정실에 설치된 매트리스에는 핏자국이 선명하게 남아 있었다. 심리안정실은 장애인이 흥분했을 때 치료하는 곳으로 알려져 있다. 가해자로 지목된 남자 교사는 침묵으로 대응했다. 이와 같은 사실에 서울시와 노원구청은 센터를 위탁해온 장애인 부모연대와 계약을 해지하고 진상조사에 착수했다. 센터 측은 센터장 명의의 사과문과 입장문을 올려 "해당 내용에 대해 경찰서와 인권 센터 등에 수사를 의뢰했다. 관련 있는 것으로 추정되는 교사 2인에 대해 직무정지 조처를 내렸다."며 "경찰과 인권위원회 조사에 성실히 임하겠다. 결과에 대하여 책임지겠다고 밝혔다."

위의 사례 2는 예외적인 사건을 기사화한 것이 아니며 비일비재한 장애인 폭력 현실의 빙산의 일각일 수 있다. 더 경악스러운 것은 장애인 평생교육센터를 장애인 부모연대가 서울시로부터 위탁 운영해 왔다는 사실이다.

룩셈부르크 사례

장애인 가운데 특히 여성과 소녀 장애인들 대상 가정폭력과, 2003년의 가정폭력 관련 모니터링 기재와 예방과 처치에 관한 법에 장애인에 대한 법 제도의 미흡함에 우려를 표한다. 아울러, ① 폭력의 피해자가 된 병원에 입원 중인 장애인에 대한 대리인을 통한 법적 보호가 미흡한 점, ② 폭력과 성폭력, 복합적 차별에 관한 장애인 피해자 관련 자료가 미흡하다.[186]

스웨덴의 사례

권리위원회는 장애여성들이 폭력에 노출되었다는 사실과, 이들 중 이들을 위한 극소수만이 '쉼터'에 접근할 수 있다는 점에 우려를 표한다.[187]

---

186 CRPD. Concluding observations on the initial report of the Republic of Luxembourg(CRPD/C/SR.346 and CRPD/C/SR.347), and adopted the following concluding observations at its 354th and 356th meetings, held on 28 and 29 August 2017.

187 CRPD. Concluding observations on the initial report of Sweden.(CRPD/C/SWE/1) at its 123rd and 124th meetings, held on 31 March and 1st April 2014.

태국의 사례

권리위원회는 빈곤에 처해 있는 장애인들, 특히 여성과 소녀들이 간혹 착취, 구걸, 인신매매, 인권 침해의 위험에 처해 있음과 동시에 이러한 문제에 대처함에 장애인에 관한 관점이 미흡함에 우려를 표한다.[188]

제17조 개인의 존엄성 보호

국가보고서의 심의를 받던 당시 덴마크 장애인 대표단체는 협약 제17조에 대하여 아래와 같은 입장을 민간단체 보고서에 밝혔다. 장애인의 존엄성을 보호하고자 하는 국가의 노력이 부족함을 지적한다. 전통적인 장애인 시설은 아직도 서비스로 남아 있는데, 특히 지적장애인에게는 아주 필요한 서비스로 제공되는데, 여기에 장애인의 존엄성을 훼손하는 사건이 빈번하다. 예를 들면, 화장실과 샤워 기타 시설에 구비된 물품의 사용, 손님 방문, 취침시간, 음식과 음료 등 여러 가지 공식·비공식 규율과 규칙이 많다. 장애인들에 대한 시설과 같은 주거의 지속적 공급은 장애인의 존엄성을 보호하는 데 큰 걸림돌이 된다. 동시에 장애인 시설의 직원과 인력도 고려해야 하는데, 이유는 전 직원은 장애인을 관리, 통제하기보다는 적절한 도움과 지원 제공에 익숙하고 경험이 풍부해야 할 것이다. 따라서 장애인 단체는 아래 사항을 건의한다.

- 정부는 시설과 다를 바 없는 장애인 대상 거주 형태를 줄이도록 구체적 방안을 제시하라.
- 정신병동 입원 후에도 지속되는 강제 후속조치를 폐지한다.
- 강제치료와 입원은 특히 심리사회 장애인에게는 심각한 것으로서 이런 조치는 폐지되어야 한다.

마찬가지로 이러한 조치를 강조하거나 방조하는 규정도 폐지되어야 한다. 강제치료의 효과에 대한 임상적 근거와 치료 대상 당사자들의 증언이 아주 빈약함에도 불구하고 이와 같은 구식의 정신장애 치료 방법이 아직도 성행하고 있다.[189] 권리위원회는 정신 장애나 신체의 온전성에 대한 판단을 내릴 때는 당사국은 필히 장애인 당사자의 자유롭고 정보에 바탕한 결정에 따라야 한다고 경고한다. 권리위원회는 이미 여러 차례의 최종권고문을 통해 정신과 전문의나 다른 분야의 의료진도 장애인의 강제치료는 법 앞의 평등권을 위배하지 않도록 치료나 기타 의료하는

---

188 CRPD. Concluding observations on the initial report of Thailand.(CRPD/C/THA/1) at its 236th and 237th meetings, held on 30 and 31 March 2016.

189 CRPD Committee, 일반논평 1(법 앞의 평등권). 2014년 4. 11. C/G/1. para. 2.

것이며 개인의 온전성(협약 제17조)과 고문행위로부터의 자유(협약 제15조), 폭력, 착취, 인권 침해(협약 제16조)에 위배되는 행위라고 지적한 바 있다. 동시에 의술 행위 선택의 자유가 있는 당사자의 법적 권한(협약 제12조)을 위반하는 것이다. 따라서 당사국은 항상 위기 상황에도 장애인 당사자의 법적 권한을 인정하여 선택의 자유를 행사할 수 있도록 서비스 옵션과 비의료적인 개입, 독립적 지원 등에 관한 접근 가능한 정보가 주어져야 한다. 요컨대, 당사국은 정신과 및 기타 의료 치료와 관련하여 결정에 도움이 되는 지원을 제공해야 할 의무가 있음을 강조한다.

제18조 이주 및 국적의 자유

'이주 및 국적의 자유'는 시민적 및 정치적 권리에 관한 협약(ICCR) 제12조 2항에 근거한다.

즉, 2. 모든 사람은 자국을 포함하여 어떤 나라로부터도 자유로이 퇴거할 수 있다. 3. 상기 권리는 법률에 의하여 규정되고, 국가안보, 공공질서, 공중보건 또는 도덕 또는 타인의 권리와 자유를 보호하기 위하여 필요하고, 또한 이 협약에서 인정되는 기타 권리와 양립된 것을 제외하고는 어떠한 제한도 받지 아니한다. 그런데 동 협약의 제4조로 거슬러 올라가면, 특별한 경우 이외에 위 협약을 위반하지 못하도록 명기하고 있다. 즉, 제4조에 의하면,

1. 국민의 생존을 위협하는 공공의 비상사태의 경우에 있어서 그러한 비상사태의 존재가 공식으로 선포되어 있을 때에는 이 규약의 당사국은 당해 사태의 긴급성에 의하여 엄격히 요구되는 한도 내에서 이 규약상의 의무를 위반하는 조치를 취할 수 있다. 다만 그러한 조치는 당해국의 국제법상의 여타 의무에 저촉되어서는 아니 되며 또한 인종, 피부색, 성, 언어, 종교 또는 사회적 출신만을 이유로 하는 차별을 포함하여서는 아니 된다.
2. 의무를 위반하는 조치를 취할 권리를 행사하는 이 규약의 당사국은 위반하는 규정 및 위반하게 된 이유를 국제연합사무총장을 통하여 이 규약의 타 당사국들에게 즉시 통지한다. 또한 당사국은 그러한 위반이 종료되는 날에 동일한 경로를 통하여 그 내용을 통지한다.

권리협약의 심의 과정에서 제18조에 관한 문제는 많이 제기되지는 않는다. 그럼에도 불구하고 간혹 당사국 가운데에는 위 조항을 영국이나 호주와 같이 유보 조항으로 선택하는 경우가 있는데, 노골적으로는 장애인을 이민이나 난민으로 수용하기를 거부하는 것에 다름 아닐 것이다. 제18조의 의미를 이해하기 위하여 한국과 호주의 사례를 집중적으로 분석해 볼 가치가 충분히 있다. 호주는 권리협약의 원칙을 존중하면서도, 제18조에 대하여 아래의 유보의 입장을 피력하였다. 타이완은 일단 장애가 있으면 본인과 가족의 입국이 어려운 것 같다. 참고로 한국

은 장애를 이유로 한국 입국 권리를 박탈하지 않도록 「출입국관리법」 제11조 폐지(개신) 및 장애를 가진 이주민이 기본적 장애 지원 서비스 이용에 제한받지 않도록 「장애인복지법」 제32조(장애인 등록) 폐지(개선)한 바 있다.

한국의 사례

「출입국관리법」 제11조(입국의 금지 등) 제1항 제5호에 따라, 사리 분별력이 없고 국내에서 체류활동을 보조할 사람이 없는 심리사회 장애인, 국내 체류비용을 부담할 능력이 없는 사람, 그 밖에 구호(救護)가 필요한 사람에 대하여 법무부장관은 입국을 금지할 수 있다. 「출입국관리법」의 입법취지는 심리사회 장애인이라는 이유만으로 동 규정을 적용하여 입국을 금지하는 것이 아니라, 오히려 체류활동을 보조할 사람(보호자, 초청자, 연고자 등)이 없는 경우 본인 자신뿐만 아니라 타인의 안전 확보 차원에서 적용하는 동 규정을 적용하여 실제로 심리사회 장애인이라는 이유만으로 입국을 금지한 사례는 한 차례도 없었다.[190]

「장애인복지법」 제32조 및 제32조의 2는 대한민국 국민이 아닌 재외동포나 외국인도 장애인 등록을 할 수 있도록 하고 있으며, 원칙적으로 등록 장애인에게 제공되는 복지를 지원할 수 있도록 하고 있다. 다만, 장애인연금, 장애수당, 장애인의료비 등 소득 및 재산을 기준으로 급여를 제공하는 현금급여의 경우 국외의 소득 및 재산을 파악하기 어려워 '국민기초 생활법'은 내국인에 대해서만 신청자격을 인정하고 있다. 그러나 대부분의 사회 서비스 성격의 장애인복지서비스, 예를 들어 일자리 지원, 발달재활서비스, 편의·이동 관련 감면·할인 등의 경우는 외국인을 제한하고 있지 않다. 보건복지부는 더욱 많은 외국인이 장애인으로서 혜택을 누릴 수 있도록 「장애인복지법」 제32조의 2 제1항 제5호를 신설(2017년 12월 19일)하여 「난민법」에 따른 난민인정자도 장애인 등록을 가능토록 하여 장애인복지서비스를 제공받을 수 있는 외국인의 범위를 확대하였으며, 「난민법」 제31조에 따라 대한민국 국민과 같은 수준의 복지서비스를 제공하고 있다.[191]

호주의 사례

"호주 정부는 장애인들도 타인과 동등하게 이동하며 그들의 거처나 국적을 선택할 수 있는 자유가 있음을 인정한다. 더 나아가서, 권리협약은 장애인으로 하여금 그 나라의 국민이 아니면서도 그 나라에 거주할 수 있는 권리를 부여하지 않으며, 정당하고 합리적이며 객관적인 기준을 충족시킨다면 호주 입국 신청자의 건강 상태가 호주의 규정을 위반하지 않는다는 것을 인정한다."

위의 유보 조항은 엄격히 말해서 입국비자의 관리에 있어서 현행 법적 행정규제를 그대로 적용하겠

190 2, 3차 병합 국가보고서.
191 2, 3차 병합 국가보고서.

다는 것이다. 1958년의 이민법과 1994년 이민 규제법은 모든 입국 신청 외국인들에게 정해진 기준을 적용한다. 1992년의 차별금지법은 경우에 따라 이민법도 이 차별금지법하에 '건강 조건'을 포함한 예외 조항이 적용된다. 거의 대부분의 입국 희망자는 모두 사증을 취득하기 위하여 건강 조건을 충족시켜야 한다.[192] 건강요구 조항이 장애인에게 직접 불리하게 적용되는 것은 아니지만, 대개의 장애인들은 이 요건을 충족시키기에 어려움이 있다. 즉, 사증 신청자는 지역사회의 의료서비스의 향후 사용 여부에 상관없이 의료서비스를 필요로 하게 될 질병이나 의료조건이 없어야 하고 지역사회에 상당한 서비스나 의료서비스를 필요치 않아야 하고, 그러한 이유 때문에 호주 국민의 의료서비스 사용에 피해를 주지 말아야 한다.[193]

그런데 문제는 호주 정부가 요구하는 '건강 조건'을 그대로 적용한다면, 권리협약 제5조가 명시하는 평등한 보호의 원칙에 곧바로 위배된다.[194] 유엔 난민고등판무관(UNHCR)도 현재 호주 정부가 적용하는 건강 요건도 실제적으로 차별적이며, 유엔의 여러 인권규범을 위배할 요소가 크다고 지적하며, 그런 점에서 호주는 당사국으로서의 의무를 제대로 이행하지 못하고 있다고 지적했다.[195]

결과적으로 호주의 이민자/난민들에 대한 건강 요건의 적용은 권리협약의 원칙에 부합되지 않는다. 건강 요건의 적용은 많은 장애인, 특히 아동 장애인의 호주 입국을 부당하게 거부하는 것이다. 특히 장애인들이 호주 사회에 부과시킬 '경제적 비용과 부담'에 초점을 둔 입국심사는 입국심사에 실격시킬 가능성이 크다. 아울러 장애인들이 경제적으로나 사회적으로 호주사회에 기여할 수도 있다는 고려는 거의 배제된 것이다.[196]

권리협약 제18조에 대한 호주 장애인 단체의 권고 사항

① 호주 정부는 협약 제18조에 관한 유보를 철회할 것

② 1958년 이민법에 적용되는 1992년 장애차별 금지법의 적용 예외를 철회할 것

③ 호주 정부는 사증 신청자와 해외 난민 수용소의 사증 신청인들에게 강제 적용하는 HIV 테스트를 철회할 것

④ 호주 입국을 신청하는 장애인들에 대하여 일관성 있고, 투명하며 행정의 공정성이 개선되도록 할 것

⑤ 장애인에 대한 지원 서비스는 각 주(州)나 지방정부의 범위에 지배받음 없이 어느 곳에서나 그들이 선택한 거주지에서 필요한 지원 서비스를 이용할 수 있도록 한다.

---

192 호주 이민법 1958. 65조.
193 이민규제법 1994. 4장. 4006.
194 '호주 이민자 장애인 연대'에 대한 법률 자문서. 2009. 8. 29. 자문
195 유엔난민 고등 판무관. 보고서 82: 장애 이민자들에 관한 논의 보고서. 2009. 11.
196 Ibid, 유엔난민 고등판무관. 보고서 82.

타이완의 사례

① 장애인들은 타인과 평등하게 지역사회에서 살고 참여할 수 있는 권리를 인정받지 못하고 있다. 더 나아가서, 현재의 높은 수준의 시설화와 가족에의 의존은 거주지에 대한 자신의 선택을 거부당한 채 특별한 생활의 구조 속에서 살아야 한다.

② 장애인들은 지역사회에서 생활하고 참여할 수 있도록 적절한 일상생활의 도움을 받지 못하며, 고립·격리되어 있어 그들의 잠재력을 충분히 달성할 수가 없다. 그리고,

③ 장애인에 대한 활동보조인 서비스도 유엔 권리위원회의 일반논평 No. 5와 부합하지 않는다.

태국의 사례

태국의 장애인 단체들은 2016년 3월 제네바 권리위원회에 참석하여 여러 가지 쟁점 사항을 제시하며 협약 제18조에 대해 포함시킨 바 있다. 즉, 태국은 2007년 장애인 고용법(PDEA: Persons with Disabilities Employment Act. B.E.2550)에 "모든 장애인은 국적에 상관없이 장애인의 권리를 명시하는 위법(法) 20조항에 관련된 모든 혜택을 받을 수 있다."고 명시했다. 그러나 규정 19에 의하면 "태국시민만이 장애인증을 발급받을 수 있다."로 되어 있다. 결과적으로 태국 시민이 아닌 장애인들은 주민등록을 할 수 없으며 장애인증도 발급받을 수 없어 복지와 기타 혜택을 받을 수 없어 장애인으로서의 권리 행사에 제약을 받는다.

태국의 장애인 고용법(PDEA, 2007)의 19조 1항은 권리위원회가 제시한 대로 "모든 장애인은 국가로부터 인간의 존엄성을 기반으로 한 범주, 절차, 조건과 규정에 따라 태국 국적이 없는 장애인도 주민등록을 하여 모든 혜택을 받을 수 있도록 해야 한다."는 권고를 받아들여 2013년에 장애인 고용법(PDEA, 2007)을 개정하였다. 이것은 곧 19조 1항의 즉각적 효력 발생을 의미한다. 2013년 이후 태국장애위원회(DTH: Disabilities Thailand)는 19조 1항의 개정안을 고용청(Department of Employment)에 제출한 바 있으나 심의를 받는 2016년까지 아무런 변화가 없었다. 결국 이 개정안의 진정한 목적은 사회적 편견 때문에 장애인 등록을 회피하거나 미루고 있는 장애아동들의 부모로 하여금 등록을 하여 최소한의 지원을 받도록 하는 데 있지만, 외국인들은 아예 제외시킨 처사일 뿐이다.[197]

위와 같은 상황에 대하여 권리위원회는 다음과 같은 질의를 하였다.[198]

"당사국은 등록/비등록과 관련 인구법(Population Act, 1991) 행정에서 장애인 증명을 발급과 관련된 복잡한 비국민 문제에 대하여 어떻게 대응할 것인가를 설명하시오. 동시에 어떻게 비등록장애인들을 차별 없이 처우할 계획인가를 밝혀 주시오."

197 Disabilities Thailand and Network of Disabilities Advocate(DTN) September, 2015.

198 태국의 2016년 심의당시 수석 간사(Rapporteur)는 한국의 대표 김형식 위원이었음

협약 18조에 대한 포괄적 조명

국적과 관련된 이주의 문제는 비단 장애·비장애의 문제를 초월하여 난민과 이민, 외국인 노동자의 문제를 포함한 좀 더 포괄적인 조명을 요구하는 사안이다. 2016~2017년의 자료에 의하면 약 5천 9백만 명, 인구로 치자면 24번째 국가 규모를 가진 국제적 난민의 문제가 최근처럼 온 세계의 주목을 받았던 적이 없었기 때문에 학문의 연구 영역에서도 도외시되었던 것이 사실이다. 난민 또는 대량 이주의 사태를 종종 체험했던 중동지역, 유럽 등과 달리 한국을 포함한 아시아 태평양 지역은 적어도 근대에 와서는 난민의 문제가 정치, 사회, 경제적으로 크게 부각되지 않았다. 아마도 이 지역은 대체로 난민들에게 경제 부국으로 비치지는 않았던 모양이다.

역사적으로 본다면 UN 난민고등판무관(The Office of the United Nations High Commissioner for Refugees)[199]은 1945년 12월 14일 제2차 세계대전 이후 몰려드는 난민(refugees), 실향민들(displaced persons)의 권리를 보호하고 그들이 당면한 문제 해결을 위한 조정 역할을 하도록 만들어 졌다. 고등판무관이 설립될 당시만 해도 제2차 세계대전의 후유증이 가시게 되는 20년 정도면 그 역할을 완수할 것이라고 생각했다. 미국으로 건너갔던 헨리 키신저, 아인슈타인 등 수많은 예술가와 학자들도 이러한 난민 중의 하나였으며, 호주, 캐나다 등은 몰려든 난민의 두뇌와 노동력으로 발전을 이룬 상징적인 국가들이다. 현실적으로 난민의 수가 급증하는 현상은 정치, 경제, 사회, 문화, 그리고 종교 차원에서 복합적으로 많은 나라에 문제를 촉발한다. 구태여 여러 매체를 통하여 이미 잘 알려진 자료를 반복해서 제시할 필요는 없다. 그러나 협약 제18조의 맥락을 고려하여 몇 가지 요약된 자료를 제시해 본다.[200]

인도와 파키스탄이 분열될 당시에 1천 4백만 명, 2차 대전 후 팔레스타인 70만 명, 그리고 유럽 전역에 약 1,500만 명 난민이 있었음을 보여준다. 1970년대 이후 월남전을 전후해서 인도차이나에 약 180만 명, 1980년대 이후 아프가니스탄에 350만 명, 1990년대 소말리아에 110만 명, 리비아에 70만 명, 발칸반도에 120만 명, 아프리카 르완다에 200만 명, 2000년대 이후 이라크에 210만 명, 수단에 500만 명, 그리고 최근 시리아의 난민이 무려 4백만 명으로 집계되어 있다. 어느 국가가 어느 정도의 시리아 난민을 받아들이고 있는가를 보여준다. 우선 터키는 155만 8천여 명을 수용하여 터키 전체 인구의 10~20%가 난민으로 구성되어 있는 것처럼 보인다. 반면에 레바논에는 약 141만여 명, 요르단은 62만 3천 명, 이라크는 234명 그 외에도 스웨덴, 아르메니아, 네덜란드, 불가리아, 덴마크, 스위스, 프랑스, 벨기에, 러시아, 심지어는 한국도 극소

199 현재 고등판무관은 123개국에 대표부를 두고 있으며 약 9,300명의 직원을 채용하고 있다. 본부는 제네바.
200 The Economist. September 12~18, 2015.

수의 난민을 수용하고 있다. 일단은 난민 상황이 급변하고 있기 때문에 위에서 살펴본 자료는 다분히 가변적이다. 아마도 우리의 관심은 시사적인 현 상태보다는 좀 더 근원적인 난민에 대한 이해에 있을 것이다. 그럼에도 불구하고 이제 난민 문제는 소수 인접 국가만의 사안이 아니며, 정도의 차이는 있지만 온 세계의 여러 국가에 영향을 미치고 있다는 점이다. 또 하나 분명한 사실은 어느 나라도 난민 수용에 대한 해법을 내놓은 국가가 없다는 것이다. 특히 문제를 더욱 어렵게 하는 것은 최근의 경제불황으로 긴축재정 등 난민 수용에 필요한 경제적 능력에 아주 부정적인 영향을 미치고 있다는 점이다. 독일 정부가 과감하게 80여만 명의 난민을 수용하겠다는 결단을 내린 것은 다행이지만, 인종과 문화 갈등을 둘러싼 극우단체의 등장도 심각한 문제로 예측할 수 있다. 난민의 문제는 근본적으로 인도적인 요소가 아닌, 정치적인 문제가 작용하는 사안이라는 주장도 강하다. 한 토론회에서 강원대학교 정치학과의 송영훈 교수는 "유럽과 미국을 비롯한 선진국들이 그동안 난민 문제 해결을 위해 노력한 측면이 있지만, 실제 난민 문제가 해결되는 과정을 살펴봤을 때 인도주의적인 요인보다는 정치적 입장이 훨씬 중요한 변수가 됐다고 분석"한 바 있다.[201] 또 다른 해석은 '난민'이라기보다는 '경제 난민, 이주자'라는 딱지가 붙기도 한다. 보다 인권적 차원에서 어떤 지원 서비스, 국가 안전장치를 모색해야 최소한의 인권도 보호하고 북반구 국가의 사회 안전에도 부정적 여파가 없도록 할 것인가를 고민하지 않을 수 없다. 가장 크게 부각되는 문제가 통합(integration) 또는 소속감의 문제인데, 주류 사회에 통합이 되거나 아예 소외자로 남거나의 문제로 결론난다. 이것은 결코 먼 나라의 문제가 아니다.

현재 한국에 북한이탈주민이 4만 명도 채 안 되는데, 주류인 한국 사회는 그들을 흔쾌히 용납해 주지 못해 소외된 상태에서 사회의 변두리에서 살도록 방치한다. 우리는 통일을 생각할 자격도 없으며, 사실 선진국의 반열에 선 한국 사회는 이러한 문제에 대해 더 분명한 인식이 있어야 한다. 최근 시리아 난민 사태가 급증하면서, 독일은 80만 명 이상의 난민을 받아들이겠다는 흔쾌한 결정을 했고, 유럽연합국가들은 쿼터 제도를 도입해서라도 난민을 수용해야 된다는 논의를 하고 있다. 미국의 트럼프 대통령처럼 철책을 쌓아 올려서라도 난민의 유입을 막겠다는 강한 정책을 채택한 나라도 있다. 연구자는 이러한 국제 동향을 주시하면서 왜 아시아의 국가들, 특히 일본, 한국, 중국 등은 난민 문제에 대하여 조용하며 무관심한가라는 생각을 해 보지 않을 수 없다. 소위 '선진국'으로서의 국제적인 최소한의 책임은 감당해야 되지 않는가라는 생

201 이재호, "텐트 임대료가 월 150불? 시리아 난민들 현실은… [토론회] 난민 사태, 인도적 사안 아닌 정치적 사안," 프레시안, 2015. 10. 13.

각이다. 얼핏 검색 작업을 해 보면 현재 한국에 768여 명의 시리아 난민이 있는 것으로 나오는데, 이 중 난민 자격을 얻은 사람은 3명, 불법 체류자로 분류된 사람은 140명, 나머지 619명은 인도적 체류 허가 자격 지위를 획득했다. "우리나라의 난민 관련 제도는 일본의 것을 차용한 부분이 많다."며 "우리나라만큼 난민 지위 획득이 어려운 일본의 경우에도 난민과 인도적 체류자에게 의료보험의 혜택을 주고 있다."[202] 그리고 한국의 전반적인 난민 자격 부여는 매년 50명 미만인 것으로 추정된다.[203]

우리로 하여금 관심을 갖고 개탄을 금치 못하게 하는 또 하나의 문제는 실로 인간 말종인 인신 매매자(human trafficking, people smuggling)들의 잔인함과 가혹성이다. 이것은 첫째는 수백억 달러($)의 자금이 국경 없는 범죄적 돈벌이이자 하나의 기업행위로서 수많은 취약 계층을 핍절하게 만들고 있다는 점이다. 실제로 2013년 국제노동기구(ILO)는 인신매매로 320억 달러($)에 달했다고 하는데,[204] 이것은 국제개발협력에 투여된 액수보다도 많은 수치이다. 이 자체가 또 하나의 연구 영역이다. 둘째로 이것은 강제노동, 성 노예, 강제 결혼, 대리 임산모, 심지어는 혈액, 간 등의 장기 채집을 목표로 하는 현대판 노예제도와 다를 바 없다는 점이고, 셋째는 세계적인 네트워크를 중심으로 인위적인 난민을 계속 양산시키고 있다는 점이다. 모두 다 개별적인 연구의 대상이다.[205] 다양한 양상을 띠고 있는 난민의 문제에서 장애인이 문제, 전쟁과 장애인의 문제, 이주 노동자 중 산업재해로 장애인이 되는 사람들에 대한 관심이나 언급은 전혀 없다. 제18조의 논의와는 직접 관련이 없어 보이기는 하나, 간략하게나마 시리아의 내전 사태와 장애의 문제를 살펴보자. 왜냐하면 수많은 전쟁 난민 가운데에는 분명히 장애인이 포함되어 있을 것이기 때문이다.

권리위원회는 2013년 9월 17일에 "시리아 내전 사태에서 잊힌 장애인"이라는 성명서를 18명 위원 전원의 명의로 발표하였다. 시리아 내전 사태 이후로 160만 명이 난민이 되었으며, 시리아의 내전 상태로 하루도 빠짐없이 수많은 사람들이 장애인이 되도록 하는 것은 그 자체가 심각한 인권 침해로서 그들은 보호를 필요로 한다는 요지이다. 내란 속에 생존한다는 것은 신체적으로나 정신적으로 고통스러운 일이다. 하물며 장애인들이 이러한 사항에 처한다는 것은 더욱 고통스러운 일이다. 시리아 내전에 개입되어 있는 모든 해당국들은 민간에 대한 의도적인 공격

202 손동준, "세계적 '핫 이슈' 떠오른 '난민' 국내 상황은?'," 아이굿뉴스, 2015. 10. 13, www.igoodnews.net 난민사역을 하는 기독NGO 피난처(대표: 이호택)과의 면담 기사 요약. 2015. 10. 14. 접속.

203 The Economist, ibid.

204 www.en.wikipedia.org 2015. 10. 14 접속.

205 참고: *OXFORD MONITOR OF FORCED MIGRATION* 5, 1. AUGUST, 2015.

을 중단해야 하며, 죽음이나 부상이 발생하지 않도록 조치를 취해야 한다. 아울러 인도주의 단체들로 하여금 제약받음이 없이 내전 사태로 부상을 입었거나 장애를 입은 사람들에 대한 도움을 줄 수 있도록 해야 한다. 의료 및 긴급구호는 절대로 장애인을 배제해서는 안 된다고 성명서는 강조했다.

난민 문제와 한국[206]

유엔 인종차별철폐위원회(CERD)는 14일 한국 정부에 포괄적인 인종차별 금지법 제정을 거듭 촉구하고 사회 전반으로 확산하는 인종차별 증오 표현에 대한 정책 수립을 권고했다.

위원회는 이날 국가별 심의 보고서에서 인종차별 금지와 관련된 법적 기준이 전혀 없다는 점을 거듭 강조하고 증오 표현, 외국인 노동자 차별, 저조한 난민 인정률, 외국인 어린이의 출생등록 등과 관련된 문제점을 지적했다.

한국은 이달 3~4일 스위스 제네바에서 유엔 인종차별철폐위원회의 정기 국가별 심의를 받았다.

위원회는 "2012년 심의 때도 직·간접적 인종차별에 관해 규정하고 인종차별을 금지하는 포괄적 입법을 촉구했지만, 여전히 개선되지 않고 있다."고 비판했다. 위원회는 또 제주도에 500여 명의 예멘인들이 도착한 이후 인터넷과 소셜 미디어를 중심으로 전형적인 인종차별과 인종차별적 증오 표현이 확산하는 분위기에 우려를 나타내면서 정부가 이를 모니터링하고 유죄 확정시 제재할 것을 촉구했다.

외국인 노동자의 일터 변경 횟수 제한과 체류 기간 제한 및 가족 입국 금지, 비자 변경의 어려움 등도 개선 사항으로 지적됐다.

위원회는 난민이 당국의 심사를 받을 때 언어 소통이 가능한 전문 인력의 도움을 받을 수 있도록 하고 '불법 이주자'라는 표현을 사용하지 않도록 권고했다.

유엔은 불법 이주자(illegal migrant)라는 단어 자체가 차별적 표현이기 때문에 서류를 갖추지 못한 이주자(undocumented migrant)라는 중립적 표현을 쓰도록 하고 있다.

평화적 집회와 결사의 자유를 보장하고 경찰관과 이주 담당 공무원들에 대한 인권 교육도 강화하도록 했다.

외국인 여성에 대한 차별 금지와 보호, 결혼 이주자, 다문화 가족에 대한 차별 금지, 동등한 의료보험 적용 등도 권고 사항으로 다뤄졌다.

'다문화 가정'에 대해서는 가족 구성원 중 한명이라도 한국인이면 다문화 가정의 혜택을 받을 수 있도록 법률상 개념을 확대할 것도 제시했다.

---

206 연합뉴스, "유엔, 한국의 저조한 난민 인정률·외국인 노동자 취업 제한 지적. '인종차별 금지법' 제정 및 '인종차별 증오 표현' 수립 권고," 2018.12.15 14:11:33

> 위원회는 또 결혼 이주자가 혼인 관계가 종료된 뒤에도 국내에 거주할 수 있도록 하고, 한국에서 태어난 외국인 어린이의 출생등록 시스템도 갖출 것을 권고했다.
> 특히 외국인 어린이에게도 의무교육을 보장하고 최저생계보장 등 사회안전망에 이주자들을 포함할 것도 촉구했다.

관련된 내용으로서 최영애 국가인권위원회 위원장이 법무부의 제주 예멘 난민 심사 결과에 대해 정면으로 비판하며, "난민 불인정 56명 신변에 깊은 우려"를 표명한 바 있다.[207] "난민보호 문제점을 국제인권기준에 부합하도록 재정비할 것을 촉구"해야 된다는 것이다. 이러한 비판 속에 제18조가 명시하는 장애인 이주자와 난민에 대한 배려도 포함되어야 할 것이다.

제19조 독립생활과 지역사회 통합

특히 독립생활은 유엔의 권리협약보다 역사가 더 길다. 그러므로 이미 이 주제에 대해서는 상당히 많은 논의가 과거부터 현재까지 지속되어 왔기 때문에 가장 어려운 주제이기도 하다. 따라서 본 주제의 논의는 대체로 원론적인 차원에 국한 시키며, 각국에서 진행되고 있는 다양하고 상이한 이행 방법을 포괄적으로 소개할 수 없음을 밝힌다. 원칙적으로 장애인들이 독립생활을 해야 되고 지역사회에 통합되도록 최대한 지원을 해야 된다는 것은 인권에 기반한 것이다. 이것은 장애인이라고 해서 반드시 시설생활을 할 필요가 없으며, 그 안에서 인권을 유린당하지 말아야 한다는 것이다. 그러나 장애인의 인권과 자유에 대한 요구는 새로운 것이 아니며, 이미 1960년대부터 유럽을 중심으로 요구되어 왔던 것이고, 핵심 주장은 장애인들이 "환자 취급을 받지 말고 시민으로 인정되어야 한다."는 것이었다. 2006년 유엔 권리협약이 채택되면서 장애인들은 그들이 희망하는 곳에서, 그들이 함께 생활하고 싶은 사람과 지역에서 독립적으로 살 수 있다는 주장이 권리협약 제19조를 통하여 더 큰 힘을 얻게 된다. 본 논의에서는 시설화·탈시설화의 쟁점과 아울러 다소 혼란을 야기하는 그룹 홈에 관한 논의도 부분적으로 포함시키고자 한다. 우선, 몇 가지 핵심 개념의 정리를 해 보자.

독립생활은 몇 가지 특성을 가지고 시작되는데,

- 자기결정권과 활동보조인을 통해 자기 자신의 삶, 생활을 통제·지배한다.
- 탈시설화를 추구한다.

---

207 서어리, "국가인권위원장 "난민 불인정 56명 신변에 깊은 우려"," 프레시안, 2018.12.14 16:30:21

- 차별에 도전한다.
- 보편적인 디자인을 증진시키고 표현한다.

엄밀히 생각해 보면 장애인의 독립생활은 이러한 원칙들을 기반으로 하여, 하나씩 장벽을 무너뜨리며 실현되어 오고 있다고 할 수 있다. 몇 가지 개념을 정리하자면,

독립생활은 인권기반의 장애인의 일상생활에서 입증하는 것이다. 환경과 개인적인 요소를 결합하여 장애인으로 하여금 그의 삶을 통제·지배하여 선택이 가능하게 하고, 필요하다면 도움을 받아 일상생활을 할 수 있다. 독립생활은 환경, 교통, 보조기구, 그리고 활동보조인의 접근이 가능해야 한다.

활동보조인(PA: Personal Assistants)

활동보조인은 독립생활을 가능하게 하는 수단이며 도구이다. 대개의 경우 PA는 한정된 예산의 범위 내에서 장애인들에게 지급되어 구입되는 서비스이다. PA는 개별 장애인의 욕구 사정에 준하여, 생활환경을 고려하여 지급된다. PA에게 지급되는 급여는 해당 국가의 현 임금 체계에 준한다. 그러나 장애인들은 직접 PA를 채용하고, 필요하다면 훈련을 거쳐 장애인들이 필요로 하는 지원을 받을 수 있도록 관리해야 한다. PA의 급여는 정당해야 하며 기타 업무 수행에 소요되는 비용, 즉 고용주의 부담인 보험금 기여, 행정 비용, PA 동료 상호 지원비가 포함되어야 한다.

탈시설(DI: De-institutionalization)

탈시설은 시설보호, 고립, 격리된 생활에서 독립생활로 전환하는 정치적이며 사회적 과정이다. 효과적인 독립생활은 시설생활을 하던 장애인으로 하여금 완전한 시민으로 활동하도록 하는 데 있어 필요하다면 활동보조인을 자신의 삶을 통제·지배하도록 활용할 수 있어야 한다. 독립생활의 필요 요건은 비용적으로 적절하며 접근 가능한 지역 사회의 주거, 교통, 활동보조인, 그리고 동료 지원이다. 탈시설은 동시에 미래의 시설화를 방지하여 아동들도 시설에서 격리된 채로 살게 하는 것이 아니라, 가족, 이웃, 친지와 함께 지역사회에서 성장하게 한다.

지역기반 서비스(CBS: Community-based Services)

지역기반 서비스의 개발은 정치, 사회적 접근을 요하며, 주택, 교육, 교통, 건강보호와 지원 등 장애인들에게 접근 가능한 서비스를 필요로 한다. 장애인들은 시민으로서 주류화된 서비스와 기회에 접근할 수 있어야 한다. 지역기반 서비스는 특수학교, 수용시설, 장기요양병원, 접근 불가능한 특정 교통수단 등 특별하고 격리된 서비스를 폐지해야만 한다. 그룹 홈은 독립생활이 아니다. 단 이미 공급된 상태라면 다른, 제대로 작동하는 독립생활 환경과 공존해야 한다. 그런데 탈시설이 모든 장애인에게 동일한 의미를 부여하는 것 같지는 않다. "시설은 발달장애인의 선택 여지를 거부하고, 기회를 주지 않고, 일정 지역에 몰아붙이고, 격리하고 고립시킨다. 사람들이 격리되고, 통제받고, 선택 여지가 주어지지 않는 곳이라면 그곳이 바로 시설이다. 그곳에선 우리 맘대로 할 수 있는 것이 없다. 시설은 삶 그 자체를 거부하는 곳이다. 우리가 가족과 지역사회를 알고 서로 통하고 친구를 만들 기회를 거부한다. 시설은 우리 스스로의 행동에 책임을 질 수 있는 능력조차 박탈한다. 시설은 우리 발달장애인의 꿈을 허락하지 않는다."[208] 한국의 과거 탈시설운동은 주로 신체 장애인을 위한 것이었다. 신체 장애인에게 지역사회에 거처를 마련해 주고 활동보조인의 보조와 정부의 소득 지원 등으로 자립생활을 하도록 하는 것이 신체장애인 탈시설의 목표이었고 이를 위해서 각종 법이 제정되었으며, 정부 정책연구가 만들어졌다.

장애인의 독립생활 추진과 아울러, 최근 서울시에서 발달/지적장애인의 탈시설이 많이 논의되고 있다. 2015년 12월 장애인개발원과 서울시가 발표한 발달장애인 탈시설 계획안을 계기로 거주시설운영법인, 자립생활지원 센터, 장애 운동가, 복지 전문가와 학자들의 의견이 첨예하게 대립되고 있다. 탈시설을 논하려면 먼저 시설이 무엇이고, 탈시설로부터 추구하는 목표가 무엇인가를 정확히 이해하는 것이 필요하다. 복지 선진국에서 시설이라 함은 대체로 6명 이상이 사는 그룹 홈으로부터 수백 명을 수용하는 대형 시설을 포함한다. 이와 같이 거주단위에 사는 사람들의 숫자로 시설을 정의하는 것이 일반 통례이지만, 미국 발달장애인 자조단체 연합회에서 말하는 시설의 정의는 숫자 이외에 그들의 삶의 질과 인권적인 차원에서 아래와 같이 정의하고 있다. 즉, 시설이란

- 장애인만이 사는 곳

---

208 J. Mansell, M. Knapp, J. Beadle-Brown, and J. Beecham, Deinstitutionalisation and community living -outcomes and costs: report of a European Study. Volume 2(2007), Main Report. Canterbury: Tizard Centre, University of Kent.

- 세 명 이상 자기들이 선택하지 않은 사람들과 사는 곳
- 거주인이 침실이나 욕실을 잠그지 못하도록 되어 있는 곳
- 운영진이 정한 식단과 취침시간을 강요하는 곳
- 개인의 종교나 신앙생활을 강요하거나 제안하는 곳
- 나를 보조할 사람을 내가 고르거나 바꿀 수 없는 곳
- 성적 기호나 활동을 제한하는 곳
- 내가 받는 보조나 직원이 싫으면 내가 다른 곳으로 옮겨야 하는 곳
- 전화나 인터넷의 사용을 제한하는 곳
- 지역사회 생활이나 활동을 제약하는 곳

발달장애인의 경우에 그러하다. "캐나다의 발달장애 자조단체인 'People First'를 창시한 발달장애인 당사자인 Patworth 씨는 시설이 무엇인가를 아래와 같이 설명한다.

미국에서 공공기관과 민간 서비스 제공자들의 탈시설 자립생활 지원 의무를 담은 법안이 제출되어 관심을 끌고 있다. 지난해 12월 18일, 찰스 슈머(Charles Schumer) 민주당 상원의원은 '2015 장애인 통합법안(S.2427 - Disability Integration Act of 2015, 아래 장애인 통합법안)'을 제출했다. 이 법안은 일상생활을 스스로 영위할 수 없어 시설 입소 대상자가 되는 장애인들이 쉽게 시설로 유입되는 것을 막는 취지에서 발의되었다. 본 법안에 따르면 시설 입소를 앞두고 있거나 현재 시설에 거주하고 있는 장애인들에게 지역사회에서 자립하는 데 필요한 서비스를 제공받을 권리를 주어 당사자가 스스로 시설 혹은 지역사회를 선택하도록 한다. 지역사회 자립에 필요한 서비스 제공 의무는 공공기관 혹은 민간 사업자에게 있다. 연방 차원에서 세운 구체적인 '탈시설 전환 계획'이라는 점에서 주목을 받고 있다. 기존 미국 법률 체계하에서는 식사, 목욕, 주택 관리 등 일상생활을 스스로 하지 못하는 장애인들은 시설이나 요양원에서 돌볼 수 있도록 하고 있다. 따라서 시설 입소 대상이지만 자립을 원하는 장애인은 지역사회 기반 서비스를 제한된 형태로만 받거나 대기자 명단에 이름을 올린 채 기다려야 한다. 그러나 이번 장애인 통합 법안은 지역사회 자립생활을 저해하는 서비스 제한이나 지나치게 낮은 수가 지원 등을 장애인 차별이라고 보고 있다. 그뿐만 아니라, 접근 가능하고 지역사회 통합적인 주거를 확보하는 것 역시 서비스 제공자의 의무로 규정하고 있다. 법률상 의무 1회 위반 시에는 최대 10만 달러(한화 약 1억 2천만 원), 2회 이상 위반 시에는 최대 20만 달러(한화 약 2억 4천만 원)의 벌금을 내야 한다. 본 법안을 발의한 찰스 슈머 의원은 "장애인 역시 가족과 친구들 가운데에서 자

립하여 살아갈 권리가 있음에도 불구하고, 현행 법체계는 자립생활 지원보다 시설 입소가 더 쉽게 되어 있다."면서 "우리는 장애인들이 자신들의 집에서 안락한 삶을 누리는 데 필요한 자원을 확보하기 위해 최선을 다해야 할 것"이라고 설명했다.

미국 장애인단체인 ADAPT(미국 장애인의 접근 가능한 대중교통, Americans Disabled for Accessible Public Transit)는 이번 법안을 환영하며 지지 의사를 밝혔다. 이 법안이 장애인의 자립생활이 시민권으로 자리매김해 나가는 데 있어 큰 도약이라는 것이다. 쉘리 페린(Shelly Perrin) ADAPT 뉴욕 지부 활동가는 12일 미국 장애인 언론사 디스어빌리티 스쿱(Disability Scoop)과의 인터뷰에서 "나는 가족에게 버림받아 시설에 들어가게 되었고, 시설에서는 내가 나가려고 할 때마다 비협조적이거나 벌을 주곤 했다."면서 "나와 같은 수천 명의 사람이 여전히 시설 안에 있다."고 설명했다. 그는 "이번 법안은 장애인들이 오랫동안 싸워 온 '탈시설 자립생활' 이념이 명문화된 것이라는 점에서 의미가 있다."고 밝혔다. 본 법안은 건강, 교육, 노동, 연금 상원 위원회에서 검토 중이며, 상·하원 표결을 거쳐 입법 여부가 결정된다.[209]

"장애인들은 가정 내에서, 주택 또는 기타 지역사회의 활동 지원을 활용할 수 있어야 하며, 이에는 지역사회에서 생활하며 고립이나 격리가 되지 않도록 활동 지원이 필요하다."

독립생활이 장애인 당사자들에 의하여 대안적인 하나의 서비스 모델로 제시된 것은 지속되는 시설 중심의 서비스가 장애인들의 권리(선택권)를 무시한 것에 대한 도전이라 할 수 있다. 독립생활은 몇 가지 분명한 주장을 한다. 첫째, 장애인과 비장애인 사이에는 적어도 욕구에 관한 한 질적인 차이가 없다. 인간은 모두 다 주거, 고용, 교육, 건강 등에 대한 욕구가 있다. 그런데 '독립생활'은 '정상'이고, '의존'은 '장애'라는 관점에서 볼 때 어느 누구도 완전하게 독립된 사람은 없다. 누구나 누군가에게 의존해서 도움을 받아야 살아가게 되어 있다. 둘째, 우리는 '의존'의 개념을 해체시켜야 한다. 예를 들어, 부유층이 돈을 내어 가정부를 두어 식사를 준비하게 하고, 정원사를 두면서도 '독립적'인 것은 그들은 통제(control)의 능력이 있기 때문이다. 결국 장애인에게 통제의 능력이 있느냐, 없느냐가 독립의 여부를 가름한다. 셋째, 장애인들은 보호(care)가 필요한 것도 원하는 것도 아니고, 단지 그들의 목적 달성을 위해서 신변 보호인이 필요할 뿐이다. 지역사회보호(community care)가 도입되면서 장애인들이 그들의 필요에 따라 비용을 지불하여 대중교통을 이용하여 이동하기 시작했다. 독립생활이 주장하는 것은 어느 장애

209 위의 자료는 전현일, 국제 발달장애우협회.

인도 시설보호를 원치 않는다는 것, 동시에 생존을 위해서 가족이나 자원봉사원에게 의존하는 것도 원치 않으며 사회적 독립을 원한다는 것이다. 따라서 독립생활은 기본적 인권이자 동시에 시민적 권리이다.

1989년 유럽에서는 당시에 새로 발족된 '유럽 독립생활 연대(ENIL: European Network on Independent Living)'가 최초로 지역에서의 독립생활과 활동보조인을 요구하기 시작했다. 2003년에는 스타라스버그 의회에 ENIL이 몇 가지 구체적 요구 사항을 제출했고, 2007년과 2009년에도 거듭 요구했다. 이러한 요구를 중심으로 유럽 전체의 장애운동은 국경을 초월하여 지역에서의 완전한 독립생활과 탈시설운동으로 전개되었다. 이러한 운동의 결과로 유럽의 몇 나라에서 대형 시설이 폐지되었으나 그룹 홈이라는 형태로 적은 수의 장애인을 수용하는 소규모 시설로 이어져 시설의 제도적인 문제를 소규모화시켰다. 유럽연합에 새 회원국으로 등장하는 대부분 구소련 체제하에 있던 신생독립국들은 대규모 시설을 장애 남녀 성인과 아동들이 생활할 수 있는 유일한 제도로 간주하기 때문에 새로운 도전으로 등장했다. 장애인의 완전한 독립생활과 탈시설은 유럽과 유엔이 기대하는 방향이기는 하지만, 지금까지의 변화는 아주 느리며, 향후 상당 기간 장애인들이 시설생활을 면치 못할 전망이다. 유럽위원회의 European Action Plan(2006~2015)에 의하면, "장애인들이 환자에서 시민이 되려면, 그들의 권리가 법적으로 인정되어야 하며 철저히 이행되도록 하는 것뿐이다."라고 천명하며 세 가지 원칙을 제시한다.

① 한 인간의 천부적인 존엄성과, 선택하고 타인에게 의지하지 않고 독립적으로 살고자 하는 자율권을 존중해야 한다.
② 완전하고 효과적으로 사회에 참여하고 통합되어야 한다. 그리고,
③ 각기 다른 점을 인정하고, 장애인을 다양한 인간과 인류의 한 국면으로 받아들인다.

'유럽 행동계획 위원회(Council of Europe Action Plan)'도 유사한 원칙을 제시했다. 즉,
① 장애인들도 타인과 동등한 권리를 실현한다.
② 사회는 모든 시민들에게 동등한 권리를 부여한다.
③ 장애인들도 평등한 시민이 되어야 한다.

그러나 탈시설에 대한 반대 내지는 저항에 대한 이해도 필요하다. 대체로 세 가지로 요약할 수 있다.

① 탈시설화와 지역사회에서의 자립은 시설 수용보다 비용이 많이 든다.

② 특히 시설 밖에서 생활하며 자신을 돌볼 능력이 없는 중증 장애인의 경우는 시설의 규모에 상관없이 탈시설화가 어렵다.

③ 지역사회에 정착해서 독립생활을 하는 과정은 시간이 걸리고 지역사회의 시스템이 변경되어야 한다.

물론 이러한 논쟁은 해당 국가의 탈시설 역사, 현행 국가 복지제도의 성숙성 내지는 특성, 중앙정부와 지방정부와의 관계, 경제 상황 등에 따라 각기 다르게 나타난다. 이러한 모든 것은 탈시설 정책연구를 추진함에 필히 고려되어야 할 사안들이지만 여기에서 상세히 논의할 수는 없다. 동시에 시설운영의 기득권자들은 기존의 장애인에 대한 편견과 차별 의식을 부추겨 분명히 탈시설 정책연구에 항거할 것이며, 이 과정에서 다시 한번 장애인들의 인권을 침해하는 결과를 초래할 것이다. 이 기득권자들은 정부와의 서비스 계약을 상실하여 보조금을 포기해야 될 기존의 서비스 공급자, 자선단체, 소속 직원, 조합원들, 전문적 관료들 등의 이해 당사자들이다. 심지어는 탈시설로 인해 지역 경제에 피해를 보게 될 지역 공무원들도 이에 포함된다. 실제로 아래의 종일 토론회에서 여러 형태의 기득권자들이 탈시설화에 대하여 얼마나 방어적인가를 실제로 목격했고 토론에 참여하였다. 아래 자료는 2017년 8월 25일 탈시설화에 관한 권리위원회 주최 종일 토론회에서 연구자에 의하여 메모, 발췌된 자료이다.[210]

미국의 경험을 보면, 탈시설화가 추진된 1977~1998년 사이에 대형 시설은 총 154,638개에서 52,488개로 줄어들었다. 16명 이하의 정신/인지장애인시설도 52,718개에서 35,247개로 줄어들었다. 그런데 반대로 6명 이하를 수용하는 시설은 20,400개에서 202,266개로 증가했다. 결론적으로 대형 시설은 폐쇄되고 6명 이하를 수용하는 소규모 시설은 증가하였지만, 전반적으로 지역사회에서 생활하는 장애인의 수는 증가하였다.

유럽의 경우에도 많은 국가에서 대형 수용시설이 감소된 것이 분명하게 나타났다. 그러나 전반적으로 신뢰할 수 있는 자료의 수집이 어려웠는데, 특히 그리스, 사이프러스, 몰타, 오스트리아 등의 국가이다. 하지만 시설이 유형과 운영에 관한 자료는 구할 수 있었다. 예를 들어, 25개국 중 16개국은 국가 재정 지원이 100명 이상을 수용하는 시설에, 25개국 중 21개국은 30명 이상을, 25개국 중 12개국은 1~30명을 수용하는 기관에 나머지는 민간단체에 의해서 지원되었다. 그런데, 다시 한번 언급하지만, 미국의 경우처럼 대형 시설의 감소는 오히려 소위 '그룹 홈'

---

210 Day of General Discussion(DGD) on the right of persons with disabilities to equality and non-discrimination, on 25 August 2017(Conference Room XVII, Palais des Nations, Geneva).

이라는 소형 시설의 증가로 나타난다. 이미 위에서도 언급했지만, 전문가들도 대형 시설은 아니지만 '그룹 홈'의 전환은 무방하며 탈시설과 동일하다는 생각이 팽배한 것 같다. 이것은 분명히 오류다. 권리위원회의 심의 시에도 수차례 지적된 사항이지만, 부유한 유럽의 국가들이 경제 빈국 유럽의 국가들에 지원하는 상당수의 액수가 대형 수용시설의 보수 내지는 확장에 쓰이는 것에 대한 지적은 이미 있었다. 또 다른 문제의 양상이다.

시설의 운영/유지비용에 대한 연구[211]

아래는 방대한 연구의 요약이다.

① 실제적으로 예산지원은 사람보다는 건물 유지를 위해서 필요하다. 이것은 설사 한 장애인 개인이 시설을 떠난다 해도 건물 유지에 사용되던 비용이 독립생활을 위한 삶의 지원비로 자동적으로 이전되지 않는다. 대부분의 경우 지원을 받기 위해서는 다른 경로의 사정을 거쳐 지원에 해당되는가를 결정받아야 한다. 비록 지원에 해당된다 해도 얼마만큼의 지원 액수를 받게 되는지는 정해야 한다.

② 보호/지원이 많이 요구되는 장애인들은 대체로 탈시설을 하지 않는다. 연구의 대상이 되었던 대부분 나라의 경우, 영국과 스웨덴을 제외하고는 지원이 많이 요구되는 장애인들에게는 가족들이 비공식적이라도 약간의 지원을 할 수 없는 한 활동보조인이 공급되지 않았다.

③ 장애인들은 이론상 활동보조인을 전제로 시설과 독립생활을 선택할 수 있다. 그러나 실제로는 장벽이 너무 많다. 그 이유는 소위 '지원'이라는 것이 대부분 모든 사람의 욕구충족에 미흡하기 때문이다. 예를 들면,

- 활동지원은 모든 지방단체가 일률적으로 공급/시행하지 않는다.
- 대개 국가의 경우 활동지원은 법률적 구속력이 약하고 실험적 단계에 있다.
- 지방정부에 배당되는 예산이 아주 미비하기 때문에 활동지원 서비스는 제한적일 수밖에 없다.
- 비록 활동지원 서비스가 공급된다 해도 정보의 부족으로 제대로 활용하지 못하는 경우가 많다.

④ 연구 대상자들의 경우, 시설/가택보호에 있어 개별 장애인의 지원 욕구를 기반한 예산이

211 European Network on Independent Living December 2014: Comparing the Cost of Independent Living and Residential Care: A Survey by the European Network on Independent Living

배정되지 않으며, 시설 전체의 비용을 기반으로 예산이 세워진다. 따라서 지원된 액수는 장애인들의 욕구가 변경된다 해도 정기적으로 재검토되지 않는다.

그런데, 현재 한국의 논의에서는 장애인의 개념을 일률적으로 이해하며, 탈시설에 관한 발달장애인과 구별 내지는 차별화를 하지 않는다. 그러면 발달장애인을 위한 탈시설 연구가 추구해야 할 목표는 무엇일까? 발달장애 당사자가 말하는 시설의 정의를 역으로 이해하면 된다. 즉, 지적/발달장애가 있는 사람이 서비스와 지원을 받아 가면서 지역사회에서 통합하고 참여하고 활동하며 살아야 한다는 것이다. 발달장애가 있다고 해서 그들이 평생 시설에 살아야만 한다는 것 자체가 그들의 인권을 침해하는 것이다(한국 국회가 인준한 유엔 장애인 권리 선언문 참조).

단, 신체장애인과 달리 발달장애인에게는 자립생활이라는 것이 탈시설의 목표가 될 수 없다. 서울시에서 시도해 본 장애인 자립생활 훈련원이 시설 거주 발달장애인들에게 해당이 되지 않았던 이유가 바로 여기에 있다. 발달장애인이 지역사회에서 살면서 그들의 삶의 질을 향상하기 위해서는 그들에게 필요한 각종 지원과 보조, 서비스를 해줄 수 있는 인프라가 지역사회별로 구성되어 있어야 한다. 이런 기반은 시설에서 나오는 발달장애인들만을 위한 것이 아니고, 재가 장애인을 포함한, 그리고 장애의 경중을 막론하고 모든 발달장애인들에게 해당되어야 한다. 재가 장애인도 가정의 사정이 변할 때 그들의 거주처가 바뀌게 될 것이며, 사회는 이를 위한 대비를 해 두어야 한다. 그렇지 않으면 시설입소를 생각할 수밖에 없을 것이다. 지금 한국에서 발달장애인의 탈시설에 있어서의 쟁점이 되고 있는 것들-현존하는 시설 개편, 운영 주체, 시설의 입장 등-은 사실상 발달장애인의 탈시설의 성공 여부와는 무관하다. 발달장애인을 지역사회에서 지원하고 보조하는 데에 있어서 중요한 것은 당사자 위주의 지원계획(PCP)인데, 이러한 지원계획은 장애등급제를 적용해서는 불가능할 것이다. 그리고 사회적인 기반을 구축해서 재가 장애인을 포함한 모든 발달장애인에게 혜택이 미치도록 하려면 현존하는 가족 지원을 포함한 장애 서비스 체제를 점검하고 보완해야 할 것이다.

앞으로 발달장애인과 가정을 돕고, 시설에서 평생을 살고 있는 발달장애인의 삶의 질을 높이는 진정한 의미에서의 탈시설을 위한 한국 실정에 맞는 논의와 연구가 있기를 바란다. 서구의 탈시설 운동의 역사는 40여 년에 걸쳐 일어나고 있고 지금도 계속 그 양상이 변화 발전되어 가고 있다. 서울시의 발달장애인 탈시설 5개년 계획은 그대로 실행된다면 국가 재정의 낭비에 불과하게 될 것이다.[212]

---

212 전현일, 국제발달장애우협회.

참고로 유럽 몇 나라의 시설 현황을 위원회의 '최종권고문'에서 인용해 보자.

보스니아의 사례[213]

당사국은 아직도 시설화 현상은 매우 높으며, 탈시설 전략이 전혀 세워져 있지 않다. 시설 수용 인원은 아직도 상당하며, 지원 서비스, 개인지원 서비스, 특히 시설을 떠나 지역사회로 돌아가는 장애인에 대한 서비스 지원 자원이 부족하다. 아직도 자원이 기존의 시설을 보수하거나 확장하는 데 소요되며, 아직도 복잡한 절차의 장벽이 높아 장애단체들의 솔선수범이 효과를 보지 못하게 되어 있다.

체코의 사례[214]

본 권리위원회는 아직도 당사국이 장애인들로 하여금 그들의 지역사회에서 독립생활을 할 수 있도록 지원하는 대신 기존 시설 보강에 상당한 예산을 투입함에 우려를 표한다. 아울러 지역사회의 노령 장애인들에 대한 지원이 부족함에도 우려를 표한다.

독일의 사례[215]

본 위원회는 현재 시설화의 정도, 대안적 대책연구의 결여, 장애인들의 경제적 부담을 덜어 줄 수 있는 전반적인 인프라의 부족에 우려를 표한다. 더구나, 지원 서비스나 복지 수당을 받기 위한 재무조사를 받아야 하며, 장애 관련 비용을 포함시키지도 않는데 지역사회에서 생활할 수 있는 여건이 방해를 받는다.

스웨덴의 사례[216]

본 위원회는 2010년 '기본적 욕구'와 '다른 개인적 욕구'의 재해석으로 인해 상당히 많은 장애인들이 국가가 보상하는 개인보조인의 지원금을 받지 못하게 된 것에 대하여 우려를 표한다. 계속 지원금을 지급받는 장애인도 아무런 해명도 없이 지원금의 삭제를 감수해야 했다. 더 우려스러운 것은 스웨덴의 해당 법령이 인정한 지원과 서비스가 제대로 집행되지 않는다는 점이다.

213 CRPD. 17 March 2017.
214 CRPD. 4 April 2015.
215 CRPD. 1 April 2015.
216 CRPD. 11 April 2014.

한국의 사례[217]

본 위원회는 한국이 채택한 장애인들을 지역사회에 통합시키고자 하는 탈시설 전략의 충분한 실효성이 부족함에 우려를 표하는데, 그 이유는 장애인 수용 시설이 증가하며, 개인 보조인을 포함한 필요한 지역사회 서비스가 정책연구에 충분히 반영되지 않았기 때문이다.

위 한국의 사례를 보면서, 2019년 2, 3차 병합 국가보고서는 어떻게 대응하고 있는가를 살펴보자. 권리위원회에서 제19조에 대하여 제기한 쟁점은 "효과적인 탈시설화를 위한 구체적인 조치 현황 및 현재 시설거주자들의 효과적 탈시설 방안과 일정, 기 퇴소 장애인들의 수, 현황"에 관한 것이다. 한국 정부의 응답은, "현재 거주시설(공동생활가정 및 단기거주시설 제외) 장애인 현황은 2015년 26,775명, 2016년 26,461명, 2017년 26,342명이며, 사망·타 시설 전원자를 제외한 연간 퇴소자는 2015년 861명, 2016년 853명이다." 이러한 장애인 거주시설은 24시간 돌봄을 제공할 수 있다는 장점이 있긴 하나, 2005년 광주 인화원, 2015년 전주 자림원, 2016년 대구 희망원 등 지역사회와 단절한 환경 속에서 폭행, 사망 등 지속적으로 인권 침해 사건이 발생하였다. 또한 2012년 국가인권위원회 조사결과에 따르면 시설 거주 장애인의 약 57%가 시설 밖에서 생활하기를 원하는 것으로 나타났으며, 장애인의 인권증진을 위해 장애계를 중심으로 '탈시설 및 자립 정착 지원'을 지속적으로 요구해 왔다.

"대한민국 정부는 이러한 요구를 수용하여 장애인의 인권 증진 및 포용사회를 구축하는 정책연구의 일환으로 기존 중앙정부 차원의 정책연구가 없었던 탈시설 자립지원을 100대 국정과제로 선정하였다. 나아가 제5차 장애인정책연구종합계획(2018~2022년)을 수립하면서 '탈시설 및 주거지원 강화'를 22개 중점과제 중 하나로 설정하여 보건복지부 차원에서 연구용역 실시 및 '장애인 거주시설 탈시설-자립추진 민관협의체'를 발족하여 탈시설-자립지원을 위한 구체적인 지원방안을 마련하고 있다."[218]고 한다.

대만의 사례[219]

① 장애인들은 타인과 평등하게 지역사회에서 생활하며, 적극적으로 참여할 권리를 거부당하고, 상당히 많은 장애인들이 시설에서 생활하며, 가족들에게 의존하며, 거주지의 선택을 할 수 없고 특별한 거주 형태 속에 생활할 수밖에 없다.

217 CRPD. 3 October 2014. 한국 국가보고서 1차 심의 자료에서.
218 2019. 2, 3차 병합 국가보고서 제19조 참조.
219 IRC International Review Committee. 3 Novebember 2017.

② 장애인들은 지역사회에서 생활할 수 있도록 일상생활에서의 도움을 못 받아 격리되고, 그들의 가능성을 최대한 달성할 수도 없다.
③ 장애인에 대한 생활 보조인은 권리협약위원회의 일반논평 No. 5에 부합하지 않는다.

어느 나라를 예로 들어도 탈시설화의 문제는 그 이념을 달성하기에는 아직도 요원한 것만은 사실인 것 같다. 이 제19조에 관한 논의를 마치면서 한 연구 결과의 요약을 인용하기로 한다.[220]

"본 연구는 장애인복지현 장의 논쟁적 이슈의 하나인 '탈시설과 관련하여 그룹 홈의 정체성을 어떻게 볼 것인지'를 탐색하기 위해 실시되었다. 핵심적인 연구 질문은 종사자들이 그룹 홈을 시설 또는 탈시설로 보는 이유가 무엇인지? 그리고 시설과 탈시설적 특성은 각각 무엇이고, 시설과 탈시설 사이의 혼란을 일으키는 특성이 무엇인지를 규명하는 것이었다. 이를 위해 개방형 질문지를 활용하여 수집된 그룹 홈 종사자 58인의 의견을 분석하였다. 분석 결과 35인은 시설, 23인은 탈시설로 보고 있었다. 시설로 보는 이유는 15개로 나타났고, 제도적 한계, 기관의 운영방식, 관련 주체들의 인식 이상 3개로 범주화되었다. 탈시설로 보는 이유는 8개로 나타났고, 제도적 강점, 서비스 방식, 종사자의 탈시설과 그룹 홈의 관련성 인식 이상 3개로 범주화되었다. 두 개의 특성을 비교분석한 결과 시설적 특성은 '훈련과 보호 중심의 운영 목적, 1:4의 열악한 지원체계, 공동생활과 종사자 동거로 인한 자율성과 주도성 침해, 입주선택권 비(非)보장에 따른 장기입주, 대규모시설과 동일한 행정관리와 평가체계 및 예산지급방식, 이용자와 관련자들이 집으로 인식하지 않음' 이상 6개로 압축되었다. 탈시설적 특성은 '가정과 같은 환경, 지역사회에서의 삶, 이용자가 일반수급자임' 이상 3가지로 압축되었다. 시설과 탈시설 사이에서 혼란을 일으키는 특성은 '행정관리체계의 비일관성, 운영기관의 철학과 운영방식, 인식주체의 탈시설 개념' 3가지로 나타났다."

제20조 개인의 이동성

'개인의 이동성'은 권리협약 제20조 "(가) 장애인이 선택한 방식과 시기에, 그리고 감당할 수 있는 비용으로 장애인이 개인적으로 이동하는 것을 촉진할 것"으로 되어 있는데 이것은 시민적 및 정치적 권리에 관한 국제협약(ICCPR) 제12조 (1), 즉 "합법적으로 어느 국가의 영역 내에

220 박숙경, "종사자가 인식하는 그룹 홈 정체성 -탈시설과 관련하여-," *Journal of Disability and Welfare*, 42(2018): 227-255.

있는 모든 사람은 그 영역 내에서 이동의 자유 및 거주의 자유에 관한 권리를 가진다."와 구별된다. 권리협약의 제20조는 '장애인 개인의 이동성'에 국한시켜 시민적 및 정치적 권리에 관한 국제협약(ICCPR)에서 언급하는 광범위하고 포괄적인 의미의 이동과는 분명히 구별된다. 유엔에서 협상을 하던 당시에는 위원들 가운데 '점진적' 혹은 '적절한'이라는 문구를 협약 총안에 포함시키려 시도한 기록도 있다. 제20조의 기본정신은 자국 내에서 자유로이 이동할 수 있고, 외국으로 나갔다가 돌아올 수 있는 권리를 포함한다. 단, 제약이 있다면 국가의 안전, 공공 안전, 건강 또는 범죄예방에 관한 것 등이다. 여러 측면에서 본다면 제20조는 유엔의 기본규정(the UN Standard Rules) 4항에서 의미하는 장애인의 이동을 위한 지원체계를 의미하기도 한다.

단순해 보이는 원칙처럼 보이기도 하나, 사실상 한국 사회는 상당 기간 동안 '장애인차별연대'는 이동권 확보를 위해 상당한 투쟁을 해온 기록이 있다. 서울 장애인차별연대에 따르면 서울시는 지난 2015년 7월 민관 거버넌스를 구성한 후 12회의 의견수렴과 논의과정을 통해 같은 해 12월 3일 세계장애인의 날에 맞춰 '서울 장애인 이동권 선언'을 선포했다. 또한 이동권 선언과 함께 시는 장애인 이동권 증진 실천계획을 수립했다. 이 안에는 전 역사 1동선 확보를 위한 엘리베이터 설치, 저상버스 100% 도입, 장애인 콜택시 증차, 역사 점자블록 정비, 역사 시각장애인 음성유도기 설치, 가로변 정류소 점자블록 정비, 역사 내 안내전광판 개선 등 세부 계획이 담겨 있다. 저상버스의 경우 2025년까지 100% 도입하겠다는 목표로 진행되고 있으나 2016년 기준 계획부터 95대가 덜 도입됐다. 서울시는 2016년 447대를 도입하기 위해 계획을 수립하고 예산을 배정했지만 국토교통부가 95대에 대한 예산을 지원하지 않았기 때문이다. 특히 이와 관련된 2017년도 예산이 56억 원 감액되어 내년도 서울시의 저상버스 도입계획 역시 불투명한 상태다. 또한 서울시는 2016년 장애인콜택시 46대를 도입할 계획이었으나 신규 13대만 도입 완료했다. 휴무차량 전담 운전원 160명을 충원할 계획이었지만 150명에 그쳤으며 휠체어를 이용하지 않는 장애인을 위한 특별교통수단(개인택시)은 2017년 100대 도입을 목표했지만 2017년 예산에는 반영이 안 됐다. 반면 시각장애인 이동권 보장을 위한 역사 점자블록 정비, 역사 시각장애인 음성유도기 설치와 청각언어장애인의 재난 시 안전을 위한 역사 내 안내전광판 개선, 역사 내 영상전화기 시범설치 등은 원래 계획대로 추진되고 있다.[221]

221 최석범 기자(csb211@ablenews.co.kr), 2017, 에이블뉴스, 2019년 2월 6일 접속.

제21조 의사 및 표현의 자유와 정보 접근권

의사 및 표현의 자유는 장애인이 시민의 한 사람으로서 갖추어야 할 기본 요건이다. '의사표현'의 자유는 표현의 자유로서 상호 밀접하게 연계되어 있으며 이 통로를 통해 의사와 의견이 자유롭게 교류될 수 있다. 이 두 가지 자유는 동시에 민주주의 근간이 된다. 의사 및 표현의 자유는 시민적 권리의 한 요소로서 유엔의 여러 협약에 포함되어 있다. 우선은 세계인권선언 제19조 (가)항이다. 즉, "모든 사람은 의사표현의 자유를 누릴 권리가 있다. 이 권리에는 간섭받지 않고 자기 의견을 지닐 수 있는 자유와, 모든 매체를 통하여 국경과 상관없이 정보와 사상을 구하고 받아들이고 전파할 수 있는 자유가 포함된다." 이 제19조 (가)항은 부정적 자유로서 어떠한 경우라도 위배되어서는 안 될 자유이다. 동시에 아동권리협약 13조도 '모든 형태의 정보'를 '국경의 제한을 받지 않고'라는 분명한 입장을 표했다.

반면에 협약 제21조는 국가에 부과된 긍정적 의무로서 의사 및 표현의 자유에 관한 정보를 탐색하고 받을 수 있는 자유가 타인과 동등하게 장애인에게도 부여된다. 따라서 협약 제21조는 구체적으로 분명히 정보의 '접근성'에 관한 문제를 다루며, 의사표현의 자유가 원활히 존중될 수 있는 수단까지를 제시한다. 협약 제2조에서 언급하는 의사소통과도 연계가 한 예이다. 즉, "'의사소통'이란 문어·음성언어·단순 언어, 낭독자 및 접근 가능한 정보통신 기술을 포함한 확장적이고 대안적인 의사소통의 방식, 수단 및 형식뿐만 아니라 언어, 글자표시, 점자, 촉각을 통한 의사소통, 대형 인쇄, 접근 가능한 멀티미디어를 포함한다." 동시에 협약 제21조는 협약 제29조의 '정치 및 공적 생활에 대한 참여'와도 연계된다.

협약 제21조 (가)항 "일반 대중을 위한 정보를 다양한 장애유형에 적합하게 접근 가능한 형식과 기술로 장애인에게 시의적절하고 추가 비용 없이 제공할 것"은 한마디로 일반 대중을 대상으로 생산된 모든 정보는 장애인들도 접근할 수 있어야 한다는 것이다. 그런데 소위 '공적' 정보나 자료는 제대로 접근이 안 된다는 점과 사(私)적 경로를 통한 정보의 접근은 더욱 어렵다는 지적이다. 온 세계의 대부분 정부가 시장화된 연구를 추구하므로 더욱더 국가의 의무를 강조할 여지가 있다. 즉, 공적 영역에서뿐만 아니라, 사적 영역에서도 어느 정도 제약은 있겠지만 정보접근에 장애인들이 공정한 처우를 받도록 해야 한다. 공적 정보의 전달이 상당 수준 사적 영역에 의존하게 되고, 사적 영역의 종사자들도 장애인들에 대한 반차별과 평등의식을 염두에 두어야 할 것이다. 이러한 보호 장치가 공적 영역을 초월하지 않는다면, 장애인들의 주류화된 지역사회에 참여하고, 사회성원으로서의 활동이 거의 임의적으로 차단되는 결과를 가져올 수 있다. 단순히 법적 조치로서만 차별의 문제를 해결할 수 있으리라는 주장은 아니며, 장애인의 욕구와 잠재적 사회 기여 등에 관한 인식 제고가 필요할 것이다.

위에서 언급한 '사적 영역'은 사기업이나, 대중매체를 독려해서 이 원칙을 이행하도록 하는 데에는 정부의 특별한 노력이나 정책이 요구되는 사안이라는 점이다. 특히 사기업의 적극적인 참여와 기여는 아주 중요한데 이 부분은 협약의 제8조 '장애인식 개선'과 밀접하게 연결되어 있다. 이렇게 본다면, 협약 제21조는 다분히 범분야적(cross-cutting)이며, 상호 교차적인 성격을 가지고 있어서, 제5조의 장애인 차별, 즉 비장애인이 누리는 정보를 동등하게 공유하지 못한다면 이것은 차별행위이기 때문이다. 제9조의 접근권도 마찬가지다. 심지어는 흔한 컴퓨터를 통한 여러 형태의 장애를 고려한 인터넷 접속도 마찬가지이다. 제29조의 정치 및 공적 생활 참여도 정보권(제21조), 접근권(제9조)이 평등하게(제5조) 보장되지 않는다면 달성할 수 없는 권리일 뿐이다. 정보 접근권이 보장되지 않는다면 협약 제30조의 문화생활, 레크리에이션, 여가와 체육운동의 권리를 제대로 누릴 수 없다. 제30조에 국한하여 예를 들자면, 일반논평(No.2)에서 명기한 대로 평등하게 문화생활을 즐기게 하려면, 당사국은 아래와 같은 적절한 조치를 취해야 한다. ① 접근 가능한 형식으로 문화생활을 즐기도록 하며, ② 접근 가능한 형식으로 TV 프로그램, 영화, 극장, 기타 문화 활동을 즐기도록 하며, ③ 가능한 한 극장, 박물관, 영화관, 도서관, 관광, 유적지 등과 같은 문화 공연과 서비스 등을 즐기도록 한다. 실제로 문화 유적지 등의 방문은 상당한 배려와 노력이 필요하겠지만, 당사국은 이러한 명소의 접근을 가능하게 하는 것도 권리협약의 이행에 수반되는 하나의 의무이다. 권리협약의 모든 조항은 이처럼 상호 교차적으로 조화를 이루어 이행하도록 되어 있다.

참고로 "한국 정부는 「방송법」 및 같은 법 시행령 등에 의거하여, 장애인의 방송 접근권을 보장하고 있다. 또한, 장애인방송 편성 및 제공 등 장애인 방송 접근권 보장에 관한 고시상 방송사업자가 준수해야 하는 사항을 구체적으로 명시하여 방송사업자의 규제 준수 여부 등을 관리·감독하고 있다. 장애인방송 질적 수준 제고를 위한 '장애인방송 가이드라인'을 제정하였다. 장애인방송 관련 법령 및 고시에는 장애인방송 의무편성 비율을 명시하고 있으나, 품질 개선을 위한 구체적인 제작 방법, 준수 사항 등의 기준은 포함되어 있지 않다. 이에 따라 방송통신위원회에서는 2016년부터 이해관계자 의견수렴 및 연구반 운영 등을 통해 2017년 12월 26일 '장애인방송 프로그램 제공 가이드라인'을 마련하여, 방송사업자와 인터넷 멀티미디어 방송 콘텐츠사업자 및 제작자의 장애인방송(폐쇄자막, 한국수어통역, 화면해설) 프로그램 제작 지원 및 방송서비스 개선을 통해 방송소외계층의 방송 접근권을 향상하고자 노력하고 있다. 또한 방송사업자·제작자를 대상으로 설명회를 개최하는 등 가이드라인 준수 독려 및 장애인방송 인식 개선을 위한 활동을 추진하고 있다. 이와 같이 방송사업자, 인터넷 멀티미디어 방송콘텐츠사업자, 방송제작자에게 장애인방송 프로그램 제작지원 및 기본적인 준수사항을 제시함으로써 장애인 방송 접근권 제고 및 방송 품질 개선을 도모하고, 장애인뿐만 아니라, 향후 방송 프로그램 시청에 장애가 있을 수 있는 모든 시청자들에게 동등한 방송 프로그램 접근성을 제공하고자 한다. 또한 방송사업자 및 비장애인 등을 대상으로 전국 순회 설명회(2017년 2회, 2018년 6회)를 지속적으로 개최하여 장애인방송에 대한 인식 개선을 유도(연중)하고, 필요 시 이해관계자 및 전문가 등으로 구성된 장애인방송시청보장위원회를 운영하여 장애인방송 품질 향상을 위한 가이드라인 개정을 추진하고자 한다."[222]

선택의정서의 판례: 호주의 Michael vs Australia and Gemma Beasley vs Australia

권리위원회는 위의 사례에 대하여 협약 제21조 (나)를 위반하였다고 판정한 바 있다. 즉, "(나) 장애인의 공식적인 교류에 있어 장애인의 선택에 따른 수화, 점자, 확장적이고 대체적인 의사소통, 그리고 의사소통의 기타 모든 접근 가능한 수단, 방식 및 형식의 사용을 수용하고 촉진할 것"이다. 이 두 사례에서 쟁점이 된 것은 배심원으로 선정된 시각장애인과 청각장애인에게 각각 점자·속기, 수화통역 등과 같은 정당한 처우를 제공했는가의 여부이다. 권리위원회의 심리는 본질적으로 제21조 (나)는 점진적으로 제공되어야 할 조치이다. 동시에 제21조 (나)는 국가에게 의무를 부과하여 장애인들도 그들이 선택하는 의사소통 수단을 통하여 타인과 동등하게 그들의 의사와 의견을 자유롭게 피력할 수 있어야 한다는 것이다.[223] 위원회의 견해는 일단 배심원이 되면 법 집행에 따르는 공공 의무를 수행해야 하며 이것은 타인과의 상호 교류가 필수적이다. 이 주제는 협약 제29조로 이어진다.

제22조 사생활의 존중

'사생활의 존중'은 시민적 및 정치적 협약(ICCPR) 제17조에 명기된 대로 "어느 누구도 임의적으로나 불법적으로 사생활, 가족이 침해를 받아서는 안 되며, 불법적으로 그의 명예나 평판이 피해를 당해서도 안 되며, 모든 사람들은 그러한 침해나 공격으로부터 법적인 보호를 받을 수 있다."에 근거하고 있다. 그러나 이러한 명시는 이미 세계인권선언 제12조에, 아동권리협약(CRC) 제16조 그리고 국제노동자협약(CRMW) 제16조에도 각각 유사하게 표명되어 있다. 장애인권리협약 제23조 1항 (나)에서는 "장애인이 자녀의 수와 출산계획을 자유롭게 선택할 권리와

---

222 한국 정부의 2019년 2, 3차 병합 국가보고서.

223 협약 제2조 '커뮤니케이션' 참조.

연령에 적합한 정보 및 출산과 가족계획 교육에 대한 접근권이 인정되고, 장애인이 이러한 권리를 행사하는 데 필요한 수단을 제공한다."고 하여 장애인에 관련된 비밀보장의 원칙을 강조한다. 제22조는 제23조와 맥을 같이하는데, 시민적 및 정치적 협약(ICCPR) 제17조에 명기된 '사생활, 가족, 가정, 서신, 명예, 평판'을 포함시켜 시설 장애인의 비밀보장을 강조한다. '서신'이라는 표현은 협약 제19조에 와서 '다른 형태의 커뮤니케이션'으로 시대의 흐름을 따르려 하는 노력을 볼 수 있다. 이러한 조치는 장애인의 의료기록이나 손상에 관한 정보가 누출되지 못하게 하지만 현실적으로 보호가 잘 되지 않고 개인의 사생활에 상관없이, 또는 적절한 절차를 고치지 않고 여러 사람이 공유하게 된다.

제23조 가정과 가족에 대한 존중

협약 제23조는 다른 핵심 유엔 협약들도 명시하는 가정과 가족에 대한 주제를 다룬다. 이 주제가 논의될 당시 내용이 너무 상세하기 때문에 "너무 문제를 많이 야기한다."는 바티칸 당국의 우려도 있었다. 바티칸 외의 몇몇 나라가 우려한 것은 "장애인들이 성적 경험, 성적 또는 은밀한 관계의 유지, 부모가 되는 등의 자유를 박탈당하지 않고 있다."는 문구였다. 가족에 관한 주제는 제6조의 장애여성과 제25조의 건강에서 여성의 임신중절과 함께 다시 부각되는 주제이다. 그러나 유엔의 경제, 사회, 문화 협약(CESCR)은 너무 준엄하게 장애인들을 '성(性)이 없는 인간(genderlessness)'으로 간주하는 것에 대한 비판을 가한다. 즉, 간혹 장애인들은 '성(性)이 없는 인간'처럼 취급당한다. 결과적으로, 여성 장애인에 대한 이중적 차별을 간과하게 된다. 국제 사회에서는 이 문제에 관심을 가지고 대처하도록 촉구했고, 유엔 사무총장이 수차례 '장애인 세계행동'에서 언급도 했으나 지난 10여 년간 아직 큰 실효를 거두지 못하고 있다. 당사국들은 장애인들이 가정생활을 누릴 수 있도록 보장해야 한다. 그들의 존엄성을 존중하고 행여 현존 법률이 성(性)관계나 결혼, 부모의 역할을 수행하는 데 차별받지 않도록 해야 한다. 따라서

① 장애인들이 원만한 가정생활을 하도록 당사국은 가족 상담 등을 통해서 장애가 가정생활에 부담을 주거나 부정적 요소가 되지 않도록 한다. 가족을 위한 휴식, 재가 보호 서비스가 이용 가능해야 하고, 당사국은 장애아동이나 성인을 입양하고자 하는 가정에 대한 불필요한 규제도 없애야 한다.

② 장애인들은 이성과의 관계, 성(性), 부모로서의 경험을 할 수 있는 기회를 박탈당하지 말아야 한다. 장애인들이 결혼을 하거나 가정을 구성하는 데 어려움이 있을 것을 감안하여 당사국은 적절한 상담지원을 해야 한다. 장애인들도 타인과 마찬가지로 동등하게 피임방법

을 사용할 수 있어야 하고, 그들 신체의 성적 기능에 대한 정보도 활용할 수 있어야 한다.

"미혼모를 포함한 장애아동 부모에게 가정에서 자녀 양육에 필요한 지원 제공, 장애아동이 가족에 대한 권리와 지역사회 참여에 대한 권리를 다른 아동과 동등하게 누리게 하기 위한 포괄적 정책연구의 법적 근거 및 구체적으로 시행하고 있는 정책연구 내용, 장애아동의 생물학적 부모와 장애아동 입양부모를 공평하게 대우하기 위한 계획 존재 여부"에 대하여 응답해 달라는 권리위원회의 질의에 대하여 한국 정부는 아래와 같이 답한다.

"대한민국 정부는 장애아동 부모의 자녀 양육과 해당 장애아동 가족의 권리 및 지역사회에 참여할 권리를 보장하기 위해 다양한 사업을 지원하고 있으며 이에 대한 법적 근거를 마련한 바 있다. 여성가족부는 2012년 8월 제정된 「아이돌봄지원법」에 의거하여 만 12세 이하 맞벌이 부모 등의 아이를 대상으로 아이돌보미가 가정에 찾아가서 아이를 돌보는 아이 돌봄 서비스를 운영하고 있으며, 장애아동의 경우에도 장애아 가족양육지원 사업(장애등급 1~3급) 수혜 아동을 제외하고는 아이 돌봄 서비스를 이용할 수 있다. 아이 돌봄 서비스는 만 12세 이하 아동을 대상으로 하는 시간제 돌봄 서비스와 만 36개월 이하 영아를 대상으로 하는 종일제 돌봄 서비스가 있으며, 정부가 이용 가정의 소득 유형에 따라 서비스 이용요금을 차등지원하고 있다. 2017년 기준 6.3만 가구에 2.1만 명의 아이돌보미가 연계되어 돌봄 서비스를 제공하고 있다.

보건복지부는 2015년 11월 발달장애인 및 그 가족·보호자의 지원과 권리보장을 위해 「발달장애인 권리보장 및 지원에 관한 법률」 하위법령을 제정하여 발달장애인 맞춤형 지원을 지속적으로 추진하고 있다. 장애아동에 대한 발달재활서비스(언어·청능, 미술·음악, 행동·놀이·심리, 감각 운동)를 제공하고, 장애인 활동지원 사업 추진 등을 통한 사회참여 권리 보장을 위해 노력하고 있다. 무엇보다 더 많은 장애아동이 사회구성원으로 차별받지 않고 살아갈 수 있도록 서비스 대상자 확대를 위해 예산 확보에 지속적으로 노력을 기울이고 있다. 이외에도 장애아 돌봄 부담으로 인한 장애아동 양육 가족의 경제적·육체적 부담 경감을 위해 장애아 가족 양육지원 사업(돌봄서비스, 일시적 휴식지원서비스)을 지속 추진하고 있다. 정부는 장애아동에게 복지서비스를 제공함에 있어 해당 장애아동의 부모가 생물학적 부모인지 입양부모인지 여부를 차별하고 있지 않다. 정부는 장애아동을 양육하는 가정이 다양한 복지서비스를 통해 가정의 안정을 도모할 수 있도록 적극 노력하고 있다.

대한민국 「민법」 제807조와 제856조에서는 결혼 및 가족구성(입양의 요건)에 관한 조항을 다루고 있다. 대한민국 「민법」에 따르면 만 18세 이상인 당사자 사이에 혼인의 합의가 있고, 법률이 정한 바에 따라 혼인신고를 하면 법률상 혼인이 성립하며, 장애인 역시 비장애인과 동일한 요건을 갖추어 혼인할 수 있다. 단, 지속적으로 사무처리 능력이 결여되어 법원의 성년후견개시심판이 확정된 피성년후견인이 혼인을 위해서는 부모 또는 후견인의 동의가 필요하다. 보건복지부는 장애인의 가족구성에 있어서도 여성장애인을 대상으로 출산비용 지원 및 「장애인복지법」 제37조(산후조리도우미 지원 등)에 근거하여 산전·산후조리 도움 지원 사업 등의 지원을 통해 장애여성의 임신·출산 과정을 지원하고 있으며, 더불어 「입양 특례법」 제10조(양친이 될 자격 등)에 따르면, 장애인 부모라는 이유로 입양을 제한하지 않고 있다."[224]

제29조 정치 및 공적 생활에 대한 참여

협약 제29조는 장애인으로 하여금 선거에 참여하고 필요하다면 직접 선택한 보조인의 도움을 받도록 한다. 특히 보조에 대해서는 행여 보조인이 필요 이상으로 간섭할 우려 때문에 논란이 심했다. 제29조 (가)는 "장애인이 투표하고 선출될 수 있는 권리와 기회를 포함하여, 다른 사람과 동등하게, 직접 또는 자유롭게 선택한 대표를 통한 정치 및 공적 생활에 효과적이고 완전하게 참여할 수 있도록 특히 다음의 사항을 통하여 보장할 것"을 주문한다. 동시에 (나)에서는 "장애인이 차별 없이 다른 사람과 동등하게 공적 활동 수행에 효과적이고 완전하게 참여할 수 있는 환경을 적극적으로 조성하고, 다음을 포함한 장애인의 공적 활동에의 참여를 장려할 것"도 주문한다.

구태여 긴 역사를 거슬러 올라가지 않더라도 장애인들은 오랫동안 평등하게 의사 및 표현의 자유와 참정권을 얻기 위해 투쟁해 왔다. 그러나 장애인들이 아직도 평등하게 이러한 권리를 향유한다고 할 수는 없다. 1990년대에 세계 장애인 운동권은 장애인의 시민적 및 정치적 권리를 쟁취하기 위해서 본격적인 투쟁을 전개한 바 있다. 투쟁의 핵심은 이제 장애인들은 더 이상 수동적인 관망자가 아니라 지역사회의 모든 활동에 참여할 수 있다는 의지의 표명이다.

장애인은 아직도 규모가 어느 사회에서나 가장 큰 소수 집단이다. 그러나 권리협약이 채택되기 이전에는 그들의 정치 참여가 언제나 보장되었던 것은 아니었으므로, 이제는 그들의 이상 생활에 관한 중대한 결정 과정에 그들이 배제되지 않도록 법 앞에, 법 아래에 평등하다는 것은 세계의 정치 지도자들이 받아들이도록 촉구하였다. 돌이켜 보면, 각국 정부들은 장애인들의 당면 문제에 대해 정치적, 공적으로 협의할 수 있는 적극적인 처우를 해 달라는 평화적 시위나

224 2019. 2, 3차 병합 국가보고서.

운동에 참여하는 장애인들을 무차별하게 체포, 구금하는 식으로 대응했다. 이러한 역사는 경찰들이 보조기기를 압수하며, 강제로 시위장에서 밀어내는 등의 처절한 한국의 장애 운동권 역사에 분명히 한 획을 그어 유엔에서도 그 내용을 접수한 바 있지만,[225] 영국과 같은 나라에서도 예외가 아니었다. 위에서 언급한 효과적이고 완전하게 참정권을 행사하기 위해서는 다시 권리협약 (가)의 세부 조항을 참조하면 그 방법이 분명해진다. 즉,

(1) 투표절차, 시설 및 자료가 적절하고, 접근가능하며, 그 이해와 사용이 용이하도록 보장할 것

(2) 적절한 경우 보조기술 및 새로운 기술의 사용을 촉진하여, 장애인이 위협당하지 아니하고 선거 및 국민투표에서 비밀투표를 할 권리와, 선거에 출마하고 효과적으로 취임하여 정부의 모든 단계에서 모든 공적 기능을 수행할 장애인의 권리를 보호할 것

(3) 유권자로서 장애인 의사의 자유로운 표현을 보장하고, 이를 위하여 필요한 경우, 장애인의 요청에 따라 그가 선택한 사람에 의하여 투표에 있어 도움을 받도록 인정할 것

225 OHCHR, Report of the Special Rapporteur on the Rights to Freedom of Political Assembly and Association on his Mission to the Republic of Korea. 15 June 2016. A/HRC/32/36/Add.2. para. 44.

제4장

유엔장애인권리협약의 심층적 논의:

사회권 협약(ESEC) 기반 권리 조항(24조~28, 30조)

International Disability Rights and Development of Legislation

사회권 협약(ESEC) 기반 권리 조항에 관한 논의를 시작하기 전 먼저 어떤 시대적 배경으로 이 협약이 채택되었는가를 살펴보아야 할 여지가 있다. 권리협약의 심층적 논의를 시도함에 있어서 협약의 각 조항을 '자유권 기반'과 '사회권 기반'으로 분류하면서, 미쳐 이 두 협약에 관한 논의를 하지 못했다. 그러나 본 4장에서는 비교적 제한된 수의 조항만을 다루게 되므로 두 협약의 특성과 차이점에 대해서 간단히 짚고 넘어가기로 한다.

우선 사회권에 관한 기본 이해를 위해서는 사회권과 대칭 내지는 양극화 현상을 이루고 있는 자유권(Convention on Civil and Political Rights, 1966, 1976) 협약에 대한 이해도 필요하다. 또한 세계인권선언을 필두로 한 국제협약은 냉전과 이념적 갈등의 산물이라는 점이다. 구체적으로, 1966년에 자유권과 사회권 협약이 채택되었는데, 자유권협약은 선거, 언론, 사상의 자유 등 민주주의 이념을 바탕으로 대체로 미국, 영국, 호주와 같은 자유민주의를 수호하는 국가의 힘에 의해서, 반면에 사회권(Convention on Economic, Social and Cultural Rights) 협약은 당시만 해도 이념적 양대 진영의 한 축을 차지하고 있던 소련을 중심으로 한 사회주의권 국가들에 의해서 동시에 채택되었다. 인권의 자유주의적 전통과 사회주의적 진통은 결국 좌·우와 같은 '이념의 두 날개'에 의한 산물이라 할 수 있다.[226] 그러나 엄밀히 생각한다면, 좌·우의 갈등이 아니라 서로 다른 것처럼 보이는 이 두 협약은 인권 이념 실현을 위한 두 개의 축, 혹은 '두 날개'로 보는 것이 타당하다. "새는 두 날개로 난다"를 생각하게 된다.

협약의 채택 과정에서도 차이가 분명했지만, 자유권과 사회권은 그 실현 방법에 있어서도 뚜렷한 차이가 있다. 자유권은 비교적 기본적으로 국가의 예산이 없이도 정부의 불간섭을 통하여 실현되며, 자유권은 해당 권리가 실현되는 권리와 기회를 부여하는 것이지 결과를 보장하는 것을 복표로 하지는 않는다. 이에 비해서 사회권은 기본적으로 사회권이 보장하는 경제, 사회, 문화적 권리의 실현을 위해서는 구체적인 정부의 예산과 국가의 개입을 기반으로 하여 사회권이 목표로 하는 '결과(상황)'의 실현을 추구한다. 즉, 이러한 결과, 목표달성(예 장애인의 복지와 권리실현)을 실현하는 데에는 자유권과는 달리 다양한 규범적 및 현실적 여건이 작용한다. CRPD가 장애인의 권리로 규정한 여러 조항은 입법 및 정책으로서 구체적인 목표 달성을 위하여 이행(implementation)에 필요한 방법을 제시하는 입법제도를 도입해야 되고, 해당 상황을 실현하기 위하여 필요한 입법제정과 이를 시행하기 위한 정책지원으로 재정적인 예산 편성이 필수적으로 수반되어야 한다. 사회권의 실현을 위해서는 규범적 및 재정적 환경에 종속되어 있기

---

226 리영희, 새는 좌우의 두 날개로 난다(파주: 한길사, 2006) 참조

때문에 필연적으로 이에 대한 구체화, 그리고 구체화의 주체에 대한 결정이 필요하다. 즉, 헌법이 이러한 구체화의 작업을 직접 할 수 없으며, 또 구체적인 지침을 제시할 수도 없다. 자유권이 사회권과 법적 성격에 있어서 다르지 않다는 주장이 있다. 재판청구권은 적절한 재판조직이 갖추어져 있지 않다면 실현될 수 없다는 예 가 많이 들어지고 있다. 그러나 재판청구권은 기본권의 하나이며, 국제인권협약의 중요한 내용이기는 하지만 전형적인 자유권에 해당하지는 않는다. 헌법학에서는 이를 권리구제를 위한 기본권이라고 부르고 있다. 재판청구권이 국가의 불간섭을 통하여 실현되는 권리가 아니라는 것은 명확하다. 따라서 이를 예로 들어 사회권과 자유권의 법적 성격의 차이를 부정하는 것은 올바른 논증이 아니다. 위와 같은 자유권과 사회권의 법적 성격에 대한 논의는 이론적인 문제만은 아니며, 다음과 같은 실천적인 의미가 있을 수 있다. 만약 사회권의 실현구조가 자유권과 동일하다고 이해한다면, 사회권에 대한 권리 중심적 접근방법은 적어도 헌법적 차원에서는 정당성을 상실하게 된다. 왜냐하면 사회권과 자유권은 이중성을 가진 것이 아니기 때문에 사회권은 자유권 실현과 동일한 방법으로 실현될 수 없다. 아마 적어도 구체적입 입법과 이에 따른 예산을 필요로 한다는 이유에서도 그러할 것이다. 이와 같이 헌법적인 차원에서의 사회권의 문제점은 하위 규범, 즉 법률 및 국제법을 통한 국제규범을 통하여 최소한 부분적으로 극복될 수 있으며, 실제로 '권리협약'을 통해서 나타나고 있다. 자유권과 사회권에 관하여 가끔 제기되는 문제가 있다. 즉, 인간의 기본적 욕구 충족과 직결되는 사회권이 먼저인가, 아니면 어차피 배고픈 사람들에게는 별 가치도 없는 정치적 자유를 먼저 실현해야 되는가? 지구촌 15억의 장애인 가운데 80%가 개발도상국에 속해 있으며 '빈민 중의 빈민'에 속한다는 사실을 감안할 때 과연 자유권이 얼마나 그들의 기본적 욕구의 해결에 도움을 줄 수 있을 것인가?[227] 하는 의문을 가지지 않을 수 없다. 그러나 자유권과 사회권에 관한 문제를 상호 대립적 개념으로 볼 수만은 없는데 그 근거는 이 두 권리는 상호 밀접한 관계를 가지고 있기 때문이다. 실제로 정치적 자유는 실질적인 사회권 관련 문제와 분리해서 생각할 수가 없다.[228] 실제로 한국 장애계의 '이동권 쟁취'를 위한 치열한 투쟁을 북한, 중국 소련, 심지어는 베트남 같은 나라에서는 상상할 수가 없는 것처럼 투쟁하고 데모도 할 수 있는 정치적 자유가 없다면 장애인의 이동권(20조)/접근권(9조)이라는 권리는 실현될 수 없다. 장애인의 실질적인 사회참여(Social Participation)도 자유권이 보장되지 않는다면 실현 불가능할

227 United Nations Expert Group Meeting on a disability inclusive development agenda towards 2015 and beyond, Kuala Lumpur, Malaysia, (2 to 4 May 2013)

228 Peter Unwin, *Human Rights and Development*(Kumarian Press, 2004).

것이다.

경제적·사회적·문화적 권리(사회권)는 자유권을 실현할 수 있는 토대로 작용하여 질적으로 성장된 인권을 향유할 수 있는 근거가 되고, 우리 사회를 보편적이고 평등한 사회로 이끄는 것이다. 그럼에도 불구하고 현재 우리 사회의 사회권 실현 수준은 그리 높다고 할 수 없다. 노동권, 교육권, 건강권, 사회보장권 등 사회권은 우리와 경제력이 유사한 다른 나라에 비해서도 미흡한 부분들이 있고, 국민이 누려야 할 최소한의 사회권 기준이나 사회적 합의도 명확히 정립되어 있다고 평가하기 어려운 상황이다. 사회권은 생활 여건과 관련된 주거, 교육, 노동, 건강, 환경, 사회보장 등과 관련된 권리와 사회적 발전을 저해하는 차별금지에 대한 권리를 모두 포함한다. 그래서 사회권은 일반적으로 단기간에 발전하기 어렵고 국가의 재정적 능력과도 밀접한 관계를 갖는다. 대한민국 헌법이 사회권 보장을 명문화하고 있으면서도, 국민들의 실생활에서 최저생활이 폭넓게 보장되지 않고, 사회/경제적 불평등이 악화되는 현실이 이를 잘 보여준다.

대한민국 정부는 1990년 UN 사회권 규약에 가입했고, 이후 세 차례 정부보고서를 제출했다. UN 사회권위원회는 정부보고서를 심의한 뒤 다양한 내용을 권고했는데, 이 내용은 국제사회에서 우리나라의 인권 수준을 말해 주는 지표라 할 수 있다. 여기엔 비정규직 노동자들의 권리 보장, 공무원의 노동3권 보장, 아동 성매매와 아동노동 금지, 강제 철거민에 대한 보상 및 임시주거시설 제공, 공교육 강화 계획 수립 등이 모두 포함돼 있다. 이제 아래에서 사회권 협약에 근거한 권리협약의 나머지 부분에 대한 논의를 계속 한다.

제24조 교육

협약 제19조 독립생활과 마찬가지로 제24조에 대해서도 상당히 많은 논의가 있었고, 방대한 관련 자료를 만들어 내었다. 권리위원회는 2016년 11월 25일에 '일반논평'을 채택했는데, 여기에서는 통합교육의 구체적인 방법론보다는 주로 그 원칙에 대해서 논의하기로 하며 한국의 현황도 간략히 살펴보고자 한다.

자본주의와 사회주의 사회를 막론하고 전·후, 그리고 현 시대의 주도적 이념은 다분히 실용주의적인 계산에 의한 결과물에 집착한다. 교육은 하나의 예로서 투자한 만큼 결과를 얻을 수 있기 때문에 대체로 지배층에 의해서 지배된다. 실용주의적인 계산이라 함은 열심과 능력 그리고 투자에 의한 경쟁의 대가로 얻어지는 형평성의 원칙이다. 그러나 이러한 전제에 기반한 교육제도는 구조적으로 차별적일 수밖에 없는데, 이러한 제도하에서 성공과 결실을 거두지 못한 사람은, 예를 들면, 특수학교의 장애학생은 수동적인 역할이나 신분을 감내해야 한다. 이러한 교육제도하에서는 다양성을 포용하고, 차이를 인정하는 인간적인 가치는 배제되고 오로지 좋은 성적으로 졸업하여 좋은 직장을 얻는 것만이 최상의 목표가 된다. 대부분의 주도적인 교육제도는 장애인을 배제했고, 학생들 다수에게 보편적인 가치를 전수하지 못한다. 모든 사람이 자유롭게 인간사회에 참여하도록 하는 교육의 기회가 되어야 한다는 것은 생각지도 못한다. 유엔에서 천명한 '인권교육선언문(UN Declaration of Human Rights Education and Training)'이 지향하는 가치, 즉 모든 국가와 인종, 종교 집단 및 평화에 대한 관용과 우애를 추구하지도 않는다. 이러한 교육과 사회 환경 속에서 장애인들은 교육을 받고자 무진 애를 써 왔다. 이것이 '완전통합(Inclusive Education)'의 교육 이념이 추구하는 배경이다.

'완전통합교육'은 하나의 철학이며 방법이다. 그러나 아직도 통합교육의 내용, 방법 그리고 개념에 대한 구체적이고 진지한 토론은 적어도 한국을 비롯한 여러 나라에서 미흡하다. 완전통합교육에 대한 논의는 대체로 특수교육의 초·중등 분야에 국한되는 경향이 있으며, 주로 특수교육에 의하여 통합교육에 대한 논의가 주도되지만 반드시 어떤 합의점에 이른 것은 아니다. 오히려 특수교육을 통합교육의 발전을 저해하는 요소로 간주하기도 한다. 완전통합교육은 철학적인 면보다는 편의시설 증진 내지는 장벽 제거(barrier-free)의 차원에 머무는 듯하다. 그럼에도 불구하고 대학 차원에서의 통합교육에 대한 논의를 1995년부터 시행된 '장애인 특례입학제도'까지를 포함시킨다면 한국이 다른 어느 나라보다도 앞서서 논의를 시도하고 있다고 볼 수 있다. 그러나 분명한 것은 과연 장애인 특례입학제도 그 자체를 통합고등교육으로 받아들일 수 있겠지만, 중등교육 과정에서의 통합교육은 '장애학생과 비장애학생이 함께 참여하고 포함되는 구도가 아니라' 통합교육의 철학과 상충되는 장애학생들만의 교육적인 관점, 또는 장애학생의 교육적 문제 해결에만 치중하는 경향이 있다. 특히 장애인 통합교육제도는 '장애학생=학력능력 하향화'라는 시각과 염려가 팽배한 것도 사실이며 이것은 통합교육을 지지하는 정신이 아니다. 적어도 특수학교의 교사들은 완전통합교육의 실천이 행여 교육의 질을 저하시키는 것과 동일한 맥락으로 해석하거나, 해석해서도 안 될 것이다. 실로 교육의 보편적 목적이 학생들로 하여금 신체적, 정서적, 사회적, 지적 발달을 통하여 개인의 역량을 최대한으로 개발시키는 것이라면, 통합교육은 장애를 가진 학생도 이러한 목적을 비장애학생들과 동등하게 달성할 수 있도록 여러 형태의 지원을 받아야 하는 것으로 이해되어야 할 것이다. 교육내용의 질적 저하, 더 나아가서는 학업능력의 하향화를 허용할 아무런 정당성이 없는 것이다. 완전통합교육이 추구하는 것은 '교육을 받을 수 없는(ineducable)' 학생들을 대상으로 하는 것이 아니라 장애·비

장애 구별 없이 '교육을 받을 수 있는(educable)' 학생들을 대상으로 한다는 점이다.[229]

완전통합고등교육의 개념 자체도 생소하다. 통합(integration)과 '완전통합교육(inclusive education)'은 동일한 개념이 아님에도 불구하고 한글에서는 엄연한 구별이 없이 상호보완적으로 사용되는 경향이 있다. 물론 통합교육은 과거의 분리(separation)교육으로부터 벗어나 주류의 일반교육과 물리적으로 통합한다는 의미가 강할 것이며, Inclusive education은 단순한 물리적 통합만이 아니라 개별 학생에 대한 관심과 개입 등 교육 방법의 변화를 강조한다. 어떤 경우에는 '정상화' 욕구를 충족시키고자 하는 장애학생들을 위하여 특수교육에 할당되던 자원을 점진적으로 일반 학교로 이전하는 것을 의미하기도 한다. 그러나 "Integration은 장애학생을 일반 학교에 적응·동화(assimilation)시키려 했던 것이 목적이라면, Inclusion은 장애의 다양성과 다름을 인정하며, 모든 학생들에게 적합한 총체적인 학교(whole-school)로서 부모와 지역사회가 참여하는 학교이다. 이러한 통합학교의 정서는 학교가 장애의 유무에 상관없이 모든 학생들로 하여금 각자의 다양한 욕구를 충족시키고 잠재력을 개발할 수 있는 의미 있는 기회를 창출하는 데 있다."고 주장한다. 간혹 Inclusive education을 '완전통합'이 아닌, '포함교육'이라고 표기하고 있음에도 불구하고, 이러한 표기가 아직 보편화되지 않았고 '포함교육'이 우리가 지향하는 '완전통합교육'의 의미를 잘 전달해 주지 않는 것 같아서 그대로 Inclusive education을 '통합교육'이라는 의미로 사용하는 경향도 있다.

특수교육은 나름대로의 패러다임 전환 과정을 거쳐 오늘에 이르고 있는데 1960년대가 특수교육의 효과성에 집중했다면 1970년대는 주류화(mainstreaming), 1980년대는 일반교육의 특수교육, 1990년대는 '완전통합교육'에 초점을 맞추었다. 아마도 우리가 지향하는 완전통합교육은 포스트모더니즘이라고 하는 탈근대화·탈산업화의 문화·사회적 패러다임 변화의 맥락에서 이해될 수 있으며, 과거 대량생산 주도형의 산업사회와는 달리 양적인 것보다는 질적인 것, 획일적인 것보다는 다양성의 가치를 존중하는 교육 방법을 의미할 것이다. 우리가 구태여 완전통합교육의 정체성을 모색해야 된다면 산업사회의 교육에서 강조하던 객관적 표준에서 벗어나 개별 학생들의 잠재력을 최대한으로 개발시키는 접근 방법을 의미할 것이다. 교육의 내용은 양화된 표준보다는 질적인 것이 강조될 것이고, 집단성보다는 개별 학생의 개성, 획일적인 것보다는 다양성이 그리고 약점이나 장애보다는 강점이나 능력이 존중될 것이다. 장애와 비장애라는 이질성 그리고 다양성의 공존이 완전통합교육의 핵심이다. 완전통합교육은 학습자들이 소유하

229 김형식, "'유엔장애인권리협약' 시대에 도전받는 특수교육," **현장특수교육** 오픈 칼럼(2014, Winter).

고 있는 교육적 욕구와 능력의 다양성을 인정하는 점에서 포스트모더니즘의 시대정신에 걸맞는 교육이며 또한 그러한 시대정신을 교육한다. 즉, 완전통합교육은 그 대상이 장애가 있거나 없는 모든 학생에게 있고, 그들이 한 장소에서 같은 주제로 활동하면서도 다양한 개별적 교육적 요구를 충족시키고자 한다. 통합교육은 장애학생들의 적절한 교육을 강조하면서도 비장애학생들이 장애학생으로 인해 교육적 불이익을 당하는 것을 거부한다. 통합교육의 방법, 목표, 평가 등은 통합교육의 당사자들인 모든 학생, 즉 장애학생과 비장애학생들의 입장에서 논의되어야 한다.

완전통합교육은 장애인들에 대한 편견, 차별, 격리, 과잉보호, 소외 등 인위적 요인으로 인해 억압되었던 교육의 기회를 장애인들에게 적극적으로 확산시키려는 교육이념이다. 즉, "통합교육은 장애인을 특수한 교육 대상자로 분리하여 부정적 요소를 가중시켰던 편향된 교육 방법 그 자체를 개선하려는 시도이다."[230]라고 인식한다면 큰 무리가 아닌 것 같다. 보다 구체적으로 완전통합교육은 편견, 차별, 빈곤, 의사소통, 기동력, 사회관계 등의 어려움으로 인한 교육상의 장벽을 극복하여 평등한 교육의 기회를 확산시키는 것을 기본 목적으로 한다. 동시에 완전통합교육은 장애·비장애학생 모두를 동일한 학과 과정에 포함시켜(inclusion) 동일한 교육 목표와 결과를 추구한다. 따라서 우리는 이렇게 이야기할 수 있을 것이다. "통합교육을 표방하는 교육은 교육권 평등의 원칙을 바탕으로 하여 장애·비장애학생들을 포함하는 차별 없는 교육을 지향하는 현장이다."라고 할 수 있다. 교육의 맥락에서 본다면, '배제'는 어떠한 형태이든 장애학생들이 교육 기회의 접근에 직·간접적으로 차단되었을 경우이다. 권리위원회의 일반논평 No.4는 '교육에 대한 권리는 완전통합교육'이라고 명시했으며, 초·중·고·대학 전 과정에 장애학생이 포함되어야 한다는 것이다.

캐나다의 문헌에서 통합교육에 대한 논쟁을 찾아볼 수 있는데 교육방법론 그 자체보다는 교육을 인권의 차원에서 인식하려는 시도, 그리고 통합교육이 교육권 평등의 원칙을 수용하고자 하는 점에 반발한다.[231] 이러한 반발에 대해 미국교원연합회 회장은 아주 노골적으로 지지를 한 바 있다. "통합교육 지지자들은 모든 장애학생들을 자신의 능력에 상관없이 일반 학급에 집어넣어 비장애학생들에게 어떤 영향을 미치든지 구애받지 말고 도움을 받거나 기능하게 하라."[232]는 주장을 하는데 이것은 모순이라는 것이다. 즉, 학생들의 학습 능력이 결코 평등

230 A. Silvers, D. Wassweman & M. Mahowald, *Disability, Difference and Discrimination: Perspective on Justice in Bioethics in Public Policy*(New York: Rowan & Littlefield Publishiers, Inc, 1998).

231 B. Staples, "Special Education is not a Scandal," *New York: Times Magazine*, September 21, 1997.

232 S. Tomlinson, *A Socioly of Special Education*(London: Routeledge, 1982).

(equality)하지가 않은데 통합교육을 실천한다는 것은 불가능하다는 것이다. 좀 더 심한 표현을 빌리자면, 장애학생을 교육시키려다 비장애학생의 교육까지 망친다는 반론이다. 그러나 이러한 반론이 실증적인 연구 자료에 근거하기보다는 통합교육이 주창되는 과정에서 특수교육 주도자 자신들의 중요성, 영향력, 심지어는 기존 세력이 위협을 받는 상황에 대한 기득권자들의 반격으로 보아야 한다는 주장[233]도 있음을 주시해야 될 것이다. 통합교육에 대한 반론을 무조건 일소에 부치자는 것은 아니지만, '장애학생=학력능력 하향화'라는 등식을 주장하던 예가 있었음을 간과해서는 안 될 것이다.[234]

학습능력의 평등성에 대한 반론으로 간혹 통합교육은 다양성을 표방하고 이를 지지하기도 하지만 이에 대한 반론도 거세다. "다양성(Diversity)이라는 것, 그 자체는 좋은 이념이다. 그러나 장애학생들을 주류화에 집어넣으면 조롱거리가 되고 주변화시키는 것이 아니겠는가? 특수교육의 핵심적인 목표는 전통적으로 교육을 받을 수 없다(ineducable)고 간주되는 학생들을 교육시키는 것이 목표였으며 통합(integration, 아마도 inclusion을 의미했던 것 같다.)은 2차적이었다."[235]는 것이 고백적 실토이다. '교육을 받을 수 없다'는 표현이 지나치다면 '특수학습욕구(special needs)'라는 표현을 사용할 수도 있을 것이다. 그러나 자칫 통합교육 환경하에서 '특수학습욕구'의 강조는 부수적으로 상대적인 차이점을 강조하게 되고 이것을 보상하게 될 자원의 할당과 개별교육(IEP)의 필요성을 강조하게 된다. 장애학생은 특수한 욕구가 있으므로 특수교육 전문가가 필요하고 특별한 프로그램 제공을 위한 부수적인 자원을 할당하는 것은 한마디로 통합교육에서 형평성을 보장하는 것이라고 주장할 수도 있는데, 우리가 여기에서 경계해야 될 것은 특수욕구의 강조가 '장애학생들에게 도움이 된다'는 미명하에 통합보다는 차별성의 강조로 치우칠 수 있다는 가능성이다. 일찍이 영국의 교육법(Education Act, 1944)은 대부분의 장애학생을 교육하기 위한 최적의 환경은 일반학교라고 규정한 바 있지만, 그럼에도 불구하고, 오늘날 어느 누구도 도전할 수 없는 세력과 영향력을 구축한 대규모의 특수학교의 양산이 현실이 되었다.[236] 선진국에 해당하는 유럽도 예외가 아니다.

다양성의 반론에 대해서 우리가 분명히 해야 될 것은 적어도 우리가 추구하는 통합교육은

---

233 Lipset & Raab, *The Politics of Unreason: Right-wing Extremism in America. 1790-1970*(New York: Harper & Row, 1979; Mahoney, 1996).

234 McMeniman Wiltshire & T. Tolhirst, *Shaping the Future: Report of the Review of the Queesnland School Curriculum*(The State of Queensland, 1994).

235 B. Staples, "Special Education is not a Scandal," *New York Times Magazine*, September, 21, 1997.

236 B. Staples, J. Campbell & M. Oliver, *Disability Politics: Understanding our past, Changing our future*(London & New York: Routledge, 1996).

'교육을 받을 수 없는(ineducable)' 학생들을 대상으로 하는 것이 아니라 '교육을 받을 수 있는(educable)' 학생들을 대상으로 한다는 점이다. 그렇지 않고서야 왜 복잡한 입학전형 절차와 사정원칙이 필요하겠는가? 문제제기의 차원에서 통합교육의 원만한 정착을 저해하는 몇 가지 요인을 짚어 보는 것도 의미가 있을 것이다. 첫째, 경쟁적인 시험과 평가 방법에 의한 학생들의 성적 사정(査定)은 방법론의 차원에서 진지하게 고려할 여지가 있을 것이고, 둘째, '완전통합교육이 학생에 대한 개별화를 중요시한다면' 이를 반영할 수 있는 다양한 교과과정의 구상도 필요할 것이다. 다양성과 개별화가 존중되는 교육이 실천될 수 있다면 장애·비장애학생 모두가 이러한 교육과정의 혜택을 받을 수 있을 것이며, 한국의 통합교육은 첨단의 위치를 확보하게 될 것이다. 셋째, 보다 활성화되고 참여적인 강의 분위기를 조성하되 그 주도권은 학생들에 의해서 결정되도록 한다. 비장애학생은 말할 것도 없지만, 행여 장애로 인해 순발력 있고 자연스러운 참여가 어렵다 하더라도 참여의 기회는 박탈되지 말아야 할 것이다. 넷째, 통합교육의 원칙은 장애학생들을 비장애학생들에게 동화(assimilation)시키는 것이 아닌 능력의 다양성에 대한 반응과 평등성을 강조해야 할 것이다. 힘이 약한 한 집단이 힘 있는 다른 지배 집단에 동화된다는 것은 정체성의 상실과 배제를 유발시켜 서로 간의 의미 있는 상호작용을 불가능하게 하는 것이며, 다양성 간의 공존이라는 이상을 위협한다. 이러한 관점에서 통합교육은 장애를 차별하고, 분리하고 특별하게 취급하려는 모든 분리 요소에 대한 하나의 도전 또는 새로운 패러다임으로 이해되어야 한다. 통합교육은 여성의 문제, 인종의 문제를 당사자들이 직접 나서서 해결했던 것과 같이 장애인들을 특별하게 취급하는 교육제도, 교과과정과 교육이론, 교육전문가들에 대한 문제를 제기하는 것으로부터 시작되어야 할 것이다.

실천원칙은 대체로 교육의 교과과정과 다소 중복되어 논의된 경우가 있는데, 김종인[237]은 통합고등교육의 교육과정을 이해하기 위하여 미국의 자료를 인용하며 학생의 동기 수준, 독립심, 자기주장, 자기결정, 그리고 능력의 중요성을 강조한다. 같은 맥락에서 윤점룡[238]도 통합교육의 실천 과정에서 반드시 반영되어야 할 원칙으로서 6가지를 제시한 바 있다. "초점은 통합교육은 장애학생과 비장애학생이 함께 같은 장소에서 물리적으로 배치되는 '교육배치 문제 이상'의 것이다. 즉, 통합교육은 물리적 통합이 우선 단계이고 사회적 통합과 교육과정적 통합으로 발전해 가야 한다."는 점을 강조한다. 그러나 한국의 특수교육계는 얼마나 진지하게 이러한 원칙들을 수용하고자 하였는가? 문제를 제기하지 않을 수 없다. 미국 장애인교육법의 초안을 기안

237 김종인, National Joint Committee of Learning Disabilities, 1994

238 윤점룡, 한국재활복지대학 신임교원 연수자료집, 2003.

한 워커[239]는 완전통합교육을 지지할 9가지 원칙을 제시하고 있는데 대부분 초·중등교육 현장을 대상으로 한 것이며, 다소의 제한점을 염두에 두고 발췌해 보자.

① 공공 교육 영역에 교육의 접근권을 확보한다.

② 장애에 대한 무의식적인 가설의 오류를 입증할 수 있도록 서비스(교육)의 개별화에 의한 변화를 추구한다.

③ 장애학생을 비장애학생들로부터 분리시켜야 된다는 원칙을 철회한다.

④ 학교에서 제공할 수 있는 서비스의 영역을 넓힌다.

⑤ 학교에서 제공하는 서비스 영역의 심의 과정을 도입한다.

⑥ 장애학생을 확인하기 위한 지침서를 개발한다.

⑦ 교육 주체 간의 역할을 규명한다.(미국의 경우, 주(州) 정부와 연방정부)

⑧ 교육 서비스 제공의 업무 분장을 명확히 한다.

⑨ 통합교육을 위한 교직원 훈련을 강화한다.

좀 더 현실적으로 실현 가능한 완전통합교육의 원칙을 요약하자면,

- Availability: 질적으로 양호한 완전통합교육이 충분히 공급되어야 함
- Accessibility: 차별 없이 모든 장애학생이 접근할 수 있어야 함
- Non-discrimination: 모든 차별적 요소의 배제
- Physical accessibility: 물리적/시설의 차원의 접근성
- Economic accessibility: 경제적 접근성, 비용이 완전통합교육의 장벽이 되어서는 안 됨
- Acceptability: 형태와 내용 면에서, 그리고 교육 방법에서 문화적으로 적절하고 용납될 수 있는 양질의 교육
- Adaptability: 융통성 있게 사회의 요구와 변화를 받아들일 수 있어야 함[240]

아래의 한국을 비롯한 여러 당사국의 사례에서 보듯 완전통합의 실제적 이행은 위의 원칙에서 벗어난 여러 장벽에 직면하고 있다.

---

239 L. Walker, "Procedural rights in the wrong system: special education is not nough, in A." Gartner and T. Joed(eds) *Images of the Disabled, Disabling Images*. New York: 98-102. 1987.

240 CESCR, general Comment 13, the right to education, Article 13, para. 6.

한국의 완전통합교육 현황

한국 정부는 아래와 같은 자료를 제시하며 특수학교 시설을 증가시키려 하는데 이것은 분명히 권리협약의 원칙에 부합하지 않는다. 즉, "2018년 현재 전국 특수학교 176개교가 운영되고 있으나 여전히 과밀학급이 14%, 1시간 이상 원거리 통학생이 1,853명(7.4%)으로 특수학교(급) 신증설이 요구되고 있다. 따라서 대한민국 정부는 과밀학급 및 원거리 통학 해소를 통해 특수교육대상자의 교육기회 보장 및 특수교육 여건을 개선하고자 2018년 3교, 2019년 3교, 2020년 5교, 2021년 7교, 2022년 6교 총 24교 이상 특수학교를 신설할 계획이다."[241] 그러면서 다시 특수학교 시설 증가의 불가피성을 아래와 같이 설명하고 변명한다. "정부는 장애인권리위원회의 일반논평 No.4에서 언급하고 있는 포괄적 교육의 필요성에 동감하며, 포괄적 교육을 위한 통합교육을 위해 점진적으로 국가적인 노력을 하고자 한다. 이에, 장애학생에게 적합한 교육자료 및 교재의 개발, 교사 및 교직원 대상 연수, 장애인식개선 등 국가적 차원의 노력을 해오고 있다. 그럼에도 불구하고 장애학생을 위한 장애 유형 및 특성을 고려한 교육환경의 한계로 인해 장애아동을 둔 가족의 특수학교 설치에 대한 요구가 있으며, 장애 유형에 따른 전문적이고 효율적인 교육을 위하여 특수학교가 필요한 실정이다(한국 국가보고서 쟁점목록 25 답변 참조)."[242]

2018년 9월 특수학교 건립을 반대하는 지역주민들 앞에서 장애아동 부모들이 무릎을 꿇거나 시위를 하며 절규하며 학교 설립을 하도록 간곡한 요청을 한 사건이 있었다. 에이블뉴스의 보도에 의하면, 특수학교, 특수학급 증설을 하다 보면 지역사회에서 장애학생이 비장애학생과 어울려 같이 배우고 활동하고 공감하는 통합교육은 줄어들고 분리교육 방향으로 가게 된다. 결국 유엔장애인권리협약에서 추구하는 장애인(장애학생 포함)의 지역사회 통합 방향과는 거리가 멀어지는 것이다. 더욱 우려되는 것은 정부의 제5차 장애인정책연구종합계획에서도 통합교육보다는 특수학급, 특수학교 증설 등의 방향이 주축을 이루고 있다는 것이다. 이렇게 된다면, 앞으로 제2, 제3의 강서구 특수학교와 서울커리어월드 사태는 얼마든지 고개를 쳐들고 다시 재발될 수밖에 없다.[243]

스웨덴의 사례[244]

본 위원회는 스웨덴의 학교가 학교의 구조와 경제적 어려움 때문에 장애학생의 장애에 따라 입학을 거부한다는 보고에 우려를 표한다. 본 위원회는 동시에 상당한 지원을 필요로 하는 장애학생도 지원을 받을 수 없거나, 지원이 부족해서 취학을 못하는 상황에 우려를 표한다.

241 2019년 2, 3차 병합 국가보고서.
242 Ibid.
243 에이블뉴스. 기고/이원무(wmlee73@naver.com). 2018. 9. 5.
244 CRPD. 4 March 2014.

호주의 사례[245]

'장애학생 교육기준'에 근거하여 평등하게 취학할 수 있음에도 불구하고, 아직도 장애학생들이 특수학교에 배치되며, 일반학교에 취학한 학생들도 특수학급에 배당시키는 것에 우려를 표한다. 본 위원회는 동시에 일반학교에 취학하는 장애학생들이 정당한 처우의 결핍으로 수준 이하의 교육을 받는 것에 우려를 표한다. 또한 장애학생들의 졸업 비율이 비장애학생들의 절반에도 못 미치는 것에 우려를 표한다.

대만의 사례[246]

'국제심의위원회'는 당사국이 전반적으로 모든 면에서 완전통합교육을 실시하지 않음에 우려를 표한다. 권리위원회의 일반논평 No.4에서 피력한 완전통합교육, 즉 배제, 격리, 특히 통합(integration)과 완전통합(inclusion)을 구별하지 못했다. 아울러 지속가능한 개발목표(SDGs)의 목표 4에 해당하는 '완전통합적이고 질적인' 주제를 외면하고 있다. 보다 구체적으로 아래와 같은 우려를 표한다.

① 장애학생들이 자신들의 교과과정 계획에 참여하지 않으며
② 장애학생들의 일반학교 취학이 학생들의 모든 생활에서 보편적 디자인, 정당한 처우의 부족
③ 장애학생들의 취학에 필요한 각종 지원비용을 부모들이 내거나, 내지 못하는 경우 일반학급에서 장애아동과 통합교육을 실시할 수 있는 교사의 훈련 부족
④ 타이완 수화통역이 충분히 활용되지 않음

권리협약 제24조의 이행을 위해서는 각 당사국이 차별적 요소가 없는 입법과 프로그램을 채택하여 교육제도에서 평등과 반차별을 국가정책연구로 추진해야 한다. 동시에 차별적인 혹은 통합교육 이행에 부정적인 영향을 주는 입법과 정책을 폐지해야 한다. 협약 제24조는 당사국으로 하여금 지속적인 연구를 통하여 정보통신기술(ICT)을 통한 정보를 공급하고 장애학생들이 효과적으로 교육에 참여할 수 있도록 보조도구를 지원해야 한다. 동시에 당사국은 장애인 당사자와 대표단체들과 긴밀한 소통을 유지하여 자문을 받아야 한다. 장애학생과 부모 외에도 이러한 단체에 적절한 완전통합교육에 관한 정보를 공유해야 한다. 당사국은 또한 어떠한 형태의 차별이라도 묵과하지 말아야 하며, 협약 제24조를 위반하였을 경우 어떻게 효과적으로 처리할 것인가도 유념해야 한다. 당사국은 차별 없는 교육서비스 정신으로 임해야 하며, 이것은 교육 시스템을 초월하여 보다 광범위한 사회 서비스와 기타 관련 서비스도 포함해야 한다. 마지막으로, 완전통합교육의 성공 요소를 한 연구의 결과에서 인용한다.[247]

245 CRPD. 23 October 2013.
246 국제 심의 위원회(IRC 2017. 11. 03.)
247 Council of Exceptional Children, a Working Forum on Inclusive Schools, 1995.

① **선견지명의 지도자**: 교장, 교육행정가, 교사, 학부모, 장학사, 장애운동단체, 대학의 교육기관 등 다양하다. 그러나 중요한 것은 성공적인 완전통합교육을 위해서는 모든 당사자들이 분명한 소명의식을 가져야 한다.

② **공동작업**: 대체로 세 가지 형태의 공동작업이 필요하다. ⓐ 일반학교와 특수학교, ⓑ 학급 담당자와 서비스 공급자, ⓒ 학생교육과정 평가 담당자와 담당 교사의 공동작업을 위한 시간 배정이 필수적이다.

③ **평가 초점의 재규정**: 전통적인 특수교육 평가 방법이 보다 진정성 있게 학생들의 강점과 약점을 평가하고, 학급에 보다 실질적인 지원을 제공한다. 예를 들면 IQ 측정보다는 교과과정의 분석이 더 중요하다. 특수교육 대상자를 선별하는 데 치중하기보다는 일반학급에 보다 충분한 보조 자료를 제공하고 교과과정을 개선한다.

④ **교사와 학생지원**: 교사들의 공동작업을 위한 시간배정과 교과적인 전문가 교육과정이다. 교육과정에서 얻은 경험을 바탕으로 하는 실제적인 교육이다. 학생들에 대한 지원은 다양한 교육 자료의 활용, 교과 및 수업과정 재편성, 테크놀로지의 활용과 준전문가와 보조인력들을 적극적으로 활용한다.

⑤ **적절한 재정지원**: 일단 완전통합교육을 위한 제반 준비가 완료되면, 별도의 특수학교를 운영하는 것보다 교육비용이 절감된다. 특수교육 욕구를 가진 학생들 대상 기금이 일반학교로 배정되면, 이 기금은 예비 기금으로 모든 학생들에게 비용/효과적인 교육 실시가 가능하다. 그러나 일반학교와 특수학교를 이중으로 운영하면 비용은 늘어난다.

⑥ **효과적인 교육 프로그램 모델, 교과과정 수정, 교육전략의 활용**: 유일한 완전통합교육의 모델은 없다. 가장 눈에 띄는 방법은 특수교사와 일반교사의 짝짓기이다. 장애아동이 포함된 학급에 일반교사가 담임이 되면 특수교사는 '자문'의 역할을 맡는다. 특수교사가 일반교육에 대해서 경험이 부족한 것과 마찬가지로 일반교사들도 장애학생의 '개별화' 교육에 대해서 잘 모른다. 그러나 어느 정도의 팀 티칭이 이루어지면 상대적인 이해가 늘어난다.

제25조 건강

장애인들이 건강과 재활 서비스를 잘 활용할 수 있도록 적절한 조치를 취해야 한다는 것은 협약 제25조와 제26조에 각각 명시된 내용이다. 아울러 제14조의 1항 (나)도 같은 맥락에서 이해되어야 한다. 즉, "(나) 장애인의 자유는 불법적 또는 임의적으로 박탈당하지 아니하고, 자유에 대한 일체의 제한은 법에 합치하여야 하며, 어떠한 경우에도 장애의 존재가 자유의 박탈을 정당화하지 아니한다." 물론 제14조 1항 (나)는 필요한 서비스를 접근해야 될 자유가 박탈당하지 말아야 할 것을 강조한 것이다. 최고 수준의 건강권 보장은 유엔 인권헌장 제25조, 아동권리 협약 제12조, 경제·사회·문화적 협약 제12조와 여성차별방지협약 제12조에도 각각 명시되어 있다. 특히 경제·사회·문화적 협약은 건강은 기본적 인권으로서 다른 인권을 향유하는 데 필수 불가결하며 모든 인간은 존엄한 삶을 위해 최상의 건강을 누릴 권리가 있다. 최상의 건강을 누리지 못하면, 의·식·주, 노동, 교육, 인간의 존엄성, 평등, 고문과 학대로부터의 방어, 사생활, 정보접근, 결사와 이동의 자유 등을 누릴 수 없다. 건강은 단순한 '건강해야 할 권리'가 아니라, 자신의 건강과 신체, 동의가 없는 의료 개입, 학대, 의료 실험 등을 통제할 수 있는 권리이다. 이에 반해 '건강권'은 최상의 건강을 향유할 수 있도록 보장해 주는 의료제도를 의미한다. 장애인에게는 건강은 의료 접근권인데, 경제·사회·문화적 협약은 이 점을 구체적으로 아래와 같이 열거한다.

(1) 이용 가능성(Availability)

잘 운용되는 의료제도, 좋은 서비스와 프로그램이 충분하게 공급되어야 한다. 그러나 이러한 기본 요건들은 당사국의 발전 정도에 따라 다르다. 그러나 좋은 의료제도를 결정하는 요소는 청결한 음료, 적절한 위생시설, 진료설비, 병원 건물, 잘 훈련된 의료진, 급여 수준, 의료종사자의 처우, WHO가 지정한 필수 약품의 공급 등이 고려되어야 한다.

(2) 접근성(Accessibility)

모든 의료시설은 당사국 내에서 차별 없이 모든 사람이 접근할 수 있어야 하는데 4가지 구성 요소를 갖추어야 한다.

① **반차별**: 특히 취약계층의 접근성을 조건 없이 보장

② **물리적 접근성**: 모든 사람들이 용이하게 접근할 수 있어야 하며, 취약계층, 여성, 소수 민족 집단, 장애인, HIV/AIDS 감염자, 아동, 청소년, 노년층, 병원 건물과 시설의 접근성 등

③ **경제적 접근성**: 모든 이용자가 감당할 수 있는 형평성의 원칙에 근거한 수준의 공영 및 민영 의료비용: 형평성은 경제적 빈부의 격차 감소를 의미함

④ **정보접근성**: 접근성은 의료정보를 요청할 수 있고 받을 수 있는 접근성을 포함하며, 어떠한 경우라도 비밀보장의 원칙을 지켜야 함

⑤ **수용성**: 모든 의료서비스는 문화적으로 용납할 수 있는 의료 윤리를 준수해야 하며 환자

의 문화/사회적 배경, 소수 집단의 지역사회, 젠더와 생애주기에 따른 필요 요건을 감안하여 최대한의 존중과 비밀보장의 원칙으로 제공됨

⑥ **의료서비스의 질**: 문화적으로 용납되어야 할 뿐만 아니라, 의료서비스는 의료적으로도 용납할 수 있는 질적 수준을 보장해야 함. 즉, 이것은 잘 훈련된 신뢰할 수 있는 의료진, 과학적으로 검증된 시설, 기한 만료 이전의 투약, 병원시설, 안전한 음료와 적절한 위생시설을 갖추어야 함

한국의 사례

한국 정부는 2019년 유엔의 3, 4차 병합심의를 받기 위해서 아래와 같은 비교적 까다로운 질의를 받았다. 즉, '장애인 당사자가 의사결정능력 있음(possesses mental capacity)을 증명할 수 있는 경우에만 장애인의 생명보험 계약(가입)을 인정한 상법 제732조의 개정 및 협약 제25조 e항에 대한 당사국의 유보입장을 철회할 것인지의 여부와 관련하여 개선사항에 대한 설명'을 요청한 것이다. 아울러, '의료기관에서 장애인 접근성 제고 조치에 관한 사항과 한국 정부에서 현재 장애인 본인부담의 보건의료서비스 비용에 대해 보조금 지급 및 향후 비용부담 계획'에 대한 설명을 요청했다.

"장애인권리협약은 장애인의 생명보험 가입을 일률적으로 허용할 것을 요구하고 있는 것이 아니라 '공정하고 합리적인 방법(fair and reasonable manner)'으로 제한하는 것은 가능하다고 규정하고 있다. 이에 따라, 「상법」 제732조는 의사능력 없는 정신장애인의 생명보험 가입만을 제한하는 것으로서, 심리사회 장애인을 차별하기 위한 것이 아니라 이들을 보험범죄나 악의적인 유기로부터 보호하려는 것이다. 프랑스는 후견을 받는 성인, 정신병원 수용자의 생명보험 가입을 금지하고 있고, 영미법에서도 이익주의 원칙에 따라 피보험자가 의사능력조차 없는 심리사회 장애인인 경우에는 피보험이익을 인정하기 어렵다고 유사한 규정을 두고 있다. 따라서, 대한민국 정부는 2014년 3월 11일 심리사회 장애인의 생명보험 가입을 전면 금지한 「상법」 제732조를 개정하여 의사능력이 있는 심리사회 장애인은 생명보험에 가입할 수 있도록 함으로써, 협약에 따른 의무를 이행하는 조치를 취하였다. 위와 같은 조치에서 더 나아가 의사결정 능력 유무와 무관하게 장애인의 생명보험 가입을 전면 허용하는 것은 적절하지 않다는 입장이다."[248]

"정부는 「장애인 건강권 및 의료접근성 보장에 관한 법률」 제17조에 의거하여 장애인의료비

248 2019. 2, 3차 병합 국가보고서.

지원제도를 운영하고 있으며, 의료급여 2종 수급자와 차상위본인부담경감자인 등록장애인을 대상으로 의료비 중 본인부담금의 일부 또는 전부를 지원하고 있다. 또한 1·2·3차 의료기관에 입원할 경우 입원료 중 본인부담금 전액을 지원한다. 2017년도 예산 기준 의료급여 2종 또는 차상위본인부담경감대상 등록장애인은 85,320명이다."[249]

제26조 가활 및 재활

외교통상부의 협약 제26조의 번역은 '훈련 및 재활'로 되어 있는데 이것은 한국은 아직도 'Habilitation'과 'Rehabilitation'의 개념을 정의하지 못하고 있음이다. 현실적으로 장애인 전문가들도 '가활(Habilitation)'이라는 개념이 아주 생소하다. 2011년까지 소위 선진국인 덴마크도 이 두 개념의 차이에 대한 정의를 내리지 못했다. 권리협약의 형성 당시에도 유사한 혼란과 문제가 있었다. 아래와 같이 설명을 시도해 보자.

'Habilitation(가활)'은 의료과정의 하나로서 다면적이며, 그러나 우리에게 익숙한 '재활'과는 분명히 다른 영역으로 명시되었다. 권리협약의 전체 구조에서 보면, '가활'은 제25조의 건강, 제27조의 고용, 그리고 제28조의 사회보호 사이에 위치해 있다. '가활'은 출생 시부터 장애/손상을 가지고 태어난 사람에게 한 사람으로서 자기결정권을 높이도록 하는 모든 노력을 포함하며, '재활'은 출생 후 얻게 된 장애/손상의 회복과 관련이 있다. 아래 그림의 CBR 매트릭스는 건강증진, 예방, 의료, 재활, 보조기기가 포함되어 있으며 제26조의 1단락에서는 '완전한 통합(inclusion)과 참여를 달성하고 유지할 수 있도록 동료집단의 지원'을 포함한다. 그러나 강조되어야 하는 것은 '가활'은 '일관성 있게 적용'할 수 있는 그런 과정은 아니며, 당사자의 결정권이 주요함을 간과할 수 없다. 제25조의 (나)항에서는 '지역기반재활(CBR)'의 중요성에서 부각된다. 이것은 제25조의 (다)항과 일맥상통한다.

장애와 관련된 모든 요소들에 재활 중재를 적용할 수 있다. WHO의 ICF에서 장애는 신체구조와 기능, 활동과 참여, 환경적인 요소, 개인적인 요소들의 상호작용을 통해 나타나는 최종적인 결과이다. 따라서 각각의 요소들에 재활중재를 적용하여 장애를 줄여서 최상의 기능 상태를 이끌어내는 것이 재활의 목표이다. 다시 말하면 장애는 의학적인 측면과 더불어 사회적인 측면을 통해 결정된다. 따라서 이전의 삶으로 돌아갈 수 있도록 하는 재활에도 의료 자원을 초월한 광범위한 개입이 필요하다. 이를 위해 의료인력 외에 수많은 전문 인력이 현지에 나

249 Ibid.

가서 장애인들의 재활을 도울 수 있다. 즉, 이처럼 성공적인 재활치료를 위해서는 재활의학과 전문의, 타과 전문의, 재활간호사, 물리치료사, 작업치료사, 언어치료사, 사회복지사, 임상심리사, 보장구 제작자, 특수교사, 직업 재활사 등의 다양한 직종의 사람들이 하나의 목표를 가지고 상호협력(interdisciplinary cooperation)한다. 지금 살펴본 내용은 재활병원, 대학병원, 종합병원의 재활의학과에서 시행하는 평가와 치료인데 장애의 구성요소인 손상, 활동제한, 참여제약 중 손상에 대한 치료와 그에 대한 성과를 측정하는 데에 치중하는 경향이 있다. 활동과 참여성과의 측정은 의사소통, 이동성, 자기 관리, 교육, 직업과 고용, 삶의 질 등 다양한 분야에서 개인이 거둔 성과를 평가한다.[250] 실제로 재활은 '의료를 초월한 영역(Beyond medical rehabilitation)'이라 할 만하다. 병원 세팅에서만 모든 것을 다루기는 쉽지 않기 때문에 정부 기관 혹은 다른 유관 기관과의 협력이 필요하다. '가활'과 '재활'은 모두 장애인의 독립성, 자기 결정권을 평생의 삶의 주기에서 유지하도록 하는 공동의 목적을 가지고 있다.

지역사회 중심 재활(CBR)

지역사회 중심 재활(CBR)은 1978년 알마타선언에 따라서 WHO에 의해서 시작되었다. 지역사회 중심 재활은 저소득, 중간소득 국가에서 지역사회의 자원을 최대한 활용하여 장애인들을 위한 재활서비스의 접근을 향상시키기 위한 전략으로 시작되었다. 이후 30여 년이 지나며 UN의 다른 기관들, 비정부기관들, 장애인기관들의 협력을 통해 지역사회 중심 재활은 장애인들의 참여와 사회통합 그리고 삶의 질 증진과 같은 광범위한 요구들을 다루는 다각적인 전략으로 발전했다. 지역사회 중심 재활은 2010년 현재, 90개국 이상에서 수행되고 있다. 지역사회 중심 재활은 예방적이고 비용을 절감할 수 있으며 의료인력 이외의 인력도 개발할 수 있는 좋은 방법이다. 2010년 5월 19일, 지금까지의 지역사회 중심 재활 권고사항의 토대 위에 WHO 지역사회 중심 재활 지침서가 발간되었다.[251] 지침서는 지역사회 중심 재활을 「유엔장애인권리협약」과 장애에 관한 법률 제정을 이행하는 데 기여할 수 있고 이는 지역사회에 기반을 둔 통합적인 발전을 이룰 수 있도록 하는 하나의 전략 기반이 될 수 있다. 이 지침서는 구체적으로 지역사회 중심 재활 관리자들에게는 지역사회 중심 재활 프로그램을 개발하고 강화하는 데 필요한 실제적인 제안으로서로 사용될 수 있고, 장애인들과 가족들에게는 건강, 교육, 생계, 사회 부문에 확실한 도움을 줄

250 WHO, World Report on Disability, 2011.

251 WHO, International Consultation to Review Community-based-rehabilitation(Geneva: WHO, 2003). http//www.wholibrdoc.who.int./2003/who/ dar 03.02. pdf.

것이다. 지침서는 모든 개발과 의사 결정 단계에서 장애인, 가족 그리고 지역사회의 통합과 참여에 강조를 둔다. 또한 지역사회 중심 재활 프로그램을 평가할 수 있도록 도와주고 다양한 상황에서 지역사회 중심 재활이 효과적이고 효율적으로 실행되는지에 대한 연구가 실행되도록 할 수 있다. WHO, ILO, UNESCO의 지역사회 중심 재활 특별전문위원회 구성원들 모두가 긴밀하게 협조하여 지침서를 만들었고 저소득 국가의 180명의 개인과 300개의 기관이 참여하였다.[252]

이보다 먼저 2004년에 지역사회 중심 재활을 광범위하고 다각적인 전략으로 이해하는 개념을 가장 잘 반영한 지역사회 중심 재활 구도가 발표되었다.[253] 행렬은 건강, 교육, 생계, 사회 그리고 권한부여(참여)의 5개의 구성요소로 이루어져 있다. 그리고 각각의 구성요소들은 5개의 하부요소로 이루어져 있다. 실제로 유엔 권리협약보다 10년 이상 전에 나온 것이지만, 집필자가 보완한 아래의 표가 제시하듯 권리협약의 해당 조항과 밀접하게 연계된다. 일반적으로 지역사회 중심 재활은 의료 부문에 치중하는 경향이 있는데, WHO의 구도는 의료 이상의 영역을 포함한다.

CRPD: 장애인권리협약(Convention on the Rights of Persons with Disabilities)

그림 4-1. CBR matrix(지역사회 중심 재활 구도, Framework)

---

252 WHO, Systems thinking for Health Systems Strengthening. Alliance for Health Policy(Geneva: WHO, 2010). http//www.wholibrdoc.who.int./2003/who

253 Ibid.

5개의 구성요소들은 주된 개발 영역과 장애인과 가족 그리고 지역사회의 권한부여와 관련이 있다. 건강은 건강증진(교정할 수 있는 요소들에 대한 교정), 예방(1차, 2차, 3차 예방), 의학적인 관리(진단, 사정, 치료), 재활, 보조기구로 구성되어 있다. 교육은 아동기교육, 초등교육, 중·고등교육, 비정규교육, 평생교육으로 이루어져 있다. 생계는 기술개발, 자영업, 고용, 금융서비스, 사회보호로 구성되어 있다. 사회는 개인적인 도움, 관계와 결혼과 가족, 문화와 예술, 여가와 스포츠, 사법으로 이루어져 있다. 권한부여는 옹호와 의사소통, 지역사회 동원, 정치참여, 자조그룹, 장애인단체로 구성되어 있다. 지역사회 중심 재활을 시행할 때에 지역사회 중심 재활 구도의 모든 구성요소와 하부요소를 포함할 필요는 없고 지역의 실정에 맞게 취사 선택하면 된다. 지역사회의 관점에서 본다면, CBR은 지역개발의 필수적인 한 요소이다. 모든 계획과 발전 과정에서 지역사회 주민의 참여와 결정에 따르며 지역사회 자원의 동원이 필요하다. 이 중에서도 장애인 당사자의 가족 그리고 장애인 단체가 가장 중요하며 그들이 가지고 있는 경험과 지식기반도 지역의 자원과 기술을 중심으로 한 적절한 훈련과 지도에 의해서 개선될 수 있다. 가족들이 가정에서 재활의 역할을 잘 수행하도록 지원해야 할 여지가 충분하다. 지역사회의 교육 시설, 기능적인 직업훈련 등을 할 수 있는 모든 기회가 열려야 한다. 지역사회는 장애인들이 그들의 인권을 침해받지 않도록 보호해야 하며, 이를 위해서 장애인 당사자와 그들의 가족은 장애인과 관련된 모든 서비스와 기회에 대한 논의와 결정에 참여해야 한다. 지역사회 주민 가운데에서 CBR을 주도해야 할 1~2명의 지역성원을 훈련받도록 할 수도 있다. 잘 훈련된 사회복지사들이 잘 수행할 수 있는 지역사회 개발의 여러 방법론과 케이스 메지먼트의 활용도 동원될 수 있을 것이다. 국제적으로는 '한국국립재활원' 같은 각국의 기구가 CBR 훈련을 수행하기도 한다. CBR은 독자적으로 가동되는 것이 아니고 인근의 재활전문병원과 긴밀한 전문 관계를 필요로 하는데 특별한 재활의학의 개입이 필요한 재활대상자의 '의뢰(Referral)'에서 그러하다.[254] 따라서 CBR은 정부/비정부 영역의 서비스와도 긴밀한 업무 관계가 필요하다. 한국의 권역별 재활병원은 중요한 의료적, 기술적, 물질적 지원의 기반이 된다. 한국의 보건복지부가 2019년부터 정책적으로 추진하고자 하는 '지역사회 돌봄 서비스(커뮤니티 케어)'의 실제적인 성과 달성을 위해서는 CBR이 필수 영역으로 고려되어야 할 것이다. 다시 한번 강조해 두지만 WHO의 CBR 매트릭스를 효과적으로 활용한다면 장애인권리협약이 제시하는 여러 조항들을 동시에 이행할 수 있는 큰 장점을 가지고 있다. 구체적으로 건강 영역에서의 20조, 25조, 26조

254 http://whqlibdoc.who.int/publications/2004/9241592389_eng.pdf

이며, 교육 영역에서의 24조, 생활보장 영역의 27조, 28조, 사회적 욕구 충족을 위한 13조, 19조, 20조, 역량강화 영역의 5조, 21조, 29조이다.

필리핀의 사례

본 위원회는 당사국이 제출한 건강 가활/재활에 관한 광범위한 서비스가 관련 입법 R.A. No 7277, 혹은 '장애인을 위한 마그나카르타'와 R.A. 1179 '직업재활법'에 포함되어 있음을 알 수 있으나 'CBR'에 관한 정보가 구체적으로 제공되지 않았음에 우려를 표한다.[255]

호주의 사례

본 위원회는 당국의 가활/재활이 다분히 인권 모델이 아닌 의료 모델에 기초하고 있음에 우려를 표하며, 당사국이 이를 수정함과 동시에 가활/재활을 접근함에 장애인 당사자의 자유로운, 그리고 충분한 정보에 의해 제공되도록 할 것을 권고한다.[256]

제27조 노동 및 고용

20세기 초반 이후 '노동의 권리'는 각국의 헌법, 국제 선언문, 비구속적인 협약들을 통해서 명시되었다. 1919년 "노동은 상품이 아니다"를 선포한 ILO의 창립은 이 과정에서 큰 획을 긋는다.[257] 이 선언문의 III (a)에서는 ILO의 준엄한 의무는 '각 국가로 하여금 완전고용을 통하여 생활수준을 향상시키는 것'이라고 천명했다. 이러한 인식은 인간이 집합적/개인적으로 노동을 통하여 스스로 세상을 바꿀 수 있다는 신념의 표명이고, 부수적으로는 사회적으로 생산된 재화의 접근성, 공동생활을 영위하기 위한 구조, 상호 연대의 결속 강화를 위한 상호 간을 통한 지속적 배움, 자아실현을 통한 사회 전체의 안녕에 기여하는 등을 망라한다. 인간을 완전한 경제의 소비재로만 인식한다면 그들의 인간적 존엄성을 위반할 소지가 크므로, 노동은 근본적으로 시장의 원리에 예속되어서는 안 된다는 것이다. 노동과 인간의 존엄성 연결고리는 단순한 '노동할 권리'의 인정만으로는 부족하다. 인권의 관점에서 노동이란 긍정적 의무와 그 외 관련된 권리이며 혜택이다. 전반적으로 국제법들에서의 노동은 단순히 소득의 창출로 끝나는 것이 아니다. 노동권은 곧 공정한 노동을 의미하며, 생산적인 완전고용이 인간의 정치적/사회적 자

255 유엔 권리위원회, 18 February 2018.
256 유엔 권리위원회, 21 October 2013.
257 International Labour Organization(Declaration of Philadelphia) of 1944.

유를 동시에 추구해야 한다. 노동은 단순한 인권이 아니라, 인간의 존엄성을 담보해 주는 핵심이 된다. 이러한 인권에 관한 철학과 신념은 여러 경로를 통해서 명시되었는데, '국제연합 인권헌장'의 제23, 24조, '경제·사회·문화적 협약'의 제6, 7, 8조, '시민적·정치적 자유 협약'의 제8조 (3)항, '인종차별금지협약'의 제5조 (e) (i), '여성차별금지협약' 제11조 (1)(a), '이주노동자협약' 제11, 25, 26, 40, 52, 54조, 그리고 '유엔장애인권리협약'의 제27조이다. 특히 협약 제27조는 장애인의 고용을 추진하기 위해 당사국이 취해야 할 여러 전략을 전망한다. 당사국들에 따라 각기 상이한 개념을 상용하지만 공통점은 있다. 예를 들면, 긍정적(affirmative/positive) 조치, 긍정적 차별은 다소 혼란을 야기하기 때문에 잘 사용되지 않는다. 비록 명칭은 다르다 해도 목적은 평등한 고용기회의 창출이다. 위의 모든 발전적 전개과정을 염두에 두며, 과연 장애인 고용의 세계적인 고용 상황은 어떠한가? 하는 문제를 제기하지 않을 수 없다.

장애인 고용의 세계적인 상황

브라질의 상황[258]

본 권리위원회는 장애인 고용에서 차별행위가 심한 것, 특히 여성 장애인의 경우에 우려를 표한다. 동시에 100명 이상의 고용인을 두고 있는 회사에서 쿼터제를 이행하지 않음에도 우려를 표한다.

타이완의 상황[259]

'국제 독립 심의위원회'는 아래의 고용 현황에 대해 우려를 표한다.

① 장애인들의 고용시장 참여율, 특히 여성의 경우는, 비장애인에 비해 저조함

② 고용 현장의 환경은 장벽이 많다. 그럼에도 국가는 정당한 처우의 원칙을 이행하지 않으며, '정당한 처우의 원칙'을 공간의 배정 개념으로 오해하는 우를 범함

③ 장애인들은 고용의 준비 단계로서 직업훈련을 받지 못함

④ 장애인들은 비장애인에 비해 시간제 근무를 하는 경우가 많고, 전문직에 진출하지 못하고 저임금을 수령함

⑤ 고용 현장에서 당하는 차별에 대한 충분한 법적 대처가 부족함

⑥ 장애인 고용에 큰 역할을 담당하는 쿼터 제도는 그 실효성을 발휘하지 못함

⑦ 보호 작업장은 장애인들이 궁극적으로 열린 노동시장으로 전환할 수 있는 조치가 부족함. 장애인들은 사회보장 혜택을 박탈당할까 우려하여 직장을 포기함

---

258 CRPD. 16 June 2014.

259 The International Review Committee(IRC) on 3 November 2017

태국의 상황[260]

본 권리위원회는 장애인 고용에서 차별행위가 심한 것, 특히 여성 장애인의 경우에 우려를 표한다. 동시에 장애 노동자에 대한 편견, 고용을 위한 직업재활의 저조함, 장애인 채용 대신 '장애인고용기금'에 과태료를 선호하는 고용주의 관행 등에 우려를 표하며, 동시에 과태료로 축적된 기금이 어떻게 정당하게 쓰여지는가, 그리고 얼마나 효과적으로 이 기금이 규정대로 운용되는가에 우려를 표한다.

위의 선별된 당사국의 사례에서 보듯, 장애인 고용은 여러 면에서 문제를 많이 야기하고 있다. 연구자는 위원으로 활동하면서 제27조에 깊은 관심을 가지고, 장애 노동자들의 동료와의 관계, 차별과 편견, 빈번한 실직과 재취업, 저임금의 실태, 격리된 작업장 등 실로 직장 내 동료 관계나, 취업 현장, 급여 등에서 '품위 있는 직장'을 보장해 주지 못하는 고용 현실에 관한 문제를 많이 제기했다.

한국 정부는 '정부는 중증장애인도 적정 수준의 임금을 받고, 고용 안정을 도모할 수 있도록 해야 한다는 입장이며, 이를 위해서는 장애인 근로자의 생활 안정과 사업주의 부담, 지원 규모의 적정성을 고려한 적정 수준의 임금을 결정하고 지원하는 내용으로 '최저임금 적용제외 인가제도'를 개편하는 것을 검토하고 있다. 이를 위해 정부는 장애인단체 및 전문가가 함께 참여하는 최저임금 적용제외 제도개편 TF를 운영하고 2019년부터 관련법 개정 등을 통한 제도 개선을 계획하고 있다.[261] 결론으로, 현실적으로 어려워 보이기는 하지만 고용의 목표는 열린 시장이어야 하며 소규모 보호 작업장은 불가피한 대안이 되어야 한다. 직업훈련의 기회도 열린 시장으로 확대되어야 하며, 시간제, 나눔 고용, 자영업 등도 추진되어야 한다. 모든 사람들에게 고용은 빈곤을 극복하고 사회의 완전통합과 참여를 위한 것이다. 이것은 장애인에게도 똑같이 적용된다. 아울러 고용주는 가장 경쟁적인 방법으로 장애인을 고용해야 한다. 그러나 어느 장애인 고용통계에 의하면, 비장애인에 비해 2~3배 실업률이 높으며, 비록 취업을 한다 해도 고질적인 저임금과 빈번한 재취업을 해야만 하는 현실이다. 여러 문제 중에서도 '차별'의 문제가 가장 심각한 것 같다. 장애인 현실의 외침을 경청해 보자.

구직을 원하는 장애인들이 한 목소리로 항변한다.

"모집 과정에서 장애인이라고 말했더니 거절당했어요."

---

260 CRPD. 4 April 2016.

261 2019. 2, 3차 병합 국가보고서.

"손이 불편하다고, 시각장애라고, 엄지손가락이 없다고 기회조차 주지 않더라고요."
이를 바라보는 취업 장애인도 마찬가지다.
"비장애인과 비교해 급여나 상여금 지급이 너무 차이가 나요."
"활동력이 떨어지니까 휴가비나 명절 보너스를 장애인들에게만 지급하지 않아요."
"기본 바탕에 대해 상대방이 먼저 선입견을 갖고 있어요."
"더욱이 차별을 당해도 구제는커녕, 방법조차 모른다. 취업을 해도 문제, 안 해도 문제, 장애인에게 노동은 그저 꿈입니까?"

"차별받는 이유에 대해서는 경증의 경우 '지원조건에 지나치게 신체조건을 제한하고 있어서'가 28.4%로 가장 많았다. 이어 '시험 또는 면접의 기회조차 주지 않아서' 18.5%, '구직정보 자체에 대한 정보접근이 어려울 때' 13%, '면접관의 장애에 대한 차별적 발언' 13% 등이었다. 중증의 경우 역시 '지원조건에 지나치게 신체조건을 제한하고 있어서'가 24.6%로 가장 많았다. 이어 '시험 또는 면접의 기회조차 주지 않아서' 23.1%, '구직정보 자체에 대한 정보접근이 어려울 때' 21% 순이었다. 정당한 편의 제공과 관련해서는 정보 및 업무시스템에 대한 접근성 보장이 43.1%, 특성에 맞는 작업지침서 제공 32.4%, 장애인 보조기구 제공 23.9%, 작업수행을 위한 시설 개조 22.5% 등으로 저조했다. 특히 의사소통 및 업무수행을 위한 수화통역사, 낭독자 등의 근로지원인 제공의 경우 17.4%만이 제공하고 있었다."[262]

제28조 적절한 생활수준과 사회적 보호

사회보장과 적절한 생활수준은 인권의 독특한 두 영역이다. 협상 당시에는 이 두 영역을 분리하자는 제안도 있었으나 적어도 40여 개 이상의 각종 선언문에서 취급된 바 있음을 확인했다. 따라서 '사회보장'과 '사회보호'로 압축되었다. '사회보장'은 이미 유엔인권헌장 제22조에, 인종차별금지협약 제23조에 명시되어 있었고, 여성차별금지협약 제11조, 아동권리협약 제26조 그리고 이주노동자협약 제27조에도 포함되어 있다. 우리가 주목해야 될 점은 '경제·사회·문화적 협약'은 이미 채택 당시에 사회보장과 적절한 생활수준이 얼마나 장애인에게 중요한 것인가를 피력한 바 있다.

사회보장과 소득 유지는 장애인들에게 특별한 의미를 주는 제도이다. 유엔의 기본원칙에서

262 에이블뉴스, 이슬기 기자(lovelys@ablenews.co.kr)

명시한 바와 같이 당사국들은 장애/장애관련 요인으로 인해 단기간 소득이 줄었거나 직장을 구할 수 없다면, 장애인들의 적절한 생활수준을 보장해야 한다. 필요하다면 장애로 인한 부수적인 비용도 지원해야 하며, 특히 여성 장애인의 상황을 유념한다.[263] 더 나아가서, 장애인들이 적당한 의·식·주 외에 기타 보조기구 등과 필요한 서비스를 지원받아야 독립된 일상생활을 할 수 있고 그들의 권리를 행사할 수 있다. 장애인들에게 적절한 의복 그리고 주택이라고 하는 것은 원만한 사회생활을 할 수 있어야 하므로 보다 각별한 의미를 갖는다. 동시에 필요하다면 활동 지원 서비스도 지원받아야 한다.[264] 그러나 실제 장애인들의 현실은 고용 현장과 유사하게 열악하기는 마찬가지이다. 상여금이나 복리후생비도 제대로 받지 못하니 그들의 적절한 삶을 어떻게, 누가 보장하겠는가? "어려움을 딛고 취업한 장애인들도 고용차별을 당하고 있었다. 임금의 경우 같거나 비슷한 일을 함에도 불구하고, 기본급을 비장애인에 비해 낮게 지급하는 경우가 19%인 것이다. 장애 정도별로는 경증 13.7%, 중증 23.6%로 중증이 기본급 지급에 대한 차별을 더 많이 느끼고 있었다. 또한 장애인 직원에게 상여금, 기타수당을 지급하지 않거나 적게 지급하는 경우가 전체 15%였으며, 11.4%가 경조비, 건강검진 등 근로자에 대한 복리후생도 비장애인 근로자보다 차별을 느꼈다."[265] 한국 정부는 여러 가지로 새로운 연구를 발표하고 있으나 현실과는 역시 거리가 멀다.

정부는 2010년 7월부터 시행된 「장애인연금법」에 의거하여 도입된 장애인연금제도는 중증의 장애로 인한 소득 상실과 추가 비용을 보전(補塡)하기 위하여 18세 이상의 저소득층 중증장애인에게 매월 209,960원~289,960원을 지원하고 있다. 하지만 급여 수준이 장애로 인한 소득 상실과 추가 비용을 보전하기에 부족하다는 지적을 받고 있다. 이에 정부는 기초급여액을 현재 209,960원에서 2018년 9월에는 25만 원으로 인상할 예정이다. 또한 부가급여액은 장애로 인한 추가비용을 보전할 수 있도록 현실화해 나갈 계획이다. 한편 정부는 「장애인복지법」 제49조에 의거하여 18세 이상의 저소득 경증장애인에게 장애수당을 지급하고 있고, 같은 법 제50조에 의거하여 18세 미만의 저소득 장애아동에게 장애아동수당을 지급하고 있다. 장애아동수당은 매월 2~20만 원을 지원하는 데 비해 장애수당은 2~4만 원을 지급한다. 이미 2015년에 장애수당을 1만 원 인상하였으나 여전히 생활안정이라는 목적을 달성하기에는 미흡하다는 지적이 있다. 따라서 향후 단계적으로 장애수당을 인상할 계획이다.[266]

263 CESCR, general Comment 5, Persons with disabilities, para. 24.
264 CESCR, general Comment 5, Persons with disabilities, para. 33.
265 에이블뉴스, 이슬기 기자(lovelys@ablenews.co.kr)
266 2019, 2, 3차 병합 국가보고서.

태국의 상황은 한국과 너무나 유사하다.

태국의 사례

본 위원회는 장애인들이 빈곤에 처해 있는 상황에 대해 우려를 표한다. 특히 소수 민족자, 장애아동을 돌보며 직장생활을 하는 미혼모의 가정이다. 특히 우려스러운 것은 장애수당을 받지 못해 적절한 생활수준을 유지하지 못하는 장애인의 수가 너무 많다는 우려를 표하며 이에 시정을 요구한다.[267]

몽골의 사례

본 위원회는 장애인의 생활수준에 대한 신뢰할 만한 자료의 빈곤으로 얼마나 구체적으로 생활지원을 하는지 규명할 수 없음에 우려를 표하며 이에 시정을 요구한다.[268]

뉴질랜드의 사례

본 위원회는 일반 국민들과 비교해서 장애인들이 저소득층으로 밀려나 있는 것, 특히 홀 부모와 살고 있는 빈곤 아동 장애인의 수가 현저히 높은 것에 대해 우려를 표한다. 장애인 수당도 장애의 요인에 따라 차등 지급되어 정당화하기 어려운 생활수준의 격차를 유발함에 또한 우려를 표하며 이에 시정을 요구한다.[269]

영국의 사례

① 2008~2009년의 경제위기로 인하여 장애인과 장애인 가족의 빈곤이 급증하였으며, 특히 장애아동을 둔 가정이 더욱 타격을 받았다.

② 사회적 지원, 실업급여, 장애 관련 부수비용의 지원 감소 등 장애인들이 체감하는 생활수준의 부정적 여파에 우려를 피하며

③ 사회보호, 장애수당에서 독립생활 전환으로 인한 수당의 감소 또한 장애인 가족들의 생활을 저하시킨다.

위의 우려 사항과 관련하여 본 위원회는 영국 정부에 아래와 같이 권고한다. 영국 정부는 영국 정부의 통치하에 있는 모든 지역, 국외를 포함한, 장애인 당사자 단체와 협력하여 선택의정서 제6조(CRPD/C/15/R.2/Rev.1)와 지속가능한 발전목표(SDGs) 10.2에 부합하도록 모든 정책을 이행해 주기 바

267 UNCRPD. 최종권고문. 4 April. 2016.
268 UNCRPD. 최종권고문. 10 October 2014.
269 UNCRPD. 최종권고문. 10 October 2014.

란다.[270] SDGs 목표 10.2 "장애 여부와 상관없이 모든 국민들이 경제적 완전통합의 혜택을 받도록 추진한다." 선택의정서 제6조는 (가)~(마)가 있는데, (가)는 '협약에서 제시하고 있는' 고용을 포함한 '제반 권리가 원만하게 이행되지 않는 경우'에는 위원회는 당사국을 소환하여 해당 사항과 관련된 자료를 제출토록 요구할 수 있다.

제29조 정치 및 공적 생활에 대한 참여

장애인들도 한 나라의 국민으로서 혹은 지역주민으로서 민주적인 영향력을 행사할 수 있도록 선거에 참여할 수 있어야 한다. 만일 이러한 민주적 권리의 행사가 거부되거나 불편을 겪게 된다면, 모욕적이며 평등한 권리를 가진 시민으로서의 권리를 박탈당하는 것이다.

제29조의 첫째 과제는 장애인 당사자가 선택한 사람으로부터 보조를 받아 선거에 임하는 것이다. 보조인의 간섭/조작의 위험이 있어 어느 정도의 도움인가가 쟁점이 되기도 했다. 아울러 보조기기와 함께 접근성의 원칙도 구체적으로 고려되어야 할 사안이다. 제29조에서 언급하는 두 번째 사안은 일반적 정치 참여로서 (나)항에서 요구하는 대로 '적절한 경우 보조기술 및 새로운 기술의 사용을 촉진하여, 장애인이 권리를 거부당하지 아니하고 선거 및 국민투표에서 비밀투표를 할 권리와, 선거에 출마하고 효과적으로 취임하여 정부의 모든 단계에서 모든 공적 기능을 수행할 장애인의 권리를 보호할 것'처럼 '완전하고 효과적으로(fully and effectively)'(한국의 번역에는 fully가 누락됨)라는 유엔의 인권 문헌에서 처음 표기된 어휘에 주목해야 한다. 협상 과정에서도 나타났지만, 당사국들의 다양한 선거법들은 권리협약이 명시하듯 구체적인 것 같지는 않다. 세계인권선언(UDHR)의 제20조와 제21조가 시민적 및 정치적 자유협약(ICCPR)의 제25조에도 반영되었고, 여성차별금지협약(CEDAW) 제7조, 제8조에도 포함되었다. 특히 CEDAW는 '보장할 것', '권리를 보장할 것'을 분명히 하였다. 유엔 인권위원회는 공적 생활에 참여하고 투표할 권리를 총괄적인 일반논평에 포함시켰다.[271] 특히 이 위원회는 '긍정적 조치(positive measures)'를 주문했는데, 여기에는 문맹, 언어장벽, 빈곤, 자유로운 이동 제약으로 인한 효과적 권리행사의 좌절, 정보격차 등의 특수한 문제를 언급하는데 사실 장애인들과 관련이 많이 된다. 심지어는 사진, 심볼/상징물을 동원해서라도 그들의 선택의 폭을 넓혀야 한다는 권고이다.[272]

---

270 UNCRPD. 최종권고문. 25 August 2015.
271 HRC, general Comment 25, Article 25 Participation in Public Affairs and the Right to Vote.
272 HRC, general Comment 25, Article 25 Participation in Public Affairs and the Right to Vote.

자유권(ICCPR)의 제25조 (가)에서 명시하고 있는 '공적 생활'이란 포괄적인 개념으로서 정치적, 입법적 및 행정적 권력을 망라하며, 국내·외 지역 수준의 정책연구 수립과 이행은 특별히 주목해야 할 주제이다. 시민으로서 장애인은 당연히 공개 장소에서 토론과 대화를 통하여 혹은 시위, 단체를 조직하여 공적 생활에 참여할 수 있다. 이러한 개념 속에는 모든 공적 생활과 정치생활과 관련된 공적 위원회, 정당 활동, 노동조합, 사업협의체, 여성 단체, 지역기반 단체행동 모두를 포함한다.[273] 이러한 참여는 표현과 결사의 자유가 보장되며, ICCPR의 제25조 (나)의 '… 장애인이 위협당하지 아니하고 선거 및 국민투표에서 비밀투표를 할 권리와, 선거에 출마하고 효과적으로 취임하여 정부의 모든 단계에서 모든 공적 기능을 수행할 장애인의 권리를 보호할 것'과 같이 유권자로서, 후보로서 정치에 참여할 수 있다. 당사국은 모든 사람들이 선거에 참여해 그들의 권리를 행사할 수 있도록 모든 효과적인 조치를 취해야 한다.

한국의 사례

"상기와 같은 제도적 장치에도 불구하고, 지난 19대 대선 후보자 TV 토론 시, 충분한 수어통역이 이루어지지 못했던 점, 그리고 읽기 쉬운 공보물이 제작되지 않아 장애인단체로부터의 불만이 제기되고 있는 점 등 중앙 선거관리 위원회는 장애인의 완전한 정치 참여 보장에 있어 미흡한 부분이 발생하고 있는 점을 인지하고 있는 바이다. 이에 중앙 선거관리 위원회는 장애인의 더 나은 정치 참여를 보장할 수 있도록 미흡한 부분에 대한 개선의 노력을 지속할 예정이다."[274]

제30조 문화생활, 레크리에이션, 여가생활 및 체육활동에 대한 참여

모든 사람은 교육, 신체 활동과 운동을 인종, 젠더, 성적 지향, 언어, 종교, 정치, 정치적 이념, 사회적 신분 혹은 재산의 정도 등으로 인한 차별 없이 즐길 수 있는 기본권을 가지고 있다. 신체적, 심리적 및 사회적 역량을 개발시키는 이러한 활동들은 정부, 교육 그리고 스포츠 단체에 의하여 지원되어야 한다. 이러한 권리는 유엔인권헌장 제27조, 경제·사회·문화적 협약 제15조, 인종차별금지협약 제5조, 여성차별금지협약 제13조와 아동권리협약 제31조에도 명시되어 있다.

유엔의 '장애인의 평등한 기회 보장을 위한 일반 기준(The Standard Rules on the Equalization of Opportunities for Persons with Disabilities)'도 "국가는 장애인들로 하여금 그들의 창조적, 예술적 지적 가능성을 자신들을 위해서뿐만 아니라 전체 사회에 기여하도록 발휘할 수 있도록

273 CEDAW, general Comment 23, Political and Public life, Para. 5.
274 2019. 2, 3차 병합 국가보고서.

해야 한다."고 권고한다. 즉, 제30조 2항이다. "당사국은 장애인 자신의 이익뿐만 아니라 풍요로운 사회를 위하여 장애인의 창조적, 예술적, 지적 잠재력을 개발하고 활용할 수 있는 기회를 보장하기 위하여 적절한 조치를 취한다."

이중적 접근(twin-track approach)

문화, 예술, 여가의 권리를 향유하도록 '이중적 접근'을 통하여 주류화된 통로와 장애의 특성을 고려한 다른 하나의 통로를 그들의 선택에 따라 동시에 접근할 수 있도록 한다. 여성차별금지협약의 제5조는 '교통, 숙소, 식당, 카페, 공원, 관광명소, 극장 등'을 열거한 바 있다.

필자는 2016년 4월 권리위원회를 대표하여 '당사국 회의'가 개최되던 당시 뉴욕 유엔본부에서 협약 제30조에 관한 아래와 같은 발제를 할 기회가 있었다. 즉, '권리위원회는 여러 가지 조항의 이행에 관한 논의와 심의를 했는데 제30조는 우선순위에 들지 못했다. 특히 두 가지 문제를 지적하자면, 전반적으로 장애인들은 여가와 체육 문화 활동에 참여하는 것이 그들의 삶의 질과 존엄성, 독립 및 사회참여가 됨에도 불구하고 애석하게도 배제되고, 격리와 분리되어 왔다. 이러한 모든 과정은 유아기의 놀이의 배제로부터 시작하여, 전반적인 거부의 경험은 이어지는 학교생활과 다른 삶의 과정에 걸쳐 지속된다. 또 다른 하나 언급해 두어야 할 것은, 오랫동안 장애인들은 연금, 수당, 의료, 고용, 복지 등 인간의 기본적 요구 충족에 해당하는 사안에 집중해야 했기 때문에 문화생활과는 거리가 멀었다. 혹은 국위선양을 목표로 하는 소수의 장애인에만 국한되는 국제 경기용 특수체육에 치중되는 경향이 있다. 협약 제30조는 개인적으로나 정치적으로 우선순위가 될 수 없었다. 결과적으로 장애인들의 문화체육 행사 참여는 대개는 수동적 관객이나 구경꾼으로 동원되며 주인공, 지배인 혹은 창조자가 아닌 경우가 많고 이러한 행사들은 장애인들이 객체이고 주체인 경우는 드물다라는 것이다.[275]

제31조 통계와 자료 수집

아마도 권리협약이 채택되고 본격적으로 심의가 시작되기 이전에는 유엔 협약에서 통계의 중요성이 요구되지는 않았었다. 통계의 중요성은 기껏 정보의 자유차원에서만 강조되었다. 논란이 전혀 없었던 것은 아닌데 "통계의 자유가 어디 있는 거냐?"라는 반문이었다. 그러나 협약의 이행이 강조되기 시작하면서 통계는 그 위치를 회복할 수 있었다. 여기에서도 강조된 것은

275 김형식, UN Panel on Article 30 Presentation(9 June 2016).

행여 통계 작업이 기존의 장애에 대한 편견이나 차별, 특별함을 강조하는 결과를 만들어 내지 말아야 한다는 것이다. 협약 제31조의 기본 목적은 협약의 이행 여부를 모니터링하며, 당사국은 이러한 통계의 보급에 책임을 지고, 통계에 대한 장애인과 비장애인의 접근 가능성을 보장한다. 보다 구체적으로 제31조는 아래와 같이 명시한다.

1. 당사국은 이 협약의 이행을 위한 정책을 수립하고 시행하기 위하여 통계 자료와 연구 자료를 포함한 적절한 정보를 수집할 것을 약속한다. 이러한 정보의 수집 및 유지 절차는 다음에 따른다.
   (가) 장애인의 사생활에 대한 비밀과 존중을 보장하기 위하여 자료 보호와 관련된 입법을 포함하여 법적으로 확립된 보호조치를 준수한다.
   (나) 인권과 기본적인 자유를 보호하는 국제적으로 승인된 규범과 통계의 수집과 사용에 관한 윤리원칙을 준수한다.
2. 이 조항에 따라 수집된 정보는 적절한 경우 구성요소별로 분류되어, 이 협약에 따른 당사국의 의무 이행을 평가하고 장애인이 권리를 행사함에 있어 직면하는 장벽을 규명하고 해결하는 데에 사용된다.
3. 당사국은 이러한 통계의 보급에 책임을 지고, 이에 대한 장애인과 비장애인의 접근을 보장한다.

제31조를 준수함에 있어서 통계 자료 수집을 위한 지표/범주를 누가 어떻게 정의하는가의 문제이다. 행여 잘못된 통계가 집계된다면 심각한 문제가 된다. 예를 들면 '손상'과 '장애'의 차이는 폭이 좁으나 결과에는 큰 영향을 미친다. 동시에 수당이나 연금 수혜자를 통계로 잡는다면, 아예 자격이 없거나, 자격지심, 편견, 스티그마(stigma) 때문에 수혜를 거부한다면 통계에서 제외된다.

워싱턴 그룹 장애통계(The Washington Group on Disability Statistics)위원회는 WHO의 ICF(International Classification of Functioning, Disability and Health)를 바탕으로 하여 여섯 개의 핵심 기능을 중심으로 설문을 작성했다. 즉, '보기, 듣기, 걷기, 인식, 자기관리, 의사소통'이다. 그러나 자료 수집을 위한 설문 작성에 있어 큰 도전은 건강과 기능의 측정은 각기 다른 문화권, 언어, 경제, 사회 상황 등이 자료 수집 과정에서 다른 해석을 내놓을 수 있다는 것이다. 이러한 도전을 더욱 어렵게 만든 것은 '기능'이라는 것이 개인에 따라 다양한 의미, 태도, 경험, 경제, 사회 환경과 응답 태도 등과 밀접하게 연계되어 있고, 여기에 자료에 대한 해석이 따르게 되면 문제는 더욱 심각해진다. 한마디로 장애통계는 단순한 통계집계 이상이다. 통계마다 서로 상이한 개념을 사용하여 비교 분석이 거의 불가능한 자료, 서로 다른 목적을 가지고 집계된 자료, 선상의 정도를 파악하려는 통계와 서비스의 대상과 범위를 정하려는 집계는 동일한 성격일 수가 없다. 유엔은 이미 2001년에 장애통계 수집을 위한 지침서를 발간한 사례가 있다.[276] 그렇다면 협약을 이행해야 할 의무가 있는 당사국들의 국가보고서에 대하여 권리위원회는 어떤 지적을 하고 있는가를 몇 가지 사례로 살펴보자. 피상적인 통계 수집의 지표를 벗어나 새로운 지표를 개발해야 될 여지도 있다.

호주의 사례

본 위원회는 당사국의 자료가 구성 요소의 분해가 부족한 자료를 제출하고, 이 자료를 호주의 장애 정책 기반으로 삼고 있음에 우려를 표한다. 특히, 여아와 여성 장애인, 특히 호주 원주민 여성 장애인에 대한 보다 구체적인 자료가 제시되지 않았음에 실망한다.

코스타리카의 사례

2015년에 실시된 통계조사에서 시설 장애인 현황, 자유를 박탈당한 장애인, 무주택 장애인, 원주민 장애인에 관한 자료의 빈곤에 우려를 표한다. 아울러 위에 언급한 장애인들에 대한 차별과 폭력에 대한 자료가 없음을 명확히 문제로 지적한다.

뉴질랜드의 사례

본 위원회는 아래와 같은 구체적 요구를 하고자 한다. 즉, 차후의 통계에서는 비장애인들과 비교하여 장애인들의 인권이 얼마나 신장되었는가 하는 구체적 통계자료를 제시해 주도록 기대한다. 특히 남·여 장애인들과 남·여 비장애인의 비교가 바람직할 것이다.

*뉴질랜드의 사례는 아주 특별한데, 그 이유는 아마도 최초로 장애 통계에 실제적으로 장애인의 인권이 얼마나 신장되었는가를 통계지표로 표시해 달라는 요청이다.

중국의 사례

권리협약의 이행이 요구하는 구성요소의 분해를 바탕으로 한 통계자료가 개정된 2010년 '국가기밀법'의 적용으로 본 위원회에 제출되지 못하게 된 것을 매우 개탄하지 않을 수 없다.

한국의 사례

한국의 장애 통계자료는 장애의 다양성을 충분히 고려하지 못한 집계로서, 이 자료를 기반으로 한다면 장애 관련 각종 정책이 어떻게 이행되며 그 결과는 어떤 것인지 평가할 수 없음에 실망을 금할 수 없다. 동시에, 모든 통계자료는 정보 접근성에 부합하는 매체를 활용하여 발표해 주기를 권고한다.

---

276 United Nations, Guidelines and Principles for the Development of Disability Statistics. New York, 2001.

제32조 국제협력

제32조 국제협력은 "당사국은 현행 협약의 원리와 목표 실현을 위한 국내적인 노력을 지원하기 위해서 국제협력과 국제협력 증진의 중요성을 인정하며, 이와 관련된 국가 간 국가 내에서 적절하게 관련 국제, 지역적 기구와 시민단체 특히, 장애인 단체와의 제휴를 통해 적절하고 효과적인 조치를 취해야 한다." 이러한 조치는 특히, 다음을 포함한다.

① 국제개발 프로그램을 포함한 국제협력에 장애인을 포함시키고, 접근 가능하도록 보장
② 정보, 경험, 훈련 프로그램과 선례의 교류 및 공유를 포함한 역량 구축의 촉진과 지원
③ 연구에서의 협력과 과학적 기술적 지식에 대한 접근성 촉진
④ 적절한 기술이전을 통한 접근 가능한 기술과 보조기술에의 접근성과 공유 촉진을 포함한 기술적, 경제적 지원 제공

여러 유엔 협약 가운데, 본 권리협약에만 국제협력 조항이 포함되어 있으며, 상당히 큰 의미를 부여한다. 본 협약에서 의미하는 '국제협력'은 '장애포괄(Disability-inclusive Development) 국제협력 개발사업'이다. 세계 15억의 장애인 중 80%가 개발도상국에 속해 있으며 그들의 상당수가 빈곤에 처해 있으며, 20%(즉, 5명 중 1명)는 '빈민 중의 빈민'으로 개발도상국의 비장애아동에 비해 장애아동은 취학하지 못할 확률이 매우 높다는 것이다. 그리고 소득수준 중·하 정도의 생활을 하는 국가에서는 5~15% 정도의 장애인만이 보장구 서비스를 받고 있는 실정이다. 그와 더불어 장애인들의 빈곤이 의료서비스 비용 부담을 악화시키고 있는데, 매년 약 2천만 명의 여성이 산전·산후 관리와 빈약한 의료서비스로 인해 임신과 출산 과정에서 장애인이 되며, HIV/AIDS 관련 정보, 예방 교육 등에도 장애인들은 평등하게 접근하지 못한다. 인간의 생존권적 권리임에도 불구하고 8억 8천 4백만 이상의 사람들이 안전한 음료를 취할 수 없으며, 장애인들의 문제는 이동성 장애의 문제로 더욱 심각하다는 것이다.[277]

국제협력이 최종 제32조로 채택되는 과정에는 적지 않은 경제선진국과 개발도상국 간의 진통이 있었으나 대체로 개발도상국을 원조하는 데 중요한 역할을 할 것이라는 데 광범위한 동의가 있었다. 아마도 국제협력이 지지를 받았던 중요한 이유 중의 하나는 국제협력이 당사국의 협약 이행 의무를 활성화시키는 기재로서 활용되어야 한다는 점이었기 때문이다. 강조하고픈 것은 향후 '장애포괄개발사업(Disability-inclusive Development)'은 장애인들로 하여금 필요한 보

277 WHO, World Report on Disability. 2011.

호, 의료, 교육, 취업 등 여러 협력 사업을 통하여 빈곤을 극복하게 하는 키워드가 되어야 한다. 다른 한편, 아주 오랜 기간 개발과 인권의 문제는 서로 연관이 없는 분야로 간주된 채 어느 정도의 긴장 관계를 유지했다. 예를 들면, 어떻게 법이 사회적, 문화적 저개발의 원인을 무시할 수 있으며, 마찬가지로 어떻게 개발협력이 개인과 지역사회에 미치는 영향을 무시할 수 있느냐는 것이다. 최근에는 인권을 존중하고 보호하는 것이 지속 가능한 미래를 담보할 수 있다는 인식이 자리를 잡아 간다. 인권은 개발 과정에 책무성, 가장 취약한 계층에 초점을 맞추게 하고, 개발협력에 필요한 자료의 중요성과 모든 사람들의 정치적 목소리를 개발 어젠다에 포함시키도록 한다. 동시에 개발은 모든 사람이 인권을 향유할 수 있는 기회를 부여할 수 있는 자산으로 인식한다. 동시에 성찰의 기회도 필요했다. 그 첫째 이유는 선진국 주도의 개발협력은 전반적으로 개발도상국 장애인의 권리와 욕구의 문제를 도외시했다는 것이다. 둘째로, 장애와 개발의 문제는 학문적 이론의 전개에서 소외되었으며, 개발협력 문헌에도 그러한 소외현상은 동일했다. 이것은 결과적으로 개발협력 실천의 전반에 장애인이 소외되고 제외된 것이다. 세 번째 문제는 장애인들은 여러 인권협약(ICCR[278], CESECR[279], CERD[280], CEDAW[281], CAT[282], CRC[283] 그리고 CRMW[284])이 모두 인정하는 실체임에도 불구하고, 그들의 '권리'와 '개발'은 분리되어 있다. 이러한 이유 때문에라도 유엔의 의제에 장애와 개발이 함께 추진되어야 한다. 여기에서 쟁점은, 국제개발협력 원조에서 장애인들이 소외되면 그들의 '개발에 대한 권리'를 부정하게 된다는 것이다.[285]

'장애 포괄적 개발협력 사업'은 장애인들이 장애포괄 협약의 제32조가 명시하는 대로 개발사업에 접근하여 직접 참여하도록 포함되어야 하며, 기여하며, 혜택을 받을 수 있는 권리가 있음을 인정하는 것임을 명백히 이해해야 한다. 장애포괄은 모든 개발협력 영역과 인도주의적 사업에 타당하며, 특히 유엔장애인권리협약 제32조의 정신에 부합한다. '장애포괄적 개발 협력 사업'은 비장애인과 장애인들에게 동등하게 경제·사회 복지의 향상을 목적으로 개발협력에의 참여, 기여, 결정 과정에 참여할 수 있는 기회를 부여하는 것이 핵심과제이다. 장애포괄/포함은

278 International Covenant on Civil and Political Rights
279 Committee on Economic, Social and Cultural Rights
280 Committee on the Elimination of Racial Discrimination
281 Committee on the Elimination of Discrimination against Women
282 Convention Against Torture
283 Convention on the Rights of the Child
284 Convention on the Rights of the Child
285 김형식, "Disability-Inclusive Development: a spurned Dimension in International Cooperation," 국제개발협력연구 2, 2(2010): 65-93.

과거의 개발협력 과정에 장애인 당사자들과 대표단체들이 개발협력의 제안, 시행, 모니터링에 참여하지 않았음을 상기시킨다. 장애인들이 참여해야 된다는 명분은 국제협력을 통하여 장벽을 제거하여 장애인 자신들 스스로 소수화, 취약화 현상을 극복하기 위함이다. 이러한 점에서 노벨 경제학 수상자인 아마르티아 센(A. Sen)[286]이 주창하는 '자유로서의 개발(Development as Freedom)'의 의미를 깊이 생각해 볼 여지가 있다. 즉, 이것은 개입과 역량강화를 통하여, 빈곤과 불평등 극복으로 삶의 질을 향상하자는 시도이다. 포괄/포함은 과정이며 목표로서 동떨어질 수 없는 개념이다. 여기에서의 핵심은 장애의 의료 모델에서 사회 및 인권 모델로의 전환이다. 간략히 이중적 접근(Twin-Track Approach)은,

① **첫째 축–장애 초점**: 상황에 따라 다르지만 다양한 프로그램들이 개별적으로 운용되면서도 장애인의 특수한 욕구를 충족시킬 수 있으며 포괄적 장애 개발의 중요한 측면이 된다.

② **둘째 축–장애의 주류화**: 많은 개발협력 실무자들은 개발 프로그램에서 장애의 주류화가 유용한 접근이라는 것을 젠더, 또는 HIV/AIDS 사업을 하면서 터득하게 되었다.

장애포괄 개발협력 사업의 원칙

① 'Nothing about us without us' 원칙은 모든 분야에 적용된다.

② 모든 프로그램의 접근은 문화적 맥락을 고려하여 맞춤형으로 구성되어야 한다.

③ 권리기반(Rights-Based) 사고와 접근은 필수이다.

- 이 원칙은 '장애포괄 개발협력사업' 수행에 있어서 국제 규범으로 채택된 장애의 개념이 모든 정책, 프로그램의 핵심이 되도록 한다. 오랜 세월 동안 의료적, 또는 시혜적 차원에서 장애인들의 삶을 좌지우지하던 관행에 대한 도전이다.

④ 조직 내부에서부터 '장애포괄'을 실천에 옮기는 것은 파트너들에게도 신뢰감을 주며, 채택되는 전략에 대한 이해를 심화시킨다.

- 이것은 조직 문화의 변화를 요구하며 특히 지도층에서의 변화가 필요하다. 더 구체적인 예로, ○○○장애단체에만 국한되는 것이 아니고, 예를 들어 KOICA 직원들을 대상으로 한 장애인지 교육이 필요할 것이다. 세계적인 개발협력기구인 영국의 DFID는 직원들을 대상으로 워크숍 형태의 교육을 실시한 바 있다. 실제로 유엔장애인권리협약 제8조(장애인식 개선)은 일반 대중은 물론, 법관, 고급공무원의 인지 훈련을 강조한

286 Amartya K. Sen, *Development as Freedom*(Oxford: Oxford University Press, 1999).

다. 유럽연합(EU)의 8,000여 명에 달하는 공무원들도 장애인지 훈련을 받아야 한다는 CRPD의 제안도 있었다.

여기에서 좀 더 의미를 깊게 정리하기 위하여 유엔권리협약 제32조 국제협력에서 강조하는 장애포괄 국제협력에 있어서의 이중적 접근(The Twin Track)에 관한 권고를 살펴보면서 포괄적 개념의 역동성, 서서히 폭을 넓혀 가며 발전하는 양상을 살펴보자.

장애포괄개발협력사업에서 한 가지 방법이 모두에게 적용되게 하는('one-size-fits-all') 프로젝트나 실천은 금물이다. 모든 기관, 프로젝트 담당자들은 열린 자세로 서로 다른 상황에서 어떤 방법이 목표 달성에 효과가 있겠는지를 탐색하며 지식과 경험을 공유해야 한다. 일단 조직 간의 협의 절차가 필요할 것이다. 간혹, 장애단체가 아닌 경우는 이러한 학습과 공유가 더 중요한 의미를 갖게 된다. 긍정적인 공유의 경과는 사업수행 단체뿐 아니라 장애인 당사자에게도 강한 동기유발의 기회를 준다.

⑤ 양성 평등은 항상 장애인의 완전 통합과제와 밀착되어 있다.
⑥ 동일한 장애 문제라도 연령에 따라 다른 의미를 가지게 된다.
⑦ '장애포괄개발협력사업'의 이중적 접근은 아주 필요하다.
⑧ '장애포괄'의 의지는 정책과 예산에 분명히 반영되어야 한다.
- 이것은 프로젝트 기획 단계에서부터 시작되어야 하는데, 막상 자료를 비교 분석해 보면 반드시 비용이 더 들거나 아주 최소 비용이 소요될 뿐이다. 새로운 시설의 초기 단계에 접근성이 고려된다면 적은 비용 추가로 긍정적 결과를 얻게 되고 나중에 보수/개조하는 비용이 최소화되는 것이다. 예를 들어 수화통역사의 비용, 시설, 장비 임대 등도 처음부터 예산에 반영한다. 특히 개발도상국의 경우 교통접근이 열악하므로 교육, 고용 활동에 지장이 없도록 적절한 위치 선정, 기존 시설 활용 등 대안적 방법으로 비용 절감을 모색할 수 있다. 아예 '장애포괄'을 목적으로 별도 항목의 예산 편성도 고려해 볼 만하다.

⑨ 장애단체들과 상호에게 도움이 되는 파트너로서 협력할 수 있도록 장기적인 관계를 유지하며 '장애 포괄적' 프로젝트 개발에 기여하게 한다.
⑩ 개발도상국의 전반적인 장애 문제에 대한 지식을 축척하며, 특히 현지 DPO에 관한 정보를 기반으로 자료 공유, 프로젝트 개발 등에서 협력을 모색한다.

⑪ 장애 당사자 등, 당사자 단체가 '개발협력'에 직접 참여할 뿐 아니라 모든 과정, 프로그램 디자인, 사업수행, 모니터링과 평가에서 수행 기관에 자문하도록 한다.

특히, 유엔 장애권리협약이 강조하는 원칙 차원에서는

- 접근성에 대한 이해와 프로그램화
- 인권 차원에서 인간의 존엄성에 대한 실천적 확신
- 반차별과 기회의 평등
- 프로젝트 차원을 초월한 완전하고 적극적인 장애인의 사회참여 지원
- 양성평등, 장애아동/소녀, 인종, 문화적 특성 등 다양성에 대한 존중

포괄적 개발협력을 추진함에 있어 고려해 볼 문제점은

- 조직으로서 어떻게 하면 보다 더 장애포괄적 기관으로 변신할 수 있을 것인가?
- 우리 기관의 국내·외 사업은 CRPD의 정신과 원칙을 기반으로 하고 있는가?
- 우리 기관의 기획과 프로그램에 장애, 인도주의 사업의 목표를 포함하고 있는가?
- 어떻게 하면 우리 기관이 수행하는 모든 영역의 사업(마케팅, 기금모금 사업, 프로그램 개발, 파트너십, 모니터링과 평가 등)에서 장애포괄사업이 높은 우선순위를 차지할 수 있을까?
- 어떻게, 어디에서 DPO 단체와 파트너 관계를 강화하거나 새로 만들 수 있을까?
- 우리의 모니터링과 평가 자료는 효과적인 장애인의 완전통합에 관한 자료를 포함하고 있는가?
- 어떤 기회를 이용해서 장애포괄개발사업에 관한 인지도를 높이기 위하여 우리가 현재 사업을 수행하는 국제, 지역, 또는 국내에서 장애 단체와 협력하여 옹호사업을 전개할 수 있을까?
- 어떻게 장애인 당사자와 그 당사자 단체들로 하여금 우리 프로그램의 질과 포괄성을 평가하도록 할 수 있을까?
- 어떻게 하면 장애인의 빈곤 문제를 해결할 수 있을 것인가?
- CRPD 이행을 적극적으로 수행하기 위하여 어떻게 DPO와 파트너십 관계를 발전시켜 나갈 수 있을까?

개발협력 전문가로서의 인권의 핵심가치 인정

개발협력에 관한 전문성 외에 인권의 핵심가치, 즉 인권의 천부적 존엄성, 자율적인 결정으로 스스로 선택하고, 장애인의 독립성을 인정하고, 이해하고 실천하는 것이 중요하다.

- 반차별
- 완전하고 효과적인 완전한 사회통합
- 차이성에 대한 존중, 장애인을 인간 다양성의 한 면으로 수용
- 기회의 평등
- 접근성
- 양성평등
- 발전하는 과정에 있는 장애아동들의 역량을 존중하고, 그들의 정체성 유지를 존중

2019년 한국의 관심은 여하히 CRPD의 원칙과 인천전략과 '지속가능한 개발목표(Sustainable Development Goals)' 모두를 보다 현실적으로 '법적 구속력'을 가지며 실현되도록 하는 과제이다. '인천전략'의 관점에서 본다면 국제적인 장애 관련 통계자료가 '인천전략'이 표방하는 과제와의 밀접한 관계성이다. 실제로 아·태 지역은 6억 9천만 명의 장애인구가 있으며, 상당수가 극빈층이다.[287] '권리협약'과 '인천전략'[288]의 성공적인 이행은 그들이 차별과 불평등, 빈곤을 극복하여 장애인의 '시민적 권리' 실현이라는 차원에서 상당히 큰 의미를 부여하며 동시에, 과거 사회참여의 여러 영역에서 배제(exclusion)되었던 장애인들을 포함(inclusion)시켜야만 할 구체적 과제를 담고 있다. 우리가 염두에 두어야 할 사실은 2006년 5월 「유엔장애인권리협약(UN Disability Rights Convention)」이 발효되기 이전에 이미 여러 형태의 법적 제도적 장치가 발효되어 장애인의 권리, 평등 차별 문제에 대응했음에도 불구하고 괄목할 만한 성과가 없었다는 점이다.[289]

---

287 https://www.unescap.org/commission/about-the-commission 2019년 2월 15일 접속

288 인천전략 지표. **Goal 1**: Reduce poverty and enhance work and employment prospects, **Goal 2**: Promote participation in political processes and in decision-making, **Goal 3**: Enhance access to the physical environment, public transportation, knowledge, information and communication, **Goal 4**: Strengthen social protection, **Goal 5**: Expand early intervention and education of children with disabilities, **Goal 6**: Ensure gender equality and women's empowerment, **Goal 7**: Ensure disability-inclusive disaster risk reduction and management, **Goal 8**: Improve the reliability and comparability of disability data, **Goal 9**: Accelerate the ratification and implementation of the Convention on the Rights of Persons with Disabilities and the harmonization of national legislation with the Convention, **Goal 10**: Advance subregional, regional and interregional cooperation

289 예를 들면, 「세계인권헌장」 제1, 2, 7조, 「경제·사회·문화적 권리협약」 제2, 7, 11, 12, 13 및 15조, 「시민적·정치적 권리협약」 제1, 7, 14, 16, 17, 13 및 26조, 「국제노동기구의 장애인 직업훈련과 고용에 관한 규약」 제2, 3, 5, 7, 및 8조, 「아

Post-2015~2030 SDGs 지속 가능한 개발

2015년 8월 2일 저녁 9월 총회에서 채택될 SDGs 최종안에 대한 합의를 이루어 내었다. 공식 명칭은 「Transforming Our Worlds: The 2030 Agenda for Sustainable Development」이다. 야심적이며 동시에 '인간-중심적'이라는 이 최종안에는 11개 조항에서 구체적으로 장애 관련 목표를 채택했다.[290] 특히 23단락에서는 '80%에 달하는 장애인이 빈민'이라는 점을 강조하였고, 취약계층에 관한 18개의 언급 가운데 장애인이 포함되었다. 단, 장애 전문가들은 '장애와 취약계층'을 동일시하는 것을 환영하지는 않는다. 대개의 정부와 국제기구는 대체로 이 안을 지지한 분위기가 강하지만, 지도자들이 post-2015의 전반적 틀에 대한 분명한 비전을 가지고, 공동 협력에 역점을 두어 수행한다면 그 달성은 무난할 것이라는 낙관적 전망이다. 적어도 한국재활협회에 시사하는 강점은 이미 본격적으로 KOICA와의 협력으로 아·태 지역 장애인들의 빈곤 문제 해결을 위한 국제협력 사업을 협회에서 발전시키고 있다는 점이다.

우리는 SDGs의 최종안을 대하면서, 과거 MDGs는 5억의 세계 극빈자가 그 대상이었고 그 중 1억이 '빈민 중에 극빈자'라는 1억 장애인의 간절한 목소리를 반영해 주지 못했음을 상기해야 한다. MDGs의 경우에도 협력하기로 한 경제 선진국(the North)의 기여가 부족했고, post-2015가 구상되고 있는 시점의 세계 경제는 침체 일로에 있었으며 '긴축경제'가 정책의 우선순위가 되어 있다는 점을 직시하지 않을 수 없다. 그런데 이를 달성하기 위해서 매년 3조 3000억~4조 5000억 달러(약 3850조~5260조 원)이 필요할 것으로 추산되며 이는 유엔의 2016년 연방재산 3조 8,000억 달러에 맞먹는다. 특히 이번 목표 달성을 위해 선진국들이 재정 지원을 하는 재정확보 방안도 포함됐다. SDGs에 따라 선진국들은 국민 총소득(GNI)의 0.7%를 개발도상국 지원에 쓰게 되며 이 중 0.15~0.2%를 특히 개발이 지연되고 있는 '후발 개발도상국'에 지원하도록 한다. 그러나 국제협력의 전공자로서 연구자는 다소 비관론적인 관점을 가지고 있다.

동권리헌장」 제2, 19 및 23조 「장애인권리헌장」 제2, 3, 4, 5, 6, 7, 8, 9 및 10조항, 「장애인에 관한 세계 행동 계획」제 2, 3, 13, 14 및 25 조항, 「비엔나 선언」 제I장 22조항, 제II장 63 및 64조항, 「카이로행동프로그램」 6단락 29, 6단락 32항, 「코펜하겐 선언」 26단락 (1), 「베이징 행동강령」 106단락(C와 O), 「이스탄불선언」 7단락, 「해비탓(Habitat) 어젠다」 16단락, 40, 43단락 등이다.

290 SDGs 지표. **Goal 1**: End poverty in all its forms everywhere; **Goal 2**: End hunger, achieve food security and improved nutrition and promote sustainable agriculture; **Goal 3**: Ensure healthy lives and promote well-being for all at all ages; **Goal 5**: Achieve gender equality and empower all women and girls; **Goal 9**: Build resilient infrastructure, promote inclusive and sustainable industrialization and foster innovation; **Goal 11**: "provide safe, affordable, accessible and sustainable transport systems for all,… **Goal 14**: Conserve and sustainably use the oceans, seas and marine resources for sustainable development. **Goal 24**: Education, **Goal 27**: Employment, **Goal 28**: Adequate standard of living and social protection **Goal 31**: Statistics and data collection **Goal 32**: International Cooperation.

그 이유는 제2차 세계대전 이후 해외개발원조에 2조 3천억 달러가 투입되었는데, 세계의 10억은 극빈자로 남아 있다.[291] 과거 유엔이 주도했던 3차에 걸친 개발 10년 역사를 보더라도 1960~1970년은 농업혁명의 실패로 기아의 문제를 해결하지 못했으며, 1980년대는 '개발을 상실한 10년', 1990년대는 '개발의 약속을 파기한 10년' 등이 있고, 이미 MDGs는 그 목적을 성공적으로 달성했다는 유엔의 주장에도 불구하고 더 포괄적/보편적이며 훨씬 다양한 과제를 담아내고 있는 SDGs에 대한 신뢰가 가지 않는다는 입장이다. 분명히 근거 있는 비관론이지만, 시작도 하기 전에 포기하자는 것은 아니며, 장애계의 역할을 분명히 하는 것이 가장 현명한 전략일 것이다. Post-2015 Development Agenda의 논의가 계속되는 동안 세계의 장애인 단체들은 장애인들을 배제시키고 불평등이 날로 악화되는 상황에 대하여 오랫동안 목소리를 높여 왔으며, 특히 선진국의 장애인들은 장애인의 권리와 삶의 질 향상, 모든 분야의 개발에서 장애인의 관점이 반영되지 않은 국제적인 개발의 목표를 설정하는 것은 불가능한 일이라고 주장해 왔다. 2015년 7월의 최종안은 17개의 목표(Goals)를 제시했을 때만 해도 함축적으로 1, 2, 3, 4, 5, 7, 8, 10, 11, 16 목표 속에서 장애 관련 세부 목표를 볼 수 있으나, 사실상 인색하게도 장애 주제를 분명하게 부각시키지는 않았다. 구체적인 분석은 시도하지 않지만 얼핏 보기에 서론 부분에 두 항목, 나머지 7개 항목은 교육, 고용과 품위 있는 직업, 불평등, 양성평등 등에 관련된 목표에 겨우 '취약계층'에 분류되며 빈곤, 교육, 빈곤 등 3개 항목이 포함되어 있다. 보다 구체적으로 유엔 사무총장의 Synthesis Report[292]에 의하면, 51단락에, "어느 누구도 SDGs에서 배제되어서는 안 된다." 65단락에, "모든 경제 사회 집단이 포함되지 않으면 SDGs는 그 목표를 완전히 달성한 것으로 간주할 수 없다." 46단락에는 세분화된 통계에서 장애가 구체적으로 언급되었고, 51단락에 "가장 어려움에 처한 사람들", 집단 속에 불평등은 68단락, 그리고 72단락에는 "번영과 강하고 성숙한 변환적 경제성장에 장애인이 포함"되었다. 최소한 장애계가 현 시점에서 해야 되는 목표 실현을 위한 구체적 지표개발은 진행형이기 때문에 유엔 회원국 통계국(National Statistics Office of the UN members)을 강하게 로비해서 장애 관련 지표가 개발되고 포함되도록 전력을 다해야 한다. 모두가 긍정적 모범 사례를 남긴 것은 아니지만, Disability-inclusive development 분야에서 활발하게 CRPD 채택 이전부터 활동해 온 영국, 독일, 핀

291 William Easterly, *White Man's Burden*(The Penguin Press, 2006). Paul Collier, *The Bottom Billion*(Oxford University Press, 2008). Graham Hancock, *The Lords of Poverty: the power, prestige, and the corruption of the international aid business*(New York: The Atlantic Monthly Press, 1989).

292 UN, "The Road to Dignity by 2030: Ending Poverty, Transforming All Lives and Protecting the Planet," New York, December 2014.

란드, 호주, 뉴질랜드, 스페인, 일본, 또는 Handicap International, CBM 등의 사업으로부터 벤치마킹 차원에서의 교훈도 얻을 수 있을 것이다.

장애계의 SDGs 기여 전략

① 정부 간 이행 과정(Inter-Governmental Process)에 적극 참여하여 이행 재정 확보, 이행 책무성, 이행과 모니터링 과정에 적극 참여

② 장애와 관련 있는 모든 목표(goals), 타깃(target), 지표(indicators)가 CRPD의 제반 원칙을 기반으로 하며, 실무단체들이 추진해 오던 완전통합교육, 고용, 불평등 해소, 장애여성 등 세부화된 장애 관련 지표가 포함되도록 전력 로비

③ SDGs framework에 장애인지 예산이 분명히 편성되도록 할 것

④ SDGs framework이 장애인 당사자와 대표 기관과의 파트너십에 의해서 개발되고 수행되도록 할 것

⑤ 장애인 당사자와 대표 기관들이 국제, 지역, 국내 파트너십에 참여토록 할 것

⑥ 각 당사국으로 하여금 장애 관련 목표들을 점검할 수 있도록 장애 통계를 구축하도록 지원할 것

⑧ 장애인의 권리가 실현도록 UN 파트너십을 통하여 책무성 강화

한국의 활동 사례

정부는 다양한 국제협력사업 추진을 통해 인천전략의 효과적 이행과 지속가능한 개발목표(SDGs) 실현을 위해 적극 노력하고 있다. 보건복지부는 현재 유엔에스캅(UNESCAP)의 장애통계구축 사업을 지원하고 있다. 이를 위해 아·태지역 개발도상국의 장애통계구축을 위한 국가 컨설팅을 연중 지원하여 총 17개국에 대해 사업을 완료하였고, 인천전략 핵심지표 30개 중 평균 15.1개 지표를 개발 완료하였다(미컨설팅 국가는 평균 13.6개 지표 개발). 2018년 10월에는 UNESCAP에서 주최한 "아·태지역 장애인의 권리보장을 위한 인천전략" 프로젝트 워크숍에 참석하여 장애통계 구축을 위한 국가컨설팅 사업 성과를 공유하고 개선방안을 논의하였다. 향후 아·태지역의 신뢰 가능하고 국제비교가 가능한 통계 구축을 위해 UNESCAP과 협력하여 각국의 장애인을 위한 제도 설계 및 정책을 마련할 수 있도록 적극 관련 사업을 추진할 계획이다.[293]

293 2019 2, 3차 병합 국가보고서.

제33조 국내적 이행 및 감독

모니터링도 상호 회원국 간의 세부적인 '협약' 이행을 점검하는 수단으로 쓰일 수 있다는 것이었다. 따라서 '협약' 내에 국내적인 점검기제와 국제적인 점검기제를 모두 포함할 필요성이 있다는 데 광범위한 합의가 있었다. 5여 년에 걸친 유엔에서의 집요한 협상의 결과로 '권리협약'이 채택되도록 한 것은 장애인 당사자들에게 있어서는 대단한 일이 아닐 수 없다.

'권리협약'과 관련된 한국 사회의 과제는 얼마나 성실하게 협약을 이행하게 될 것이냐의 여부이다. 이행과 관련하여 협약은 제33조 이하에 감시(monitoring)기능을 명기하고 있다. 실제로 협약이 점진적으로 이행된다 하더라도 이행지표를 개발하지 않는다면 감시기능을 수행할 수 없을 것이다. 그러나 실제로 협약은 구체적인 지표를 제시하지 않으며 과거 경제·사회·문화적 권리, 인종차별금지에 관한 협약, 여성차별금지협약 등의 이행과 관련된 감시기능이 약했던 것을 감안한다면 향후 협약의 이행 여부 감시가 중요한 사안으로 등장할 것이다. '권리협약'이 채택(2006년 12월)에서 발효(2008년 5월)를 거의 최단 기간에 달성했다는 성과에도 불구하고 궁극적인 이행을 위한 과제는 남아 있다. 아마도 이러한 점에서 유사한 원칙 이행을 목표로 했던 경제·사회·문화적 권리협약(ESC Rights)의 경험으로부터 배울 것이 있을 것이다. 예를 들면, '사회권'(ESC)은 림버그원칙(Limburg Principles)을 근간으로 하여 당사국의 의무를 ① 권리 존중의 의무, ② 권리 보호의 의무, ③ 권리 실현의 의무로 명시했으며 특히 권리 실현의 의무는 ⓐ 제공(스스로 권리를 실현할 수 있는 능력이 결여된 대상) ⓑ 촉진(적극적 조치) ⓒ 증진(공공 인식 개선을 위한 교육, 홍보 캠페인)을 포함하고 있다.[294] 만일에 이러한 관찰이 어느 정도 타당성을 인정받는다면 '권리협약'의 이행 과정도 림버그 원칙과 유사한 원칙을 채택하여 유사한 방향으로 이행을 위한 후속적인 발전이 이루어질 가능성이 있다고 사료된다.

협약 제33조는 구체적으로 세 가지 국내적 이행과 모니터링 접근법에 대해서 규정하고 있다. 제33조가 이행되기 위해서는 몇 가지 선행되어야 할 사항이 있는데, 특히 위원회의 구성을 둘러싼 정부와 장애인 단체 간의 갈등이다. 유엔 협의 기간 중 국제장애 NGO를 대변하며 적극적인 활동을 전개했던 International Disability Network(2005)의 제안을 예로 들어 살펴보자.

비록 한국의 「장애인차별금지법」 또는 '권리협약'과 같은 새로운 법적 제도가 도입된다 하더

294 국가인권위원회/사회정책연구학회 공동 학술 대회. Maria Virginia B. Gomes, ESC Rights in a changing world: resources and responsibilities. 사회권 실현을 위한 국가인권기구 및 정부의 역할과 과제: RBA 도입 방안모색. 2008. 3월 10일. The Lindburg Principle on Implementation of the ESC Rights에 관한 자료는 Masstricht Guidelines for Violations of Economic, Social and Cultural Rights'. www.google.co.kr/search 참조

라도 장애인들이 무력한 개인과 집단으로 남아 있는 한 큰 변화를 기대하기는 어려울 것이다. 여기에서 한 가지 우리가 염두에 두어야 할 사실은 협약이 채택되는 과정도 여러 계층의 장애인이 모두 골고루 장애인 운동에 참여했던 것이 아니라 '정치적 장애인', '장애인 엘리트' 등 주도적인 장애인 운동 단체들이 주도했다는 관점이다. 따라서 권리협약의 실제적 이행과 더불어 한국의 「장애인차별금지법」의 이행을 통해 달성되어야 할 이동권, 고용권, 정보권, 교육권, 독립생활권, 여성장애인지원, 건강권 등의 강화는 과거와 같은 상징적 참여에 머물 것이 아니라 동반적 위치를 초월하여 실제로 시민으로서 결정권을 행사할 수 있는 통제적 권한까지도 사용할 수 있어야 할 것이다. 환언하면 보다 적극적인 장애인들의 정치적 참여가 실현되지 않는다면 장애인 참여의 허상은 계속될 것이다. 따라서 모니터링과 관련하여 보다 구체적으로 장애 NGO/DPO가 수행할 수 있는 역할을 아래와 같이 요약할 수 있다. 협약의 이행과 관련하여 장애 NGO/DPO가 활성화되어야 하는 이유는,

- '권리협약'에 관한 이해를 촉진시키며 장애인의 권리 신장을 위한 옹호자의 역할 담당
- 특별한 프로그램과 행동을 통하여 '권리협약'의 이행을 촉진
- 유엔 '장애인권리위원회'와 기타 유엔의 관련 기구 및 NGO/DPO 단체와의 원활한 의사소통 유지
- 여러 NGO 단체와 '협약'의 이행과 모니터링에 관련된 정보를 교환하며 상호 협력
- '협약'이 대상으로 하는 여러 영역을 대상으로 정책연구를 수립하고 전략을 세우며 공동행동
- '협약' 이행을 위한 위원회의 노력을 지원
- '협약' 이행을 위한 국내 연대를 구축하고 지원하는 과제 등 때문이다.

한국의 장애계가 국제적 위상을 보다 더 높이기를 희망한다면, '협약' 이행과 관련하여 한국이 솔선수범하여 국제 NGO/DPO 단체를 구축하여 주도할 수도 있을 것이다. 위의 논의에서는 '권리협약'의 이행과 실천에 관련하여 우리가 관심을 가지고 지켜보아야 할 문제의 선별된 부분을 지적하고 그 이유를 설명하고자 하였다. 여러 가지 접근이 가능하겠지만, 최소한 아래의 한 가지 영역에서 보다 적극적인 연대와 참여가 이루어져야 할 것으로 사료된다. 몰타(Malta) 정부는 솔선하여, 협약의 이행을 위하여 적극적인 연대체제를 구성하고자 노력하였다. 즉 '몰타는 권리협약의 이행에 최선을 다할 것을 이미 정책연구로 정했다. 이 목적을 달성하기 위하여, 장애인 당사자, 이해 당사자, 학자, 서비스 공급자, 부모회, DPO, 장애 활동가, 국가 장애인

정책연구가 채택되었으며, 건강전문인 등을 포함하는 논의 과정을 거쳤다. 국가 장애 정책연구는 대체로 권리협약의 원칙과 철학에 준하였다.

연구 역량 강화와 법률 전문가와의 연대

장애인 단체가 본 '협약'의 추이에 대하여 관심을 갖는 것은 지극히 당연한 일이지만 미국, 영국, 아일랜드, 호주, 캐나다, 스웨덴 등의 선진국 법조계, 특히 법과대학에서는 '협약'에 대한 집중적인 연구 또는 국가별 이행에 대한 비교 연구의 움직임이 활기를 띠고 있다. 이러한 관찰을 하면서 한국도 보다 신속히 '협약'의 이행을 장애인 운동권 차원에서만 접근할 것이 아니라 관련 학계가 관심을 가져 주기를 촉구하지 않을 수 없다. 국제법에 해당하는 '권리협약'의 내용을 해석하고 적용해야 되는 막중한 과제를 시사하고 있으며 이것은 다른 어느 영역 못지않은 전문가의 양성과 전문 영역과의 연대가 필요하다. 연구자는 '권리협약'의 이행을 위해서 장애인 단체가 지대한 관심을 가져야 하며, 효과적으로 역할을 수행하기 위하여 '권리협약'의 내용에 대한 체계적이고 지속적인 연구를 통한 전문가의 역할이 필요함을 강조한다. 점검기제는 과중한 업무이며 전문적이다.

권리위원회의 2014년 한국에 대한 최종권고

"위원회는 대한민국이 본 최종견해에서 제시된 권고사항을 이행할 것을 요청한다. 위원회는 대한민국이 최종견해를 정부 및 국회 관계자, 관련 부처 및 지방정부 담당자, 교육·의료·법률 등 관련 전문가 집단, 언론에 현대적 소셜 커뮤니케이션 전략을 사용하여 전송할 것을 요청한다."

"위원회는 대한민국이 시민사회단체, 특히 장애인단체를 국가보고서 준비에 참여시킬 것을 강력히 권장한다."

"위원회는 대한민국이 본 최종견해를 장애당사자 및 그들의 가족뿐만 아니라 비정부기구 및 장애인단체 등에게 공용어 및 소수 언어(수화 등)로 접근 가능한 형식으로 널리 전파하고, 정부의 인권 관련 웹사이트에 게시할 것을 요청한다."

이에 대해 한국 정부는, "국가인권위원회는 인권단체와의 국내·외 협력이 기본적 업무로 장애인권리협약의 이행 상황을 모니터링하기 위한 토론회 및 간담회에서 장애인 단체가 참여할 수 있도록 하고 있으며, 장애인권리협약에 관한 국가인권위원회의 의견서 작성 시 장애인 단체의 의견을 수렴하여 반영하여 왔다. 그러나 현행 법령에 「유엔장애인권리협약」 이행 상황을 모니터링할 때 장애인 및 장애인 단체의 참여를 의무화하고 있지는 않기에 이러한 규정이 법령에 포함될 수 있도록 노력하고 있다."[295]고 했다.

차기 보고서

> "위원회는 대한민국이 2·3차 병합 국가보고서를 2019년 1월 11일까지 제출하고, 보고서에 본 최종견해의 이행에 관한 정보를 포함시킬 것을 요청한다. 위원회는 대한민국이 위에서 언급한 보고서를 위원회의 간소화된 보고 절차에 따라 제출하는 것을 고려할 것을 요청한다. 간소화된 절차에 따르면, 위원회는 대한민국의 국가보고서 제출 기한으로부터 최소 1년 전에 쟁점목록을 준비한다. 이러한 쟁점목록에 대한 답변은 국가보고서의 일부가 된다."

한국 국가인권위원회는 2015년 8월 19일 유엔 장애인권리위원회 위의 최종견해 중 인권위원회 관련 사항에 대한 이행계획을 보건복지부에 제출했는데, 그 계획은 아래와 같다.

- 국가 인권위원회의 모니터링 수행 비전
  - 장애인이 사람답게 사는 차별 없는 사회 구현
- 추진전략(2016~2020년 연차별 공통과제)
  ① 협약 및 최종견해에 대한 사회적 인식 제고
  - 국가 및 지자체 공무원, 국회의원, 법관, 장애인 당사자 등이 협약 및 최종견해 내용을 숙지할 수 있도록 교육·홍보 강화

  ② 협약과 부합하지 않는 법령, 정책연구, 제도, 관행 개선
  - 국내법에 규정되지 않은 협약 내용을 국내법에 반영하고, 협약과 상충되는 국내법을 개정하기 위한 정책연구 권고 등 실시

  ③ 협약 이행에 관한 지속적·체계적 모니터링 강화
  - 모니터링의 지속성을 담보하기 위한 조직, 예산 확보 및 모니터링 기법 개선을 위한 연구 강화

  ④ 협약 모니터링에 장애인 및 장애인 단체의 참여 강화
  - 협약 이행에 관한 사항을 모니터링하기 위해 장애인 당사자 및 장애인 단체의 적극

295 2019년 2, 3차 병합 국가보고서.

적 참여를 독려하고 이를 보장

⑤ 협약의 목적과 목표 실현을 위한 국제협력 강화

- 선진국의 협약 모니터링에 관한 경험, 훈련 프로그램 및 모범사례를 교류·공유하고 국제적 네트워크 구축을 강화[296]

무엇보다 핵심적인 것은 이러한 연차 계획이 얼마나 성실하게 추진되는가에 초점을 맞추어야 한다는 것이다.

296 2016~2020년까지의 연차별 세부 추진과제는 국가위원회에서 확인할 수 있음

제5장

장애인권리협약을 통한 장애인의 시민적 권리 향상*

*이 부분은 2008년 4월 11일 한국의 「장애인차별금지법」이 시행되고, 2008년 5월부터는「유엔장애인권리협약(UN Disability Rights Convention)」이 국내에서 발효되어 장애인의 권리 문제가 세계적인 어젠다로 부상한 것으로 인식하여, 「유엔장애인권리협약」의 일반원칙이 추구하고 있는 가치를 장애인의 '시민적 권리'라는 관점에서 조명하고자 하는 하나의 시도였다.

International Disability Rights and Development of Legislation

"제대로 정립된 장애의 사회학은 권력, 사회정의, 시민적 권리 및 인권에 관한 주제를 탐구해야 될 것이며…인권적 접근에 의하여 영감을 받아야만 한 사회가 지향해야 될 비전의 성격 또는 장애 문제에 관한 관심의 정도를 결정하게 될 것이 아니겠는가?"

– 바튼(Barton)[297]

1. 서론

장애인이 처해 있는 여러 가지 경제, 사회, 문화적 상황의 맥락에서 볼 때 부당한 차별을 당하거나 권리를 침해받는 등 '인간으로서'의 존엄성을 인정받지 못함은, 즉 '시민'으로서 평등과 차별당하지 말아야 할 권리를 침해당함은 유엔장애인권리협약이 추구하는 기본 정신을 위배한다는 관점을 피력한다. 즉, 시민적 권리의 개념은 「유엔장애인권리협약」의 기본 정신을 가장 적절하게 요약해 주기 때문에 「유엔장애인권리협약」과 '시민적 권리' 이론은 상호 상충되지 않으며 보완적인 관계의 맥락에서 접근되어야 할 것이다. 이 장에서는 이 주제를 마샬[298]의 공민권, 정치권, 사회권에 바탕을 둔 이론적 틀을 장애인의 '시민적 권리' 개념으로 발전시키고자 한다. CRPD에 기반한 장애인의 권리 실현은 아직도 요원한 이상으로 남아 있기 때문에 '시민적 권리' 개념을 장애인의 사회통합 수준을 점검할 수 있는 하나의 틀(framework)로 활용하고자 하는 시도이다. 이러한 접근은 궁극적으로 「유엔장애인권리협약」의 핵심 과제인 완전한 사회통합과 참여를 보다 더 의미 있는 수준까지 발전시키는 데 기여할 것이다. 또한 하나의 학문영역으로서 사회학 또는 사회정책이 인권 또는 사회권에 관련된 주제를 소홀히 했었다는 지적을 감안한다면,[299] 이 주제는 장애인의 시민적 권리와 인권에 관한 구체적 논의를 활성화시키는 계기를 부여할 것으로 기대한다.

본 장의 주요 관점은 아래와 같다. 장애인이 '시민적 권리'를 누릴 수 있기 위해서는 「유엔장애인권리협약」이 명시하고, 아울러 대한민국의 헌법이 보장하는 전반적인 사회생활에 참여할 수 있는 실질적인 기회를 보장받아야 한다. 즉, 여기에서 '보장'은 권리의 실현을 위한 자유권

---

297 Len Barton, "Sociology and Disability: Some Emerging Issues," in L. Barton, ed., *Disability and Society: Emerging Issues and Insights*(London: Longman, 1996).

298 Thomas. H. Marshall, "The Nature of Class Conflict," In *Sociology at the Crossroads, and Other Essays*(London: Heinemann, 1963).

299 Bryan S. Turner, "Outline of a Theory of human Rights," in B.S. Turner, (ed)., *Citizenship and Social Theory* (London: Sage, 1993).

의 실현은 물론, 사회권 차원에서 자원의 확보와 분배를 의미한다. '권리'란 도덕적·법적 협약에 근거한 정당한 요구 또는 정당한 자격이다. 따라서 본 장에서 강조하는 현대적 의미에서의 '시민적 권리'는 단순히 정치·사회적 재화의 제공에 관한 분석에만 국한하지 않으며, 장애를 가진 시민들이 다양한 욕구충족과 권리 실현을 위하여 여러 가지 사회적 장치에 능동적이고 적극적으로 참여하며, 때로는 주장/요구함을 강조한다. 만일에 장애인에게 정상적인 시민으로서의 생활을 유지하는 데 절대적으로 필요한, 즉 「유엔장애인권리협약」이 보장하는 기회를 박탈당하거나, 일반적으로 당연하다고 간주되는 사회적 혜택을 향유할 수 있는 구체적 방법이나 권리가 주어지지 않는다면 이것은 주류 사회로부터의 배제를 의미한다. 부당한 차별로 인하여 충족되어야 할 욕구를 충족시킬 수 있는 기회를 박탈당한다는 것은 시민으로서 정체성, 지위 또는 권리를 상실할 수도 있는 위기에 처하게 됨을 의미한다. 따라서 '시민적 권리'의 개념은 평등의 원칙에 기반한 삶의 실현과 불가분의 관계를 맺는다. 필자는 「유엔장애인권리협약」과 마샬의 권리발달 이론은 '시민적 권리'의 이상을 실현해야 되는 장애인들의 오랜 시일에 걸친 권리투쟁과 맥을 같이하기 때문에 별개가 아닌 동시에 상호 추구해야 될 과제라고 주장한다. 기본적으로 「유엔장애인권리협약」의 이행은 장애인의 '시민적 권리' 추구와 관련된 오랜 기간의 실질적인 사회·경제·정치학적 요소들 간의 갈등적 관계를 묶어 낸 결과물로 제시함과 동시에, 「유엔장애인권리협약」이 표방하는 정신, 원칙의 이행을 위한 모니터링의 중요성도 강조한다. 여기에서 우리가 간과하지 말아야 할 한 가지 중요한 의미는 협약은 장애인에게만 의미가 있는 것이 아니며, 모든 사람들로 하여금 인권의 관점에서 인권의 비전을 가지고 장애인의 권리 문제에 대하여 생각하게 하는 새로운 계기를 만들어 낼 것이라는 점이다. 나아가 본 장에서는 장애인의 권리에 집착하는 것으로부터 벗어나 시민적 의무까지도 포함하는 '시민적 권리'의 개념까지 확산되어야만 「유엔장애인권리협약」이 추구하는 인권의 이념을 실현할 수 있다고 주장한다. 결론 부분에서는 추상적 과제보다는 현실적 과제에 집중하면서 구체적으로 「유엔장애인권리협약」의 원칙을 이행해 나갈 것을 강조하며, 아래의 부재를 포함하고자 한다.

2. 장애인과 '시민적 권리'의 개념

본 장에서는 장애인의 '시민적 권리'의 개념을 「유엔장애인권리협약」의 맥락에서 하나의 이론적 틀로 설정하여 전반적인 장애인의 인권을 핵심주제로 한다. '시민적 권리'의 개념을 핵심

주제로 부각시킴은 장애인의 문제가 과거와 같이 의료, 박애, 시혜, 복지의 차원에서 논의되던 시대가 지나고 이제는 2008년 5월 3일 「유엔장애인권리협약」이 비준됨으로써 논의의 핵심이 '권리'의 패러다임으로 전환된 것을 의미한다. 따라서 본 장은 이 개념의 새로운 의미 또는 실용성을 '권리협약'의 원칙과 '시민적 권리'의 개념과 접목시켜 개진시킨다. 사회정책의 연구 문헌에 이 개념이 본격적인 논의의 주제로 등장하기 시작한 것은 필자가 수학했던 런던 정경대(LSE)의 마샬(T. H. Marshall) 교수의 초기 논문에 근거한다.[300] 사회학이 시민적 권리 이론에 몰입하는 바람에 인권이론의 발전에 소홀했다는 점을 인정하듯이,[301] 사실상 사회정책연구에서도 장애인과 '시민'의 개념을 인권의 개념과 연계시키지 못했기 때문에 본 논문에서와 같이 동일 선상의 맥락에서 접근하는 것도 큰 무리는 없을 것이다.

이미 '시민적 권리' 개념을 둘러싼 쟁점, 비판적 논의는 충분하게 전개되었기 때문에 이 장에서 이를 반복하지는 않는다.[302] 본래 추상적이고 철학적인 영역에서만 이해되던 '시민적 권리'의 개념을 구체적인 사회정책의 영역으로 발전시킨 마샬은 이것을 하나의 이론으로서 발전시킨 데에 근대 자본주의 사회와 민주주의가 공통으로 직면하고 있던 내재적인 문제에 관심을 두었다. 마샬은 지난 3세기 동안 출현한 권리의 형태를 세 가지로 구분하고 있는데, 첫 번째 형태는 18세기의 산물인 공민권(civil rights)으로서 개인의 재산 소유와 정의에 대한 권리, 법(法) 앞에서의 평등권 등 개인의 자유에 필요한 권리 확립을 의미한다. 두 번째 형태는 19세기에 확립된 정치권(political rights)으로서 투표권, 피선거권을 포함한 참정권을 의미한다. 정치권의 발달은 프랑스 혁명 등의 여파로 인한 '시민사회'의 도래와 발전에 그 기원이 있으며, 18·19세기 초반에 급속히 성장을 본 노동계급 주도의 사회운동과 밀접한 관계를 갖는다. 민중의 삶에 영향을 미치는 공공의 문제는 대체로 사소한 개인적인 문제로 간주되었으며 입법자들도 이러한 문제에 대하여 무관심하였다. 그러나 점차적으로 노동·정치 운동이 확산됨에 따라서 사회문제에 무관심했던 입법 연구자들을 퇴진시키고, 정치권의 확산을 통해 의식이 투철한 정치인들을 등장시켜 진정한 의미에서의 정치권이 발전하는 것을 본다. 어떤 의미에서 위 두 가지의 권리는 유엔의 자유권협약(ICCR)과도 밀접한 관계를 가진다. 위에서 살펴본 바와 같이 공민권, 정

---

300 Thomas H. Marshall, "The Nature of Class Conflict". In *Sociology at the Crossroads, and Other Essays*(London: Heinemann, 1963).

301 Bryan S. Turner, *Citizenship and Social Theory*(Sage, 1993), 176.

302 Reinhard Bendix, *Nation-Building and Citizenship*(John Wiley and Sons, 1964); Bryan S. Turner, *Citizenship and Capitalism*(London: Allen & Unwin, 1986); "The Erosion of Citizenship," *British Journal of Sociology* 52, 2(2001), 189-209; Turner, Bryan S., and Peter Hamilton, "Citizenship: Critical Concepts," In *Citizenship: Critical Concepts*, edited by B.S. Turner and P. Hamilton, London: Routledge, 1994; 김형식, "T. H. Marshall의 시민적 권리론에 관한 소고," 한국 사회복지학회지 26(1995); 김형식, **시민적 권리와 사회정책연구**(서울: 중앙대학교 출판부, 1998).

치권의 발달은 실제로 장애인의 사회권이나 권리와는 무관하게 전개된 것처럼 보이지만 근래에 와서 한국 정치에 '장애인 정치인'이 등장하는 것도 정치권 확산이며, 이는 장애인들의 '시민적 권리'의 기반이 강화되는 현상으로 해석할 수 있을 것이다(협약 제29조, 장애인들의 정치 및 공적 활동의 참여). 장애인에 대한 반차별법인 미국의 ADA(Americans with Disability, 1990)를 필두로 하여, 영국, 호주, 뉴질랜드, 프랑스 등의 유사한 반차별법 제정은 장애인의 문제가 정치적 시민권의 차원에서 이루어 낸 결과로 제시할 수 있을 것이다.[303] 특히 영국에서 주도되었던 '접근 가능한 이동수단(CAT: Campaign for Accessible Transport)'과 '시혜가 아닌 권리(Rights, not Charity) 운동'이 있으며, 또는 DPI에 의해 주도된 '장애인이 배제된 결정은 모두 거부한다(Nothing about us without us)' 장애인 운동 등이 국내·외적으로 장애인 운동의 정치화되는 발달과정을 잘 설명해 준다. 세 번째는 사회권(social rights)으로서 19세기 이후에 확립되었으며 유엔의 사회권 협약(ESEC)보다 앞서지만, 경제적·사회적 측면의 권리를 강조한 점에서는 상호 유사하다. 마지막 단계라고 볼 수 있는 사회권은 근대적 시민권의 핵심요소로서 기본적인 경제적 보장을 포함하며 문명된 유산으로서 온 사회가 향유하는 삶의 질을 구가할 수 있는 권리를 의미한다. 특히 사회권과 현대복지국가의 발달은 밀접한 관계를 가지며 경제·사회적 권리를 보장하는 제도적 장치로서 상호 의존적이고 보완적인 성격을 가지고 있다. 공민권, 정치권 및 사회권 등 각기 다른 권리는 각각의 역할과 가치를 표방하며 발전하는 것을 요약하고 있으며, 이 세 가지의 권리가 조화로운 발달을 이루게 되는 최종 단계를 '시민적 권리'로 개념 정의한다. 그러나 이러한 권리는 국가마다 시대에 따라 각기 다른 발전 단계를 거치고 있으며, 때로는 아직도 실현해야 될 추상적 권리로 남아 있는 경우도 있을 것이다. 경우에 따라서는 어떤 정치적 목적에 의해서 사회적 시민권은 보장하되 공민권, 정치적 시민권은 억압하거나 박탈할 수도 있을 것이다. 실제로 유엔에서 자유권협약(ICCPR, 1966)이 채택된 경위는 미국, 영국, 호주, 프랑스를 주축으로 하는 자유주의 국가의 회원국들에 의해서 지지되었던 것이다. 이를 그대로 방관하지 못했던 소련을 주축으로 하는 사회주의권의 국가들이 제안하고 지지한 사회권 협약(ICESCR, 1966)이 비준되었다. 예를 들어, 가깝게는 북한의 경우 전통적인 의미에 있어서의 공민권, 정치적 시민권은 아직도 실현되지 못하고 있지만 적어도 명목상으로는 사회권의 차원에서 자본주의 사회보다도 더 건실한 발전을 했다고 주장할 수 있는 여지가 있다.[304] 본 논문에서 사

---

303 B. Doyle, *Disability Discrimination: The New/law*(London: Jordan, 1966); C. Gooding, *Disability Discrimination Act 1995*(London: Blackstone Press, 1996).

304 김형식, **시민적 권리와 사회정책연구**(서울: 중앙대학교 출판부, 1998); Kim, Hyung Shik, "A Comparative Study of Social Policies in the Socialist North and Capitalist Sout Korea"(Unpublished PhD Thesis, Monash University,

용하게 되는 '시민적 권리'의 개념은 공민권, 정치권, 사회권이 단계적 발전을 거쳐 모든 사람이 사회, 정치, 경제, 문화 영역에서 인간의 평등을 보장받는 공동체의 한 성원으로서 그 지위(status)를 인정받음을 의미한다. 여기에서 유념해야 될 점은 본 논문에서 사용하고자 하는 소위 '통합적(inclusive) '시민적 권리''는 공민권, 정치적 시민권, 사회적 시민권이라는 각기 다른 권리가 달성되어야만 가능하다는 것이다. 또한 이러한 권리의 달성은 과거의 경우 때로는 2~3백 년의 긴 시간이 소모되었으며, 각기 다른 계급 간의 투쟁에 의한 승리의 결과이었음도 인정한다.[305] 이러한 역사적 관점에서 볼 때, '권리협약'의 비준은 권리발달의 마지막 단계인 사회권과 밀접한 관계를 가지며, 실천을 위한 이행 과정에서 당면하게 될 장벽이 만만치 않음을 시사한다.

아래 [그림 5-1]에서는 각기 다른 세 가지 권리가 '시민적 권리'를 지탱해 주고 있음을 보여준다. 그러나 세 가지 권리의 발달 배경, 상호 보완성 등은 이론적인 설명으로서만 개연성이 있을 뿐 실제로 역사발달 과정에서와 같이 자연적으로 그리고 자동적으로 '시민적 권리'가 실현되거나 보장되었던 것이 아니다. 단계적 발달의 관점에서 본다면 권리의 최종 단계는 '사회권'이라는 '사회적' 영역으로 이어지며, 가장 핵심적인 특징은 사회보장, 의료보장, 주택, 교육 등과 같은 사회복지 요소로 나타난다. 우리는 여기에서 '권리협약'이야말로 마샬이 설명하는 사회권과 가장 밀접하게 관련되어 있음을 주목해야 될 것이다.

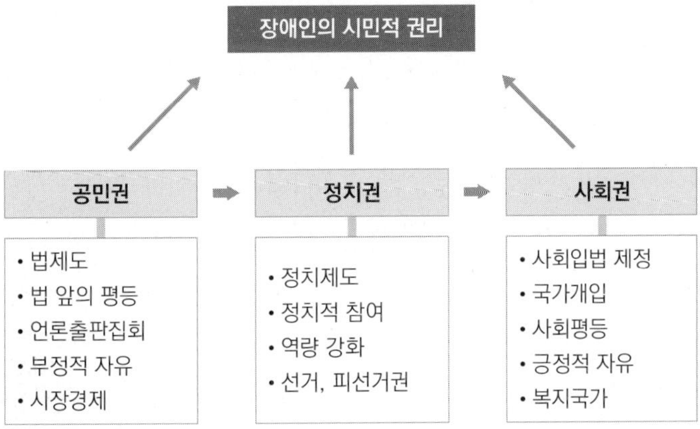

그림 5-1. 시민적 권리[306]

Melbourne, Australia, 1988).

305 Thomas H. Marchall, *Social Policy*(London: Hutchinson, 1963).

306 김형식, **시민적 권리와 사회정책**(서울: 중앙대학교 출판부, 1997); Park, Soon Woo, "Struggle for Social Citizenship in Korea 1945-1997"(미출판 박사학위 논문, London School of Economics and Political Science, 2004).

실제로 '권리협약'은 적정 수준의 경제적 복지 및 보장으로부터 사회적 유산을 충분히 공유한다. 또한 사회의 보편적 기준에 따라 차별당하지 않고 문명화된 삶을 영위할 수 있는 권리에 이르기까지의 전 범위를 권리로 규정하고 이와 관련된 실제적 장치를 제시하고 있다. 위의 세 가지 권리가 각각 질서정연하게 순차적으로 발달하여 조화를 이루며 순리적으로 완전한 '시민적 권리'의 위치에 이르는 것처럼 보이기도 하나 실제로 상호 발달 과정에는 갈등적이고 방해적인 요소도 있어 '시민적 권리'가 표방하는 평등보다는 불평등을 조장하는 요소도 강했다. 예를 들어, 자유의 개념에 있어서도 공민권하에서는 정부의 개입을 부정 내지는 최소화하는 '부정적 자유'가 강조되지만, 사회권에서는 시장, 복지 등 국민의 여러 생활면에 국가개입을 정당화하는 '긍정적 자유'가 강조된다. 역사적 관점에서 볼 때 '공민권'의 개념[307]은 본래 사유재산의 자유, 계약체결의 자유, 언론·출판·집회·결사의 자유, 법 앞의 평등 등 개인의 자유를 실현하는 데 필수불가결한 권리들을 의미한다.[308] 이 권리는 영국의 명예혁명과 청교도혁명, 프랑스 혁명, 미국의 독립전쟁 및 남북전쟁 등 시민혁명을 통해 중세 봉건사회의 신분적 억압으로부터 탈피함으로써 획득된 것이다. 중앙집중화된 왕권, 신권으로부터 해방된 시민은 자신의 능력에 따라 자유로이 계약을 체결하고 재산을 축적할 수 있는 기반을 획득한 것이다. 그러나 '공민권'을 통해 권리를 행사할 수 있었던 프랑스 혁명 당시 '시민'은 이상적이며, 엘리트로서 부유하고 교육받은 생산적인 사람들, 주민으로서 자결권(Self-determination)의 능력이 있는 시민을 의미했던 것으로서 빈민, 여성, 장애인과는 무관했다. 즉, 본래 '시민'의 개념 속에는 노인, 장애인, 병자, 여성이 포함되지 않았던 점을 강조해 둘 필요가 있다.[309] 또한 개인의 자유와 사유재산권을 강조하는 공민권이 극도로 발전하거나 우세하게 된다면 사유재산제도와 시장의 기능을 강화시키게 되어 평등과 분배의 원칙을 강조하는 사회적 시민권과는 갈등적인 대립관계를 맺게 될 것이다. 이러한 갈등관계의 역사적인 인식은 한 사회가 경제적, 사회적, 문화적 권리 또는 '권리협약'과 같은 제도적 장치를 통하여 지속적으로 사회권의 기반을 다져 가야할 근거와 중요성을 제시한다. 그럼에도 불구하고 분명한 사실은 세 가지 원리가 근대사회의 발전 과정을 설명해 주며, 세 가지 권리 중 어느 것 하나라도 붕괴된다면 사회생활에 참여할 수 있

---

307 우리나라에서는 Civil Right를 여러 가지로 해석하고 있다. 일부 사회학자들과 헌법학자들 그리고 중·고등학교 교과서에서는 '자유권' 혹은 '자유권적 기본권'으로 지칭되고 있으며, 사회복지와 관련된 서적에서는 '공민권'으로 지칭되고 있다. 본고에서는 후자의 경우, 즉 공민권의 개념을 사회권과 상호 교차적인 개념으로 지칭한다.

308 Thomas H. Marshall, *Social Policy*, 74.

309 Bryan S. Turner(ed), *Citizenship and Social Theory*(Sage, 1993).

는 평등한 지위와 능력을 기본으로 하는 '시민적 권리'의 실현은 불가능할 것이다.[310]

이러한 이유 때문에 향후 한국 사회에서 '권리협약'이 어떻게 실현될 것인가의 과제와 장애인의 '시민적 권리'가 어느 정도나 실현될 것인가는 서로 맞물려 있다. 즉, '시민적 권리' 실현을 통한 완전한 사회통합과 참여를 통해서만 장애인이 보다 평등한 위치에 이를 수 있는 관계가 형성됨을 의미한다. [그림 5-1]에서 「사회적 시민권」이 표방하는 「장애인차별금지법」과 같은 사회입법, 복지제도의 발달을 주목해야 되는데, 이러한 입법과 국가의 개입이라는 장치는 보다 구체적으로 장애인의 삶의 질 향상과 직접적인 관련이 있기 때문이다. 그러나 하나의 가설로서 장애인의 '시민적 권리'의 구체적인 실현이 가능해지기 위해서는 공민권, 정치적 시민권 등의 상호 관련된 권리들 간의 발달을 기본으로 해야 될 것이다. 즉, 플란트(Plant)의 지적처럼 '시민적 권리'는,

> 평등의 원칙에 의해서 적용되며 '신분의 평등(equality of status)'과 '권리의 평등(equality of rights)'을 동시에 포함한다. 따라서 법률 앞에 평등을 인정받는 것과 마찬가지로 시민적 신분을 가능케 하는 사회적 수단의 분배도 공민권, 정치권 등이 내포하는 시민적 권리를 위해함이 없이 평등하고 공평하게 이루어져야 한다.[311]

'시민적 권리'의 개념은 "모든 국민은 인간으로서의 존엄과 가치를 가지며 행복을 추구할 권리를 가진다."는 대한민국 헌법(제10조)의 보장처럼 법적인 제반 규약을 지지하며, 동시에 사회적 시민권의 실현을 위한 시장과 정치와의 관계를 수정 또는 초월시키는 의미를 담고 있다. 그러나 각 권리들 간의 관계가 반드시 평탄하거나 평등한 것만은 아닌 상충될 수 있다는 관점에서 본다면 '시민적 권리'는 이미 달성된 목표가 아니라 마치 '권리협약'이 그러하듯 지속해서 추구해야 될 하나의 이상이며 이념이라고 주장할 수 있다. 서구 사회의 경험을 보더라도 '시민적 권리'의 발달 역사는 순조로운 평행선상이 아닌 갈등과 투쟁의 역사라는 것이며, 특히 이러한 요소는 마지막 단계인 사회적 시민권의 발달에서 더욱 두드러지게 나타난다.[312] 구체적으로 설명하자면, 학자들 간에는 마샬이 설명했던 대로 마지막 단계인 '사회적 시민권'이 자동적으로 달성될 수 없다고 주장한다. 아마도 최근 복지 선진국에서 경험하고 있는 복지국가의 붕괴,

---

310 Maurice Roche, *Rethinking Citizenship: welfare, Ideology and Change in Modern Society*(London: Polity Press, 1994).

311 R. Plant, "Citizenship, Rights and Socialism," Fabian Tract. No. 531(London: Fabian Society). 박병현, **사회복지정책연구이론: 이론과 분석**(학현사, 2007), 217에서 재인용

312 Bryan S. Turner, 앞의 책; Bart Van Steenbergen, *The Condition of Citizenship*(Sage, 1994).

국가의 개입적 기능을 약화시킨 '신자유이념' 등의 후유증을 염두에 둔다면 향후 한국 사회에서 적극적인 국가 차원의 개입과 예산투입이 요구되는 '권리협약'이나 「장애인차별금지법」 시행 과정에서 당면하게 될 과제가 어떠한 양태로 등장하게 될 것인가를 예측할 수 있게 한다. 위에서 논의한 '시민적 권리' 등장의 역사적 발달과정에서 장애인이 '시민'으로서 인정받지 못했음을 지적했으나, '권리협약'의 채택은 장애인들도 '시민'으로서 그 신분을 보장받을 수 있는 법적 장치가 마련되었음을 의미한다.

'권리협약'의 이행을 통하여 일련의 신분적 변화가 가능하기 위해서는 장애인을 능력 있는 사회의 성원이자 시민으로 인정하여 일련의 법적, 정치적, 경제적 및 문화적 조치가 해당 개인과 집단에게 자원이 공급되도록 해야 한다. 여기에서 장애인의 시민으로서의 신분적 변화는 사회의 일원으로서 인정받는 데 필요한 자원을 공급받아야 할 헌법이 보장하는 권리를 포함한다. 궁극적으로 '시민적 권리'를 주축으로 하는 신분적 변화는 교육과 고용을 포함한 자원과 기회의 접근성 불평등, 차별 등의 문제를 외면할 수 없기 때문에 자원 분배의 불평등 문제도 피할 수 없다. 이러한 관점에서 본다면, 협약의 이행 과정에서 당면하게 될 가장 큰 과제는 장애인과 비장애인 간의 불평등의 문제를 해결하고 실제적인 신분적 변화를 가능하게 하는 자원의 이동과 아울러 이러한 변화를 가능케 할 수 있는 장애인 당사자들의 역량강화와 완전한 사회통합이다. 협약이 장애인들에게 '시민'으로서의 새로운 정체성을 부여한다는 것은 지금까지의 경제적 기회와 정당한 사회적 처우로부터 배제되었던 그들을 사회의 주류로 포함시킴을 의미한다. 사회통합과 참여의 기회가 보장되지 않는다면 '시민적 권리'의 기회도 보장될 수 없을 것이다. 그러나 관련 입법과 정책을 통한 국가의 역할 못지않게 장애인 당사자들의 적극적인 시민적 역할 또한 중요하다. [그림 5-2]에 요약된 장애인의 신분적 변화는 단순한 이론적 구상이 아니라 현실적인 과제와 딜레마를 동시에 설명해 주고 있다. 위와 같이 권리의 발달이라는 관점에서 살펴볼 때 장애인의 '시민적 권리'의 발달도 나름대로의 상당한 사회·정치적 투쟁의 역사라고 해석해도 큰 무리는 없다. 학자에 따라서는 이것을 '신사회 운동'[313] 또는 '해방투쟁'[314]이라고 정의하기도 했다. 여기에서 '신사회 운동'이란, 새로운 형태의 정치적 행동 또는 변환을 위한 사회적 기반이며, '새롭다'라는 의미는 과거와 같이 전통적인 정당 정치의 참여나

---

313 M. Oliver, "Defining Impairment and Disability: Issues at Stake," in C. Barnes and G. Mercer, eds., *Exploring the Divide: Illness and Disability*(Leeds: The Disability Press, 1996).

314 Tom Shakespeare, "Disabled People's Self Organization: A New Social Movement?," *Disability, Handicap and Society*, 8, 3(1993): 249-264.

정치적 결단을 요구하던 단일 쟁점 위주의 압력집단 행위와는 전혀 다른 것이기 때문이다.[315] 장애인 당사자들에 의한 장애인의 권리, 또는 인권 향상을 위한 포괄적인 의미에서의 사회·정치적 투쟁을 '신사회 운동'이라고 정의한다면, 한국의 '장애우권익문제연구소'도 한국 사회 장애인 문제의 정치화에 분명히 일역을 담당한 것으로 평가할 수 있을 것이다. 오페(Offe)는 근년의 장애인 운동을 지금까지 정부의 정책연구 구조에 의해서 주변화되었던 소수집단이 새로운 이해 당사자로 세력의 결집을 이루어 낸 것으로 인식해야 한다고 주장한다.[316] 오페의 주장은 연구자의 주장대로 과거 차별과 배제의 대상이 되었던 장애인들이 '이해 당사자로 세력의 결집'을 이루어 낼 큰 과제를 인정해야 함을 지지해 준다. 이것은 능동적이고 적극적인 시민이 당연히 해야 할 일이다. 다소 반론의 여지가 있겠지만, 동시에 '권리협약'은 마샬의 권리발달 이론에서 제시하고 있는 '시민적 권리'의 이상을 실현해야 되는 오랜 시일에 걸친 장애인들의 권리투쟁과 맥을 같이한다고 주장한다. 여기에서 장애인들의 권리 실현을 위해 투쟁적인 면이 불가피함을 강조하는 것은 결국 역사에서 보았던 것처럼 '시민적 권리'의 실현은 결코 중립적인 것이 아니며 이념적 입장에 따라 강조점이 달라질 수도 있다는 점이다. 역사적으로 '시민적 권리'의 발달이 결코 단순할 수 없었던 것과 마찬가지로[317] '권리협약'의 이행이 당면하게 될 장벽이 만만치 않을 것이다. 즉, 아래 [그림 5-2]는 위에서 설명한 신분상의 변화를 의미한다. 신분적 변화에 의한 '시민'의 개념은 장애인들로 하여금 박애와 자선의 대상이 아닌 사회 성원으로서의 긍정적인 정체성을 부여한다. 그러나 현실적으로 이러한 신분의 변화는 자동적으로 주어지지 않으며, 때로는 장애인 당사자들에 의한 지속적 '투쟁'에 의해서만 가능할 수도 있다. 그것이 현실이다.

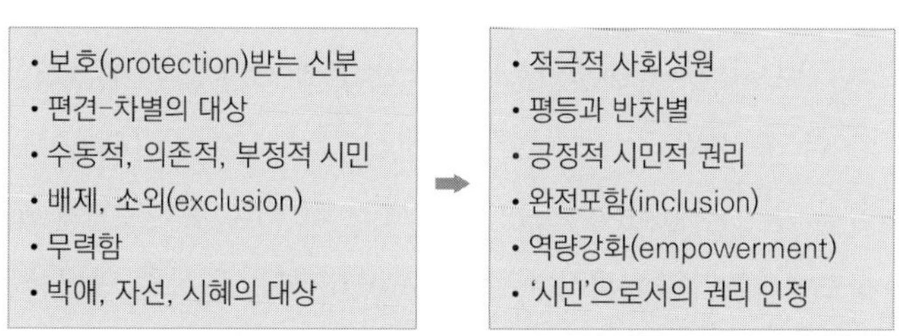

그림 5-2. 시민으로서 장애인의 신분적 변화

315 M. Oliver, *Politics of Disablement*(Basingstoke: Macmillan, 1990).

316 Claus Offe, "New Social Movements: Challenging the Boundaries of Institutional Politics," *Social Research* 52, 4(1985): 817-868.

317 Bart Van Steenbergen, *The Condition of Citizenship*(Sage, 1994).

3. 장애인의 현실과 '시민적 권리'

위에서 논의한 '시민적 권리'의 개념에서, '권리'란 도덕적·법적 협약에 근거한 정당한 요구 또는 정당한 자격임을 강조했다. 그러나 이러한 개념을 현 세계의 75억 명 이상의 인구 중 대략 15%에 해당하는 1억 5천 명의 지구촌 장애인을 대상으로 적용시킬 때, 또는 보다 구체적으로 빈곤의 문제가 극심한 문제로 남아 있는 최소한 6억의 개발도상국 장애인의 시민, 문화, 경제와 사회생활에 적용시키고자 한다면 더욱 많은 문제를 내포하고 있음을 알 수 있다.[318] 이들의 상당수는 아직도 지역사회의 참여하는 기본권을 거부당한 채 대형 시설에 은폐된 생활을 감수해야 되며, 개발도상국 장애인의 80~90%, 선진국 장애인의 50~70%가 미취업 상태이다.[319] 그럼에도 불구하고 세계 5억의 극빈 문제를 해결하고자 했던 유엔의 새천년개발목표(Millenium Development Goals, 2000~2015)는 빈민 중의 빈민(the poorest of poor)이라는 장애인을 완전히 도외시하였다.[320] 교육권, 건강권이 거부당하는 것도 생활화되었으며, 개발도상국 학령기 장애아동의 90%는 학교에 가지 못하고 있다.[321] 필리핀은 약 6백만 명의 장애아동 중 겨우 110,169만 명이 학교에 취학하고 있다.[322] 전 지구적 현실에서 보았을 때, '권리협약'의 성공적인 이행은 향후 장애인의 '시민적 권리' 실현이라는 차원에서 상당히 큰 의미를 부여하며 동시에, 과거 사회참여의 여러 영역에서 배제(exclusion)되었던 장애인들을 포함(inclusion)시켜야만 할 구체적 과제를 담고 있다.

본 장에서는 한국의 장애인에게 익숙한 편견과 차별의 벽을 넘어서기 위해서는 이를 뒷받침할 수 있는 '시민적 권리'의 실현이 그 전제 조건이 되어야 한다고 주장한다. 그러나 장애인의 현실에 눈을 돌린다면 이러한 주장이 한국 사회에서도 얼마나 긴박한 요청인가를 알 수 있게 된다. 예를 들어, 「2017년 장애인실태조사」에 의하면 전체 장애인 가구 194.5만 가구 중 국민기초생활수급자 가구는 총 26만 가구로 전체 장애인 가구 수의 13.1%로서 빈곤의 늪에서 벗어나지 못하고 있음을 알 수 있다. 이것은 비장애인 가구의 국민기초생활보호대상자 비율 6.8%에 비해 2배 정도에 해당하는 것이다. 소득을 보더라도, 통계청 경제활동 인구조사와 장

318 ILO, Employment of People with Disabilities: The Impact of Legislation-Asia and the Pacific. Report of a Project Consultation. Bangkok, 17 January, 2003.

319 OECD, Transforming Disability into Ability: Policies to promote work and income security for Disabled People. 2004.

320 UNDP 1995.

321 UN Enable http://www.un.org/disabilities/index.asp

322 2018년 9월 유엔 CRPD의 국가보고서 심의 과정에서 지적됨

애인 경제활동 실태조사에 따르면 2017년 기준 장애인의 고용률은 36.5%로 일반 국민(60.2%)의 약 60.6%에 불과하다. 또한 「2017년 장애인실태조사」(2017)에 따르면 장애인 가구의 월평균 소득은 2,421천 원으로 전국 가구소득(3,617천 원)의 66.9% 수준이다. 이와 같이 장애인의 경우 일반적으로 근로활동이 어려워 비장애인에 비해 생활수준이 열악하다. 장애인 소득을 보전하기 위해 정부는 장애인연금과 장애수당을 도입·시행하고 있다.[323]

위에 제시한 통계자료는 장애인들이 생활 속에서 여러 형태의 차별적 대우, 인간관계에 직면하는 것이 장애인들의 실상이며, 이것이 고착화되었음을 보여준다. 지난 수년 동안 주류 장애인 단체들은 대부분의 장애인들이 당면하는 여러 장벽으로 인해 기본적 인권에 침해를 받고 있음을 지적해 왔다. 예를 들어, 「2000년 장애인실태조사」[324]에 의하면 87%에 달하는 장애인이 차별을 당하거나 인권 침해의 대상이 된다고 생각하며, 실제로 96.2%가 차별을 당한 경험이 있다고 한다.[325] 이러한 현상을 한국과 같은 사회에서는 으레 있음직한 사회현상으로 간주되겠지만 「미국장애인법(ADA)」(1990)의 제정을 이루어 낸 미국 사회에서도 취업과 전반적인 불평등 상황, 사회적 배제, 인간의 존엄성을 위협하는 부정적 이미지가 존재함으로써 포괄적인 '시민적 권리'를 누리지 못하는 점에서는 한국의 현실과 과히 다른 것이 없다. 따라서 ADA는 보다 적극적으로 ADA의 입법정신을 시행함으로써만 장애인을 위한 평등한 사회가 구현될 것이라고 주장한다.[326] 구체적인 예로 1990년 ADA가 제정되던 당시 한 연구에 의하면 1989년 미국의 장애인의 실업은 28.9%이었으나 1994년에는 다시 30.0%로 증가했다. 약 65.7%에 달하는 고질적인 장기 장애인 실업자의 통계도 비관적이다.[327] 전 세계적으로 장애인의 실업률은 어느 경제제도에서나 예외 없이 65~80%에 달하고 있는 것으로 나타났으며[328] 이 정도의 통계 속에 포함되는 계층은 거의 전적으로 사회참여도 전무하며 '시민'의 대우도 못 받는다.[329] 즉, 시민으로서 사회인으로서 '배제'를 당한 것이며, 아예 2등 시민이거나 그 이하로 내려간다.[330] 또 어떤 이들은 경쟁적인 고용시장에서 장애인들은 '식민지화'되었다고 주장하는데 여기에서 '식민지화'는 무(無)권력층 또는 빈민에 대한 권력층의 성치적, 경제적 및 사회적 지배를 의미한다.[331]

323 장애인권리 협약 2, 3차 보고서 초안. 09. 2018. 54
324 보건복지부, 장애인실태조사, 2000.
325 2005년의 연구보고서 장애인 차별에 관한 자료가 없음
326 Peter D. Blank(ed), *Employment, Disability and the Americans with Disability Act*(Northwestern, 1997).
327 앞의 책.
328 Disability World, 2003
329 P. Townsend, *Poverty in the United Kingdom*(London: Penguin, 1979).
330 Lister, 1999.
331 Hirch, 1Karen. "From Colonization to Civil rights," in Peter D. Blanck(ed), *Employment, Disability and the*

최근 문헌에서는 비교적 소수이며 사회적으로 격리되고 소외된 범주의 집단을 '하부계급(Underclass)'이라고 칭하며 대부분 장애인은 이 집단에 속하며 2등 시민이거나 아예 시민(市民)이 아닌 것으로 규정하고 지적한 바 있다. 물론 하부계급의 개념을 도입하여 논의를 더 확대하려는 것은 아니나 장애인은 '시민적 권리'로부터 배제된 2등 시민이라는 공감대의 형성은 큰 무리가 없을 것이다. 그러나 반드시 짚고 넘어가야 할 부분은 장애인에 대한 지속적인 차별대우, 그리고 이에 수반되는 불평등적 제반 요소야말로 장애인권리협약을 통하여 극복되어야 할 과제임에 틀림이 없다. 전반적인 장애인 문헌에서 '시민적 권리'에 관한 개념이나 이론이 광범위하게 논의되고 있는 것은 아니지만 적어도 이 논문에서는 '장애인의 권리'에 집착하는 것으로부터 벗어나 '시민적 권리'의 개념까지 확산시키고자 함은 보다 구체적으로 '권리협약'이 추구하는 인권의 이념을 실현하기 위함이다. '공민권' 및 '정치적 시민권'이 보다 더 효과적으로 작동되도록 하기 위해서는 '시민적 권리'가 내포하고 있는 신분상의 변화, 사회참여 등이 실현되도록 해야 될 것이다. 같은 맥락에서 트와인(Twine)[332]은 공민권과 정치권은 사회권의 지지를 전제로 해야 된다고 주장했는데, 이것을 좀 더 강조하자면 사회권이 먼저 보장되지 않는다면 공민권, 정치권은 의미가 없다는 주장이다. 실제로 최소한의 경제능력에 의한 생존권이 보장되지 않는다면 자유, 양심, 참정권 등과 같은 공민권, 정치권은 큰 의미가 없거나, 우선순위에서 밀려나게 될 것이다.

'시민적 권리'를 누릴 수 있기 위해서는 전반적인 사회생활에 참여할 수 있는 실질적인 능력을 가지고 있어야 한다. 디컨(Deacon)[333]이 갈파한 대로 현대적인 의미에서의 '시민적 권리'는 단순히 정치·사회적 재화의 제공에 관한 분석에만 국한되어서는 안 되며 시민들의 다양한 욕구충족을 위하여 여러 가지 사회적 장치에 능동적으로 참여할 수 있어야만 한다. 만일에 어떤 사람이 생활에 절대적으로 필요한 기회를 박탈당했다거나, 일반적으로 당연하다고 간주되는 사회적 혜택을 향유할 수 있는 구체적 방법이나 기회가 주어지지 않았다면 그들이 속한 주류 사회로부터 배제당하게 될 위험에 처하게 된다. 충족되어야만 할 욕구를 충족시키지 못한다는 것은 시민으로서 정체성과 지위 또는 권한을 상실할 수도 있는 위기에 처해 있음을 의미한다. 이러한 생존과 자존심에 대한 위험은 일반적으로 용납된 사회생활의 참여를 거부하게 한다. 다시 강조하지만, '시민적 권리'의 실현을 위해서는 첫째, 다른 무엇보다도 적극적인 국가의 개

Americans with Disability Act(Northwestern, 1977).

332 Fred Twine, *Citizenship and Social Rights: The Interdependence of Self and Society*(London: Sage, 1994).

333 Bob Deacon, M. Hulse, & P. Stubbs, *Global Social Policy: international Organizations and the Future of welfare*(Sage, 1997).

입이 요구된다. [그림 5-1]의 사회권 속에 포함되어 있는 '사회적 시장'의 개념[334]은 최소한의 생존권 보장을 위해 국가가 시장의 기능에 사회적 교환의 요소를 포함시킬 수 있는 개입적 역할을 강조한다. 국가의 개입은 한 개인의 사회적 신분이나 위치를 유지할 수 있도록 최소한의 자원 또는 '안전망'을 보장해야 할 의무가 있음을 강조한다. 국가의 시장개입은 단순한 경제적 차원에서만 의미가 있는 것이 아니라 이러한 개입을 통하여 사회의 통합적·참여적 기회를 넓힌다는 것이다. 장애인 연금 또는 고용 등을 통한 생존권이 보장되지 않는 한 구매력이 없는 시장(market) 참여는 사실상 불가능할 것이며, 정치적 활동도 의미가 없을 것이다. '시민적 권리'의 요구조건 중의 또 하나는 모든 사회구성원의 동등한 가치를 보장함으로써 지역사회의 완전한 성원으로 참여할 수 있게 하여 사회로부터 인간의 존엄성을 인정받도록 해야 된다는 것이다. 위에서 살펴본 바와 같이 '시민적 권리'의 개념이 '권리협약'의 실현과 밀접한 관계를 갖는 이유는 '장애'라는 특수화된 영역에서뿐 아니라 한 개인 또는 '시민'이 사회구성원으로서 성취해야 할 어떤 목적 달성을 위해 필요한 욕구, 기본권, 자원 및 기회 등 보편적 복지의 개념을 포함시키고 있기 때문이다.[335] 지금까지의 논의를 요약하자면, 결국 '권리협약'의 성공적인 이행은 자원의 문제와 직결된다. 이 점은 제4장의 서론에서 설명한 바 있다.

장애인의 현실이 개선되지 않는 이유는 인권 관련 법제도의 발전 과정에서도 찾아볼 수 있다. 즉, 세계인권선언문(1948)은 '인권'의 문제를 세계적 관심사로 등장시켰으며 인권의 침해를 세계평화와 안전을 위협하는 요소로 단정하여 국제적인 차원에서 개입할 수 있는 여지를 만들어 놓았지만 인권 침해에 관한 개별 국가의 인권 기준을 준수해야 할 법적 의무(legal duty)를 명시하지 않았다. 결국 이러한 인권 선언이 하나의 '선언문'이냐 아니면 '법적 구속력'이 있는 문건이냐 하는 취약점이 자유진영과 공산진영의 이념적 갈등으로 이어지기도 했다.[336] 이러한 이념적 갈등은 1966년에 채택된 '시민적·정치적 권리'와 '경제적·사회적·문화적 권리'에 관한 국제협약에서도 잘 나타나 있다. 요컨대 미국, 영국, 호주 등이 주장하는 '자유권' 원칙에 기반한 전자는 '사회주의'의 이상을 담고 있는 후자와는 이론과 실제에 있어서 질적으로 다른 입장에 서 있다. 예를 들면, 후자의 경우는 법정의 판단이 아닌 국가의 개입적 정책연구를 필요로 하며, 실제적으로 권리 이행을 위해서도 상당한 예산을 필요로 한다. 전자의 경우는 인권위원회(Human Rights Committee)에 의한 판결을 받도록 되었지만 후자는 경제·사회위원회(Social

334 R. M. Titmuss, *Commitment to Welfare*(London: Allen & Unwin, 1974).

335 박병현, 앞의 책, 219.

336 Geoffrey Robertson, *Crimes Against Humanity: the Struggle for Global Justice*(Penguin Books, 2006), 30-32.

and Economic Committee)에 규약 이행에 관한 보고서를 제출하도록 되어 있다.[337] 아래에서 다시 논의되겠지만, 연구자의 견해로서는 대부분의 인권 관련 법 제도의 이행을 위해서는 긍정적 차별(positive discrimination)의 관점에서 국가의 '개입적' 역할이 요구되고 있는데, 상술한 바와 같이 이념적 양극화의 현상에서 탈피하지 못하고 있는 것 같다. 우리는 이러한 개입의 실마리를 미국의 장애인법(ADA, 1990), 유엔 장애인인권협약, 또는 한국의 장애인 고용촉진법 등에서 발견할 수 있지만 선포된 정책연구 의지와 현실 간의 괴리는 크다.

이러한 관점에서 볼 때 '권리협약'은 '경제적·사회적·문화적 권리'와 맥을 같이하는 요소가 강하며, 실제로 협약의 협의 과정에서도 협약의 이행과 법적 구속력에 관련하여 국가의 예산이 뒷받침되어야 하는 것이 명백하기 때문에 '점진적 이행(progressive implementation)'이라는 문항도 이행을 하겠다는 분명한 의사 표명, 또는 이행을 지연하는 장치로 오용될 수 있는 여지에 대한 논란도 있었다.[338] 적어도 장애인권리협약은 여타의 국제적 인권법과 마찬가지로 구속력은 있지만 자원의 부족으로 이행 과정에 차질이 생길 여지는 충분히 있으며, 그렇다면 장애인의 현실이 개선될 전망도 밝지만은 않다.

4. 결론

이 장에서는 세계의 장애인에게 평등한 법적 지위와 인간의 존엄성, 그리고 사회 성원에게 부여된 삶의 질을 추구할 수 있는 권리를 천명하고 있는 '권리협약'의 의미와 시사점을 장애인의 '시민적 권리'의 관점에서 살펴보았다. 이 주제를 발전시키기 위하여 본 장에서는 T. H. 마셜의 세 가지 권리론, 즉, 공민권, 정치권 및 사회권의 각기 다른 요소가 발달하고 결집하여 포괄적인 '시민적 권리'로 발전하는 것으로 정의하였다. '권리협약'이 장애인의 제반 권리를 보장할 수 있는 법적장치라면 이것은 결국 장애인들의 사회적 신분적 변화를 가능하게 하여 차별과 편견을 극복하여 평등한 인간의 존엄성을 인정받는 시민으로서 대우를 받게 될 것이다. 또한 본 장에서는 정치적 또는 시장의 기재를 사용하여 인간문제의 해결이 접근되는 소위 글로벌화 시대에 '권리협약'은 법적·사회적 장치를 동원하여 장애인과 관련된 사회정의, 권리, 존엄

337 앞의 책, 175.

338 김형식, 국제장애인권리협약 비준을 위한 제6차 특별위원회의 참가보고서(2005. 8. 1~12), 장애인권리협약 해설집(국가인권위원회, 2007).

성의 문제를 접근하고 있다는 주장을 하였다. 특히 장애인의 경우 경제시장을 통해서 자유를 향유할 수 있는 장애인은 소수에 지나지 않을 것이며, '권리협약'의 개입이 없다면 대다수의 장애인은 평등을 추구할 수 없을 것이다. 인권법에 있어서 가장 어려운 점의 하나는 대부분의 원칙과 권고 사항이 추상적으로 이해된다는 점이다. 추상적인 차원에서 논의하자면, '권리협약', 영국장애인권리위원회(Disability Rights Commission), 미국의 장애인 법(Americans With Disability Act) 등 각국의 장애인 법, 장애인 인권법 등이 이미 잘 정리하고 있는데 대략 아래의 4가지로 요약된다.

① 장애인에 대한 차별금지
② 장애인의 기회평등을 추구
③ 장애인 처우에 관한 모범사례 개발
④ 장애인차별금지법·인권법 제정의 추구

'시민적 권리'의 개념을 장애인의 사회통합과 연계시키는 노력을 통하여도 여러 쟁점 분야와의 정면충돌이 불가피하게 된다. 몇 가지를 고려해 보자.

첫째, 만일에 우리가 장애인들의 '시민적 권리' 달성을 하나의 사회운동으로 인식하고 협약을 하나의 수단으로 간주한다고 해도 비판의 여지는 남아 있다. 인구의 10%에 육박하는 상당수의 장애인이 전체 인구에 포함되어 있는 경우, 장애인들에게 어느 누구도 비판할 수 없는 포괄적 '시민적 권리'를 부여한다는 것은 어느 정부를 막론하고 현실적으로 막중한 과제로 인식될 것이다. '시민적 권리'를 논함과 동시에 시민으로서의 '의무'에 대한 논의도 필요하다는 반론이 있을 것이며, 이 주제는 차후에 다른 논의에서 다루기로 한다. 존경받는 시민이 되기 위해서는 권리의 주장 못지않게 세금납부 등과 같은 의무의 수행도 따라야 하기 때문에 엄밀한 의미에서 '면세 시민적 권리'는 없다[339]는 지적을 염두에 두기로 한다. 둘째, 공민권, 정치권, 사회적 시민권의 발달과 관련된 각(各) 국가별 발전단계에 따라 '시민적 권리'의 실현은 각기 다른 양상을 띠게 될 것이다. 마찬가지로 '권리협약'을 통한 장애인의 사회통합은 이러한 국가적 차이점을 고려의 대상에 넣어야 할 것이다. 본 장에서는 장애 관련 협약, 입법 등의 추상성, 또는 이행 과정에서 나타나게 되는 국가 간의 차이점에도 불구하고 장애인의 사회통합과 아울러 '시민적 권리'의 실현을 위해서는 구체적인 과제에 집중할 필요가 있다고 주장하며, 추상적 과

339 W. Oliver, *Politics of Disability*(Sage, 1990).

제와 구체적인 과제는 반드시 선택의 문제가 아니며 동시에 추구해야 될 과제로 생각해야 될 것이다. 따라서 구체적인 과제의 몇 가지 예를 들자면,

① **빈곤과 최저생활수준**: 의·식·주·의료 등과 같은 최저생활수준에 대한 보장이 선행되지 않는다면 문명된 시민 생활을 기대하기는 어렵다. 고질적 빈곤, 높은 실업률, 낮은 교육수준 등은 인간의 기본적 욕구 충족을 위한 장애 요소이다. 따라서 UNESCAP이 주도하는 2002년 오사카에서 채택된 BIWACO 새천년 행동계획(BIWACO Millennium Framework for Action)은 기초생활보호와 사회보장제도를 통한 빈곤퇴치를 우선순위로 제시한 바 있다.[340] 2012년 한국에서 개최된 UNESCAP '제2차 아·태 장애인 10년(03~12) 최종평가'와 '새로운 10년(2013~2022)의 이행에도 빈곤 퇴치와 고용증대가 중요한 목표달성의 지표로 설정되어 있음을 상기할 여지가 있다.[341] UNESCAP은 약 1억 6천만 명(세계 전체 장애인의 40%)이 빈민이며 유엔에서 강조하는 사회·경제적 혜택을 받지 못하고 있다는 보고서를 내놓았다. 인간의 기본적 욕구충족의 문제가 해결되지 않는 한 장애인의 권리향상은 그만큼 더 긴 시일을 요할 것이며 악순환 주기는 반복될 것이다. 그러나 불행히도, 위와 같은 여러 형태의 정책적 의지는 기회 있을 때마다 반복되고 실현되지 않고 있다. 실로 '입놀림만 하는' 국제 활동이라 하지 않을 수 없다.

② **접근성의 문제**: 장애인들은 일상생활에서 공공건물, 장소, 교통수단의 접근에서 차별당하며 활발한 사회참여의 기회를 박탈당하고 있다. 교육, 고용기회, 건강, 정보접근, 체육·여가시설 및 삶의 질을 향상시키는 기회에 대한 제한된 접근은 장애인들을 불평등 구조 속에 고착시킬 것이다. 접근성의 문제도 기본적인 시민적 권리의 차원에서 고려되어야 할 것이다.

③ **장애 문제와 장애인의 참여**: 아마도 '권리협약'이 분명히 이행해야 될 과제의 한 영역은 모니터링 과정에 장애 당사자를 적극 참여시킴으로써 장애인 당사자와 직접적인 관련이 있는 정책연구 결정 과정에 기여할 수 있도록 하는 것이다(CRPD 제4조 3항). 이러한 과정을 통하여 '장애인 당사자의 최대이익'이라는 'best interest' 원칙이 상투적이거나 상징적이 아닌 실제적 원칙으로 뿌리내리게 해야 할 것이다. 발달장애, 지적장애인은 결정 과정에 참여할 수 있는 능력이 결여된 것으로 취급받아 과거 결정 과정에서 배제되었던 이들의

340 UNESCAP, BIWACO Millenium Framework for Inclusive, Barrier-free and Rights-based Society for Persons with Disabilities. in Asia and the Pacific. 24 January, 2003.

341 나운환, "한국의 인천전략 이행수준과 개선방안 연구," 한국재활협회 제44차 재활대회, 2015.9.17.

법적 역량(legal capacity 12조)을 강화하는 계기를 만들어야 할 것이다.

④ **개인의 존엄성**: '권리협약'이 보장하고 있는 복잡하고 긴 시간이 소요되는 개인 청원에 의존하지 않더라도 시민으로서, 인간으로서의 장애인의 존엄성이 침해받지 않도록 모든 이행 과정에서 '권리협약'이 천명하는 보편적인 원칙이 존중되어야 할 것이다. 특히 중증장애인의 케어와 관련하여 사생활의 존중(제14조), 장애와 관련된 정보의 접근(제9조, 제29조) 치료, 취업, 개인의 사생활에 관련된 정보존중, 장애인의 존엄성(제17조) 등과 같은 기본적인 가치가 침해되지 않도록 해야 될 것이다.

'권리협약'은 장애인의 '시민적 권리'를 실현할 수 있는 하나의 획기적인 장치이며, 청사진이다. 협약의 이행은 결코 순탄하지 않을 것이지만 그들이 속한 국가와 지역사회에서 취약계층으로, 하층계급(underclass)으로 밀려난 장애인들이 시민으로서의 인간의 존엄성을 인정받도록 국제연합을 비롯한 이 협약의 비준에 참여한 국가들이 최선의 노력을 함께 하여야 할 것이다. '권리협약' 그 자체만으로서는 장애인의 존엄성과 평등이 자연적으로 이루어지지는 않는다. 따라서 비준 국가들은 우선적으로 '권리협약'이 국내에서도 효력을 발생할 수 있도록 '권리협약'의 정신과 원칙을 반영하는 국내법 장치가 제정되어야 할 것이다. 이러한 입법 제정은 보다 구체적인 정책연구 프로그램으로 발전하여 '권리협약'의 의도가 장애인들의 실생활 속에서 실현되도록 해야 할 것이다.

제6장

저자 유 경 민

한국의 장애인차별금지법

International Disability Rights and Development of Legislation

1. 「장애인차별금지 및 권리구제 등에 관한 법률」 입법 배경

1) 「장애인차별금지법」 제정의 필요성

「장애인차별금지 및 권리구제 등에 관한 법률」(이하 '「장애인차별금지법」') 은 2007년 3월 6일 국회를 통과하여 그해 4월 10일 법률 제8341호로 제정 및 공포되었으며, 2008년 4월 11일부터 시행되었다. 이 법률은 모든 생활 영역에서 장애를 이유로 한 차별을 금지하고 장애를 이유로 차별받은 사람의 권익을 효과적으로 구제함으로써 장애인의 완전한 사회참여와 평등권 실현을 통해 인간으로서 존엄과 가치를 구현하기 위하여 제정되었다.

지금도 사회적 차별이 존재하지만, 「장애인차별금지법」이 제정되기 이전 시점에서는 외모, 성별, 지역 등을 이유로 개인과 집단에 대해 차별을 가했고, 특히 장애로 인한 차별은 심각했다. 당시 사회인원 구성으로 볼 때, 비장애인에 비해 상대적으로 소수이자 육체적, 사회적, 경제적 약자인 장애인은 비장애인 남성 중심으로 형성된 사회 구조 속에서 소외될 수밖에 없었고, 비장애인 남성 중심의 사회는 소외된 장애인들에 대해 열등하고 무능력하며 비정상이라고 낙인을 찍는 경우가 많았다. 이러한 관념 내지 관습 속에서 비장애인 남성 중심의 사회 구조에 의해 법 제도화되고, 장애인에 대한 편견은 차이를 넘어 위계질서를 갖춘 차별로 전환되어 지속적으로 확대 재생산되었다.

「장애인차별금지법」 제정 이전으로 거슬러 올라가 1999년 당시의 장애인들의 경험을 중심으로 조사된 장애인 인권 침해 등의 차별행위에 따른 대표적인 유형과 사례를 살펴보면 다음 〈표 6-1〉과 같다. 장애인 인권 침해 유형으로 생활환경, 직업생활, 주거생활, 의료시설 이용, 교육환경, 가족생활, 문화체육생활, 공공기관 이용과 선거 참여, 여성 장애인으로 구분되며, 이에 해당되는 다양한 차별 사례가 발생되었음을 알 수 있었다. 현재로서는 상상조차 하기 힘든 장애인이라는 이유로 차별행위가 자행된 사실을 살펴볼 수 있으며, 그렇기 때문에 「장애인차별금지법」의 제정이 촉구되어야만 하는 실정임을 파악할 수 있었다. 이러한 차별행위는 현재와 많이 다르지는 않지만, 일부 측면에서는 많이 개선된 것을 알 수 있었다.

표 6-1. 장애인 인권 침해 유형 및 사례(1999년 기준)[342]

유형	주요 내용	사례
생활 환경	장애인은 신체적 손상과 기능 장애로 인해 교통, 통신설비, 공공건물, 도로 등의 물리적 환경에 적응하기가 어려움. 이러한 물리적 장벽으로 장애인들은 사회참여에서 많은 제한을 겪고, 이로 인해 사회적 고립과 격리를 경험하게 됨으로써 사회적 불평등 구조에 놓이게 됨. 이동권에 대해 확보되지 못함.	공공기관 방문 시 계단 이용 불편. 버스·지하철 등 대중교통수단에 휠체어로 접근하는 것이 불가능. 리프트가 있어도 담당자가 없거나 있다 해도 작동법을 몰라 이용할 수 없음. 은행에서 대출이나 카드 발급 시 자필 서명을 할 수 없다는 이유로 거절당함(시각장애인). 목욕탕에 갔을 때 다치면 누구 책임이냐며 오는 걸 꺼려해 목욕탕 이용을 못 함. 구청이나 병원에서 수화통역사를 대동하고 오라는 면박을 받음(청각장애인).
직업 생활	장애인이라는 이유만으로 직업생활에서 인권 침해를 경험. 작업환경이 열악하며, 임금 수준이 낮은 직종에 종사하는 경우가 많음. 직업생활의 차별 경험은 학력이 높을수록 낮은 것으로 나타남.	보수 면에서 동등한 능력을 가진 사람과 차별 대우를 받음. 장시간 일을 했음에도 불구하고 작업량이 적어 다른 사람들보다 돈을 적게 받음. 일반 회사 취업 시 눈치를 주어 그만두게 함. 취업 면접 시 능력이 있음에도 거절당함.
주거 생활	가족 중에 장애인이 있다는 사실만으로 주인으로부터 입주 거부당함. 이웃과의 친목활동에서 의도적 배제를 당함. 공공주택에서 편의시설을 사용하는 데 불편함.	장애인을 위해 계단의 경사로를 설치하는 데 주민들의 이해가 없음. 재수가 없다는 이유로 방을 주지 않음. 동네 단합대회 같은 행사에 참여할 수 없음. 서로 불편하니까 반상회에 오지 말라고 함. 농아여서 함께 지내기 싫으니까 동네에서 이사 가라고 함. 이웃으로부터 빈정대거나 험담하는 것과 같은 따돌림을 받음.
의료 시설 이용	뇌성마미, 발달, 시각, 청각장애인 등 비교적 장애가 심한 경우에 의료시설 이용에 많은 어려움을 겪고 있음. 치과, 산부인과, 이비인후과 등을 이용할 때 거부당하는 사례가 많음.	병원 치료 받을 때 지적장애인이라는 이유로 대충대충 진단을 내려서 오진을 받은 적이 있음. 치과, 이비인후과 이용 시 몸을 많이 움직인다는 이유로 진료 거부당함. 병원 총무과 직원이 장애인이라는 이유로 2명의 보증인을 요구함. 장애인이라는 이유로 진료 이전에 진료비를 먼저 요구받은 경험이 있음.
교육 환경	법적으로 장애인의 교육권이 보장되고 있다고 볼 수 있으나, 교육현장에서는 여러 형태의 차별이 일어남. 유치원에서 대학교육에 이르기까지 직·간접적인 교육차별이 일어나고 있음. 학교에서 또래친구들로부터 따돌림을 당하거나 괴롭힘을 당하는 왕따를 경험한 경우가 많음.	신체장애인이라는 이유로 한의대 입학을 거부당함. 특수학교 진학 강요. 초등학교 담임선생님한테 '배우는 것도 없는데 왜 이런 아이를 학교에 보내는지 모르겠다'는 말을 듣고 부모가 너무 당황함. 일반 유치원에 보냈는데 선생님들이 매번 힘들다는 소리를 하며 나오지 말기를 원하는 태도를 보여 유치원에 계속 보내지 못함. 친구들이 놀리거나 괴롭힘. 선생님이 일반반과 특수반을 차별함.
가족 생활	가족들이 장애인을 대하는 잘못된 태도로 극단적으로 보호하거나 무시하는 경우가 있음. 이런 과보호나 무시는 장애인의 자립 기회를 박탈함. 특히 중증장애일 경우 가족 의존도가 높은데 이런 상황에서 가족관계에 어려움이 있으면 해결방안이 없음.	혼사 문제로 가족 중에 장애인이 있다는 이유로 파혼된 적이 있음. 형제들의 결혼 시 상대방 가족에게 인사를 못 함. 할아버지 장례 때 못 오게 함. 외조모가 손자가 장애인이라는 것을 알고 나서 고아원이나 농아시설에 보내라고 부모에게 강요함. 가족이 함께 외출할 때 혼자 집에 남아 있음. 가족 행사에는 아예 같이 갈 생각도 안 하고 데리고 가지 않음.

342 한국장애인단체총연맹, **한국 장애인 인권 백서**(1999). 김정렬; "기획: 인권문제의 실상과 과제; 장애우 인권과 장애인차별금지법 제정 전망," **기억과 전망** 4(2003): 211-229 재인용.

유형	주요 내용	사례
문화 체육 생활	장애인도 문화생활을 해야 한다고 주장하면 별 요구를 다 한다고 생각하는 사회적 분위기가 팽배함. 경제 수분이 높아지면 당연히 수반되는 문화·여가 활동에 있어 장애인만은 여전히 어려움을 겪고 있음.	휠체어 장애인인데 다방이나 호프집에 갈 엄두를 못 냄. 청각장애인인데 우리나라 영화는 자막 처리가 되지 않아 외화만 보게 됨. 장애인이 이용하는 것을 꺼리는 분위기 때문에 체육시설 이용이 어려움. 문화·여가·스포츠 활동에서 농아가 함께 공유할 수 있는 프로그램이 없어 억울하고 답답함.
공공 기관 이용과 선거 참여	공공기관 시설 이용은 정부의 노력 여하에 따라 가장 차별을 줄일 수 있는 부분에 해당함에도 불구하고 차별이 있음. 선거권은 헌법에서 보장하고 있는 모든 국민의 권리임에도 불구하고 장애를 갖고 있다는 이유만으로 그 권리를 정당하게 행사할 수 없음.	동사무소 이용 시 본인이어도 보호자가 대동해야 문서를 떼어 줌. 관공서 접수 안내 창구의 불친절. 인감이 필요해 동사무소를 방문했는데 무시하고 상대해 주지 않음. 통역이 없어 의사전달이 안 됨. 부서가 2층에 있어서 볼일을 볼 수 없어서 담당자와 상담을 못 함. 정시지체라는 이유로 선거권 행사에서 무시당함. 부재자 투표 대신 투표장에 나가기를 강요함. 투표 장소가 2층이라 투표하러 가는 데 지장이 많음. 장애로 인해 후보자의 내력에 대해 잘 알 수 없었고 보호자나 자원봉사자 없이 통행할 수가 없어 투표를 아예 포기한 경우가 많음. 선거 운동 기간 수화통역이 없어서 내용을 알 수 없음.
여성 장애인	결혼을 아예 생각하지 못하는 경우가 있음. 결혼 후에도 임신·육아 등에서 장애인이라는 이유로 인간의 기본적인 희망과 권리가 무시당함. 여성 장애인의 인권은 최악의 상황임. 여성 장애인이 겪는 일상생활에서의 모든 차별을 제거해야만 실질적인 평등이 가능해질 수 있다는 인식의 반영.	직업과 경제력이 없어 가족에게 미안함. 시댁 식구들이 가끔 빈정대며 말을 힘. 집안에 나쁜 일이 생겼을 때 모두 내 탓으로 돌림. 출산할 때 장애가 유전이 될까 가족들로부터 약간의 차별을 받은 경험이 있음. 가까운 친구조차 여성으로서의 생리 현상도 없는 줄 아는 경우가 있음. 시설에서 정신지체인 여성에게 불임수술을 강제로 시키는 경우가 종종 있음.

2003년 당시 장애우권익문제연구소 조사 발표에 의하면, 여전히 장애인의 70% 이상이 차별을 받은 경험이 있다고 나타났고, 응답한 장애인 중 장애인 차별이 발생하는 가장 큰 이유로 비장애인들의 장애인에 대한 편견이라고 꼽았다. 이러한 당시 사회적 현상을 살펴보았을 때, 장애인에 대한 차별은 생존권, 노동권, 교육권, 생활권 등 모든 일상과 사회생활 전반에 발생되고 있었던 것을 알 수 있었다.[343]

장애인 차별은 사람이 살아가는 모든 일상과 사회생활에서 광범위하게 일어난다는 점에서 여타 차별과 비교해 특수성이 있었다. 그러나 「장애인차별금지법」 제정 이전의 기본 장애인 관련법은 선언적인 차별금지에 머물러 있어 거의 실효성이 없었고, 일반적인 차별 영역과 다른 장애인 차별의 특수성을 충분히 반영하지 못한 실정이었다.[344] 그동안 국가인권위원회에서는 「국가인권위원회법」 제2조(정의)제4호에 명시된 '장애'를 이유로 한 차별을 금지하고 침해받은

343 박종운, "장애인차별금지법 제정의 과제와 전망," **국제인권법** 7(2004): 51-83.

344 국가인권위원회, 장애인차별금지 및 권리 등에 관한 법률 설명회 자료, 2008.

당사자의 권리를 구제하기 위해 노력해 왔다. 그러나 노력에도 불구하고 현실에서는 여전히 유사한 차별행위가 일상적으로 반복되었고, 차별로 인정된다고 하더라도 권리구제가 이루어지지 못했다. 사법부는 기나긴 재판을 통해 장애인 차별행위에 대해 장애인 당사자의 손을 들어 주기도 했지만 그 경우 소액의 위자료만 주어졌을 뿐, 여전히 차별행위는 시정되지 않았다.[345]

사실 국제사회에서는 장애인에 대한 접근을 시혜의 차원에서 인권 패러다임으로 전환된 지는 오래되었으며, 그 결과 미국(1990), 호주(1992), 영국(1995), 홍콩(1995), 스웨덴(1999), 노르웨이(2001) 등에서 별도의 장애인차별금지 관련 법률 등이 제정되었다.

이러한 국내·외 상황에서 장애인의 실질적인 권리 보장을 달성하기 위해 적극적인 차별 시정의 필요성으로부터 장애인 차별의 특수성을 충분히 담아낼 수 있는 별도 입법이 필요하다는 사회적 공감대가 형성되었고, 국제기준과 외국의 입법례 등은 「장애인차별금지법」 제정에 있어 주요한 기준이 되었다.[346] 2008년부터 시행된 우리나라 「장애인차별금지법」은 아시아권만 보면 홍콩 다음으로 시행된 것으로 의미가 있다. 최근에는 일본에서도 장애인차별금지와 관련된 법률이 제정되었는데, 「장애를 이유로 하는 차별의 해소 추진에 관한 법률」은 1990년대 후반부터 제정 준비를 시작하여, 2013년 4월 제정되어, 2016년 4월부터 시행되었기에 우리나라의 「장애인차별금지법」이 10년 이상을 앞서나가는 것으로 우리 사회의 인권을 성숙시키는 중요한 계기로 작용하였다. 특히 2006년 12월 13일 유엔총회에서 장애인권리협약이 통과된 바 있어, 「장애인차별금지법」은 세계적 흐름에 부합하면서도 중요하고 의미 있는 성과인 것이다.[347]

2) 「장애인차별금지법」 입법 추진 경과

우리나라에서 「장애인차별금지법」 제정 논의가 본격적으로 시작된 것은 2000년대 들어서이다. 2002년 즈음 열린네트워크에서 '장애인차별금지법안'을 공개하면서, 같은 해 7월경 '장애인차별금지법 제정을 위한 준비 모임'이 구성되었고, 장애인권익문제연구소에서도 '장애인차별금지법안'을 완성한 후 그해 11월경 '장애인차별금지법 제정을 위한 공동대책위원회'가 구성되었으며, 이 위원회는 '장애인차별금지법추진협의회'로 발전하였다. 이때, 장애인 운동계에서는 노무현 후보가 대통령으로 재임하는 기간 중에 「장애인차별금지법」이 제정될 것을 기대하게 되

345 국가인권위원회, 차별판단지침, 2008.

346 국가인권위원회, 장애인차별금지 및 권리 등에 관한 법률 설명회 자료, 2008.

347 남찬섭, "장애인차별금지법 제정의 의의와 과제," **보건복지포럼** 127(2007): 22-33.

었다.[348]

2003년 4월에 장애인차별금지법제정추진연대가 결성되었으며, 50여 개 단체가 참여하였다. 민주노동당과의 공동 성안작업을 하여, 2005년 9월 노회찬 의원 대표발의안을 국회에 제출하였다. 이러한 적극적인 입법 운동 전개에도 국회의 구체적인 심의는 이루어지지 못했으며, 국가인권위원회는 2006년 5월 당시 입법 추진 중이었던 차별금지법과는 별도의 「장애인차별금지법」 제정의 필요성을 인정하는 의사를 공개적으로 밝히고, 그해 7월에는 정부(국무총리)에 차별금지법 입법 권고를 하면서, 이를 다시 한번 대외적으로 공표하였다. 청와대 빈부격차·차별시정위원회를 중심으로 관계부처, 장애계, 국가인권위원회가 참여하는 민관 공동기획단이 2006년 8월에 구성되었다. 또한, 노회찬 의원 대표발의안을 기초로 한 논의를 거듭하여 조정안을 마련하여 열린우리당에 제안하였고, 그 결과물이 장향숙 의원 대표발의안으로 2006년 12월 18일 국회에 제출되었으며, 같은 날 한나라당의 정화원 의원 대표발의안도 제출되었다. 2007년 2월 22일, 국회 보건복지위원회는 노회찬, 장향숙, 정화원 의원 대표발의 장애인차별금지법안을 병합 심리하여 상임위 대안을 마련하였고 3월 2일 법제사법위원회를 통과하였다. 이에, 2007년 3월 6일, 국회는 장애인의 인권보호와 증진에 중요한 전환점이 될 「장애인차별금지법」을 거의 만장일치(국회의원 197명 중 196명 찬성, 1명 기권)로 의결하였고, 4월 4일 대통령 서명을 거쳐 4월 10일 관보에 공포되어 2007년 4월 11일부터 시행되었다.[349] 구체적인 「장애인차별금지법」 제정 운동 과정과 입법 경과는 다음 표와 같다.

표 6-2. 「장애인차별금지법」 제정 운동 과정 및 입법 경과[350]

시기	주요 내용
제1기 (2001년부터 2002년까지)	•2001년: 열린네트워크는 부산에서 「장애인차별금지법」 제정하기 위한 전국 국토 순례대행진 시작(「장애인차별금지법」 제정의 씨앗이 된 출발점) •2002년: 장애인권익문제연구소에 4월 20일 장애인의 날을 맞아 국회에 「장애인차별금지법」 입법 청원(장애계 요구 전달) •열린네트워크는 '장애인차별금지법안', 장애우권익문제연구소는 '장애차별금지법안'을 게시하면서 법안 만들이 운동 시작 •「장애인차별금지법」 제정이 노무현 대통령 후보 등 대선후보들의 대선 공약으로 채택

348 박종운, "장애인차별금지법 제정의 과제와 전망," **국제인권법** 7(2004): 51-83.

349 국가인권위원회, 장애인차별금지 및 권리 등에 관한 법률 설명회 자료, 2008.

350 배융호, 장애인차별금지법 설명회 "장애인차별금지법 시행이 장애인 삶에 미치는 영향" 자료집(수원시지역사회복지협의체, 2007). 발제문 재인용

시기	주요 내용
제2기 (2003년부터 2005년까지)	•2003년: (4월 5일)장애계가 하나 되어 연대체 구성하자는 움직임이 시작되어, 한국장애인단체총연맹, 한국장애인단체총연합회, 그 밖의 유관단체들(제3그룹)과 여성장애인단체들이 결집되어 '장애인차별금지법 제정추진연대'(장추련) 결성 •장추련은 상임공동대표와 상임집행위원회 등 운영을 위한 소위원회 외에도 법제정위원회 구성(2003년 3월 15일)
제2기 (2003년부터 2005년까지)	•법제정위원회는 실무위원회와 협력하여 2003년 6월 25일부터 10월 29일까지 '이제, 장애인차별금지법이다.'라는 구호 아래 공청회(1회), 연속 공개토론회(9회) 진행됨. 2003년 8월에는 열린네트워크가 주관하는 국토순례(제주도), 10월에는 '동아시아 장애인차별금지법 제정의 국제적 동향과 전망'이라는 주제로 한국장애인단체총연합회가 주관하는 국제장애인교류대회, 12월에 국회인권포럼 참여 •2003년 11월부터 2004년 3월까지 구체적인 조문화 작업을 위해 매주 1~2회씩 장애인 당사자, 활동가, 법률전문가들이 모여 논의함 •2004년 5월경 장추련 법제정위원회의 장애인차별금지법안 나옴. 이후 국회 법제사법위원회의 의원들 대상으로 입법화해 줄 의원을 찾는 노력이 진행되었으며, 민주노동당 노회찬 의원실과 발의 합의 •2005년 9월 16일 민주노동당(대표발의: 노회찬)을 통하여 국회 발의됨
제3기 (2006년부터 2007년까지)	•법안은 국회에서 법제사법위원회가 아닌 보건복지부위원회로 배정되었고, 차별시정기구 일원화 정책, 국가인권원회의 차별금지법안 제출 예정, 정부안 미제출 등 이유로 상정되지 않은 채 지연됨 •장추련은 2006년 3월 28일부터 5월 30일까지 60일간 국가인권위원회 점거 농성 시작함. 국가인권위원회의 「장애인차별금지법」 제정에 대한 동의와 독립적인 「장애인차별금지법」의 제정과 독립적인 장애인차별시정위원회 구성 요구 •2006년 5월 21일 국가인권위원회에서는 차별금지법 논의와는 별도로 「장애인차별금지법」이 개별법으로 제정될 필요가 충분히 있음을 대외적으로 공표, 이에 농성 해지 및 본격적인 입법 운동 시작 •2006년 8월 16일부터 대통령 자문기구인 빈부격차·차별시정위원회(차별시정위) 주관으로 장추련과 정부 각 부처가 민주노동당안(장추련안)을 놓고 협의(장애인차별금지법 민관공동기획단) •외부에서는 투쟁위원회와 사무국을 중심으로 투쟁 전개, 「장애인차별금지법」 제정 반대하는 경제단체들을 향한 농성, 시위 투쟁 계속됨 •차별시정위에서의 협의는 민주노동당안을 원안 그대로 관철시키고자 하는 장추련 측과 현실적 이유로 인해 대폭 변경, 삭제를 요청하는 정부 각 부처 간에 신경전이 지속되었으나, 시간이 지나면서 서로의 입장 이해, 그러나 중요쟁점에 대한 합의 이루어지지 못하였고, 그 결과 차별시정위 조정안이 나옴 •신속한 입법을 위해 조정안은 열린우리당으로 넘겨졌고, 열린우리당은 조정안을 기초로 하여 여당안(대표발의: 장향숙)으로 발의하였으며, 그 즈음 발의된 한나라당(대표발의: 정화원)과 함께 보건복지위원회 사정됨 •보건복지위원회 논의 끝에 여당안을 기초로 법제사법위원회로 넘겼으며, 법제사법위원회는 모순·충돌되는 조문만 수정하여 국회 본회의로 상정함 •이에, 장추련 법제정위원회가 결성된지 4년 만인 2007년 4월 6일 「장애인차별금지법」이 국회 본회의를 통과하여 공포됨

2. 「장애인차별금지법」 제정 의의 및 주요 내용

1) 「장애인차별금지법」 제정 의의

「장애인차별금지법」은 장애인 당사자가 중심이 되어 입법을 추진하고 정부, 국회 등 관계자와의 협의와 설득을 통한 적극적인 입법 운동을 전개한 결과물이라는 데에 큰 의미가 있다. 또한 그 이전까지는 장애인을 복지의 시혜 대상이나 배려의 대상에 한정하였던 데에서 벗어나 권리 주체로 자리매김하고, 인권 패러다임으로의 전환을 분명히 제시하였다는 점에서 의의가 있다.[351]

국제인권규범과 헌법에서도 인권에 대해 명시하고 있지만 「장애인차별금지법」은 일반 법률로 장애인의 인권을 보호, 존중, 실현하는 데 부담해야 할 국가의 의무를 구체적으로 규정하고 있다. 또한 「장애인차별금지법」에서 사회구성원들은 개인이든 법인이든 누구나 장애인 인권을 존중할 책임이 있으며, 이를 준수할 것에 대한 국가의 기대를 법률로 표명하고 있는 것이다. 장애인에 대한 편견과 부정적인 시설, 태도 변화 요구가 장애인에 대한 배려 관점이 아닌 법 준수를 요구한 것이며, 그렇지 않을 경우 법의 처벌을 받거나 최소한 사회적 비난에 직면할 수 있는 메시지를 던져 주고 있는 것이라고 할 수 있다. 「장애인차별금지법」 시행 이후 정부의 장애인 정책 수립 과정에서 당사자들의 참여가 확대되었고 공무원들도 장애인을 보호대상이 아닌 비장애인과 동등한 권리를 가진 주체로 인식하는 새로운 관점으로 바라보게 되었다.[352]

「장애인차별금지법」은 영역별로 구분하여 장애인 차별의 유형을 명시함으로써, 장애인 차별에 대한 가이드라인을 제시하고 차별 판단 기준을 해시해 주고 있다. 또한 그 입법 과정뿐만 아니라 내용적인 측면에서도 장애인 이외에도 사회적 약자의 인권을 위한 입법에 있어 모범이 될 사례이고, 장애계가 장애여성 규정을 별도로 삽입하는 데 직접 기여한 바 있는 장애인권리협약 등과 같이 국제협약의 각종 국내 이행과 관련하여 중요한 기준으로 작용되고 있다.[353]

2) 「장애인차별금지법」의 주요 내용[354]

「장애인차별금지법」은 제1장 총칙, 제2장 차별금지, 제3장 장애여성 및 장애아동 등, 제4장 장애인차별시정기구 및 권리구제 등, 제5장 손해배상, 입증책임 등, 제6장 벌칙으로 총 6개장

351 국가인권위원회, 장애인차별금지 및 권리 등에 관한 법률 설명회 자료, 2008.
352 김명수, "장애인차별금지법의 제정배경과 개선방안," **홍익법학** 20, 1(2019): 283-304.
353 국가인권위원회, 장애인차별금지 및 권리 등에 관한 법률 설명회 자료, 2008.
354 보건복지가족부, 「장애인차별금지 및 권리구제 등에 관한 법률」 설명자료, 2008, 재인용.

50개 조문으로 구성되어 있다.

「장애인차별금지법」상 차별금지 대상은 신체적·정신적 손상 또는 기능상실이 장기간에 걸쳐 개인의 일상 또는 사회생활에서 상당한 제약을 초래하는 상태에 있는 사람(장애인)과 보호자,후견인(장애인을 돕기 위한 목적에서 장애인을 대리·동행하는 자) 등과 보조견, 장애인보조기구 등의 정당한 사용을 방해하는 것이다.

「장애인차별금지법」상 차별행위는 직접차별, 간접차별, 정당한 편의제공 거부에 의한 차별, 광고에 의한 차별로 구분된다. 직접차별은 장애인을 정당한 이유 없이 제한, 배제, 분리, 거부 등 불리하게 대하는 경우이며, 간접차별은 형식상으로 공정한 기준을 적용하였으나, 정당한 사유 없이 장애를 고려하지 아니하는 기준을 적용해 장애인에게 불리한 결과를 초래하는 경우를 말한다. 정당한 편의는 장애가 없는 사람과 동등하게 같은 활동에 참여할 수 있도록 편의시설, 설비, 도구, 서비스 등 인적·물적 제반 수당과 조치를 제공하는 것으로 과도한 부담이나 현저히 곤란한 사정과 같은 정당한 이유 없이 장애인에 대하여 정당한 편의제공을 거부하는 경우 정당한 편의제공 거부에 의한 차별이라고 할 수 있다. 광고에 의한 차별은 정당한 사유 없이 장애인에 대한 제한, 배제, 분리, 거부 등 불리한 대우를 표시·조장하는 경우를 말한다. 「장애인차별금지법」상 차별 예외 사유가 있는데, 이는 과도한 부담이나 현저히 곤란한 사정이 있는 경우, 금지된 차별행위가 특정 직무나 사업 수행의 성질상 불가피한 경우에는 차별로 보지 않고 있다.

공공기관과 민간은 「장애인차별금지법」 시행(2008년 4월 11일부터 적용)과 동시에 다음 표와 같은 정당한 편의가 제공되어야 한다. 여기서 말하는 공공기관은 국가 및 지방자치단체, 대통령령으로 정하는 공공단체를 의미하며, 공공단체는 특수법인, 각급학교, 공기업과 준정부기관, 지방공사 및 지방공단을 포함한다. 차별 영역은 ① 고용, ② 교육, ③ 재화와 용역의 제공 및 이용, ④ 사법/행정절차 및 서비스와 참정권, ⑤ 모·부성권, 성 등, ⑥ 가족, 가정, 복지시설, 건강권, 괴롭힘 등으로 총 6개 영역으로 구분되며, 기존의 어떠한 차별 관련법보다 적용의 영역이 넓고, 생활상의 다양한 영역에서 장애인 차별의 유형과 성격에 기반을 두어 차별금지 사항을 매우 구체적으로 적시하고 있다.[355]

355 국가인권위원회, 장애인차별금지 및 권리 등에 관한 법률 설명회 자료, 2008.

표 6-3. 공공과 민간에서 장애인에게 제공되어야 하는 정당한 편의

<table>
<tr><th rowspan="2">차별 영역</th><th colspan="2">정당한 편의 제공</th></tr>
<tr><th>공공</th><th>민간</th></tr>
<tr><td>고용</td><td>•직무수행을 위해 시설·장비 설치 또는 개조, 근무시간 변경 또는 조정, 훈련 제공 또는 훈련에 있어 편의제공, 지도 매뉴얼 또는 참고자료의 변경, 시험 또는 평가과정의 개선, 업무에 필요한 장애인보조기구 설치·운영, 보조인 배치</td><td>•(사용자) 직무수행을 위한 편의 제공 등
•모집, 채용, 임금 및 복무와 교육배치, 승진, 전보, 정년퇴직, 해고 등에 있어 장애를 이유로 차별과 채용 전 장애인 여부 조사를 위한 의학적 검사를 할 수 없으며, 직무상 필요한 의학적 검사 시 사용자가 비용 부담</td></tr>
<tr><td>교육</td><td>•통학 및 교육기관 내 이동 및 접근 용이하도록 이동용 보장구 대여 및 수리, 교육보조인력 배치, 보조견의 배치나 휠체어 접근을 위한 여유공간 확보, 각종 장애인 보조기구 등 의사소통 수단, 학습 진단을 통한 적절한 교육 및 평가방법 제공 등</td><td>•입학 지연 및 입학거부, 전학 강요금지와 수업, 실험실습, 수학여행 등에 대한 배제, 거부 금지</td></tr>
<tr><td>재화와 용역의 제공 및 이용 (시설물, 이동·교통수단, 정보·의사소통, 문화·예술·체육)</td><td>•전자정보 및 비전자정보에 대해 접근·이용할 수 있도록 편의 제공
•(행사참여 지원) 공공기관이 주최·주관하는 행사 개최 7일 전까지 장애인이 지원 요청하는 경우 '참여 및 의사소통'을 위하여 수화통역사, 문자통역사, 음성통역사 또는 보청기기 등 필요한 수단 제공
•(문화·예술·체육·관광 활동 참여) 장애인이 문화, 예술, 체육, 관광 활동에 참여함에 있어 장애인의 의사에 반하여 특정한 행동 강요금지 및 장애인참여를 위한 적극적 시책 강구
•공공기관 등 시설물 접근·이용에 대판 편의 제공</td><td>•(재화와 용역의 제공 이용) 비장애인과 동등한 재화·용역 서비스, 이익편의 제공, 토지 및 건물 매매 임대 입주 사용 등에 차별금지, 금전대출, 신용카드발급, 보험가입 등 금융상품 및 서비스 제공에 있어서 차별금지
•(시설물, 교통수단 등) 시설물 및 이동 교통수단 등을 접근·이용함에 있어 장애인 차별을 금지하며, 보조견 및 장애인 보조기구의 진입 및 이용을 거부할 수 없고, 그를 이유로 불리한 요금을 적용하지 않음
•(방송사업자 등) 제작물과 서비스 접근·이용할 수 있도록 폐쇄자막, 한국수어 통역, 화면해설 등 장애인 시청 편의서비스 제공
•(기간통신사업자) 서비스 접근·이용할 수 있도록 통신설비를 이용한 중계서비스 확보하여 제공
•(출판물 또는 영상물 관련 사업자) 점자 및 인쇄물 접근성바코드가 삽입된 자료, 음성 또는 확대문자 등
•(문화·예술사업자, 관광사업자, 체육시설의 소유·관리자) 장애인이 해당 활동에 참여할 수 있게 정당한 편의 제공</td></tr>
<tr><td>사법·행정절차 및 서비스와 참정권</td><td>•(행정절차 및 서비스 제공) 공공기관 및 그 소속원은 장애인이 사법·행정절차 및 서비스를 이용하거나 그에 참여하기 위하여 요구할 경우 보조인력, 점자자료, 인쇄물음성출력기기, 수화통역, 대독, 음성지원시스템, 컴퓨터 등의 필요한 정당한 편의 제공</td><td></td></tr>
</table>

차별 영역	정당한 편의 제공	
	공공	민간
사법·행정절차 및 서비스와 참정권	•(사법기관) 장애인이 인신구금·구속 상태에 있어서 장애인 아닌 사람과 실질적으로 동등한 수준의 생활을 영위할 수 있도록 정당한 편의 및 적극적 조치 제공 •(국가와 지방자치단체) 장애인의 참정권 보장을 위해 필요한 시설 및 설비, 참정권 행사에 관한 홍보 및 전달, 장애의 유형 및 정도에 적합한 기표 방법 등 선거용 보조기구의 개발 및 보급, 보조원의 배치 등 정당한 편의 제공 •(공직후보자 및 정당) 정당 및 후보자에 관한 정보를 장애인 아닌 사람과 동등한 정도의 수준으로 전달	
모·부성권, 성 등	•(교육책임자) 장애인 자녀의 불이익 금지 •장애인의 피임, 임신·출산·양육 등에 있어 적합한 정보·활동보조 서비스 제공 및 보조기기·도구 등의 개발 등 지원책 마련	•임신, 출산, 양육, 입양 등에서의 차별금지와 성적 자기결정권 보장
가족·가정·복지시설·건강권, 괴롭힘 등	•(복지시설 등) 장애인의 의사결정권, 취학, 진학, 재산권 생사, 사회활동 참여, 이동 및 거주의 자유 보장 및 외부 소통권과 면접권 보장과 의료행위에 있어서의 차별금지, 괴롭힘 등 폭력에 있어서의 시책 강구 •(공공 의료기관) 의료인 등은 장애인에 대한 의료행위와 의학연구 등에 있어 의료 정보 등 필요한 사항을 장애인에게 제공, 건강과 관련한 교육과정을 시행함에 있어 필요 시 내용 반영, 선천적·후천적 장애 발생의 예방 및 치료 등을 위한 시책	•(가정·가족·복지시설 등) 장애인의 의사결정권, 취학, 진학, 재산권 행사, 사회활동 참여, 이동 및 거주의 자유 보장 및 외부 소통권과 면접권 보장과 의료행위에 있어서의 차별금지, 괴롭힘 등 폭력에 있어서의 시책 강구 •(민간 의료기관) 의료인 등은 장애인에 대한 의료행위와 의학연구 등에 있어 의료 정보 등 필요한 사항을 장애인에게 제공
장애여성과 장애아동 등	•(교육기관, 복지시설, 훈련기관 등) 직장보육서비스 이용 등에 있어 정당한 편의 제공 거부 금지, 정신적 장애를 가진 사람에 대한 차별금지 등	•장애여성에 대한 모든 생활영역에서의 차별금지, 성폭력예방 등의 시책 강구

국가 및 지방차지단체는 장애인 및 장애인 관련자에 대한 차별 방지와 권리구제 의무 및 차별시정에 대한 적극적 조치 의무가 있음을 법률에서 정하고 있다. 또한 모든 사항의 기본은 장애의 생활 전반에서 자기결정권과 선택권이 보장되어야 함을 전제하고 있다.

「장애인차별금지법」은 고용 분야에서는 고용의 전 단계에서의 차별 금지뿐만 아니라 노동조합 관련 사항도 포함하여 장애인의 노동권 보장과 관련된 전반적인 사항을 다루고 있으며, 교육 분야에서는 장애인 차별 유형을 구체적으로 적시하여 교육책임자에 대하여 정당한 편의제공 의무를 부과하고 있다. 정당한 편의제공 적용대상 시설물의 단계적 범위 및 그 지원 등에 관한 사항, 보행 및 이동을 위한 정당한 편의 등과 관련하여 시행령에 위임하고 있으며, 시행령에서는 「장애인·노인·임산부 등의 편의증진보장에 관한 법률」과 「교통약자의 이동편의증진법」을 준용하고 있다. 모·부성권, 성과 가족, 가정, 복지시설과 같이 기존에 다른 법률에서 차별의 영역으로 다루지 않았던 부분까지 확대함으로써 생활 전반에서 장애인 차별이 발생할 수 있는 모든 부분을 포괄하였으며, 복지시설에서의 인권 침해에 대하여 적극적인 시정조치를 할 수 있는 법적 근거를 마련하고, 그 적용 또한 미인가 시설로까지 확대할 수 있도록 하였다. 또한, 괴롭힘을 '차별'로 해결할 수 있도록 한 것은 차별의 개념 확장과 관련하여도 의미가 있다. 장애여성과 장애아동에 대한 차별 분야를 제시하여 복합차별이나 이중차별의 해결을 적극적으로 제시하였으며 정신장애인에 대한 차별을 별도로 규정하고 있다.[356]

그 밖에 장애인이 차별을 받았거나 의무의행이 되지 않은 경우 권리구제 절차로, 국가인권위원회에 진정하면 조사를 통해 시정권고하며, 시정권고 불이행시 법무부가 시정 명령을 내리며, 불이행시 과태료가 발생된다. 민사상 손해에 대하여 법원에 손해배상 청가 가능하며, 사법기관에 고발될 경우 수사기관에 의해 형사소송 진행이 가능하다. 벌칙에는 악의적 차별행위에 대한 벌금, 시정명령 불이행시 과태료 등을 부여하고 있다. 「장애인차별금지법」과 같은 법 시행령에 대한 구체적인 내용은 〈부록 5〉[357]에서 찾아볼 수 있다.

3. 「장애인차별금지법」에 따른 정책 현황 및 성과

1) 「장애인차별금지법」 시행 이후 정책 현황

법률이 시행된 이후 2008년부터 해당 법률 주무부처인 보건복지부는 같은 해 4월 실시한 공무원 교육용 「장애인차별금지법」 자료를 제시하였으며, 「장애인차별금지법」 홍보물을 게시 및 연차별 「장애인차별금지법」 모니터링을 위한 정책연구를 지금까지 매해 실시하여 그 이행사항에 대한 현황과 개선사항을 의무이행기관에 안내해 주고 있다. 그 밖의 홍보 동영상과 교육용 ppt 자료를 제시하여 「장애인차별금지법」의 이해를 돕고 있다. 또한, 「장애인차별금지법」

356 국가인권위원회, 장애인차별금지 및 권리 등에 관한 설명회 자료, 2008.
357 부록 5 「장애인차별금지법」 비교표

해설서를 제작하여 국가, 지방자치단체, 공공기관, 장애인단체 등 관련 기관과 모든 국민의 법령 해석 및 이해를 돕기 위해 노력하였다.

또한, 장애아전담보육시설, 직장보육시설, 공공기관 및 문화·예술·체육시설 등 의무이행기관 대상으로 「장애인차별금지법」에 대한 설명과 홍보를 통해 대국민 인식개선을 위해 노력하였으며, 「장애인차별금지법」과 「장애인·노인·임산부 등의 편의증진 보장에 관한 법률」을 지원하기 위하여 전국 지방자치단체, 수화통역센터, 점자도서관에서 제공되는 장애인 편의제공 정보를 수록한 장애인 편의제공 편람을 제시하였다. 이는 시각 및 청각장애인의 의사소통 지원을 하고자 하는 사람과 기관은 본 편람에 수록된 지역별 수화통역센터와 점자도서관에서 제공되는 서비스 활용 시 용이하도록 하기 위함이다. 2010년부터 장애인차별 및 상담 사례를 제작 및 배포하여, 영역별 차별 사례에 대해 살펴보고 기관별 장애인 차별행위를 예방하도록 하였으며, 「장애인차별금지법」 분야별 안내를 통해 차별영역별 구체적인 사례 및 조치사항에 대한 가이드라인을 마련하였다.

상기에서 언급된 '「장애인차별금지법」 이행 모니터링'은 「장애인차별금지법」의 직접차별, 간접차별, 정당한 편의제공 거부 등의 차별을 금지하는 조항들이 어떻게 이행되고 있는지, 어떠한 조항이 잘 이행되지 않는지 또 장애인에 대한 차별이 어느 정도 개선되었는지 지속적으로 점검하고 모니터링함으로써 장애인에 대한 차별금지와 장애인의 인권실현, 사회통합을 도모하는 데 주요 목적을 두고 있다. 모니터링은 크게 3가지 방법으로 진행되는데, 첫째, 모니터링 실태조사는 2009년도부터 2015년까지 단계적으로 매년 「장애인차별금지법」을 준수해야 하는 의무이행기관들을 그해 정당한 편의제공 의무의 단계적 적용 대상이 되는 기관들로 선정하여 법 이행실태를 조사하였다. 둘째, 법 이행 실태 조사 결과에 따라 이행이 미진한 기관 일부에 대한 이행의 개선을 상담하고 안내하는 '이행 개선 모니터링'도 함께 실시하였다. 셋째, 매년 장애 차별에 관한 우리 사회의 이해와 각종 인식의 정도를 측정하는 장애인차별 인식조사도 병행해 왔다.[358] 2009년(1차)부터 2016년(8차)까지 진행된 보건복지부 「장애인차별금지법」모니터링 현황은 다음 표와 같다.

358 이혜경, 서원선, 홍현근, 이선화, 이수연, 김원식, 2017년 장애인차별금지법 이행 모니터링(보건복지부, 한국장애인개발원, 2017).

표 6-4. 보건복지부 「장애인차별금지법」 모니터링 조사 현황[359]

연도	모니터링 내용	모니터링 대상
2009	「장애인차별금지법」 이행 실태 조사(1차)	총 930개소 정부 기관 42개, 지방자치단체 16개, 공공기관 221개, 지방공사·공단 49개, 의료기관(병원) 46개, 학교·보육시설 256개, 300인 이상 민간 근로사업장 200개, 민간 장애인생활시설 100개
	장애인 차별 인식 조사	장애인 500명, 비장애인 500명
2010	「장애인차별금지법」 이행 실태 조사(2차)	총 1,296개소 시·군·구청 230개, 문화예술시설(공공도서관, 박물관, 미술관) 1,016개, 장애인 주차구역 의무설치건물 50개
	장애인 차별 인식 조사	장애인 500명, 비장애인 500명
	기타: 「장애인차별금지법」의 장애인 고용 효과에 대한 인식조사 및 비용-편익 분석, 국가인권위원회의 장애차별 시정에 관한 조사	
2011	「장애인차별금지법」 이행 모니터링(3차)	총 4,394개소 정부기관 44개, 학교 1,920개, 유치원 480개, 보육시설 480개, 영재교육원 등 30개, 병원 640개, 100인 이상 300인 미만 민간 사업장 800개
	이행 개선 모니터링	총 177개소 3차 모니터링 대상인 중앙행정기관 44개, 2차 모니터링 대상 가운데 시·군·구청 30개, 문화·예술시설 103개
	장애인 차별 인식 조사	일반 국민 대상 1,000명(무작위 추출)
2012	「장애인차별금지법」 이행 모니터링(4차)	총 1,369개소 공공·민간 종합공연장 60개, 사립대학 박물관·미술관 71개, 체육시설 533개, 중앙부처 및 시·도 교육원 37개, 공공기관 238개, 시·도 장애인복지관 161개, 종합병원 269개
	이행 개선 모니터링	총 375개소 3차 모니터링 대상 가운데 정부기관 44개, 학교·영재교육원 176개, 유치원 43개, 어린이집 40개, 병원 52개, 100인 이상 300인 미만 민간 사업장 20개
	장애인 차별 인식 조사	일반 국민 대상 1,000명(무작위 추출)
2013	「장애인차별금지법」 이행 모니터링(5차)	총 3,937개소 사립유치원 493개, 국공립·법인 어린이집 602개, 평생교육시설 및 평생교육기관 708개, 연수기관 145개, 직업교육훈련 기관 307개, 근로사업장 1,682개
	이행 개선 모니터링	총 132개소 4차 모니터링 대상 가운데 공공·민간 종합공연장 6개, 사립대학 박물관·미술관 7개, 체육시설 52개, 공공기관 24개, 장애인복지관 16개, 종합병원 27개
	장애인 차별 인식 조사	일반 국민 대상 1,000명(무작위 추출)

359 앞의 책.

연도	모니터링 내용	모니터링 대상
2014	「장애인차별금지법」 이행 모니터링(6차)	총 1,745개소 일반은행 330개, 대형마트 382개, 고속버스터미널 94개, 프랜차이즈 음식점 351개, 대형약국 588개
	이행 개선 모니터링	총 220개소 5차 모니터링 대상 가운데 사립유치원 19개, 국공립·법인 어린이집 59개, 평생교육시설 및 평생교육기관 37개, 원격평생교육시설 58개, 연수기관 7개, 원격연수기관 14개, 직업교육훈련기관 26개
	장애인 차별 인식 조사	일반 국민 대상 1,000명(무작위 추출)
2015	「장애인차별금지법」 이행 모니터링(7차)	총 1,152개소 민간일반공연장 96개, 영화상영관 72개, 문화의 집 116개, 청소년 활동시설 156개, 지방문화원 229개, 사립박물관 118개, 사립미술관 50개, 체육시설 315개
	이행 개선 모니터링	총 118개소 6차 모니터링 대상 가운데 일반은행 23개, 대형마트 42개, 고속버스터미널 7개, 프랜차이즈 음식점 24개, 대형약국 22개
	장애인 차별 인식 조사	일반 국민 대상 1,000명(무작위 추출)
2016	「장애인차별금지법」 이행 모니터링(8차)	총 1,200개소 교육기관 500개, 일반사업장 500개, 의원·치과의원 200개 ※ 2015년 새롭게 개발된 조사표를 사용함
	장애인 차별 인식 조사	일반 국민 대상 1,000명(무작위 추출)

보건복지부 이외 국가인권위원회와 한국장애인인권포럼에서도 「장애인차별금지법」 이행 모니터링을 실시하고 있었다. 국가인권위원회에서는 2001년부터 2016년까지 차별행위에 대해 살펴본 결과, 「장애인차별금지법」 시행 전후를 비교하면 장애차별 진정 사건이 대폭 증가하는 양상을 보였기에, 장애인 당사자들의 권리 의식 향상에 긍정적인 영향을 미치고 있는 것으로 평가되고 있는 반면, 장애차별 진정 건수가 법 시행 이후 줄어들고 있지 않는 것이 장애차별 관행이 개선되지 않고 있다는 것을 반증한 결과라고 해석하고 있다. 또한, 8차 「장애인차별금지법」 이행 모니터링 조사 결과를 살펴보면, 장애인 차별에 대한 인식 수준이 크게 변화되고 있지 않았고, 장애인에 대한 직접 차별 사례가 여전히 발생하고 있었다. 재모니터링 결과 장애인들이 여가활동이나 문화·예술·체육활동에서 비장애인과 동등한 기회를 받지 못하고 있었기에, 「장애인차별금지법」에 대한 인지도는 향상되었으나, 그에 상응하는 기관의 조치사항은 여전히 미진한 것을 확인할 수 있었다.[360]

360 앞의 책.

2)「장애인차별금지법」개정 흐름과 성과

2008년「장애인차별금지법」시행 이후, 법률은 총 14건의 개정 중 8건, 시행령은 총 11건 중 7건이 주로 타법개정으로 소극적인 개정이 대부분이었으며, 현 시점과 맞지 않은 법률이라는 비판을 받아오고 있지만, 2010년부터 정보통신·의사소통 등에서의 정당한 편의제공의 관련 개정을 시작으로 실체와 부합되도록 구체적으로 법률 개정이 이루어지고 있다.

우선, 장애인 시청 편의서비스 제공 방송사업자(인터넷 멀티미디어방송사업자 포함)의 단계적 범위 설정, 기간통신사업자에 대해 통신중계서비스 제공의무 부과하는 것으로 개정하였으며, 사법·행정절차 및 서비스 제공에 있어서의 차별금지에 있어, 형사사법 절차에서 조력을 받을 수 있음과 그 구체적인 조력의 내용을 알려주어야 한다고 개정하였다. 정보접근의 편의제공의 수단으로 점자·음성변환용코드 보급을 위한 법적 근거를 마련하였으며, 국가나 지방자치단체, 관광사업자는 장애인이 관광활동에 참여함에 있어서 차별금지하고, 관광활동에 적극적으로 참여할 수 있도록 개정하였다. 법률 및 시행령에 대한 구체적인 개정 현황은 다음 표와 같다.

표 6-5.「장애인차별금지법」및 같은 법 시행령 개정 현황[361]

구분	일부개정/시행일	개정 이유	개정 내용
법률	2010.5.11. 일부개정 및 시행	「인터넷 멀티미디어 방송사업법」에 따른 인터넷 멀티미디어 방송사업자도 장애인에 대한 정당한 편의를 제공하도록 하고, 사법기관은 형사사법 절차에 앞서 의사소통이나 의사표현에 어려움을 겪는지 장애 여부를 우선적으로 확인하도록 함으로써 장애인이 부당한 차별을 받지 않도록 하는 등 현행 제도의 운영상 나타난 일부 미비점을 개선·보완하려는 것임.	**제21조(정보통신·의사소통 등에서의 정당한 편의 제공의무)** 가. 방송사업자범위를 확대하여「방송법」제2조제3호에 따른 방송사업자 외에「인터넷 멀티미디어방송사업법」제2조제5호에 따른 방송사업자를 포함하고, 현행 방송사업자가 제공하여야 하는 편의서비스의 종류가 과다하여 법률의 실효성이 낮으므로 폐쇄자막, 수화통역, 화면해설 등으로 한정함(법 제21조제3항). 나. 전화사업자는 장애인이 장애인 아닌 사람과 동등하게 접근·이용할 수 있도록 통신설비를 이용한 중계서비스를 확보하여 제공하도록 하되, 전화사업자의 편의 제공의 구체적인 내용 등에 관한 사항은 대통령령으로 정하도록 함(법 제21조제4항 신설, 법 제21조제6항).

361 법제처 국가법령정보센터 http://www.law.go.kr(법령체계도-신구법) 재인용.

구분	일부개정/시행일	개정 이유	개정 내용
법률	2010.5.11. 일부개정 및 시행		다. 출판물·영상물사업자는 장애인이 장애인 아닌 사람과 동등하게 접근·이용할 수 있도록 출판물과 영상물을 제공하기 위하여 노력하고, 국립중앙도서관은 새로이 생산·배포하는 도서자료를 점자, 음성 또는 확대문자 등으로 제공하도록 함(법 제21조제5항 신설). **제26조(사법·행정절차 및 서비스 제공에 있어서의 차별금지)** 라. 사법기관은 형사사법 절차에서 사건관계인이 의사소통 관련 장애가 있는지 여부를 확인토록 함(법 제26조제6항). **제49조(차별행위)** 마. 양벌규정에서 책임주의 원칙을 보다 명백하게 구현하기 위하여 사용자가 종업원 등에 대한 관리·감독상 주의의무를 다한 경우 처벌을 면하게 함(법 제49조제3항 단서조항 신설).
시행령	2011.5.19. 일부개정 및 시행	방송사업자가 제공하여야 하는 장애인 시청 편의 서비스를 폐쇄자막, 수화통역, 화면해설 등으로 한정하고, 전화서비스를 제공하는 기간통신사업자가 장애인을 위하여 통신설비를 이용한 중계서비스를 제공하도록 하는 내용으로 「장애인차별금지 및 권리구제 등에 관한 법률」이 개정(법률 제10280호, 2010. 5. 11. 공포·시행, 통신 중계서비스 관련 개정규정은 2011. 5. 12. 시행)됨에 따라 해당 서비스를 제공하여야 하는 사업자의 단계적 범위와 서비스의 구체적인 내용 등 법률에서 위임된 사항을 정하려는 것임.	**제14조(정보통신·의사소통에서의 정당한 편의 제공의 단계적 범위 및 편의의 내용)** ⑤ 법 제21조제3항에 따른 장애인 시청 편의 서비스의 구체적인 내용은 다음 각 호와 같다. 1. 청각장애인을 위하여 방송의 음성 및 음향을 화면에 글자로 전달하는 폐쇄자막 2. 청각장애인을 위하여 방송의 음성 및 음향을 손짓, 몸짓, 표정 등으로 전달하는 수화통역 3. 시각장애인을 위하여 화면의 장면, 자막 등을 음성으로 전달하는 화면해설 ⑥ 제5항에서 규정한 사항 외에 장애인 시청 편의 서비스의 이행에 필요한 기준, 방법 등은 방송통신위원회가 정하여 고시한다. 이 경우 방송통신위원회는 미리 국가인권위원회와 협의하여야 한다. ⑦ 법 제21조제4항에 따라 통신설비를 이용한 중계서비스를 제공하여야 하는 기간통신사업자의 단계적 범위는 별표 3의2와 같다. ⑧ 법 제21조제4항에 따른 통신설비를 이용한 중계서비스는 중계자가 통신설비를 이용하여 문자나 수화영상 등을 음성으로 변환하거나 음성을 문자나 수화영상 등으로 변환하여 장애인과 장애인 또는 장애인과 장애인이 아닌 사람 간의 통화를 실시간으로 중계하는 서비스로 한다.

구분	일부개정/시행일	개정 이유	개정 내용
법률	2012.10.22. 일부개정 2013.4.23. 시행	현행법은 사법기관으로 하여금 사건관계인에 대하여 의사소통이나 의사표현에 어려움을 겪는 장애가 있는지를 확인하여 장애인이 조력을 신청할 경우 이를 거부할 수 없도록 하고 있으나, 장애인이 형사사법 절차에서 조력을 받을 수 있음을 알지 못하는 경우 관련 법령에서 정하는 정당한 혜택을 받지 못하여 억울한 피해를 입을 우려가 있는바, 사법기관으로 하여금 장애인에게 형사사법 절차에서 조력을 받을 수 있음과 그 구체적인 조력의 내용을 알리도록 의무화함으로써 장애인이 형사사법 절차에서 장애로 인한 불리한 처우를 받지 않도록 하려는 것임.	**제26조(사법·행정절차 및 서비스 제공에 있어서의 차별금지)** 사법기관은 장애인에게 형사사법 절차에서 조력을 받을 수 있음과 그 구체적인 조력 내용을 알려줘야 하며, 장애인이 형사사법 절차에서 조력을 받기를 신청하면 정당한 사유 없이 이를 거부하여서는 아니되며 필요한 조치를 마련해야 함(법 제26조제6항).
법률	2014.1.28. 일부개정 2015.1.29. 시행	정보접근의 대표적 취약계층인 시각장애인이 인쇄물음성변환출력기 또는 이를 대체할 수 있는 스마트폰 앱 등을 활용하여 정보에 접근하기 위해서는, 각종 민원서류, 공·사문서 및 인쇄물에 시각장애인을 위한 인쇄물음성변환용 2차원 바코드 표준에 따른 점자·음성변환용코드가 반드시 있어야 할 것이므로, 점자·음성변환용 코드 보급을 위한 법적 근거를 마련함으로써 시각장애인의 정보 접근성 향상에 기여하려는 것임.	**제14조(정당한 편의제공 의무)** **제21조(정보통신·의사소통 등에서의 정당한 편의제공의무)** **제23조(정보접근·의사소통에서의 국가 및 지방자치단체의 의무)** 정보접근을 위한 구체적인 수단으로 점자자료와 점자·음성변환용코드가 삽입된 자료를 추가
	2017.9.19. 일부개정 2018.3.20. 시행	장애인은 이동성의 제약, 편의시설의 부족, 경제적 사정 등의 이유로 비장애인에 비하여 관광활동에 많은 제약이 있으나, 현행법은 장애인의 관광활동에 대한 차별금지에 관하여 규정하고 있지 않음. 이에 장애인의 관광활동에 대한 차별금지를 명확하게 규정하여 관광활동에 있어 장애인에 대한 차별을 해소하고 장애인의 복지 증진에 기여하려는 것임.	**제24조의2(관광활동의 차별금지)** 가. "관광활동"을 「관광진흥법」 제2조제1호에 따른 관광사업의 용역 등을 제공받거나 관광에 딸린 시설을 이용하는 활동으로 정의함(제3조제12호 신설). 나. 장애인의 관광활동 참여와 관련하여 국가, 지방자치단체 및 관광사업자에게 차별행위 금지 및 정당한 편의제공 의무를 규정하고, 국가와 지방자치단체가 장애인이 관광활동에 적극적으로 참여할 수 있도록 필요한 시책을 강구하도록 함(제24조의2 신설).

구분	일부개정/시행일	개정 이유	개정 내용
시행령	2018.3.27. 일부개정 및 시행	장애인의 관광활동 참여와 관련하여 국가, 지방자치단체 및 관광사업자에게 차별행위 금지 및 정당한 편의제공 의무를 규정하고, 국가와 지방자치단체는 장애인이 관광활동에 적극적으로 참여할 수 있도록 필요한 시책을 강구하도록 하는 등의 내용으로 「장애인차별금지 및 권리구제 등에 관한 법률」이 개정(법률 제14893호, 2017. 9. 19. 공포, 2018. 3. 20. 시행)됨에 따라, 장애인이 관광활동에 참여할 수 있도록 정당한 편의를 제공하여야 하는 관광사업자의 단계적 범위 및 정당한 편의의 구체적인 내용 등 법률에서 위임된 사항을 정하려는 것임.	**제15조의2(관광활동의 차별금지)** ① 법 제24조의2제2항에 따라 장애인이 관광활동에 참여할 수 있도록 정당한 편의를 제공하여야 하는 관광사업자의 단계적 범위는 별표 4의2와 같다. ② 법 제24조의2제2항에 따른 정당한 편의의 구체적인 내용은 다음 각 호와 같다. 1. 장애인의 관광활동을 위한 관광시설 이용 및 관광지 접근 등에 관한 정보 제공 및 안내 2. 장애인의 관광활동을 위한 보조 인력의 이용 안내[본조신설 2018.3.27]
법률	2017.12.19. 일부개정 2018.6.20. 시행	시각장애인의 정보접근성 제고를 위하여 '점자·음성변환용 코드'를 '인쇄물 접근성바코드'로 그 범위를 확대하고, 교육 등의 영역에서 점자와 인쇄물 접근성바코드가 같이 삽입한 자료를 제공하도록 하며, 차별행위의 악의성에 대한 판단요건이 지나치게 엄격함에 따라 법 제정 이후 이 법에 근거하여 처벌된 사례가 전무한 상황이므로, 구체적 사건마다 해당 판단요건을 적절히 고려하여 악의성을 판단하도록 하려는 것임.	**제14조(정당한 편의제공 의무)** **제21조(정보통신·의사소통 등에서의 정당한 편의제공의무)** **제23조(정보접근·의사소통에서의 국가 및 지방자치단체의 의무)** 가. 점자·음성변환용 코드를 인쇄물 접근성바코드로 변경하고, 교육 등의 영역에서 인쇄물 접근성바코드를 점자와 같이 제공하도록 함(제14조, 제21조 및 제23조). **제49조(차별행위)** 나. 구체적 사건마다 차별행위의 악의성 여부를 적절히 판단하도록 함(제49조제2항).
	2018.6.19. 일부개정 2018.6.20. 시행	시각장애인의 정보접근성을 제고하기 위하여 종전의 점자·음성변환용코드를 인쇄물 접근성바코드로 그 범위를 확대하고, 교육책임자 등은 점자와 인쇄물 접근성바코드를 모두 삽입한 자료를 제공하도록 하는 등의 내용으로 「장애인차별금지 및 권리구제 등에 관한 법률」이 개정(법률 제15272호, 2017. 12. 19. 공포, 2018. 6. 20. 시행)됨에 따라, 인쇄물 접근성바코드의 구체적인 내용을 음성변환용 코드 또는 청각, 촉각 등의 감각을 통하여 습득할 수 있도록 인쇄물 정보를 변환시켜주는 전자적 표시로 정하려는 것임.	**제8조(정당한 편의의 내용)** ① 법 제14조제1항제4호에서 "음성변환용 코드 등 대통령령으로 정하는 전자적 표시"란 다음 각 호의 어느 하나에 해당하는 전자적 표시를 말한다. 1. 음성변환용 코드 2. 청각, 촉각 등의 감각을 통하여 습득할 수 있도록 인쇄물 정보를 변환시켜주는 전자적 표시 ② 법 제14조제1항제6호에 따라 교육책임자가 제공하여야 하는 사항은 다음 각 호와 같다. 1. 원활한 교수 또는 학습 수행을 위한 지도자료 등 2. 통학과 관련된 교통편의 3. 교육기관 내 교실 등 학습시설 및 화장실, 식당 등 교육활동에 필요한 모든 공간에서 이동하거나 그에 접근하기 위하여 필요한 시설·설비 및 이동수단

상기 「장애인차별금지법」 및 같은 법 시행령 개정 현황을 살펴보면, 대부분 정보통신·의사소통 등에서의 정당한 편의제공과 정보접근성 제고를 위한 정당한 편의제공에 대한 개정 내용이 중점적인 것을 알 수 있다. 이는 미래사회가 되면서 점점 다양한 정보와 접근 기제를 통해 의사소통이 이루어지고 있으며, 그 접근기제와 방법이 발전하고 있기 때문이다. 4차 산업혁명 시대와 5G 상용화 시대가 도래하면서 더 많은 정보와 그 정보에 대한 접근방식은 점차 늘어날 것이다. 이에 맞물려 「장애인차별금지법」의 개정 작업이 더욱 선제적으로 진행되어야 할 필요성이 있다.

또한, 소득 수준이 향상되고 정신적·육체적 건강과 행복, 삶의 질을 중시하는 생활방식이 사회적으로 확산되면서 개인은 문화와 예술, 체육, 관광에 대한 욕구와 수요가 지속적으로 증가하고 있다. 이러한 사회적 욕구를 반영하여 2018년 「장애인차별금지법」에 '관광활동의 차별금지' 부분을 신설하여, 장애인의 관광활동에 대한 차별금지를 명확하게 규정하여 관광활동에 있어 장애인에 대한 차별을 해소하고 복지와 삶의 질 증진에 기여하고자 노력하였다.

장애인권리협약의 기본이념인 당사자주의, 자립생활, 인권보장 등의 이슈가 「장애인차별금지법」 내용과 국내 장애인 운동 패러다임 변화에 영향을 미쳤다고 할 수 있다. 장애인 당사자 및 단체들이 원하는 「장애인차별금지법」은 장애인권리협약의 취지와 정신은 물론 협약이 규정하고 있는 장애인의 권리가 온전히 보장되는 것이라 할 수 있다.[362]

4. 「장애인차별금지법」의 향후 과제

장애계의 열망이 담긴 「장애인차별금지법」의 기본 취지는 우리 사회 장애인들이 일상생활 속에서 다양하게 겪게 되는 차별 문제에 대한 뿌리 깊은 고민에서 비롯된 것이다. 장애인에 대한 차별 문제에 대한 해결점은 비장애인들에 의한 의식적인 행위의 결과뿐만 아니라 무의식적 형태의 결과에 따른 차별의 발생을 방지하고 치유하는 데 초점이 맞추어져야 한다. 장애인 차별 문제는 장애인에 대한 차별적 발언이나 행위 또는 시설에서 벌어지는 불합리한 행태에 대한 대책뿐만 아니라, 장애인이 일상생활을 시작하면서 시간과 공간을 고려한 것이며 이것이 곧 별도의 특별법 제정 취지이다.[363]

362 김명수, "장애인차별금지법의 제정배경과 개선방안," **홍익법학** 20, 1(2019): 283-304.
363 국가인권위원회, 장애인차별금지 및 권리 등에 관한 법률 설명회 자료, 2008.

그렇기 때문에 장애인 당사자나 장애인단체는 국내 장애 관련 법체계에서 장애인 인권법 내지 기본법의 위상을 「장애인차별금지법」에 부여하고 있다고 할 수 있다. 「장애인차별금지법」이 제정된 현행법 체계에서는 「장애인차별금지법」이 장애인 인권보장규범으로서 기본법으로, 「장애인복지법」은 장애인에 대한 복지서비스 기본법으로서 기능을 하는 것이다. 그 외의 개별 법들은 두 법을 축으로 하면서 개별 영역에서 특별법의 역할을 수행한다고 볼 수 있다.[364]

하지만, 「장애인차별금지법」의 한계는 여전히 존재한다. 그 예로, 「장애인차별금지법」 제정 이후 국가인권위원회에 진정된 장애인차별 진정 건수는 「장애인차별금지법」 시행 이전(653건)에 비해 10배 이상 급증하여 6,540건으로 집계되어 국가인권위원회의 전체 진정 사건의 53%를 차지하고 있지만 취소·각하율은 90%에 이르는 것으로 나타나 실질적 권리구제로 실현되고 있는지, 「장애인차별금지법」 자체가 실효성이 있는지 의문을 제기하고 있다.[365]

「장애인차별금지법」 제정 이후 장애인 차별금지에 대한 인지도와 장애인 인식개선에 대한 필요성은 향상되었지만, 법률 대부분이 임의규정에 불과하여 선언적 의미에 그치고 있기에 그에 상응하는 적극적 조치 또한 미흡한 실정이다. 그러나 「장애인차별금지법」상 과도한 부담이나 현저히 곤란한 사정이 있는 경우, 금지된 차별행위가 특정 직무나 사업 수행의 성질상 불가피한 경우는 장애인 차별 예외 사유로 규정되어 있으나, 행위자에 있어서 어디까지가 과도한 부담이나 현저히 곤란한 사정인 경우인지가 불명확하며, 장애인 당사자 역시 행위자가 인식할 수 없는 과도한 요구를 할 때도 종종 발생한다. 그렇기 때문에 국가인권위원회 진정 사건 역시 취소나 각하로 이어지는 경우가 있는 것이다. 실제로 누가 보아도 「장애인차별금지법」상 저촉되는 행위로 장애인에게 필요한 정당한 편의제공이 요청되어야 함에도 구비되어 있지 않을 경우 시정조치를 요구할 수 있지만, 너무 무리한 요구를 할 경우가 있다. 이는 기관의 입장에서는 과도한 부담과 현저히 곤란한 상황인 것임에는 분명하다. 이렇게 장애인이 무리한 요구를 할 경우에는 「장애인차별금지법」의 취지와 목적에 훼손되며, 오히려 장애인에 대한 인식 개선 자체를 부정적인 시선으로 바라볼 수 있는 여지가 생기는 것이다.

「장애인차별금지법」에 대한 장애인과 비장애인의 인식은 확실히 차이가 있으나, 그 사회적 합의점을 찾고, 장애인과 비장애인 모두에게 체화되어야 한다. 이를 위해서는 「장애인차별금지법」에 대한 홍보와 교육이 지속적으로 이루어져야 하며, 이는 공공기관에 국한된 것이 아니라 민간기관에도 지속적으로 추진되어야 하는 상황이다. 단기간의 홍보나 교육으로 「장애인차별

364 김명수, 앞의 책.
365 앞의 책.

금지법」의 이해와 장애인 인식개선이 되지는 않기에 장기적인 관점에서 꾸준하게 그리고 지속적으로 추진되어야 한다. 또한 법률 자체가 급변하는 사회와 시대적 상황을 반영하여 개편될 필요가 있다. '장애'에 대한 개념, 정보접근권 반영, 장애인권리협약에 대한 고려, 문화·예술·체육·관광 활동의 실질적 보장에 대한 검토가 필요한 시점이다. 어렵게 입법화한 「장애인차별금지법」이 시행 이후 10년이 넘어가는 시점에서 법률의 실효성을 다시 한번 살펴보고, 어느 한 쪽만의 일방적 요구와 부담이 아니라 장애인 당사자와 비장애인 모두가 평등한 사회를 만들어 가기 위해 노력해야 될 것이다.

제7장

장애인의 완전 사회통합

International Disability Rights and Development of Legislation

1. 서론: 문제의 제기

본 장에서는 「유엔장애인권리협약」이 하나의 국제협약으로 등장하면서부터 우리에게 친숙해지고 도전을 주는 반면 동시에 혼란을 야기하고 있는 '완전/포괄적 사회통합(Inclusion)'에 대한 이론과 실제적 측면에 대한 고찰을 시도하고자 한다. 일반적인 견해는 장애인에 대한 편견이나 차별이 사회적 배제의 원인이라고 생각하기 쉽다. 그러나 엄밀한 의미에서 본다면 장애인의 차별보다는 오히려 전통적 자선 혹은 복지가 주요 대응이었다. 그러나 유엔의 권리협약은 인종이나 젠더에 대한 차별을 법적인 차원에서 대응해 왔다면 이제는 장애의 문제도 복지의 관점에서가 아니라 법적으로 대응해야 된다는 것이다. 협약은 법률과 평등의 원칙을 통해 실제적으로 차별의 장벽을 넘어 장애인들의 의미 있는 참여를 통한 포괄적 사회통합의 가능성을 시사한다. 본 장에서의 접근도 동일한 접근을 따른다.

우선 개념 정의를 위한 용어의 사용을 보자. 혼란의 이유는 최소한 장애와 연관되어 사용될 때에는 보다 깊은 역사를 가지고 있는 한국 사회에 자리 잡은 사회통합(social integration)의 개념과 완전/포괄적 통합(inclusion)이 구별되지 않기 때문이다. 예를 들어 최근의 특수교육을 포함한 장애 논문에서 inclusion에 관한 내용을 우리말로 인용할 경우 종래의 integration도 '통합', inclusion도 '통합'이라는 의미로 사용한다. 장애로 인한 특성을 부각시켜 주류인 지역사회 속의 비장애인과의 다름의 관계, 소외, 부정의 주변화 등을 유지함으로써 장애와 관련된 부정적인 가치를 고정화시켰다. 과거의 통합 개념은 기껏해야 '동화적 통합(assimilated integration)', 즉 "장애인은 가능한 한 비장애인을 닮아야, 유사해야 겨우 사람 대접을 받을 수 있다."는 의미로 이해되어야 할 것이다. 우리말의 통합, 사회통합의 개념은 보편적으로 이해되는 integration은 대체로 장애인을 치료를 받아야 할 '문제'의 대상, 의존적이며 수동적인 시혜나 복지의 대상으로서 교육, 의료 및 사회재활, 직업훈련을 거쳐 가능한 한 자립 능력을 갖춘 '비장애인'과 유사해져야 한다는 의미로 사용된 경향이 강하다. 나름대로 장애인에게 일종의 부담을 부과하는 역할을 정의하며 오래전 파슨즈(Parsons)가 정의한 환자의 역할[366]과도 부합한다. 장애인은 거의 예외 없이 각종 낙인(label)과 분류의 대상으로 존재하며 배제당했다. 장애인을 치료하고 재활시켜 사회에 적응시키려 하는 장애인복지의 오랜 전통은 장애인을 특수 서비스 대상자로 분리하여 사회로부터 배제(exclusion)시키는 부정적 요소를 가중시킨 전력을 부인할 수 없다. 즉, 소수인 장애인들로 하여금 주류인 비장애인의 지역사회에 동화(assimilation) 내지

366 Theodore Milton, et al., *Oxford Textbook of Psychotherapy*(Oxford University Press, 1999), 446.

는 적응(adjustment)하도록 지원하고 돕는 것이 서비스의 주목적이었다. 이 개념에서 본다면 변화되어야 할 대상은 거의 언제나 개별 장애인 당사자이며, 장애인을 문제시하고 저변화(marginalize)시킨 주류 비장애인은 변화의 대상이 아니었다.[367] 「유엔장애인권리협약」은 제1조에서 장애인에게 동화(同化)적 통합의 '재활'을 처방한 의료적 서비스 모델을 사회적, 인권적 모델로 전환해야 된다는 원칙을 제시한다. 이 원칙은 위 협약을 비준한 국가들로 하여금 이 원칙을 바탕으로 종래의 장애 입법과 정책, 서비스를 재검토하도록 요구하고 있으며 사실상 넘어서야 할 가장 중요한 과제로 등장해 있다. 현 한국 보건복지부의 경우에도 장애인복지 서비스 지침은 장애의 인권적 모델의 원칙을 반영하지 못하고 '장애의 개인적 모델'에 묶여 있었는데, 정부의 결단으로 과거의 장애판정 제도를 폐기하겠다고 한다.[368] 따라서 각종 정책연구와 서비스 및 지원 영역의 '포괄적 사회통합'의 효과성은 유엔의 권리협약의 원칙에 기반하여 검증되어야 할 과제이다. 분명히 이런 문제들은 긴장과 가능성을 동시에 내포한다.[369] 위에서 제시한 다소 제한된 예에서 보더라도 '포괄적 통합'의 개념은 다양한 용도로 쓰이며, 아직 합의를 이루지 못함을 알 수 있다. 한국과 일본을 보더라도 언어상 integration과 inclusion이 별도로 표기되지 않는다. 그러나 중국어에서는 Inclusion: 融合으로 整合을 Integration으로 활용하는데, 특히 후자는 장애인이 사회에 적응하고자 노력해야 되는 것을 강조한다.[370] 이것은 아직 우리말이 최근의 이러한 개념상의 변화를 의미 있게 반영하지 못하고 있음을 보여주는데, 일본이나 독일의 경우에도 마찬가지이며 다른 나라의 경우에도 유사하리라는 추측이다. 이것은 장애에 관한 과거의 전통적 통념을 잘 설명해 준다. 그럼에도 불구하고 '포괄적 사회통합(inclusion)'이라는 개념은 학술, 정책연구학, 경제, 문화, 언어, 종교, 젠더, 연령, 건강과 역량 지정학 등의 영역에 이론적 쟁점을 부각시키며 여러 형태로 해석되고 있음을 밝혀 둔다.[371] 따라서 동화(assimilation)를 위한 노력은 장애인 당사자나 가족에게 부과된 과제이자 부담이었다. 이러한 부담을 부과하는 세력에 저항할 수 없는 장애인과 지역사회와의 관계는 본질적으로 힘의 관계이며 불평등하다. 이러한 과정을 경과하여 장애인은 비로소 타인과 사회로부터 나름대로 인정을 받고 지지를 얻어 주류 사회에 적응 내지는 동화하게 된다. 이러한 의미에서 「유엔장애인권리협약」

---

367 김형식, "시민적 권리의 관점에서 본 장애인의 사회통합," **재활복지** 12, 3(2008).

368 2019, 2, 3차 병합 국가보고서.

369 Peter Askonas & Angus Stewart, *Social Inclusion: Possibilities and Tensions*(New York: St. Martin Press, 2000).

370 대만 Eden International Foundation의 Senera Chang의 견해 2014. 9. 2.

371 Cecil Jackson, "Social Exclusion and gender: Does one size fit all?," *The European Journal of Development Research*(1999).

의 관점에 국한시키더라도 최소한 지구촌 15억의 장애인구가 여러 형태로 주류 사회에서 차별당하며 배제되고 있다는 현실적 차원에서도 포괄적 통합에 관한 논의는 그 자체가 도전일 수밖에 없다. 본 장에서는 잠정적으로 '포괄적 통합'이라는 개념을 사용하지만 보다 진지한 합의를 거쳐 '완전통합'이라는 용어 채택의 가능성도 염두에 두어야 할 것이다.

문재인 대통령을 비롯한 한국의 정치 지도자들은 최근 '포용사회'의 담론을 펼쳐 가고 있다. 그렇다면 포용사회와 포괄적 통합사회는 상호 부합하지 않는가? 연구자의 주장은 한마디로 '포용'은 힘 있는 자가 약자를 관용과 배려의 차원에서 수용하고 용납하는 관용(tolerance, 또레랑스), 자비를 베푸는 정도라는 것이다. '포용사회'는 기껏해야 동화적 통합(assimilation)일 뿐이다. 따라서 포용의 대상과 포용을 베푸는 자는 평등한 관계일 수 없다. 그러나 '포괄적 사회통합'이 하나의 이론으로서, 정책적 전략으로서 얼마나 중요한 위치를 차지하는가 하는 문제는 통합과 배제의 관계성에 대한 진지한 논의에서 이미 상당한 관심의 영역이 되어 있음에서 잘 나타난다.[372] 연구자의 입장은 향후 포괄적 통합이 장애인 정책연구와 서비스 개발을 위한 지침으로 수용되어야 한다는 것이다. 본 장에서는 이 개념의 연구적 위상에 대하여 방어를 할 것이 아니라 보다 더 적극적으로 이 개념이 제시할 수 있는 이론적 그리고 실제적 가능성을 탐색하는 것이다. 이론적 중요성 외에 '통합과 배제'의 과정과, 메커니즘과 이러한 개념들이 제시하는 순수한 학문의 차원에서 포괄적 통합의 정치적 함의에 대한 논의 차원에서 보더라도 이 개념이 사회정책연구, 보다 구체적으로는 인권과 권리의 주제를 중심으로 해야 할 장애학에 시사하는 함의를 고찰해야 될 여지는 충분하다. 본 장에서는 보다 학술적이고 실제적인 연구가 자리매김할 수 있도록 '포괄적 통합'에 관한 선행 연구의 차원에서 기본 문헌 검토와 이 개념이 실제로 「유엔장애인권리협약」에서 어떤 실천적 함의를 제시하고 있는가를 논의한다. 또한 본 연구에서 강조하는 것은 적어도 inclusion의 원칙에서 장애인의 권리를 실현하겠다는 것이 한 국가의 정책적 의지라면, 장애인을 사회적 배제와 취약계층으로 밀어냄이 종식되도록 총체적인 제도적 개혁이 필요하다는 주장을 하며 '포괄적 사회통합'은 정치적으로나 실제적으로 급진적 프로젝트라는 관점을 피력한다.[373] 단, 본 장의 한계로서 '포괄적 통합'에 집중하면서 과거에 활발했던 '배제'에 대한 논의는 다소 제한적으로 다루게 될 것이다. 결국 배제와 포괄적 통

---

372 Naila Kabeer n. d., "Social Exclusion, Poverty and Discrimination: Towards an Analytical Framework," IDS *Bulletin* 31, 4(2009): 83-97.

373 J. Inclusion Gray, "A Radical Critique," in Peter Askonas and Angus Stewart(eds), *Social Inclusion: Possibilities and Tensions*(Palgrave, 2000).

합은 상호 분리될 수 없다. 포괄적 통합의 이론적 쟁점을 주제로 하면서, 소위 '복지국가'가 여하히 장애인의 배제를 제도적으로 정당화하고, 동시에 포괄적 통합의 과정에 제동을 걸었는가를 문제로 제기하지 않을 수 없다.

2. 포괄적 통합의 등장

배제(exclusion)와 포괄적 통합(inclusion)이 등장하게 된 배경은 1970년대 프랑스의 정책 논의에서 등장하여 1980년대에는 이 개념이 유럽연합에 의해 채택되어 유럽 사회정책의 거대 담론으로서 빈곤과 불평등을 대체하게 되었다. 더 구체적으로는 유럽에서 복지국가의 위기에 대처하는 과정에서 등장했으나 이제는 많은 국가에서 광범위하게 사용되며, 2006년 「유엔장애인권리협약」이 채택되며 '참여'와 함께 중요한 개념의 하나로 자리 잡게 되었다.

과거의 사회구조에 대한 연구가 사회배제에 관한 연구에 치중했다면, 포괄적 통합/완전통합은 새로운 연구의 장을 여는 것으로 생각할 수도 있다. 대체로 포괄적 통합에 관한 문헌은 통합을 이루는 과정에 필연적으로 수반되는 여러 절차적 장치, 예를 들면 복지국가 체제의 유지, 미래 국가 체제의 유지, 인권에 관한 국제정치의 전망(유엔 권리협약에 대한 직접적인 언급은 없지만 유사한 맥락에서 해석하는 것도 무리는 없을 것이다) 등에 관한 정당성에 관한 논의이다. 하바머스(Harbamas)와 그레이(Gray)는 과거 사회민주주의가 추구하던 평등의 이상 실현이 현실적으로 좌절되는 시기에 등장한 것이 포괄적 통합이라는 관점을 표한다. 반드시 경제의 세계화보다는 21세기 후기 자본주의의 특성상 평등의 이념 실현이 어려워졌다는 지적이다. 포괄적 통합/완전통합은 1970년대 사회보험 제도에서 배제된 계층을 통칭하는 프랑스어의 les exclus에서 최근의 기원을 찾을 수 있다. 프랑스 정부가 이 개념을 처음으로 장애인을 비롯한 빈민 계층을 포함하는 의미로 사용하면서 본격적으로 등장한 것이다.[374] 본격적으로 포괄적 통합이 정책연구 용어로서 등장한 것은 1980년대 유럽연합에 의해서이며, 이러한 흐름은 "이제 빈곤이라는 개념은 더 이상 적절치 않다."[375]라는 선언적 인식을 함으로써 포괄적 통합이라는 개념을 채택한

374 Op. cit., ibid.

375 Silver, & Miller, Silver, Hilary. "Social exclusion and solidarity: Three paradigms," *International Labour Review*. 133: 531-578. 1994-6; 2003. H. Silver & S. M. Miller, Social Exclusion: The European approach to social disadvantage Indicators, 2, 2(2003): 1-17.

것은 핵심적인 정책연구 변화의 하나로 간주할 만하다.[376] 그 이후로 보편적으로는 유럽의 복지국가의 위기가 대두되던 1980~1990년대에 관심의 대상이 되었고, 영국의 노동당 블레어 총리 집권 시기에 두드러지게 나타났으며 런던 정경대(London School of Economics)에는 Centre for Social Exclusion[377]이 설립되며 사회정책연구의 핵심 담론으로 등장하였다. 더 최근에는 World Bank를 주축으로 빈곤퇴치를 위한 개발협력의 전략으로서 주목을 받기 시작했고, 인권과 개발의 장치를 포함하는 「유엔장애인권리협약」의 채택으로 그 의미가 재삼 부각되고 있다. 실제로 「유엔장애인권리협약」의 채택을 위한 협상이 유엔에서 진행될 당시 '포괄적 통합'의 개념을 가장 강하게 요구하고 주장했던 것은 유럽의 장애인 당사자들이었고, 그들은 이미 이 개념에 친숙해 있었다. 예를 들면, 2003년 5월 스페인의 말라카에서 개최되었던 장애인의 완전 사회통합을 위한 제2차 해당 장관회합은 a Council of Europe Disability Action Plan[378]의 채택을 결의하였다. 그러나 '완전통합'은 아·태 지역을 비롯한 유럽 이외 지역의 참가자들에게는 아주 생소한 개념이었으며, 그러한 여파가 국가보고서를 내고 있는 2018년 현시점에서도 강하게 느껴진다.

결국 이 주제는 장애인에게만 해당된 것이 아닌 인류사회의 보편적 주제이기에 '포괄적 통합'의 이론적 위상과 관련하여 제기된 문제들을 살펴보자. 다시 문제의 제기로부터 시작해 보자. 포괄적 사회통합은 여러 영역을 포함하는 개념으로 사용되는데, 대체로 아래의 영역을 포함한다. 다양한 경제, 사회적, 문화적 인구 계층, 언어, 종교의 영역을 필두로,

- 도시와 농촌, 지리적 소외지역
- 젠더와 성 지향성
- 세대, 연령, 청장년과 노년층
- 건강, 신체, 정신, 지적, 발달장애 등
- 실업, 홈리스(Homeless), 수감자
- 인종적, 종교적 소수집단
- 이민 집단, 이주 노동자 등 전반적인 경제 사회적 소수자와 취약계층

위의 영역은 분류로서만 의미가 있는 것이 아니고, 포괄적 통합 또는 배제가 발생하는 상황

376 Wilson, L. Developing a model for the measurement of social inclusion and social capital in regional Australia. Social Indicators Research, 75, 335-36. 2006.

377 Centre for Exclusion and Inclusive Policy, London School of Economics and Political Science.

378 European Council, Disability, a Citizen Issue.

이 다분히 복합적이며, 개인 차원과, 집단적 차원에서 동시에 고려되어야 한다는 점이다.[379] 포괄적 사회통합이 위에서 열거한 인구 계층과 특별한 의미를 갖는 것은 아마도 이들 모두가 정도의 차이는 있겠지만 시민 생활을 인간답게 하는 제반 사회, 금융, 법률, 교육 서비스, 문화생활 등에 대한 보편적 접근(access)이 취약하기 때문에 더 광범위하게 차별, 공정성, 정의와 참여의 영역, 따라서 역량강화의 의미와도 연결되기 때문이다. 본 장에서는 대체로 '포괄적 사회통합'의 관점에 논의를 제한시키지만 다소 신자유적인 경제적 관점도 이 개념의 발전에 기여했음을 간과할 수 없다. 즉, 1980년대 사회통합의 의미를 글로벌화된 경쟁적 경제 환경에서 경제성장에 필요한 기술 공급을 위해 인력에 투자해야 한다는 것으로 해석한 신자유자들의 견해이다. 다분히 서구 경제적인 착상이었지만 급변하는 글로벌 경제하에서 전 지구에 파급을 미치는 개념으로 자리 잡게 되었다.[380] '포괄적 통합(inclusion)' 논쟁은 불가피하게도 정치적 이념 논쟁을 피해 갈 수 없다. 예를 들면, 과거 사회민주주의가 지향하던 평등의 이념이 쇠퇴하면서 사라져 가는 마지막 불꽃을 살리려는 염원과 대안, 절충으로서 등장한 것이 inclusion이라는 주장이다.[381] 이처럼 이 개념이 등장하게 되는 배경이 다양함과 같이 포괄적 사회통합을 하나의 과제로 인식하면서 제시되는 해법도 다양하다. 결국 이러한 해법은 근본적인 문제와 연결되며 또 다른 쟁점을 부각시키기도 한다. 예를 들면, 과연 inclusion을 하나의 유토피아적인 사회적 규범으로 수용할 것인가? 하나의 이념적 설계인가 아니면 실현 가능한 모델인가 하는 문제들이다. 만일에 inclusion이 배제(exclusion)에 대한 대응이라면 배제된 계층은 누구이며, 그 이유는 무엇인가에 대한 대답이 선행되어야 할 것이라고 주장한다. 그러나 우리는 사회 정책연구에서도 장애인 급여 대상으로 누구를 포함(inclusion)시켜야 하며 배제 혜택을 받아야 할(inclusion) 대상이 배제(exclusion)되어야 하는 의도치 않은 결과를 초래할 수 있다. 많은 학자들이 지적한 것처럼 포괄적 통합의 논의에서 '정책연구적 딜레마'를 피할 수 없다.[382] 때로는 복지 자원의 합리적 지출이라는 명분으로 잔여적 급여 지출 방식을 선택한다면 불가피하게도 inclu-

379 Petwr Radicliff, Is the Assertion of Minority Compatible with the Idea of Socially Inclusive Society? In Askonas, Peter & Angus Stewart, *Social Inclusion: Possibilities and Tensions*(New York: St. Martin Press, 2000).

380 M. B. Steger, *Globalism: Market ideology meets terrorism*(2nd edition)(Lanham, Maryland: Rowman and Littlefield Publishers, Inc., 2005).

381 Gray, ibid.,

382 H. Silver & S. M. Miller, Social Exclusion: The European approach to social disadvatage Indicators. 2, 2(2003): 1-17; G. J. Room, Social Exclusion, Solidairity and the Challenge of Globalization. *International Journal of Social Welfare*, 8(1999): 166-74; Armatya Sen, Social exclusion: Concept, application and scrutiny: Manila Asian Development Bank(Social Development Papers 1, 2003).

sion이 되어야 할 대상을 배제하는 예기치 않은 결과가 나타날 수도 있다. 아래와 같은 문제를 생각해 보자.

- 순수한 학문적 차원에서 포괄적 통합이 연구와 방법론에서 분명히 자리매김할 수 있는 이론이며 개념인가?
- 과연 어떤 근거로 '배제'는 부정적이며, '완전통합'만이 바람직하다고 할 수 있는가?
- 포괄적 통합은 하나의 사회적 규범으로서 단순한 유토피아적 착상인가, 아니면 실현 가능한 모델인가?
- 누가 어디로부터, 어떻게 배제당하고 통합되며 그 과정은 어떤 것인가? 이러한 개념을 둘러싼 정치, 사회적 역학은 어떤 것인가?
- 과거 평등의 이념을 거부했던 세력이 포괄적 통합의 이념을 거부 없이 수용하겠는가?
- 이론적, 도덕적 문제가 중복되어 있음에도 불구하고 '포괄적 통합'을 이론적 연구 주제로 삼을 수 있는가?[383]
- 포괄적 통합을 둘러싼 긴장과 가능성의 본질적인 문제는 어떻게 접근해야 되는가?
- 포괄적 통합의 실현은 보다 전반적인 제도 개혁의 차원에서 보다 진보적이며 강한 국가를 전제로 하는가?
- 포괄적 통합은 보다 공정하고 정의로운 사회 프로젝트와는 어떻게 연계되는가?
- 자유로운 자본의 이동을 중심으로 하는 세계 경제 체제의 글로벌화와 경쟁적 시장의 시대에 과연 포괄적 통합이 가능할 것인가?

위에서 제시한 질문들은 장애인의 '포괄적 통합'의 과제와 어떤 관계가 있는가? 과연 권위 있고 실용 가능한 '포괄적 통합'의 개념은 있는 것인가? 어떤 가치와 객관성이 '포괄적 통합'을 정당화하는가? 쉽게 해답을 찾기는 어렵지만 아래와 같은 잠정적 시도는 가능할 것이다. 한마디로 포괄적 통합은 내가 속한 사회는 '나'라는 본인 외에도 '타인'이 존재한다는 '사회성원 간 상호의 인정'이다. 사회성원들은 타인이 합법적으로 공동체 속에서 존재하고 있음을 시인하고 이에 대한 신호를 보내야 한다. 사회학자 엘리아스(Elias)는 이것을 '사회적 존경(social honor)'의 문제라고 칭했다.[384] 더 쉽게 표현하자면, 이것은 타인의 존재를 인정하고, 그들의 음성을 들으

---

383 Glen Loury, "Social exclusion and ethnic groups: the challenge to economics," Paper presented at the Annual World Bank Conference on Development. Washington. D.C. April 18-30, 1988.

384 Ibid., 278.

며, 혹은 법적으로 그들도 정당한 '위상'을 가지고 있음을 시인하는 것이다. 이동권 보장을 요구하는 '이동권 연대'의 외침을 경청하는 국민들은 얼마나 될 것인가? 어느 사회에서나 대다수의 장애인들은 이러한 '인식', '시인(recognition)'의 대상이 되지 못하기 때문에 배제되고 편견의 대상이 된다. 간단한 논리이지만, 포괄적 통합은 나름대로의 논리적 원칙, 즉 차별과 편견의 철폐라는 과제에 기반한다. 그러나 장애인의 사회 참여와 통합, 혹은 인권존중, 정의, 민주주의라는 신념을 고수하는 것만으로는 충분치 않고 이러한 신념은 반드시 실천이 뒷받침해 줘야 한다. 아니라면, 공허한 외침일 뿐이다. 엄밀한 의미에서 권리협약은 장애인들의 의미 있는 사회참여를 통해 완전한 사회통합을 기본 철학으로 하여 채택된 것이다. 그렇다면 이제 보다 일반적 관점에서 이 주제를 접근해 보자. 완전 사회통합을 장애인의 사회적 위상 혹은 위치에서 볼 때 여러 가지를 생각하게 하는 문제가 대두된다. "장애인은 과연 의미 있게 지역사회 활동에 참여할 수 있는 존엄한 시민인가? 품위 있는 삶을 누릴 수 있는 경제적 여건은 어떻게 장애인을 배제시키는가? 결혼하고 가정도 꾸릴 수 있는가? 고질적인 실업상태인데도 원만한 사회참여가 가능한가? 영화, 연극, 체육, 여가, 여행을 즐길 수 있는가? 정부나 지방정부로부터 필요한 지원을 제대로 받는가? 교육과정에서의 특수교육 환경을 떠난 참여와 통합은? 일상에서 주택, 생활시설, 화장실 등 각종 정보와 통신매체, 은행 등 금융기관의 접근성과 기차, 택시, 버스를 통한 이동권은? 지역사회의 장애인에 대한 인식과 태도는 얼마나 적극적이며 긍정적인가? 장애인들은 사회에 아무런 쓸모도 없는, 부담만 주는 집단이라는 인식은 없는가? 위와 같은 문제를 생각하면서, 더 구체적으로 한국과 같은 경쟁적 사회에 '포괄적 통합'이 들어설 자리가 있겠는가? 아니, 아직도 '장애'와 '비장애'의 편견과 차별이 팽배한 사회 현실에 '포괄적 통합'이 들어설 자리가 있겠는가?" 등의 문제 제기가 관심을 끌 수도 있다. 위와 같은 이론적 쟁점을 염두에 두면서 본 논문은 장애학에서 inclusion의 개념을 연구와 현장 실무의 적용을 위하여 어떻게 정립시켜야 할 것인가 하는 맥락적 과제에 집중하면서 논의를 전개하기로 한다.

3. '포괄적 사회통합'의 이론적 쟁점

1) 사회학적 관점

포괄적 사회통합(inclusion)의 개념은 역사적으로는 사회 응집력, 결합(cohesion)을 강조했던 19세기 사회학자 웨버(Weber)로 거슬러 올라간다. 하지만 최근에 와서는 사회적 배제(social exclusion)에 대한 상대적 개념으로 social inclusion 관심의 대상이 되었다.[385] Kabeer, Marx, Buchana, Fromm 등으로 거슬러 올라가는 소외(alienation)의식에 관한 연구에 비하면, inclusion에 관한 연구는 역사가 짧다. 아마도 사회적 배제와 통합을 적어도 이론적 차원에서 잘 접근해 줄 수 있는 학문은 사회학일 것이다.[386] 사회학은 전통적으로 사회적 평등과 불평등, 사회통합(integration)과 사회 계층론, 사회이동, 배제와 포괄적 통합(inclusion), 중심부와 주변부(Center-Periphery)의 상대적 역학관계 등을 잘 분석해 왔다. 사회학은 경제와 자연적 적합성을 초월하여 좀 더 넓은 지평의 시각에서 포괄적 통합을 접근할 수 있는 관점을 제시한다. 사회생활을 함에 있어서 환영을 받거나, 거부당하거나, 주류화 속에 포함되거나, 왕따를 당하거나, 무시당하거나, 차별당하거나 하는 이 모든 것은 한마디로 사회적 실제의 결과이다. 이러한 사회적 실제는 사회관계에서 여러 형태의, 예를 들면, 친구로서, 동료로서, 가족성원으로서, 친척으로서, 부족의 성원, 지역 문화 등 친밀감의 정도의 차이로서 나타나는데 이 모든 것이 사회학적 연구의 대상이 된다. 사회적 연구의 한 예로서, 장애 문제와 깊은 연관이 있는 편견과 차별에 대한 연구는 고프먼(E. Goffman)의 저서 『Stigma』에서 찾아볼 수 있다.[387] 스티그마(오명, 낙인)와 편견, 차별은 분명히 사회적 배제의 한 형태이면서도, 이들의 부정적 여파에 저항하려는 것은 포괄적 통합의 한 형태로 간주할 수 있다. 신사회운동의 한 측면이면서도 한국을 비롯한 범세계적인 장애 당사자 운동은 분명 포괄적 참여와 통합을 위한 투쟁이다.

여기에서 고프먼의 『Stigma』를 자세히 조명해 볼 여지가 있다.

고프먼의 '스티그마: 손상된 정체성의 관리(Stigma: Notes on the Management of Spoiled Identity)'는 보편적인 스티그마와 사회적 배제에 대한 분석이다. 하나의 과정으로서의 스티그마는 "어떤 개인들은 그들이 독특한 특성을 소유하고 있거나 소수집단의 성원이라는 이유로 일련의 특수한 사회적 상호작용으로부터 조직적으로 배제된 것을 의미한다."[388] 이 개념은 사회·집단의 일부로 받아들여지지 않는 '국외자(Outsider)'의 기능을 내포하며, 태생적으로 사회적 용납을 희구하는 인간이 왜 동종인 인간을 거부하는가? 하는 의문을 갖게 한다. 적어도 고프먼이나 혹은 그의 영향을 받은 이론가들은 스티그마는 한 인간에 대한 평가가 존엄성이 상실할

---

385 Kabeer, 2006; Marx Buchana, 1990; E. Fromm, 1962, 1968, 1991

386 Dan Allman, University of Toronto, Dalla Lana School of Public Health, 155 College Street, Room 524, Toronto, Ontario, Canada, M5T 3M7 Email:dan.allman@utoronto.ca

387 Goffman E., *Interaction ritual: Essays on face-to-face behaviour*(New York, NY: Doubleday, 1967).

388 R. Kurzban & M. Leary, "Evolutionary origins of stigma: The functions of social exclusion," *Psychological Bulletin*, 127(2001): 187–208.

때에 발생한다고 주장한다.[389] 사회학자로서 고프먼의 접근은 다분히 극적이며, 상징적 상호작용적 관점이다. 그의 주 관심사는 사회적 상호작용과 그것을 지배하는 규칙에 관한 것으로서[390] 사회구조는 사회적 위계질서를 꾸준히 유지하기 때문에 상호작용을 위한 맥락을 제공한다는 것이 고프먼의 주장이다. 그럼에도 불구하고 고프먼은 정치경제학이나 전통적으로 상징적 상호작용의 초점을 넘어서는 계급, 권력, 젠더, 인종 등에는 충분한 고려를 못 한 것 같다는 지적도 있다.[391] 그럼에도 불구하고 장애인들의 시설을 연상시키는 고프먼의 '총체적 시설(Total Institution)'의 개념은 장애학, 장애인의 인권과 권리 영역의 보다 깊은 연구의 대상이 되어야 한다. 고프먼은 일찍이 차별과 편견을 장애학 연구의 핵심주제로 부각시켰다. 보다 실제적으로 스티그마가 장애인들의 삶에 피부로 느껴지게 하는 것은 비장애인을 주류로 돌아가는 세상에, 즉 '완전통합으로 가는 길목에 장벽이 무수하다'는 것이다. 미국의 한 사회정책학자의 지적을 인용해 보자. "장애인들이 일상생활 속에서 늘 부딪치는 여러 형태의 장벽은 시민들의 신체적 역량과 관련된 규범적인 가설에 대한 문제를 제기하지 않을 수 없다. 모든 사람들이 당연하다고 생각하는 웬만한 삶을 살기 위해 한 개인은 걸어야 하나? 뛰어야 하나? 분명하게 들어야 하고, 똑똑하게 말해야 하나? 엄밀하게 이러한 질문들은 정치적일 수밖에 없다. 세상을 배타적으로, 분리적으로 만들었으니 이제 대다수는 모든 능력을 수용할 수 있는 사회로 만들어야 한다."[392] 한(Hahn)은 이어서 고용, 교통수단, 주택 등을 예로 들어 장애는 결국 차별과 편견을 정당화하기 위한 조작된 행위라고 주장한다.[393]

사회학에서 가져올 수 있는 또 하나의 개념은 포괄적 통합과 궤를 같이하는 '참여'이다. 아른스테인(Arnstein)[394]의 주장은 참여와 포괄적 통합의 현실을 잘 설명해 주는데, 장애인과 같은 취약계층이 스티그마로 낙인이 찍히고, 소외, 차별당하며 편견의 대상이 되어 하찮은 존재로 밀려나는 현상을 설명한다. 요컨대, 힘이 없으면 실제적 참여, 포괄적 통합은 환상이며 순조롭

---

389 Ibid., Crocker, J., Major, B., Steele, C. Social stigma. In Gilbert, D. T., Fiske, S. T., Lindzey, G.(Eds.), *The handbook of social psychology*(Vol. 2, 4th ed., pp.504-553). Boston, MA: McGraw-Hill, 1998.

390 E. Goffman, ibid.,

391 G. Scambler, "Health-related stigma," *Sociology of Health & Illness*, 31(2009): 441-455.

392 H. Hahn, Issues of Equality: European Perception of Employment Policy and Disabled Persons. New York. 1984. 24.

393 Hahn보다도 이 주제에 대하여 더욱 심도 있는 연구를 한 학자는 Safilios-Rothchild, C., *The Sociology and Social Psychology of Disability and Rehabilitation*(New York: Random Houese, 1970). 또한 P. Hunt. (ed.), *Stigma: The Experience of Disability*(London: Geoffrey Chapman, 1966). 이 책은 저자가 영국유학을 하면서 학계에 처음 등장하고 읽게 된 장애학에 관한 문학 서적이다.

394 Sherry A. Arnstein, "A Leader of Citizen Participation," *Journal of American Institute of Planners* XXXV, 4 (July, 1969): 216-26.

게 달성될 수 있는 것이 아니라는 것이다. 참여하겠다는 당사자에게 충분한 기회와 정보가 주어지지 않으면 참여의 길은 막힌다. '시민적 권리'에서 주장하는 평등한 인간관계는 주요한 사안의 결정에 참여할 수 있어야 하며, 이러한 과정이 종국에는 장애인들로 하여금 존엄성을 인정받는 시민이 되게 한다. 장애인의 역량강화는 이러한 결과를 얻어내기 위함이기도 하다. 아래의 그림은 현실적으로 권력행사를 위한 참여의 장벽이 얼마나 험난한가를 묘사한다. 취약계층은 참여의 사다리에 제대로 올라가지 못하고 조작, 설득, 회유당하고 잘되면 파트너가 될 수도 있지만 대개의 현실은 겨우 상징적 참여의 계단까지는 올라간다.

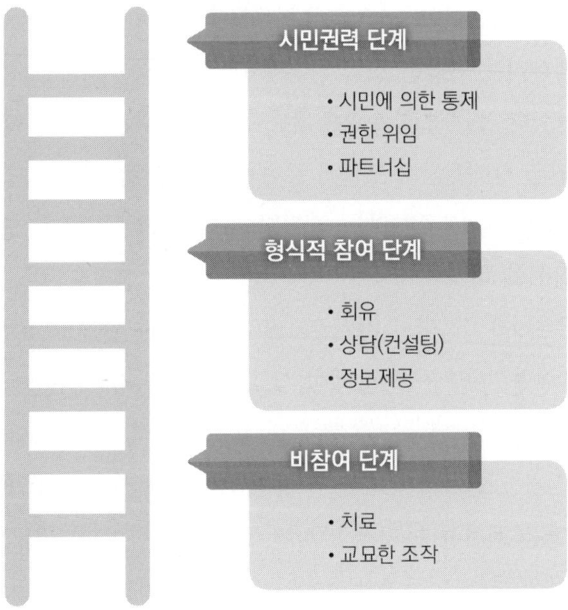

그림 7-1. 아른스테인(Arnstein)의 참여의 단계[395]

권리협약에 기반한 포괄적 장애정책이 목표로 하는 것은 장애인들을 편견과 차별, 불평등으로 격리/소외시키는 경제, 사회, 문화적 장벽의 제거이다. 그러나 이러한 정책이 언제나 환영을 받지 못했던 만큼 반대의 세력도 컸다. 그러나 엄밀한 의미에서 이러한 반대는 장애인에 대한 반대가 아니라 평등의 가치와 인권의 이념에 대한 반대이다. 다른 말로 하면, 포괄적 통합은 장애인의 삶에서 불평등과 차별을 재생산하는 물질적, 이념적, 사회적, 정치적 및 경제적 장벽을

395 Sherry R. Arnstein, "A ladder of citizen Participation," *Journal of the American Planning Association* 35, 4(1969): 216-24.

제거하는 것이다. 그런데, 이에 따르는 반론 혹은 분개도 있다. 어떻게 생각하든 분개와 반론은 차별과 비슷한 특성을 가지고 있는데, 장애인의 존엄성을 회복하고 평등의 가치에 따른 사회를 만들려고 할 때, 이러한 노력으로 인해 얻어질 수 있는 긍정적인 결과를 되돌려 놓으려는 전략 모두가 반론에 해당한다. 장애인들의 인권과 평등을 저해하는 진부한 법 개정이나 장애인 정책 모두가 이에 해당한다. 고질적인 시설화와 특수교육제도의 확대를 통해 장애인들을 격리하고 주변화시키는 정책은 부적절한 인권의 해석으로 권리의 언어를 통제하려는 전략이다. 따라서 장애아동들을 일반학교로 통합하려는 정책은 장애아동들의 특별한 욕구와 특수교육의 탁월한 기술을 거부함과 동시에, 비장애학생들이 마땅히 사용해야 하는 교육자원과 기회를 박탈하는 것으로 지탄을 받는다.[396] 구태여 통합교육을 반대하자는 것이 아니라, 장애학생들을 포함시켜 어차피 학생관리가 어려운 교실 환경을 더 어렵게 만들고 교육 현장의 실패를 유발한다는 논리는 보다 큰 학교인 '사회'의 운영에도 걸림돌이라는 뜻과 무엇이 다른가? 반론자들의 항변은 장애운동권은 장애인들의 포괄적 통합의 수준을 좀 낮추라는 것이다. 이것은 다른 한편 비장애인들과 장애인들이 주장하는 평등과 차별화라는 것이다. 연구자는 이미 이러한 '권리 간의 경쟁'을 장애와 비장애가 아닌 공통적인 시민적 권리로 극복할 수 있다는 주장을 피력한 바 있다. 남아프리카공화국의 반인종차별주의에 관한 판결로 유명한 헌법재판소의 샥스(Sachs)는 백인과 흑인의 '권리 간의 경쟁'이 서로 다른 것이라는 주장을 아래와 같이 일소에 부친 적이 있다. 즉, "서로 상반된다는 논쟁에 대하여, 시민적, 정치적, 법적, 경제적 및 사회적 권리는 문화, 생활양식과 개인이 선호하는 우선순위에 따라 선택의 영역에서 서로 다름에 대한 표현을 하도록 기반을 제시한다. 다시 말하면, 그러한 다름이 인간사회에 대한 긍정적 가치를 표방하여, 불평등을 조장하고, 굴종과 부정의 저변화를 지양하지 않는 한에서이다."[397] 아마도 샥스가 강조하려는 것은 평등한 시민권은 사회가 각 사회성원의 존엄성을 인정받아야 하고 소속감이 있는 '사람'으로 간주한다는 것이다. 부정적으로 표현하면 이 원칙은 한 사회는 '사람'을 열등하고, 의존적이며 소속감이 없는 그야말로 비참여인, 배제된 방관인으로 간주하는 것을 금한다는 것이다. 한발 더 나아가 '배제'는 정치적 및 사회적 시민적 권리를 달성하지 못하도록 부정하는 것으로 간략히 정리할 수 있다.

---

396 F. Armstrong, and L. Barton, *Disability, Human Rights and Education: Cross-cultural Perspective*(Open University /press, 1999).

397 Human rights in the 21st century(https://www.humanrights.gov.au/about/news/speeches/human-rights-21st-century), 30 Oct 2018.

2) 포괄적 통합의 걸림돌 '복지국가'

포괄적 통합을 하나의 새로운 담론으로 등장시키려는 시도는 인간이 상호 간의 '다름'이 있으며, 다양성을 강조하는 인권적 접근과 맥을 같이한다. 반면에, 전통적으로 장애는 인간적 비극이며 의존을 불가피하게 만드는 상황으로서 권리의 쟁취, 형평성, 참여적 시민권을 얻어내려는 투쟁의 바탕이 되기도 했다. 장애인의 시민적 권리에서 핵심문제는 장애를 대상으로 하는 통제와 장애인들에게 베풀어진 서비스와 복지혜택에 대하여 늘 고마워하는 마음의 자세를 갖도록 강요해 온 '복지의 함정'에서 여하히 벗어날 것인가의 과제였다. 연구자의 주장은 복지국가에 의해서 가장 통제받고 조직되는 대상은 아이러니컬하게도 복지국가를 통해 최대한의 혜택을 받아야만 할 대상 집단, 그중에도 장애인들이었다는 것이다. 연이은 주장은 복지국가의 모순이 야기한 문제, 위기에 대한 대응으로서의 장애인복지와 장애인의 권리 문제를 고심해야 할 것이다. 복지국가라는 주제는 철학적이며 역사적인 방대한 주제이기 때문에 다양한 각도에서 접근될 수밖에 없음을 시사한다. 학자들 간에는 이미 오래전부터 국가가 주도하는 '복지국가(Welfare State)'의 여러 가지 모순을 지적하고 이제는 '복지사회(Welfare Society)'를 추구해야 된다는 입장을 피력하기도 했다.[398] 복지국가가 어떤 관점에서 조명되든 상당히 많은 사람들에게 복지국가는 장애인의 '포괄적 통합'의 과제가 풀어 나가야 할 핵심적인 경제, 사회, 정치적인 과제임에 틀림없다. 이론적이고 이념적인 면이 있는가 하면 실증적인 차원에서의 논의도 등한시할 수 없으며, 바로 이 양면성이 교차되는 과정에서 미래의 복지국가와 장애의 모습도 그 구체성을 드러낼 것이다. 연구자의 지적이 아니더라도 복지정책을 대표하는 장애인 관련 입법과 정책은 이미 유엔 권리협약의 심의를 통하여 현재 실로 신랄한 개혁의 대상이 되고 있다. 한마디로 복지국가를 둘러싼 주문이 무수하다.

권리협약의 명제는 '복지의 패러다임에서 권리의 패러다임으로의 전환'으로서 이제는 장애인복지의 시대는 끝났다는 선언이었다. 처음 권리협약이 채택되었을 당시 부각되었던 항변은 '도대체 누가 장애인들에게 권리를 부여하는 것인가?', '장애인들이 필요한 것을 요구할 권리는 어디서 오는가?' 장애인들이 평등과 반차별을 요구하기 시작한 것은 그들이 속한 사회가 어떻게 구조적으로 그들을 장애인으로 만드는가에 대한 인식으로부터 비롯되었다. 이러한 구조적 장벽을 규명하고 제거하는 것이 포괄적 사회로 가는 첫걸음이다. "장애인들에 대한 구조적 차별의 제거는 만만한 과제가 아니다. 이것은 공사(公私) 영역의 사회적 심장부를 겨냥하는 것이

398 R. M. Titmuss, *Commitment to Welfare*(London: Unwin University Books, 1968), 21.

다. 문제에 정면으로 부딪쳐 정치적 논쟁에 끼어들고 분명한 입장을 취하지 않으면 해결될 수 있는 문제가 아니다."[399] 이제 위의 소제목대로 '복지국가'가 어떻게 포괄적 통합의 걸림돌-구조적 장벽-인가를 생각해 보자.

시작은 '장애의 개념'이라는 의료적인 장애의 조작, 정체성의 부여로부터 비롯된다. 복지국가와 권리협약의 주 개혁과제인 복지제도는 이러한 정체성의 고착을 주도해 왔다. '장애상태'란 어딘가 정상과는 동일하지 않아서 특별한 조치나 개입이 필요한 현대적 인식이 되어 있다.[400] 손상에 대한 스티그마는 거의 다문화적이며 역사를 초월하지만, 장애에 대한 차별은 경제적 생산 과정에서 비롯된 19, 20세기의 산업자본주의와 생산과 재생산을 중심으로 한 사회관계의 결과물이다. 산업사회 이전의 농경사회에서는 장애를 가진 가족성원도 가족의 경제활동에 참여할 수 있었다. 그러나 자본주의 중심의 대규모의 산업화 생산구조는 장애인들을 생산 과정에서 배제하기에 이르렀다. 변화의 초기에는 장애인가족 성원에 대한 보호의 의무가 가족에게 주어졌으나, 점차로 국가의 의무로 옮겨가기 시작했다. 다시 스톤(Stone)을 인용해 보자면, "장애의 개념은 복지국가 설계의 기본이며, 복지국가의 다른 지원체계를 구성하는 주춧돌이다."[401]

분배정의

스톤에 의하면, 장애는 근대사회의 분배제도로부터 비롯된 분배정의의 쟁점해결에 기여했다고 한다. 즉, 노동을 통한 생산에 기여한 대가의 분배와, 산업생산의 기여가 배제된 '욕구'에 의한 분배의 두 가지이다. 갈등의 원인은 경제활동을 하지 않아 임금이 없이도 욕구를 충족시킬 수 있다면, 분배정의의 문제를 유발한다. 이 문제에 대한 전통적 해결방법은 노인, 아동, 장애 등을 이유로 경제 시장에서 배제된 공적(公的) 혜택의 대상자를 규명했다. 따라서 장애인에게는 의존과 노동 불능력자라는 동의어가 따른다. 아마도 복지국가가 장애인에게 부여한 가장 치명적인 정체성으로서 그들의 시설화, 사회격리, 의료화, 의존화를 잘 설명한다. 사회학적으로 이것은 엄밀히 비장애인이 다수인 지배계층에 의한 사회적 통제수단의 하나이다. 그러나 인권의 관점에서 본다면, 욕구 중심의 사고나 지배계층의 통제는 인간의 존엄성이 배제된다. "인권은 모든 사람이, 사람이 되고 모든 인류가 사람이 되는 것이다." 복지국가를 만들어 낸 여러 입법

---

399 C. Barnes, *Disabled People in Britain and Discrimination: A Case for Anti-discrimination Legislation*(London: Hurst and Company, 1999).

400 Deborah Stone, *The Disabled State*(Baingstoke: Macmillan, 1984).

401 Ibid., 12.

은 근본적으로 합리적이며, 장애인의 욕구와 관련된 정책들도 합리적이어서 평등하고 공정하게 시행된다고 주장한다. 그런데 욕구 중심의 분배는 한 사람, 집단 및 지역사회를 무기력하게 만들고 그들로부터 자발적인 변화의 가능성과 책임감을 동시에 박탈한다는 문제를 인식하는가?

격리화

유엔 권리협약의 채택으로 협약 제19조의 독립생활과 제24조의 완전통합 교육, 제27조의 경쟁고용의 이행을 통하여 상당한 변화가 일어나고 있지만, 격리화는 아직까지도 사회복지와 교육, 취업, 노동 분야에서 이 제도를 통하여 장애인을 격리하는 주요 매체이다. 격리가 장애인들의 삶에 미치는 부정적인 파급효과는 과소평가할 수 없다. 비장애인들과의 제한된 접촉은 비장애인과 장애인들의 관계를 특징짓는 공포, 당혹감, 파격적인 고정관념으로 나타난다. 환경의 구조, 시설의 건축, 교통수단, 교육제도, 체육 여가시설, 의사소통 수단에서도 평균적으로 정상이며 대다수인 비장애인 중심으로 장애인 격리의 필요성을 강화시켰고, 장애인들도 지역사회에 참여하며 살고 싶다는 염원을 외면했다. 이것도 다행히 협약의 제9조 접근성에 의해 점차 완화되겠지만, 결국 근대사회는 장애인들의 욕구를 중심으로 장애인들을 격리시키는 데 주력해 왔고 그것이 복지국가의 유산이다. 이제 장애인들이 본격적으로 권리의 수호자로서 포괄적 삶의 세계로 들어올 때 그들이 직면하는 다양한 장벽의 수와 높이는 말로 다 할 수 없다.

시설화

그중의 하나가 시설화이다. 역사적으로 장애인 대상 서비스는 격리된 시설보호가 주축을 이루었다. 위의 사회학적 관점에서 고프먼의 '총체적 시설(Total Institution)'에 대한 언급을 했지만, 시설을 통한 비인간화의 발생은 과도한 시설종사 인력의 부족, 신체적·폭력적 침해, 강제전기치료를 포함한 의료적 실험, 독실감금과 침대에 결박시키는 신체적 구속 등 비인간적 처우는 무수하다. 한국의 예를 들어 보자. 광주 인화원, 2015년 전주 자림원, 2016년 대구 희망원 등 지역사회와 단절한 환경 속에서 폭행, 사망 등 지속적으로 인권 침해 사건이 발생하였다. 2012년 국가인권위원회 조사 결과에 따르면 시설 거주 장애인의 약 57%가 시설 밖에서 생활하기를 원하는 것으로 나타났으며, 장애인의 인권증진을 위해 장애계를 중심으로 '탈시설 및 자립정착 지원'을 지속적으로 요구해 왔다.[402] 한국과 해외의 장애시설의 폭력과 인권 침해 사실이

402 2019년 2, 3차 병합 국가보고서.

이를 입증한다. 시설화의 역사는 빈곤과 노동자들의 문제 해결을 목표로 한 국가 개입인 영국의 구민법까지 거슬러 올라가지만, 19세기 말로 건너오더라도 시설화는 장애인을 보호한다는 미명이었다. 특히 20세기 초 우생학의 등장으로 장애가 여러 질병의 원인과 밀접한 관계가 있다는 주장으로 시설을 통한 격리화는 1950, 1960년대를 거치면서 강화되었다. 겨우 1970년대 초반부터 점차로 시설화를 통한 문제가 대두되기 시작하여 다소 그 가속이 줄어들었다. 학습장애 장애인들과 지체장애 청소년들이 우선적으로 시설로부터 벗어났고 대형 병원들도 병원 밖에 거처를 제공하게 되었다. 연구자가 호주에서 교수로 재직하던 1978년 타운즈빌(Townsville)이라는 도시에서 적어도 2,000여 명 이상의 노인들을 정신질환자로 진단하여 수용하고 있는 시설을 목격한 바 있다. 장애인들이 시설생활을 한다는 그 자체보다 더 중요한 것은 사회가 장애인들을 어떤 시각으로 바라보겠느냐 하는 문제로서 손상에 대한 고정관념과 편견을 가중시켜 격리화와 의료화를 가중시킬 것이라는 점이다.

의료화

복지국가의 수립 과정에서 과시된 의료계의 영향력은 막강하며, 실제로 의사들의 영향력은 복지국가의 발달과정에서 더욱 강해졌다. 즉, "19세기를 통하여 의술은 신과학으로 급속히 발전하였으며, 의학적 사고, 활동, 의사들의 견해피력 등은 파격적인 사회적 영향력이다. 이러한 영향력은 경제, 사회 조직의 양태에 대한 정의와 정당화 아울러 의술이 점차로 사회통제의 중요한 기제로 자리매김함과 궤를 같이한다."[403] 의료화를 장애의 사회통제 문제와 결부시키려면 아마도 푸코(Foucault)와 일리치(Illich)[404]의 분석을 무시할 수 없을 것이다. 여기에서 의료화라고 하는 것은 장애는 처음도, 둘째도 한 개인의 의료적 문제라는 인식으로서 의술이 장애인의 삶을 통제하게 된다. 손상의 진단과 치료에 의술의 기여를 무시하는 것은 아니지만, 때로는 그 도를 넘어선다는 아래와 같은 주장이 있다.[405] "의사들은 능력 평가, 휠체어 처방, 복지수당 지급액의 책정, 직업재활, 특수교육 등 받아야 할 교육의 형태 등을 결정하기 때문에 그들의 훈련은 적절하다. 그러나 그들은 필요 이상으로 그들의 '문지기 역할'로 시설의 내·외에서 장애인에게 필요 이상의 권위를 적용한다.

---

403 Equal Opportunities Commission, *Equal Treatment of Men and Women*, 15.

404 M. Madness Faucault and I. Illich Civilization, *Medical Nemesis: The Exploration of Health*(London: Calders 7 Boyars, 1975).

405 M. Oliver, "Cock up or Conspiracy," *Therapy Weekly*, 11(March, 1993).

의존화

복지제도가 전통적으로 보호적이며, 시혜적이고 가부장적이라고 하는 것은 새로운 주장이 아니다. 우선, 여러 가지 규제와 제도에 묶인 국가에 의한 복지제도는 때로는 거의 강제적인 서비스 제공이 되어 버리고 그 자체가 장애인의 자유 선택을 부정한다. 그렇지 않고야 탈시설을 통한 독립생활의 실현이 이렇게 어려울 수가 있는가? 연구자는 이미 3장의 협약 제19조의 심층적 분석에서 시설과 지역사회의 독립생활의 비용분석에 대한 자료를 제시한 바 있다. 그렇다면 '과잉보호'에 대한 장애인들이 반응은 어떤 것인가 경청해 보자.

"항상 우리에게 '당신에게 필요한 것은 ××× 서비스'라고 말해 준다.
나에게 일주일에 16시간의 신변보호서비스가 필요하다고 정해 준다.
나에 대한 결정은 하면서도 나에게 경청하지는 않는다.
내가 필요한 서비스를 계획하고 싶어도, 거의 언제나 시스템의 요구를 따르게 된다.
우리는 이미 주류화된 서비스 유형을 따라갈 수밖에 없는 것 같다.
어떻게 하면 상황이 달라지겠는지 우리에게 물어보았으면 좋겠다. 사정(assessment)만 하지 말고…"[406]

요컨대 대부분의 장애서비스는 전문가들 위주로 운용된다는 것이 당사자들의 함성이다. 결과적으로 복지제도는 장애인들의 자기결정권을 행사할 기회를 박탈하여 무력하게 만든다. 국가기관에 의한 자원통제(예 활동보조인, 장애 판정 등)에 있지만 더 깊은 문제는 장애인은 통제/관리되어야 할 대상이라는 뿌리 깊은 신념이다.

3) 잠정적 개념 정리와 미래 연구를 제언

우선 관련 문헌의 차원에서 보면, 포괄적 통합에 대한 정의는 암묵적이며 분명한 개념 정의를 찾아보기가 어려우며 대부분 배제(exclusion)의 맥락에서 통합(inclusion)을 불가분의 관계 속에서 접근한다. 그러나 학자들도 이 필연적인 귀결에 대해 침묵한다. 이미 위에서 포괄적 사회통합의 영역을 제시했던 것처럼 포괄적 통합에 무엇을 포함시켜야 하는지를 제시하는 수준이며, 이것도 배제와의 관계에서 시도된다. 요약하자면 대부분의 문헌이 아직도 포괄적 통합에

406 김형식의 강의 노트, "장애인복지의 이론적 기반," 나사렛 대학교 인간재활학과. 2017. 9월.

대한 이해를 제대로 시도하지 않았다는 지적이다.[407] 이러한 지적이 어느 정도 유효함은 「유엔장애인권리협약」의 이행 과정에서 한국과 다른 나라들이 당면하고 있는 상황과 유사하다. 또는 포괄적 통합과 배제의 문제가 절대로 간단하게 설명되고 이해될 수 있는 것은 아니라는 점이다. 현 시점에서 포괄적 통합의 개념에 대한 합의를 이루지 못하고 있다. 엄밀한 의미에서 장애인의 완전통합은 세계가 당면하고 있는 과제이다.

몇 가지 완전통합의 개념을 잠정적으로 정리해 보자면,

- 장애인을 포함한 모든 취약계층은 그들의 삶을 결정하는 모든 과정의 이해당사자이다.
- 완전통합은 참여, 차별금지 및 모든 생활영역과 정보에서 접근성을 보장해야 한다.
- 완전통합은 한 사회가 차이를 인정하여, 차별과 편견을 철폐하기 위해, 사람을 배제, 차별하는 장벽을 제거하며 배제당한 집단과 사람에 초점을 맞춘다.

국제적 맥락에서는 「유엔장애인권리협약」은 제도적 개혁을 통하여 장애인의 포괄적 통합의 기회를 확산시키려는 국제적 프로젝트이다. 동시에, '포괄적 통합'의 개념을 한 문장으로 정리하기에는 어려움이 있다. 그렇다고 개념 정리가 불가능하다고 정의한다면, 본 주제는 그 목적을 달성하지 못한다. 우선 간략하게, European Foundation의 표명대로 포괄적 통합은 사회적 배제의 반대 의미로서 사회의 일원이 되고 포함되어야 하는 중요성에 대한 지각[408]을 개념 정리를 위한 시작으로도 이해할 수 있다. 그런데 이러한 단정적 양분화 접근에 대한 신랄한 비판도 있다. 즉, "포괄적 통합과 배제는 분명히 양분화된 의미를 가지고 있다. 즉, 포함되거나 배제되거나이다. 그러나 포함되거나 배제되는 것은 한 개인이 가지고 있는 여러 변수에 의해 결정된다. 그러므로 포함이냐 배제냐 하는 것을 단정적으로 양분화시킬 양자 간에 이동하는 것으로 보아야 한다. 그렇게 된다면 포함과 배제는 양극화 현상으로 보는 것이 타당할 것이다."[409] 양극화 현상 속에서 어느 정도 포괄 측으로 또는 배제 측으로 이동할 수 있는 개념으로 이해한다면, 상황에 따라서, 장애 유형에 따라서 포함과 배제의 간격을, 더 쉬운 표현으로 천국과 지옥을 넘나드는 또는 동시다발적인 이동적 개념으로 접근할 수도 있다. 가족이나 보호작업장 내에서는 포함되지만 일단 보호막을 나서면 배제당하는 경우를 예로 들 수 있을 것이다. 이것

---

407 C. Cameron, "Geographies of welfare and exclusion: Social Inclusion and Exception," *Progress in Human Geography* 30, 3(2006): 396-404. Conceptual Issues in *International Journal of Social Welfare* 16(2007): 1-9.

408 Aryan de Haan, "Social exclusion: An alternative study of deprivation?" *IDS Bulletin* 29, 1(1998): 10-19.

409 D. O'Reilly, "Social Inclusion: A Philosophical Anthropology," *Politics* 25, 2(2005): 80-88.

이 아마도 많은 장애인들이 체험하는 현실일 가능성이 크다. 결국 장애인들이 완전히 배제당하는 것은 아니지만 포함이 되더라도 다르게(differently) 또는 불평등하게(unequally), 때로는 감독과 보호의 테두리 속에, 저임금 노동자로 직업의 세계에 포함될 것이다. "포함되거나 배제되는 것은 한 개인이 가지고 있는 여러 변수에 의해 결정된다."는 입장을 잠정적으로 수용한다면, 보다 많은 배제된 장애인을 사회 속에 포함시키기 위하여 변수를 변화시키기 위한 프로젝트를 개발해야 한다는 실제적 과제가 등장한다. 그러나 분명히 제도적 개혁도 불가피하다. 그 이유는 인간 사회는 이미 주어진 절차, 제도, 주도적 입법과 정책연구의 테두리 속에서 국민들로 하여금 순응(incorporate)하도록 이미 정해져 있기 때문에 이러한 제도의 개혁이 없다면 포함과 배제의 문제는 해결될 수가 없다. 최근 장애인 등급제에 관한 한국의 논의가 좋은 예이다.

동시에 본 장의 앞부분에서 제기했던 바와 같이 모든 포괄은 긍정적이며 바람직한 것인가? 하는 문제도 염두에 두어야 한다. 우리가 특수교육이 아닌 통합교육(inclusive education)을 강조하지만, Salamanca Statement에서도 실제로 특수교육의 필요성을 완전히 배제한 것도 아니고, 장애아동의 부모 중에는 특수교육을 선호하는 이도 있다. 또한 청각장애인들의 경우 스스로 포함을 거부하는 '자기배제(self-exclusion)'는 잘 알려져 있다. 소수민족 중 주류 사회에 예속되지 않기 위하여 자발적인 배제/소외를 택하는 경우도 있을 것이다. 비록 「유엔장애인권리협약」에서 포괄적 통합을 기조로 삼는다 해도 현실 적용의 차원에서는 '포괄적 통합'을 동시다발적 이동 개념으로 이해해도 큰 무리가 없우리라는 것이 본 연구자의 입장이다. Inclusion 주제에 관한 UNCRPD, 아동권리협약위원회(Convention on the Right of Child) 차원에서 논의를 할 때마다 연구자의 견해가 결코 무리가 아니라는 것을 계속 입증받는다. 결국, '포괄적 통합'은 고정된 것도, 한 번으로 끝낼 수 있는 개념도 아니며, 역동적이고, 서서히 폭을 넓히며 발전하고 구성되는 개념으로 보아야 할 것이다. 본 장의 서두에서는 몇 가지 문제를 제기했으나 모두에 대한 대답을 시도하지는 못했으나 기본 연구 과제로서 의미가 있을 것이다.

첫째로, '포괄적 통합'은 아직도 논란의 여지가 많이 남아 있는 개념이기 때문에, 본 장에서는 우선 이론적 위상을 정립하여 정책연구와 실무에 적용할 수 있어야 됨을 주장했다. 특히 한국과 같은 경쟁적 사회에서 '포괄적 통합'의 실현 가능성을 모색하는 것은 큰 연구 과제이다.

둘째, 우선 한국의 장애계를 대상으로 한 포괄적인 연구가 수행되어 어느 정도나 '포괄적 통합'의 원칙을 수용하고 있으며, 또한 장애인의 포괄적 통합이 현실화될 수 있도록 어떤 사업을 시도했는지를 연구의 대상으로 삼을 여지가 있다. 포괄적 통합을 이루어 내기 위한 정책연구 입안, 시행 및 평가는 시간을 요한다. 따라서 우리가 구상하게 되는 연구는 상당한 시간, 경우에 따라서는 세대 간 연구를 필요로 할 수도 있다.

셋째, '포괄적 통합'에 관한 연구는 광범위한 사회적 맥락을 염두에 두고 인권에 관한 연구와 병행해야 할 것이다. 논의의 과정에서 분명히 나타난 것은 포괄적 통합은 도덕적, 윤리적, 정치, 경제, 사회, 문화적 국면을 포함하는 범분야(cross-cutting)이기 때문에 총체적(holistic) 연구 접근이 요구될 것이라는 점이다. 이것은 분명히 방법론상의 도전이다. 포괄적 통합에 관한 연구는 단순히 장애 영역에서만 아니라, 향후 한국이 지향해야 할 보다 평등하고, 정의롭고, 공정하며 인권의 가치를 추구하는 사회로 발전해야 할 큰 그림을 제시하는 주제라고 할 수 있다.

넷째, 논의의 상당 부분은 다분히 관념적인 내용에 치우치긴 하지만, 측정 가능하고 객관적인 방법론을 강조하여 '포괄적 통합'이 실현 가능한 구체적인 것으로 만들기 위한 실증적 자료 구축의 중요성을 시사했다. 이것이 모든 이론들이 감수해야 할 도전일 것이다.

다섯째, 포괄적 통합의 이론적, 실용적 과제는 평등의 원칙을 좀 더 구체적으로 접근해야 할 것이다. 권리협약의 일반원칙 (마)에서 '기회의 평등'을 제시했고, 협약의 제5조에서 '평등과 반차별'을, 그리고 본 연구의 2장에서 '법 앞에서와 법 아래 평등'의 개념을 논의한 바 있다. 실제로 평등한 기회가 확산된다면, 포괄적 통합의 실현 가능성이 확산된다.[410] 진정한 평등은 개인과 사회가 추구할 만한 목표이다.

'포괄적 통합'이 의미를 가지는 것은 작게는 「유엔장애인권리협약」의 실현을 위하여, 크게는 한국 사회가 반드시 물질만이 아닌 보다 인간화된 사회로 발전하기 위한 역량을 키우기 위한 선행 조건으로서 본 논의가 이러한 노력에 일조하기를 기대한다. 잠정적 결론은 '포괄적 통합'은 보다 크게는 '통합된 사회'를 지향하는 최소한의 우선 과제로, '포괄적 통합'이 단기적 과제라면 '통합된 사회'는 장기적 과제로 인식할 수 있다. 유엔의 권리협약이 아니더라도 '통합된 사회'의 목표는 불평등, 부조리, 부패와 인간관계의 폭력적 요소로 분열된 우리의 현 사회에 가장 요구되는 과제가 아니겠는가?

410 Ruth Lister, in Peter Askonas & Angus Stewart, *Social Inclusion: Possibilities and Tensions*(New York: St. Martin Press, 2000), 204.

제8장

저자 권오용

정신장애의 심리사회적인 접근과 정신건강복지법*, 성년후견제도

*정신건강증진 및 정신질환자 복지서비스 지원에 관한 법률

International Disability Rights and Development of Legislation

1. 장애인권리협약과 장애의 사회적 모델에 기초한 심리사회적 장애 개념

유엔장애인권리협약은 장애를 '다양한 장벽과 상호작용으로 다른 사람들과 동등한 기초 위에서 완전하고 효과적인 사회참여를 저해하는 장기간의 신체적, 정신적, 지적 또는 감각적 손상을 포함하는 발전하는 개념'으로 정의하고 있다. 장애인의 사회통합에 대한 장벽은 건축 환경, 지역사회와 가족 내에서의 부정적인 태도, 적절한 형태의 정보에의 접근의 결핍과 장애인의 동등한 사회참여를 증진하지 않는 정책을 포함한다. 사회적 모델에 기초하여 정신장애를 지칭하는 용어인 '심리사회적 장애(psychosocial disability)'는 긴장과 스트레스, 고통의 연장에서 정신건강의 다양한 컨디션과 연관되어 있는 생리·의학적 이해, 즉 정신분열, 양극성장애, 우울증과 약물중독을 포함, 여러 가지 다양한 방법으로 개념 정의되어 왔다. 심리사회적 장애는 정신건강의 상태에 대한 진단을 받아 편견과 차별, 배제를 포함한 부정적인 사회적 결과를 경험한 사람에 대하여 사용되어 왔다.

심리사회적 장애는 심리학적, 그리고 사회문화적 장애 요소 간의 상호작용으로 표현되어 왔다. 심리적 요소는 사고의 방식, 한 사람의 경험들과 이를 둘러싼 세계에 대한 지각 사이의 상호작용으로 표현되어 왔다. 사회적 문화적 요소는 심리사회적 장애에 붙은 사회의 편견뿐 아니라 심리적인 요소와 상호작용하는 행동의 사회적, 문화적인 한계를 말한다.[411] 정신장애의 사회적 모델에 기초한 개념인 심리사회적 장애는 장애인 스스로 자신에 대하여 "정신건강서비스의 이용자 또는 소비자(user or consumer of psychiatry), 정신건강의 문제는 있으나 정신의학을 이용하지 않는 생존자(survivor), 기분의 변화, 공포, 환청, 환시를 경험하는 자, 미친 사람(mad person), 정신건강의 문제나 사건, 위기를 경험하는 자(person in mental health crisis)"도 포함되는 것으로 판단하는 것이다.

심리사회적 장애는 보통 정신의학의 이용자(user)나 생존자(survivor)에게 손상과 장벽 간의 상호작용이라는 일반적인 장애의 개념과는 달리 타인에 의하여 붙여진 딱지와 같이 존재한다. 심리사회적 장애 관점에서는 '심리사회적 손상(psychosocial impairment)'이라는 개념은 거부한다. 실제 손상이 없더라도 개인은 사회-의료-법률과 경제적인 결과에 의하여 장애를 경험할 수 있는 것이다. 개인이 기능적인 제한을 경험하건 아니건 간에 또 객관적인 표징으로서 생물학적인 증거가 있든 없든 간에 심리사회적 장애는 그 당사자 본인 또는 어떤 타인에 의하여 주관적,

411 Aleisha Carroll, "How can development programs improve inclusion of people with psychosocial disability?," *CBM*, June 30, 2014.

사회적으로 장애로 여겨지게 되는 것이다. 이것은 심리사회적 장애가 실제이기보다는 복잡한 현상으로서 사람들은 그것을 경험에 의하여 실제적인 장애로 경험하기도 하지만 어떤 개인들에게는 인식되거나 부여된 장애로 이해되는 것이 더 적합(more comfortable)할 것이다.[412] 심리사회적 장애는 '정신질환'이라고 하는 조건이나 경험에 대한 '의료적 모델'의 개념이 아닌 '사회적 모델'의 장애 개념이다. 또 한 사람의 삶의 상황에서 그 사람의 내부적·외부적 요인에 의하여 그 사람이 특별한 지원이나 편의가 필요할 때 심리사회적 장애를 겪는 것으로 인정된다.

강제입원이나 시설수용(institutionalization), 강제치료, 전기충격(ECT)과 정신외과 수술(psycho surgery), 강박, 보호대 착용, 격리, 강제적으로 옷을 벗게 하거나 시설의 의류를 입게 하는 것들은 장애에 근거한 차별이고, 이런 차별은 신체적·정신적인 2차 피해를 야기한다고 인식한다. 본인 스스로는 장애인이라고 하지 않지만 정신질환자 또는 특정한 정신과 진단을 받은 사람도 포함되는 개념이다.

심리·사회적 장애 개념은 다음과는 구분되어야 한다.

- 심리·사회적 장애 개념은 심리사회적 재활 모델을 따른 것은 아니다.
- 개인에 대한 어떤 명칭을 붙이는 것을 수용하는 것은 아니다.
- '정신질환' 또는 '정신장애'라는 개념에 더하여 사용되는 개념이 아니다.
- '심리적·사회적 손상'이 있다는 것을 인정하는 것은 아니다.[413]

2. 심리사회적 장애에 대한 우리나라의 법적 정의의 문제

정신장애의 심리사회적 접근에서는 심리사회적 장애를 이유로 한 폭력의 형태인 강제적인 정신의학의 개입과 비자발적인 수용과 차별은 금지되어야 한다. 「장애인복지법」 제2조(장애인의 정의 등)에서는 "① '장애인'이란 신체적·정신적 장애로 오랫동안 일상생활이나 사회생활에서 상당한 제약을 받는 자를 말한다. ② 이 법을 적용받는 장애인은 제1항에 따른 장애인 중 다음 각 호의 어느 하나에 해당하는 장애가 있는 자로서 대통령령으로 정하는 장애의 종류 및 기준에 해당하는 자를 말한다. 1. '신체적 장애'란 주요 외부 신체 기능의 장애, 내부기관의 장애 등을 말한다. 2. '정신적 장애'란 발달장애 또는 정신 질환으로 발생하는 장애를 말한다."

412 WNUSP, draft WNUSP response to draft GC Art 6.
413 WNUSP, Psychosocial Disability, Aug. 15, 2008.

고 장애를 손상에 기초한 의료 관점의 개념으로 정의하고 있고 특히 심리사회적 장애를 '정신적 장애'라는 개념에 포함시켜 '정신질환으로 발생하는 장애'라고 규정하고 정신질환의 개념은 「정신건강증진 및 정신질환자 복지서비스 지원에 관한 법률」(이하 '정신건강복지법') 제3조에 1호에서 "'정신질환자'란 망상, 환각, 사고(思考)나 기분의 장애 등으로 인하여 독립적으로 일상생활을 영위하는 데 중대한 제약이 있는 사람을 말한다."고 규정하고 있다.

이렇게 심리사회적 장애에 대한 「장애인복지법」과 「정신건강복지법」에 의한 개념 정의에 의하여 정신장애는 심리사회적 장애의 관점은 배제된 채 철저한 의료적 모델에 기초하여 중증정신질환자(SMI: Severe Mental Illness)의 개념과 동일한 것이 되었다.

결과적으로 한국에서 심리·사회적 장애로서 정신장애는 '정신질환'과 동일한 것으로 정의하고 있는 것이다. 이와 같이 한국은 그동안 정신장애[414]에 대하여 정신질환의 관점으로만 접근하여 왔기 때문에 다른 종류의 장애인과는 다르게 취급되어 오고 있다. 「장애인복지법」 제2조에서는 정신장애를 발달장애와 함께 '정신적 장애'로서 장애의 범주에 포함시켰지만 「장애인복지법」 제15조와 동법 시행령 제13조제3항에 "법 제2조에 따른 장애인 중 「정신보건법」의 적용을 받는 장애인에 대하여는 법 제15조에 따라 법 제34조제1항 제2호 및 제3호를 적용하지 아니한다."고 규정하여 「장애인복지법」에 의하여 제공되는 각종 장애인복지시설의 이용과 재활, 상담, 자립지원, 기타 서비스의 대상에서 제외하고 있다. 이것은 정신장애인은 「정신보건법」에서 규정하고 있는 의료·보건서비스와 사회복귀시설에서 제공하는 재활서비스만 이용하도록 제한하는 것이다. 정신장애인은 법률뿐 아니라 행정체계에서도 장애인복지행정에서 제외되어 있어 보건복지부의 장애인정책국에서는 정신장애의 문제는 정책과 업무의 대상에서 제외되고 정신건강 정책과에서만 정신질환의 문제로 다루고 있다. 한국에서는 철저하게 의료적인 관점에서만 정신장애를 정의하고 있으므로 정신장애는 정신의학전문의의 진단에 의하여 판정되고 그에 따라 「정신보건법」에 의한 정신의료와 보건서비스의 대상으로서 보호의무자나 행정기관의 장에 의하여 강제적인 입원·치료 또는 수용의 대상이 되게 되는 것이다. 이와 같이 정신장애인에 대하여 「정신보건법」의 적용만 받게 하고 「장애인복지법」의 적용에서 제외하고 있는 것은 정신장애에 대한 명백하고 부당한 차별이므로 「장애인복지법」 제15조에 의한 정신장애인의 차별 규정은 폐지되어야 한다. 의료적인 모델로 정신장애를 정신질환으로 정의하는 기

---

414 「장애인복지법」 제2조제2호에는 "'정신적 장애'란 발달장애 또는 정신 질환으로 발생하는 장애를 말한다."고 규정되어 있는데 이 글에서는 발달장애를 제외한 정신질환으로 발생하는 장애만을 정신장애라고 표현한다. 최근 장애 관점에서 정신장애는 심리사회적 장애증(psychosocial disabilities)이라고 표현하는 것이 보통이다.

존의 태도에서 장애인권리협약에 따라 사회적 모델로서 심리·사회적 장애의 개념을 「장애인복지법」을 비롯한 관련 법률의 개정을 통하여 수용하고 개인의 자율권과 선택권을 존중하는 기초 위에서 지역사회 통합과 참여를 증진하기 위한 개별적 조력제도를 보완하고 취약한 정신장애인의 인권보장과 학대방지를 위한 권리옹호 장치를 마련하는 것이다.

'성년후견제도'는 이제 시행된 지 2년이 되었지만 아직까지 그 활용이 많지 아니하므로 당장 폐지하고 의사결정의 조력을 위한 활동보조서비스의 확충 등 정부의 사회서비스 제도를 정비하면 정신장애인의 선택권을 존중하는 기반의 인권적인 의사결정지원의 체계를 만드는 것이 어렵지는 않을 것이다. 「정신보건법」은 그 입법을 한 이유가 정신질환의 증가에 대한 대처로서 정신의료기관과 시설을 증가하는 것이었는데 이것은 정신장애인의 자기결정권을 존중하는 인권의식이 높아지므로 탈원화와 지역사회 자립생활을 위한 노력이 활발하게 된 1990년대 후반에 역사를 거슬러 제정된 정신장애인에 대한 수용과 관리 목적의 시대착오적인 법률이므로 폐지되는 대신 심리·사회적 장애로서 사회적 모델에 기초한 정신장애인의 지역사회 자립과 통합을 위한 권리 중심의 법률이 마련되어야 할 것이다.

3. 유엔이 평가한 대한민국의 심리사회적 장애인의 차별현실

유엔 장애인권리위원회는 2014년 9월 대한민국의 장애인권리협약 이행 1차 보고서에 대하여 최종견해를 발표하였는데 심리사회적 장애인과 관련 다음 8가지 중요한 우려 및 권고를 포함하고 있다[몬티안 분탄, "유엔장애인권리협약과 장애인권리위원회 최종견해에 따른 당사국의 의무와 한국 내 심리사회적 장애인에게 있어서 새로운 기회들," 2015.11.17. 국가인권위원회, 한국정신장애연대(Korean Alliance for Mobilizing Inclusion)[415] 공동주최 심리사회적 장애인의 통합에 관한 국제 심포지엄 자료집].

① 일반원칙 및 의무(1~4조): 장애인 등급제와 「장애인복지법」 제15조

② 법 앞의 동등한 인정(12조): 개정된 「민법」에 따른 법적 권한과 후견인제도

③ 신체의 자유와 안전(14조): 「정신보건법」(신규 정신보건증진법안)에 따른 비자의적 입원과 치

---

415 2010. 5. 29. 창립된 심리사회적 장애인단체로서 심리사회적 장애인의 인권과 삶의 증진을 위하여 1) 인권옹호, 2) 교육/훈련, 3) 지원, 4) 연구, 5) 국제교류 활동을 해오고 있다. 최초 명칭은 미국의 정신건강서비스소비자단체인 NAMI(National Alliance on Mental Illness)를 따라 Korean Alliance on Mental Illness라고 하였으나 유엔장애인권리협약의 정신에 의하여 명칭을 Korean Alliance for Mobilizing Inclusion으로 바꾸었다.

료, 시설수용

④ 고문과 잔혹한, 비인도적이거나 굴욕적인 대우나 처벌로부터의 자유(15조): 심리사회적 장애인을 잔혹한, 비인도적이거나 굴욕적인 대우나 처벌에 처하도록 하는 강제치료

⑤ 착취, 폭력 및 학대로부터의 자유(16조): 정신장애인에 대한 모든 착취, 폭력 및 학대 사건

⑥ 이동의 자유(18조): 「출입국관리법」 제11조와 「장애인복지법」 제32조

⑦ 건강(25조): 「상법」 제732조와 협약 제25조 (마)항에 대한 유보

⑧ 근로 및 고용(27조): 최저임금과 보호 작업장

유엔 장애인권리위원회의 최종견해에서도 우려[416]한 것처럼 「장애인복지법」은 제2조(장애인의 정의 등) ①항에서 "장애인이란 신체적·정신적 장애로 오랫동안 일상생활이나 사회생활에서 상당한 제약을 받는 자를 말한다."고 정의하고 제②항에서 "정신적 장애란 발달장애 또는 정신 질환으로 발생하는 장애를 말한다."고 하여 심리사회적 장애인 정신장애를 장애의 범주에 포함하고 있음에도 제15조(다른 법률과의 관계)에서는 "제2조에 따른 장애인 중 「정신건강증진 및 정신질환자 복지서비스 지원에 관한 법률」(이하에서는 '정신건강복지법'이라고 함)과 「국가유공자 등 예우 및 지원에 관한 법률」 등 대통령령으로 정하는 다른 법률을 적용받는 장애인에 대하여는 대통령령으로 정하는 바에 따라 이 법의 적용을 제한할 수 있다."고 규정하고 있다. 이 「장애인복지법」 제15조의 정신장애인에 대한 적용제한 조항은 심리사회적 장애인을 「장애인복지법」에 의하여 제공되는 많은 장애인복지서비스에서 배제 또는 차별하고 「정신건강복지법」에 의한 정신의료기관과 정신요양시설 등 입원 중심의 정신의료와 장기거주시설에 수용되고 있는 현실에 상당 부분 기여하고 있다.

그러나 대한민국 심리사회적 장애인에게 가장 큰 장벽은 1995년에 제정되어 1997년부터 시행되고 있는 「정신건강복지법」[417]에 의한 차별과 정신의료의 독점에서 비롯된 대한민국의 정신

---

416 유엔 장애인권리위원회, 대한민국 최초 이행보고서에 대한 최종견해(CRPD/C/KOR/CO/1), 8단락. 위원회는 「장애인복지법」에 따른 새로운 장애판정 및 등급제도가 서비스 제공에 있어서 의료적 평가에만 의존하고, 장애인들의 다양한 욕구를 고려하거나 정신장애인을 포함한 모든 장애인들을 포괄하지 못하고 있음에 우려를 표한다. 위원회는 동 제도가 결과적으로 장애등급에 따라 장애인들의 복지서비스 및 활동보조서비스의 대상자를 제한하고 있다는 것에 우려를 표한다. 9단락. 위원회는 당사국이 「장애인복지법」에 따른 현행 장애판정 및 등급제도를 검토하여 장애인들의 개별적 특성, 상황 및 필요에 부합하도록 보장하고, 복지서비스 및 활동보조서비스가 정신장애인을 포함한 모든 장애인들에게 그들의 필요에 따라 확대 보장될 것을 권고한다.

417 「정신건강복지법」(「정신건강증진 및 정신질환자 복지서비스 지원에 관한 법률」)은 2016.5.29. 전부개정되어 2017.5.30.부터 시행되기 전에는 1995.12.30. 제정된 법률 제5133호로서 그 명칭이 「정신보건법」이었고 공식 시행일자는 1996. 12. 31.이다.

건강시스템이다. 이것은 OECD의 "Making Mental Health Count"(http://www.oecd.org/health/mental-health-systems.htm)에 잘 나타나 있다. 2014년도에 OECD는 홈페이지에 보도자료("press release")를 게시하였는데 "정신병원이 대한민국 정신건강케어를 독점하고 있다(Hospitals dominate Korea's mental health care)"라는 제목으로 "지난 20년간 OECD 국가들에서 정신과 병상이 줄어들고 정신건강케어가 지역사회로 옮겨간 일반적인 추세이었다. 그런데 대한민국은 이러한 추세와 반대로 정신의료기관 병상이 증가하였다. 정신병원 입원일수는 2011년도 한 해에 다른 OECD 국가들은 평균 27.5일인 반면 대한민국은 116일로서 최장이다. 대한민국의 이러한 장기입원은 병원 진료의 효과성에 대하여 의문이 제기된다."는 것이다.

헌법재판소는 2016년 9월 30일 구 「정신보건법」 제24조에 대한 헌법불합치결정을 내린 바 있다. 그 결정에서 헌법재판소는 구 「정신보건법」 제24조에 대하여 "심판대상조항은 정신질환자를 신속·적정하게 치료하고, 정신질환자 본인과 사회의 안전을 지키기 위한 것으로서 그 입법목적은 정당하다. 그리고 보호입원을 통해 정신질환자를 보호의무자 2인의 동의 및 정신과전문의 1인의 진단을 요건으로 정신의료기관에 입원시켜 치료를 받도록 하는 것은 위와 같은 입법목적을 달성하는 데 어느 정도 기여할 수 있을 것이므로 수단의 적절성 또한 인정된다."고 입법목적의 정당성과 수단의 적절성을 인정하였다.[418] 그러나 구 「정신보건법」 제24조는 본인의 동의가 아닌 보호의무자 2인의 동의와 정신과전문의 1인의 진단에 의하여 심리사회적 장애를 가진 정신질환자를 비자의 입원시키고 강제치료를 할 수 있도록 하는 규정으로서 유엔장애인권리협약 제12조, 제14조와 제25조에 협약 제12조를 위반하는 법적인 차별임과 동시에 제14조 신체의 자유와 제25조 장애인의 건강권인 자유롭고 자발적인 동의에 의한 차별 없는 최적의 건강서비스의 권리에 대한 침해를 법적으로 허용하는 장애인의 인권 침해 조항이었다. 위 헌법재판소의 결정에서 "2013년 정신보건통계현황에 따르면, 2013년에 정신의료기관에 입원 중인 환자의 수는 80,462명이고, 그중 정신질환자 본인의 의사에 의한 입원이 21,294명으로 26.5%를, 본인의 의사에 반하는 입원이 59,168명으로 73.5%를 각 차지하고 있다. 심판대상조항에 따라 보호 입원된 환자의 수는 51,132명으로, 전체 입원 환자 중 63.5%를, 본인의 의사에 반하여 입원된 환자 중 86.4%를 차지한다. 이는 본인의 의사에 반하는 입원이 전체 입원의 다수를 차지하고 있고, 본인의 의사에 반하는 입원 중에서도 심판대상조항에 의한 보호입원이 대다수를 차지하고 있음을 보여준다."고 밝힌 것처럼 2016년 4월 14일 헌법재판소에서 구 「정신보

418 2014헌가9 정신보건법 제24조제1항 위헌제청 등

건법」 제24조에 대한 공개변론이 이루어졌는데 구 「정신보건법」에 의한 비자의 입원으로 심리사회적 장애인이 겪고 있는 인권 침해의 현실은 위 통계에 나타난 것 이상으로 심각하였다.[419]

4. 「정신건강복지법」의 주요 개정 내용 및 문제점

1) 개정의 배경

명칭, 변경을 포함하는 「정신보건법」 전부개정은 2013. 5. 23. 정부가 입법예고한 '정신건강증진법안'(정부개정안)이었다. 이 법안은 19대 국회에서 심의가 지연되었고 한국정신장애연대(KAMI)나 대한정신장애인가족협회 등 관련 소비자단체들이나 정신의학회, 정신과의사 단체들을 비롯한 서비스제공자 단체들은 정부개정안에 대하여 그리 환영도 크게 반대도 하지 않았다. 정부개정안의 핵심 내용은 1) '정신질환자' 개념의 축소와 2) 정신건강증진의 장 신설, 3) 비자의입퇴원 제도의 요건의 강화, 즉 종전의 요건인 정신질환자에 대한 '입원치료의 필요성' 또는 '자·타해 위험성' 두 가지 요건 중 한 가지만 충족하면 비자의입원이 가능하였던 것을 '입원치료의 필요성'과 '자·타해 위험성' 두 가지 요건을 동시에 충족하여야 비자의입원이 가능하도록 한 것이었다. 그러나 19대 국회에서 정부개정안의 심의가 미루어지던 중 주로 정신장애인의 주간보호 프로그램을 하는 사회복귀시설을 운영하는 사회복지학교수와 사회복귀시설협회 소속 사회복지사들과 소수 인권 변호사들이 장애단체들과 연대하여 '정신보건법 바로잡기 공동대책위원회'(공대위)를 구성하여 '정신장애인 복지지원 등에 관한 법률안(이하 '정신장애인 복지지원법'이라고 칭한다)'이라는 명칭의 복지법안을 마련하고 이는 보건복지상임위원장이었던 김춘진 의원을 통하여 국회에 제출되었다. 그 외에도 국회 보건복지상임위원회 소속 여러 의원들이 제각기 「정신보건법」의 일부개정에 관한 여러 법률안들을 먼저 국회에 제출하여 심의와 검토를 거듭하였으나 쉽사리 결론을 내리지 못하였다.

그러던 중 2016년 4월 20대 국회의원 선거가 끝나고 19대 마지막 임시국회에서 보건복지상임위원회 위원장은 그동안 발의된 정부제출 「정신보건법」 전부개정안과 '공대위'가 의원을 통해 발의한 「정신장애인 복지지원법」 및 그 밖에 상임위에 계류 중이던 최동익 의원과 이명수 의원이 발의한 「정신보건법」 개정법률안과 정부안을 통합한 새로운 보건복지상임위원회의 대

419 한국정신장애연대(KAMI), 유엔 장애인권리위원회에 제출된 NGO 보고서

안을 마련하였는데 그 내용은 기존 정부제출 정신건강증진법안과 비교할 때 너무 많은 내용이 새롭게 들어갔음에도 불구하고 관련 단체들이나 일반 국민들에게 공개도 하지 않았고 공청회나 토론회를 통한 의견 수렴도 없이 대안이 전격적으로 상임위를 통과하게 된 것이다. 이후 뒤늦게 「정신보건법」 전부개정안이 통과된 사실을 알고 검토한 결과 입원적정성심사위원회를 통한 입원심사, 경찰관에 의한 행정입원, 요양시설 설치요건의 완화, 지역사회 치료명령제 등의 내용들에서 기존 법률보다 인권 침해적인 내용들이 들어간 개정 법률에 대하여 한국정신장애연대(KAMI)를 비롯하여 정신장애인 당사자들을 대표하는 단체들뿐 아니라 대한정신장애인가족협회, 정신의학회와 의사협회 등 거의 대부분의 관련 단체들은 개정 법률안에 대하여 반대하였으나 결국 19대 국회 본회의를 통과하여 2017년 5월 30일부터 시행되었다.

2) 개정 「정신건강복지법」[420]의 주요 내용과 문제점

(1) 정신질환자 정의

「정신보건법」에서는 '정신질환자'를 "정신병(器質的 精神病을 포함한다)·인격 장애·알코올 및 약물중독 기타 비정신병적정신장애를 가진 자를 말한다."고 규정하고 있다. 그런데 「정신건강복지법」에서는 정신질환자를 "망상, 환각, 사고(思考)나 기분의 장애 등으로 인하여 독립적으로 일상생활을 영위하는 데 중대한 제약이 있는 사람"으로 보다 엄격하게 규정하였다. 이렇게 정신질환자의 개념을 축소한 이유는 그동안 정신질환자의 개념을 지나치게 포괄적으로 규정함으로 인하여 심각한 정신질환이 없는 사람들도 각종 자격과 직업, 공직 등에서 배제되는 차별적인 법령이 많았기 때문에 정신질환자들이 사회생활을 하는 데 있어서 지나치게 차별되어 온 현실을 개선하기 위한 취지였다. 다른 한편은 정신질환자의 범위를 축소함으로써 「정신보건법」에 의한 강제입원을 당하는 대상자의 범위가 줄어드는 효과도 가져올 것으로 기대하였다.

그런데 지난 3월 2일 보건복지부가 입법예고한 「정신보건법 시행규칙」 별표 13에서는 비자의 입원 대상자로서 위험성의 판단 대상자로서 질병에 관한 기준으로 "가. 조증, 우울증, 조울증 등의 기분장애, 나. 조현병(調絃病), 다. 알코올중독, 약물중독 등의 중독성장애, 라. 기질성(器質性) 정신장애, 마. 인격장애, 바. 지적장애"를 들어 법률의 개념보다 폭넓게 규정을 하였다. 이러한 시행규칙(안)은 본 법률의 내용에 반하는 것으로서 정신질환자의 개념을 중증환자 위주로 대폭 축소함으로써 경증 환자들의 인권을 보장하겠다는 정부의 당초 방침이나 설명과도

420 입법예고 「정신보건법 시행규칙안」 제64조는 개정 법률의 약칭을 '정신건강복지법'이라 한다고 규정

배치되는 내용으로 큰 혼란이 야기될 우려가 있다.

(2) 동의입원제도의 신설

개정법률은 동의입원이라는 새로운 입원유형을 신설하였는데 그 취지는 다음과 같다. 동의입원은 자의입원과 마찬가지로 본인이 입원신청서를 정신의료기관의 장에게 제출하여 자의에 의하여 입원하는 것이지만, 자의입원과는 달리 보호의무자의 동의를 받아야 한다(동법 제41조제1항, 제42조제1항). 그리고 자의입원의 경우에는 정신의료기관등의 장은 자의입원등을 한 사람이 퇴원등을 신청한 경우에는 지체 없이 퇴원등을 시켜야 한다(동법 제41조제2항). 그러나 동의입원의 경우에는 정신질환자가 보호의무자의 동의를 받지 아니하고 퇴원등을 신청한 경우에는 정신과 전문의 진단 결과 환자의 치료와 보호 필요성이 있다고 인정되는 경우에 한정하여 정신의료기관등의 장은 퇴원등의 신청을 받은 때부터 72시간까지 퇴원등을 거부할 수 있고, 퇴원등을 거부하는 기간 동안 제43조 또는 제44조에 따른 입원등으로 전환할 수 있다(동법 제42조제2항). 이때 정신의료기관등의 장은 제2항 단서에 따라 퇴원등을 거부하는 경우에는 지체 없이 환자 및 보호의무자에게 그 거부 사유 및 제55조에 따라 퇴원등의 심사를 청구할 수 있음을 서면 또는 전자문서로 통지하여야 한다(동법 제42조제3항). 그 밖에 정신의료기관등의 장이 제1항에 따라 입원등을 한 정신질환자에 대하여 입원등을 한 날부터 2개월마다 퇴원등을 할 의사가 있는지를 확인하여야 하는 점(동법 제42조제4항)은 자의입원의 경우와 같다(동법 제41조제3항). 결국 신설된 동의입원제도는 그 명칭에 '동의'라는 표현이 들어갔을 뿐 그 본질은 비자의입원 절차이다. 이는 헌법재판소가 헌법불합치결정을 내린 보호자의 동의에 의한 입원과 같은 인권 침해의 소지를 안고 있다.

(3) 비자의입원의 요건과 진단절차의 강화

개정법률 제43조제1항에 의하면 정신의료기관등의 장은 정신질환자의 보호의무자 2명 이상이 신청한 경우로서 정신건강의학과전문의가 입원등이 필요하다고 진단한 경우에만 해당 정신질환자를 입원등을 시킬 수 있다. 이때 정신건강의학과전문의의 입원등 필요성에 관한 진단은 해당 정신질환자가 다음 각 호의 모두에 해당하는 경우에 그 각각에 관한 진단을 적은 입원등 권고서를 첨부하여야 한다(제2항). "환자가 정신의료기관등에서 입원치료 또는 요양을 받을 만한 정도 또는 성질의 정신질환에 걸려 있는 경우"(제43조제2항제1호) 그리고 "환자 자신의 건강 또는 안전이나 다른 사람에게 해를 끼칠 위험이 있어 입원등을 할 필요가 있는 경우"(동 제2호)이다.

개정 전 「정신보건법」에 있어서는 양자가 선택적이어서 어느 하나라도 해당하면 강제입원이 가능하였던 것을 두 요건을 모두 갖춘 경우에만 강제입원이 가능하도록 입원의 요건이 강화되었다. 그러나 여전히 기준이 추상적이고 제2호에서 "정신질환자 자신의 건강 또는 안전이나 다른 사람에게 해를 끼칠 위험"은 보건복지부령에서 기준을 정하도록 위임하고 있다. 개정법률 제43조제4항에 따르면, 치료목적의 입원을 위해서는 서로 다른 정신의료기관등에 소속된 2명 이상의 정신과 전문의(국립·공립의 정신의료기관등 또는 보건복지부장관이 지정하는 정신의료기관등에 소속된 정신과 전문의가 1명 이상 포함)의 일치된 소견이 있어야 한다. 이와 관련하여 동조 제3항은 정신의료기관등의 장은 정신과 전문의의 진단 결과 정신질환자가 제2항 각 호에 모두 해당하여 입원등이 필요하다고 진단한 경우 그 증상의 정확한 진단을 위하여 2주의 범위에서 기간을 정하여 입원하게 할 수 있다고 규정하였다. 치료목적 입원의 필요성을 판단하기 위하여 정신질환자를 우선 입원시켜서 진단과 평가를 하고자 하는 취지이다. 치료목적의 입원을 위해서는 서로 다른 정신의료기관등에 소속된 정신과 전문의 2인 이상이 제43조제2항의 두 가지 요건에 대하여 일치된 소견이 있어야 한다. 개정 전 「정신보건법」이 입원할 정신의료기관 소속 전문의 1인의 진단만으로 강제입원이 가능하게 함으로써 진단 의사가 정신의료기관의 경영상의 이해와 충돌되는 문제를 해결하기 위한 규정이다.

이와 같이 서로 다른 정신과 전문의 2인의 일치된 소견을 요건으로 하는 치료목적의 입원은 최초로 입원등을 한 날부터 3개월 이내이다. 그 이후 계속입원절차는 최초 입원 3개월 이후에 첫 번 째 입원기간의 연장은 3개월 이내로 할 수 있고, 그 이후 계속입원기간은 6개월 단위로 연장할 수 있다. 입원기간을 연장한 계속입원에는 최초 입원과 마찬가지로 보호의무자 2인의 동의와 서로 다른 의료기관 소속인 2인 이상 정신과 전문의의 입원필요성에 관한 일치된 소견이 있어야 한다. 개정 전 계속입원의 심사가 6개월 단위로 이루어지던 것을 최초 입원 기간의 연장에 한하여 3개월로 단축한 것이다. 그러나 서로 소속이 다른 정신과 전문의의 두 번째 진단을 요청하는 것에 대하여 정신의료계에서는 입원한 후 2주 만에 입원 지속 여부를 심의하기 위해서는 다른 기관에 있는 정신과 전문의를 부르거나 환자와 함께 다른 병원으로 이동해야 하는 상황에 대하여 우려를 표시하고 있다.

(4) 입원적정성심사제도 신설

개정 「정신건강복지법」의 입원절차에서 가장 주목되는 것은 비자의입원에 대하여 입원적정성심사위원회에 의한 입원적정성심사를 받도록 한 것이다. 각 국립정신병원 등 대통령령으로 정하는 기관(이하 "국립정신병원등"이라 한다) 안에 입원적합성심사위원회를 설치하며(제46조제1항), 입원적합성심사위원회는 위원장을 포함하여 10명 이상 30명 이내의 위원으로 구성하여 입원이나 요양원입소 환자들의 입원적정성을 심사하여야 한다. 보호의무자에 의한 입원이나 지방자치단체장에 의한 입원절차에 따라 정신질환자를 입원등을 시키고 있는 정신의료기관등의 장은 입원등을 시킨 즉시 입원등을 한 사람에게 입원등의 사유 및 제46조에 따른 입원적합성심사위원회에 의하여 입원적합성심사를 받을 수 있다는 사실을 구두 및 서면으로 알리고, 입원등을 한 사람의 대면조사 신청 의사를 구두 및 서면으로 확인하여야 한다(동법 제45조제1항). 입원적합성심사위원회의 심사에 의하여 최초로 입원등을 한 날부터 1개월 이내에 정신의료기관등의 장에게 입원등의 적합 또는 부적합 여부를 서면으로 통지하여야 한다(제3항). 정신의료기관등의 장은 입원등의 부적합 통지를 받은 경우에는 해당 입원등을 한 사람을 지체 없이 퇴원등을 시켜야 한다(제4항). 이 입원적정성심사위원회는 정신의료기관이나 요양원의 부적절하거나 불필요한 강제입원을 막기 위하여 도입된 제도이나 그 실효성이나 적정한 심사기 이루어질지에 대하여는 아직 미지수이다. 정신과의사 단체들은 위와 같이 입원절차의 강화로 비자의입원을 할 때 서로 다른 의료기관의 의사 2명의 진단을 받도록 하였는데 입원적정성심사위원회에서 재차 심사를 받는 것은 중복적인 절차일 뿐 아니라 연간 약 10만 건이 넘는 비자의입원에 대하여 전국 5개의 국립정신병원에 설치된 입원적정성심사위원회가 제대로 심사를 할 수 있을지에 대하여 우려하고 있다.

(5) 입·퇴원등 관리시스템 구축·운영과 국민의 정신건강 정보 수집관리

개정법률에 의하여 가장 우려되는 내용 중의 하나는 보건복지부가 정신의료기관이나 정신요양원을 비롯한 정신건강증진시설의 환자의 입·퇴원에 대한 기록과 함께 거의 전 국민의 정신건강정보를 수집하여 분석하여 관리하게 되는 「개인정보 보호법」이나 「보건의료기본법」의 예외를 규정하고 있는 점이다. 개정 「정신건강복지법」 제10조(실태조사), 입법예고된 시행령 제4조에 의할 때 보건복지부장관이 국민건강보험공단, 건강보험심사평가원, 국민연금공단, 병원급 의료기관, 사회복지시설 및 보건복지부장관이 고시하는 기관 및 단체에 대해 실태조사를 위한 국민의 정신건강에 관한 자료를 수립할 수 있게 되었다. 또 개정법률 제67조는 "① 보건복지부장관은 정신의료기관등의 입원등 및 퇴원등을 관리하기 위하여 입·퇴원등관리시스템을 구축·운영하여야 한다. ② 정신의료기관등의 장은 제1항에 따른 입·퇴원등관리시스템에 제45조제2항에 따라 신고한 내용 및 대통령령으로 정하는 퇴원등의 사항을 등록하여야 한다. ③ 제2

항에 따라 입·퇴원등관리시스템에 등록된 정보는 입원등 및 퇴원등의 심사와 관련된 경우 등 대통령령으로 정하는 경우를 제외하고는 「개인정보 보호법」 제2조에 따른 처리를 하여서는 아니 된다."[421]고 규정하고 있다. 그러나 최근 법제처 심사를 거친 「정신보건법」 시행령 전부개정(안) 제40조는 위와 같이 수집된 환자 개인에 대한 민감정보와 고유식별 정보를 보건복지부장관 또는 지방자치단체의 장이 처리할 수 있어 「개인정보 보호법」과 「보건의료기본법」에서 규정한 환자 개인의 진료에 대한 기록이 환자 본인의 동의가 없으면 타인에게 제공될 수 없는 원칙이 개정법률에 의하여 깨진 것이다.

(6) 정신요양시설 설치요건의 완화와 국·공립 요양시설의 설치

개정법 제22조는 "① 국가와 지방자치단체는 정신요양시설을 설치·운영할 수 있다. ② 「사회복지사업법」에 따른 사회복지법인(이하 "사회복지법인"이라 한다)과 그 밖의 비영리법인이 정신요양시설을 설치·운영하려는 경우에는 해당 정신요양시설 소재지 관할 특별자치시장·특별자치도지사·시장·군수·구청장의 허가를 받아야 한다."고 규정하였다. 현행 「정신보건법」 관련 규정은 제10조제1항에서 "사회복지법인 기타 비영리법인은 보건복지부장관의 허가를 받아 정신요양시설을 설치·운영할 수 있다. 허가받은 사항 중 보건복지부령이 정하는 중요한 사항을 변경하고자 하는 때에도 또한 같다."고 규정하여 정신요양시설의 설치는 보건복지부장관의 허가사항이므로 매우 어려웠고 따라서 「정신보건법」 시행 이후 요양시설의 정원은 거의 늘어나지 않았다. 정신요양시설의 실태는 2014년 가을 유엔 장애인권리위원회에도 보고된 바 있지만 "2012년경 만성정신장애인을 수용하는 정신요양시설은 전국 59개의 시설에 11,072명이 수용되어 있는데 입소일수 통계는 다음과 같다. 5년 미만은 3,335명(30.1%), 9년 미만은 2,118명(19.1%), 10년 이상 14년 미만은 2,648명(23.9%), 15년 이상 19년 미만은 1,050명(9.5%), 20년 이상 24년 미만은 731명(6.6%), 25년 이상 29년 미만은 681명(6.2%), 30년 이상 24년 미만은 332명(3.0%), 35년 이상 39년 미만은 157명(1.4%), 그리고 40년 이상은 20명(0.2%)이었다."[422] 이와 같이 한번 입소되면 거의 평생 동안 수용되어 지내야 하는 정신요양시설이 개정법률에 의하여 늘어나게 되는 것은 탈시설화와 지역사회 자립생활의 원칙에 반하는 것이므로 인권의 측면에서 볼 때 큰 문제가 있다.

---

421 「개인정보 보호법」 제2조제2호 "처리"란 개인정보의 수집, 생성, 연계, 연동, 기록, 저장, 보유, 가공, 편집, 검색, 출력, 정정(訂正), 복구, 이용, 제공, 공개, 파기(破棄), 그 밖에 이와 유사한 행위를 말한다.

422 몬티안 분탄(유엔장애인권리위원, 태국 상원의원), "유엔장애인권리협약과 위원회 최종견해에 따른 당사국의무와 한국 내 사회심리적 장애인에게 있어서 새로운 기회들," 2015년 11월 17일 유엔장애인권리협약과 정신장애인의 지역사회 통합을 위한 국제심포지엄(국가인권위원회, 한국정신장애연대) 발제

(7) 행정입원 절차 활성화

개정법 제44조 특별자치시장·특별자치도지사·시장·군수·구청장에 의한 입원은 정신건강의학과전문의 또는 정신건강전문요원은 정신질환으로 자신의 건강 또는 안전이나 다른 사람에게 해를 끼칠 위험이 있다고 의심되는 사람을 발견하였을 때에는 특별자치시장·특별자치도지사·시장·군수·구청장에게 대통령령으로 정하는 바에 따라 그 사람에 대한 진단과 보호를 신청할 수 있고(제1항), 경찰관(「국가공무원법」 제2조제2항제2호에 따른 경찰공무원과 「지방공무원법」 제2조제2항제2호에 따른 자치경찰공무원을 말한다. 이하 같다)은 정신질환으로 자신의 건강 또는 안전이나 다른 사람에게 해를 끼칠 위험이 있다고 의심되는 사람을 발견한 경우 정신건강의학과전문의 또는 정신건강전문요원에게 그 사람에 대한 진단과 보호의 신청을 요청할 수 있다(제2항)고 규정하고 있다. 현행 「정신보건법」 제25조 시·군·구청장에 의한 행정입원은 "정신질환으로 자신 또는 타인을 해할 위험이 있다고 의심되는 자를 발견한 정신건강의학과전문의 또는 정신보건전문요원은 시장·군수·구청장에게 당해인의 진단 및 보호를 신청할 수 있다"고 되어 있다(1항).

입법 예고된 시행령 제19조에서는 다음과 같이 규정하고 있다.

① 법 제44조제1항 및 제2항에 따라 정신건강의학과전문의 또는 정신건강전문요원이 특별자치시장·특별자치도지사·시장·군수·구청장에게 진단 및 보호를 신청하려면 다음 각 호의 사항을 적은 진단 및 보호신청서(전자문서로 된 신청서를 포함한다)를 제출하여야 한다.

1. 신청인의 성명, 자격, 연락처
2. 정신질환자로 의심되는 사람의 성명, 주소, 생년월일(해당 사항을 파악할 수 있는 경우만 해당)
3. 정신질환자로 의심되는 사람의 증상 및 증세의 개요
4. 정신질환자로 의심되는 사람의 보호의무자 또는 보호를 하고 있는 사람이 있는 경우에는 그 성명, 주소 및 연락처(해당 사항을 파악할 수 있는 경우만 해당한다)
5. 경찰관(「국가공무원법」 제2조제2항제2호에 따른 경찰공무원과 「지방공무원법」 제2조제2항제2호에 따른 자치경찰공무원을 말한다. 이하 같다)의 성명, 소속, 직위 및 연락처(법 제44조제2항에 따라 경찰관이 진단 및 보호의 신청을 요청한 경우만 해당한다)

② 법 제44조제2항에 따라 경찰관이 정신건강의학과전문의 또는 정신건강전문요원에게 진단 및 보호의 신청을 요청하려면 다음 각 호의 사항을 정신건강전문요원이나 정신건강의학과전문의에게 알려야 한다.

1. 요청 경찰관의 성명, 소속, 직위, 연락처
2. 제1항제2호부터 제4호까지의 사항(제2호 및 제4호의 경우에는 해당 사항을 파악할 수 있는

경우만 해당한다)

③ 특별자치시장·특별자치도지사·시장·군수·구청장은 법 제44조제3항에 따른 진단의뢰 결과 정신질환자로 의심되는 사람이 정신질환으로 자신의 건강 또는 안전이나 다른 사람에게 해를 끼칠 위험이 있어 그 증상의 정확한 진단이 필요하다고 인정된 경우에는 다음 각 호의 어느 하나에 해당하는 조치를 할 수 한다.

1. 보건복지부장관이나 지방자치단체의 장이 법 제44조제4항에서 지정한 정신의료기관(이하 "지정정신의료기관"이라 한다)에 대한 입원을 의뢰하는 것
2. 법 제41조제1항 또는 제42조제1항에 따른 입원 신청을 하게 하는 것
3. 보호의무자에게 법 제43조제1항에 따른 입원 신청을 하게 하는 것

(8) 외래치료명령의 활성화

현행 「정신보건법」 제37조의2(외래치료명령)에서 정신의료기관의 장이 시장·군수·구청장에게 1년 이내에서 외래치료명령을 청구하고 시장·군수·구청장은 기초정신보건심의위원회의 심의를 받아 1년 이내에서 외래치료를 명할 수 있다는 규정이 있었는데 거의 활용이 되지 않고 있었다. 그러나 개정법률 제64조(외래치료명령 등) 제1항은 "정신의료기관의 장은 제43조, 제44조에 따라 입원을 한 정신질환자 중 정신병적 증상으로 인하여 입원을 하기 전 자신 또는 다른 사람에게 해를 끼치는 행동을 한 사람으로서 대통령령으로 정하는 사람에 대해서는 보호의무자의 동의를 받아 특별자치시장·특별자치도지사·시장·군수·구청장에게 1년의 범위에서 외래치료 명령을 청구할 수 있다."고 규정하고 시행령 제32조는 외래치료명령 청구대상으로 "1. 「의료급여법」에 따른 의료급여 수급권자 2. 「공무원연금법」, 「산업재해보상보험법」, 「국가유공자 등 예우 및 지원에 관한 법률」 등 다른 법령에 따라 진료비 지원을 받을 수 있는 사람 3. 정신질환자의 보호의무자(「국민건강보험법」에 따른 건강보험 가입자만 해당한다)가 외래치료 비용을 지급하기로 한 정신질환자"라고 한정하였다.

개정법률 제64조 2항 이하에서 "특별자치시장·특별자치도지사·시장·군수·구청장은 제1항에 따른 외래치료 명령의 청구를 받았을 때에는 소관 정신건강심의위원회의 심의를 거쳐 1년의 범위에서 기간을 정하여 외래치료를 받도록 정신질환자에게 명령할 수 있고(제2항), 특별자치시장·특별자치도지사·시장·군수·구청장은 제2항에 따라 외래치료 명령을 한 때에는 지체 없이 정신질환자 본인 및 그 보호의무자와 외래치료 명령을 청구한 정신의료기관의 장 및 외래치료 명령을 수행하게 될 정신의료기관의 장에게 그 사실을 서면으로 통지하여야 한다.(제3항),

특별자치시장·특별자치도지사·시장·군수·구청장은 제2항에 따라 외래치료 명령을 받은 사람이 그 외래치료 명령에 따르지 아니하고 치료를 중단할 때에는 그 사람이 자신의 건강 또는 안전이나 다른 사람에게 해를 끼칠 위험이 있는지를 평가하기 위하여 그 사람에게 지정정신의료기관에서 평가를 받도록 명령할 수 있다. 이 경우 해당 명령을 받은 사람은 명령을 받은 날부터 14일 이내에 지정정신의료기관에서 평가를 받아야 한다.(제4항) 특별자치시장·특별자치도지사·시장·군수·구청장은 제4항에 따라 외래치료 명령을 받은 사람에게 평가를 받도록 명령하는 경우 구급대원에게 그 사람을 정신의료기관까지 호송하도록 요청할 수 있다.(제5항) 특별자치시장·특별자치도지사·시장·군수·구청장은 제4항에 따라 평가한 결과 외래치료 명령을 받은 사람이 자신의 건강 또는 안전이나 다른 사람에게 해를 끼칠 위험이 없다고 인정되는 경우에는 외래치료 명령을 철회하고, 자신의 건강 또는 안전이나 다른 사람에게 해를 끼칠 위험이 있다고 인정되는 경우에는 다음 각 호의 어느 하나에 해당하는 조치를 하여야 한다.(제6항)

1. 제41조에 따라 자의입원 등을 신청하게 하는 것
2. 제42조에 따라 동의입원 등을 신청하게 하는 것
3. 보호의무자에게 제43조제1항에 따른 입원 등 신청을 요청하는 것
4. 제44조제7항에 따라 입원하게 하는 것(제1호부터 제3호까지의 조치에 따르지 아니하는 경우만 해당한다) 국가와 지방자치단체는 외래치료 명령에 따라 발생하는 비용의 전부 또는 일부를 부담할 수 있다.(제7항)"고 규정하여 외래치료명령의 구체적인 절차와 불이행 시 비자의 입원절차로 전환되는 절차가 규정이 되어 외래치료명령이 활성화되어 정신장애인의 자유가 더 제한되는 결과를 초래할 수 있다.

5. 성년후견제도와 심리사회적 장애인의 인권

1) 성년후견제도의 도입

2011년 3월 7일 법률 제10429호로 일부개정되어 2013년 7월 1일부터 시행된 개정 민법에 의하여 성년후견제도가 도입되었다. 당시 「민법」 일부개정의 이유는 "기존의 금치산·한정치산 제도를 현재 정신적 제약이 있는 사람은 물론 미래에 정신적 능력이 약해질 상황에 대비하여 후견제도를 이용하려는 사람이 재산 행위뿐만 아니라 치료, 요양 등 복리에 관한 폭넓은 도움을 받을 수 있는 성년후견제로 확대·개편하고, 금치산·한정치산 선고의 청구권자에 후견감독

인과 지방자치단체의 장을 추가하여 후견을 내실화하며, 성년후견 등을 요구하는 노인, 장애인 등에 대한 보호를 강화하고, 피성년 후견인 등과 거래하는 상대방을 보호하기 위하여 성년후견 등에 관하여 등기로 공시하도록 하는 한편, 소년의 조숙화에 따라 성년연령을 낮추는 세계적 추세와 「공직선거법」 등의 법령 및 사회·경제적 현실을 반영하여 성년에 이르는 연령을 만 20세에서 만 19세로 낮추려는 것임."[423]이었다.

성년후견제도로 「민법」을 개정하기 이전의 우리 「민법」은 금치산자, 한정치산자 제도를 시행하고 있었고 법원의 결정에 의하여 행위능력이 부정되어 그 법률행위가 무효로 되는 금치산과 행위능력이 제한되어 그 법률행위가 취소할 수 있는 한정치산이 있었다. 금치산이나 한정치산의 경우에는 재산상의 행위에 한정되었고 그 법정대리인은 가족이나 친족에 그쳐 매우 제한적으로 이용되고 있었다. 그런데 성년후견제도는 우리와 같은 금치산, 한정치산제도를 시행하다가 우리나라에 앞서 약 10여 년 전에 성년후견제도를 도입한 일본 민법을 거의 답습하여 개정한 내용이었는데 우리나라가 유엔장애인권리협약을 비준한 후 2년여 만에 유엔장애인권리협약 12조에 정면으로 위배되는 성년후견제도를 도입한 것은 우리 사회가 전반적으로 장애인권리협약 제12조에 대한 이해 부족 또는 오해로 인한 것이었기 때문에 매우 아쉬운 점이 있다.

2) 장애인권리협약과 성년후견제도

장애인권리협약 제1조에 의하면 장애인은 "완전하고 실질적인 사회참여를 저해하는 장기간의 신체적, 정신적, 지적 또는 감각적인 손상을 가진 사람을 포함"하므로 "장기간의 정신적 손상"을 입은 정신장애인이나 지적 장애인, 고령과 치매로 인한 장애인도 동등하고 차별 없이 협약에 의한 권리를 보장받아야 한다. 장애인권리협약은 장애인도 완전하고 동등하게 모든 인권과 기본적인 자유를 누리도록 하고 인간으로서의 존엄성을 존중받도록 하기 위하여 1) 장애인 본인이 스스로 선택할 수 있는 자유를 포함한 장애인의 자기결정권에 대한 존중, 2) 차별금지, 3) 사회의 모든 분야에 효과적인 참여와 통합의 원칙들을 천명하고 있다. 그중에서 장애인권리협약 제12조 "장애인의 법 앞에서의 평등(Equal recognition before the law)"은 장애인의 자립생활과 사회통합에 관한 조항인 제19조와 함께 위 장애인권리협약의 원칙에 따른 핵심조항으로서 장애인의 법적 능력(legal capacity)에 관한 조항이다. 협약 제12조에 의하면 장애인도 자신의 의사와 선호에 따라 법적 능력의 행사에 있어서 동등하게 존중을 받아야 하고 당사국은 장애

---

423 법제처 국가종합법령센터

인의 법적 능력의 행사와 관련이 있는 모든 입법 또는 기타 조치들이 국제인권법에 반하는 것을 막기 위한 조치를 하여야 한다. 성년후견은 영미국가에서 Common Law[보통(관습)법]에 의하여 오랫동안 시행되어 온 제도이지만 위 장애인권리협약 제12조 장애인의 법적 능력을 인정하는 "법 앞에서의 평등조항"에 반한다. 미성년자는 판단능력에 있어서 미숙하고 보호가 필요하므로 성년이 될 때까지는 부모 또는 후견인이 미성년자의 법률행위를 대리하거나 미성년자가 임의로 행한 법률행위를 취소할 권한을 보유하도록 하는 것이지만 성년으로서 자신의 권리와 삶에 대하여 본인의 의사에 따라 결정하는 자기결정권은 장애가 있거나 그로 인한 제약으로 인하여 제한되거나 본인이 행사하지 아니하고 후견인이 결정하도록 하는 것은 장애인권리협약 제12조의 법적 평등 조항에 반하는 것이다. 장애로 인하여 법적 능력의 행사에 제약이 있을 경우 국가는 장애인이 법적 능력의 행사를 본인의 의지와 선호에 따라 할 수 있도록 조력하는 장치를 제공하여야 하는 것이다. 유엔 장애인권리위원회는 2012년 9월 27일 중국 정부가 시행하고 있는 장애인의 의사결정을 대체하는 '대체결정(substituted decision making)' 기존의 성년후견제도를 폐지하고 의사결정을 보완하는 제도 '지원결정(supported decision making)'으로 고쳐서 장애인의 자기결정권을 존중하라고 권고한 것을 비롯하여 그동안 각국 정부의 장애인권리협약 이행보고서에 대하여 예외 없이 성년후견제도는 장애인의 자기결정권을 침해하여 장애인권리협약 제12조에 위배되는 의사결정의 대체제도이므로 장애인권리협약에 따라 폐지하고 의사결정을 조력하는 제도를 마련하라고 권고하고 있다.

우리나라에 대하여도 유엔 장애인권리위원회는 2014년 9월 30일 최종견해에서 협약 제12조와 관련 성년후견제도에 대하여 장애인권리협약 제12조에 반하는 대체의사결정이라고 판단하고 다음과 같은 우려와 권고를 내린 바 있다(CRPD/C/KOR/CO/1).

> "21. 위원회는 2013년 7월부터 시행된 새로운 성년후견인제도가 후견인으로 하여금 '질병, 장애 또는 고령으로 인한 심리적 제한으로 인해 지속적으로 사무를 관리할 능력이 없다고 간주되는 자'의 재산 및 개인적 문제에 대하여 의사결정을 하도록 허용하는 것에 대해 우려를 표한다. 위원회는 일반논평 제1호에 상세히 기술된 대로, 동 제도가 협약 제12조에 반하여 지원의사결정이 아닌 대체의사결정을 지속하는 것임에 주목한다.
> 22. 위원회는 당사국이 대체의사결정에서, 의료적 치료에 대한 고지된 동의의 제시와 철회에 대한 권리, 사법접근권, 투표권, 결혼에 대한 권리, 일할 권리, 거주지를 선택할 권리 등에 관한 것을 포함하여, 개인의 자율성과 의지, 선호를 존중하며 협약 제12조와 일반논평 제1호와 완전히 부합하는 조력의사결정으로 전환할 것을 권고한다. 또한 위원회는 당사국이 장애인과 그들을 대표하는 단체와 협의 및 협력함을 통하여 국가·지방·지역 차원에서 공무원과 판사, 사회복지사를 포함한 모든 주체들을 대상으로 장애인의 법적 권한과 조력의사결정체계에 관해 교육을 제공할 것을 권고한다."

3) 개정 민법의 성년후견제도의 내용

개정 민법에 의한 성년후견제도의 본질은 법원이 "질병, 장애, 노령, 그 밖의 사유로 인한 정신적 제약으로 사무를 처리할 능력이 지속적으로 결여된 사람에 대하여 본인, 배우자, 4촌 이내의 친족, 미성년후견인, 미성년후견감독인, 한정후견인, 한정후견감독인, 특정후견인, 특정후견감독인, 검사 또는 지방자치단체의 장의 청구에 의하여 성년후견"의 결정을 하고, "피성년후견인의 법률행위는 취소할 수 있거나" 가정법원이 "피성년후견인이 할 수 있는 법률행위의 범위를 정할 수 있게 하는" 것으로서 법원의 판단으로 '의사무능력자' 또는 '의사능력제한자'에 대하여 심판하고 그렇게 심판된 의사무능력 또는 제한능력자에 대하여는 법적인 의사결정 또는 법률행위를 성년후견인이 대리하게 하는 '대체 의사결정'(substituted decision-making)제도이다.

2011년도 개정에 의한 우리 현행 민법의 성년후견에 관한 규정은 다음과 같다.

제9조(성년후견개시의 심판) ① 가정법원은 질병, 장애, 노령, 그 밖의 사유로 인한 정신적 제약으로 사무를 처리할 능력이 지속적으로 결여된 사람에 대하여 본인, 배우자, 4촌 이내의 친족, 미성년후견인, 미성년후견감독인, 한정후견인, 한정후견감독인, 특정후견인, 특정후견감독인, 검사 또는 지방자치단체의 장의 청구에 의하여 성년후견개시의 심판을 한다. ② 가정법원은 성년후견개시의 심판을 할 때 본인의 의사를 고려하여야 한다.

제10조(피성년후견인의 행위와 취소) ① 피성년후견인의 법률행위는 취소할 수 있다. ② 제1항에도 불구하고 가정법원은 취소할 수 없는 피성년후견인의 법률행위의 범위를 정할 수 있다. ③ 가정법원은 본인, 배우자, 4촌 이내의 친족, 성년후견인, 성년후견감독인, 검사 또는 지방자치단체의 장의 청구에 의하여 제2항의 범위를 변경할 수 있다. ④ 제1항에도 불구하고 일용품의 구입 등 일상생활에 필요하고 그 대가가 과도하지 아니한 법률행위는 성년후견인이 취소할 수 없다.

현행 민법은 의사결정권을 후견인에게 전적으로 대리하게 하는 성년후견제도 외에 법률행위를 후견인의 동의를 받아 행할 수 있도록 하는 한정후견, 일시적으로 또는 특정한 행위에 대하여만 후견인의 후원을 받도록 하는 특정후견과 계약에 의하여 후견인을 선임하는 임의후견에 관한 제도도 두었다.

한정후견제도는 "질병, 장애, 노령, 그 밖의 사유로 인한 정신적 제약으로 사무를 처리할 능력이 부족한 사람"에 대하여 "본인, 배우자, 4촌 이내의 친족, 미성년후견인, 미성년후견감독인, 성년후견인, 성년후견감독인, 특정후견인, 특정후견감독인, 검사 또는 지방자치단체의 장"의 청구로 가정법원이 의사능력이 부족한 '장애인' 등에 대하여 한정후견을 받도록 하는 것이다. 한정후견은 본인이 법적인 행위를 할 때 후견인의 동의를 받아야 유효하도록 하는 것이므로 본질적으로는 무능력제도이며 의사결정의 대체제도이다. 그러나 특정후견은 본인의 의사에 반하여 할 수 없도록 하고, 임의후견은 본인 의사에 의한 계약에 의한 것이므로 장애인의 자기결정권에 반하지 않는다고 볼 수 있지만 무능력제도와 후견에 관한 연장선상에서 규정된 것이므로 의사결정의 대체제도를 폐지하고 의사결정의 조력제도를 마련하도록 하는 장애인권리협약의 취지에 따르는 것으로 볼 수 없다고 생각한다.

4) 성년후견제도에 의한 장애인의 법적 차별의 내용

성년후견에 의한 장애인 등의 권리행사 제한은 매우 광범위하다. 성년후견이 결정되고 후견인이 지정된 정신적 장애인 등은 "일용품의 구입 등 일상생활에 필요하고 그 대가가 과도하지 아니한 법률행위"만 제외하고 기타 재산을 매매하거나 시설을 이용하는 등 모든 법적 계약을 체결하는 등의 법률행위를 자신이 스스로 할 수 없게 된다. 성년후견이나 한정후견을 받는 장애인 등의 상대방은 후견인이 법률행위를 사후에라도 추인하지 않을 경우 그 계약 등을 철회하거나 거절할 수 있고, 후견을 받는 장애인이 스스로 선임한 대리인에 대한 위임계약도 종료되고 후견인이 대리권을 갖게 된다(민법 제690조). 성년후견을 받는 피후견인은 부모나 후견인의 동의를 받아야 약혼할 수 있고(제802조), 약혼을 한 후에 성년후견, 한정후견이 결정되면 상대방은 약혼을 파기할 수 있다(제804조). 심지어 결혼도 후견인의 동의를 받아야 할 수 있고 이에 위반하면 그 혼인을 후견인 또는 상대방이 취소할 수 있다. 성년후견을 받는 장애인 등은 이혼도 후견인의 동의를 받아야 하고(제835조), 배우자가 외도하여 낳은 자식에 대한 친생부인의 소도 후견인만이 제기할 수 있다(제848조). 성년후견인이 있는 사람은 자신이 낳은 자식에 대하여도 후견인의 동의를 받아야 인지하여 자식으로 입적할 수 있다(856조). 입양에 있어서도 후견인이 승낙을 하고(869조), 입양을 하거나 입양을 받는 것도 후견인의 동의를 받아야 한다(873조). 성년후견을 받는 사람은 재산관리뿐 아니라 입원, 퇴원, 요양원에의 입소나 거주 이전 등 신상에 관하여도 후견인의 간섭을 받고(제947의2), 수술이나 강제입원 등에 있어서 후견인이 당사자의 의사에 반하여 동의하여 치료나 입원이 강요될 수도 있다(위947조의2). 후견을 받게 되면 의사능력이 회복되어야 유언을 할 수 있고(1063조), 증인이 될 수 없다(1072조).

5) 우리나라 법원의 성년후견제도 운영실태

우리나라의 성년후견제도는 성년후견 또는 한정, 특정후견을 받게 되는 무능력자와 후견결정에 대한 판정의 기준에 대하여도 규정이 마련되지 않은 채 시행이 되고 있다. 우리 민법에 의하여 성년후견결정에 있어서 가정법원판사의 직권과 재량의 폭이 크므로 정신장애인, 지적 장애인, 치매가 있는 노령의 장애인의 많은 숫자가 본인의 의사에 반하여 후견이 결정될 경우 장애인권리협약 제12조가 장애인이 본인의 의지와 선호에 따라 의사결정을 할 수 있도록 법적 능력을 인정한 취지가 몰각되게 될 것이다.

개정 민법의 성년후견제도의 내용은 협약 제12조에서 폐지할 것을 요구한 의사결정의 대체제도로서 전형적인 후견제도이고 유럽이나 미국 등 각 국가의 후견제도보다 훨씬 포괄적이고 오·남용될 위험이 많은 제도이므로 이대로 계속 시행되어서는 안 될 것이다. 우리 정부는 장애인권리협약의 취지에 따라 민법의 규정을 폐지 또는 개정하고 현재 각국에서 연구되고 있는 의사능력의 조력제도를 검토하고 우리 실정에 맞는 제도를 마련하여 시행하여야 할 것이다.

6) 성년후견제도의 대안에 대하여

심리사회적 장애인 인권운동가인 티나 밍코위츠는 아래와 같은 방식으로 성년후견제도를 지원의사결정제도로 대체하는 모델을 예시하고 있다.[424]

모델 1 성년후견에 관한 민법 개정

① 후견은 피후견인의 반대가 있으면 결정될 수 없다.

② 후견인들은 피후견인의 의사와 선호에 따라서 후견에 관한 사무를 행하여야 하고 수시로 피후견인의 의사와 선호를 파악하여 선량한 관리자로서 행하여야 한다.

③ 후견에 관한 결정에 대하여 개개인이 변화를 구할 수 있도록 피드백 체제가 마련되어야 한다. 후견에 관한 규정은 그 종료를 원하는 개인의 요청에 따라 종료되어야 한다.

모델 2 성년후견제도를 대체할 의사조력에 관한 법률을 제정하는 방법. 이것은 위 모델 1보다는 좀더 상세하게 규정할 수 있으나 그 내용은 동일하다. 이러한 법률은 삶의 전 영역에서 법적 능력을 보장하고, 그러한 법적 능력이 부인될 때 구제절차를 두는 것이다.

---

424 Tina Minkowitz, Approaches to Law Reform to Abolish Guardianship and Substituted Decision-Making in the United States, Center for the Human Rights of Users and Survivors of Psychiatry www.chrusp.org

모델 3 법적 능력을 모든 성인에게 모든 삶에서 인정하고 이를 부인하는 법률에 대한 구제를 규정하는 민법을 제정하는 방법. 이것은 판례법을 통하여 더 나아간 기준을 개발할 수 있다. 그러나 사법부가 장애인인권과 법적 능력의 사회적 모델에 대하여 지지적이지 않으면 작동치 않을 수 있다.

모델 4 장애인에 대하여 「장애인차별금지법」을 비롯한 장애인인권에 관한 법률을 보충할 포괄적인 민법과 인권법을 제정하는 방법. 이러한 포괄적인 법률은 장애인권리협약에 기초하여서 경제적, 사회적, 문화적 권리와 교육, 법적 능력, 입원과 강제치료로부터의 자유를 보장하는 내용이 포함되어야 한다. 우리나라에서는 장애인권리기본법과 그 시행을 위한 하위법률을 제정하는 방법이 실현 가능하다고 본다.

7) 페루의 성년후견제도 개혁

페루에서는 2018년 9월 4일 정부에서 법제명령 제1384호를 발행하였는데 이것은 장애인의 법적 능력을 규율하는 내용이다. 이 명령은 법률 제30823호를 통하여 의회가 행정부에 법제를 위임한 데 따라 이루어진 것이었고 결과적으로 법률과 동일한 효력을 가진 행정부의 명령에 의하여 장애인에 대한 성년후견제도를 폐지하였고 장애인의 법적 능력(예 혼인이나 유언)에 관한 제한을 제거하고 지원의사결정제도를 도입한 것이다. 또 그 명령은 법정이나 공증에서 합리적이고 절차적인 편의를 제공받을 수 있도록 하였다. 다만 법적 능력의 제한이 알코올이나 마약 중독자, 형사처벌을 받은 자, 식물인간 상태에 있는 자로서 법원에서 조력자를 선임받지 못한 자는 유지되었다.

이러한 페루의 법적 능력 차별에 대한 개혁에 대하여 유엔을 비롯하여 전 세계의 장애단체, 특별히 심리사회적 장애단체와 활동가들은 환영하였다.

8) 스웨덴 이용자 운영 서비스인 정신과 환자를 위한 개인 옴부드 제도

또 스웨덴은 개인 옴부드(PO: Personal Ombud, 역자주: 옴부드는 '대리인', '민원조사관'을 뜻함) 제도를 시행하고 있는데 이 제도는 일종의 의사결정 조력인으로서 성년후견제도를 대체하는 지원의사결정제도이다. 정신과 환자를 위한 개인 옴부드 또는 옴부즈만(Ombudsman) 제도는 스웨덴의 1995년 정신과 개혁에서 성장한 스웨덴의 혁신적 제도이다. 기존에 존재하고 있었으나 그 전까지 어떻게 해결해야 할지를 아무도 몰랐던 문제에 대한 하나의 해결책으로서 나타났다. PO는 매우 숙련된 전문가로, 오로지 100% 정신과 환자의 위임을 받아 일한다. PO는 정신과나 사회복지 또는 기타 권한기관과 동맹의 관계에 있지 아니한다. 또한 환자의 친지나 주변인들과도 동맹의 관계에 있지 않는다. PO는 자신의 의뢰인이 원하는 것만 이행한다. 의뢰인이 자신이 원하는 것이 무엇인지 알게 되기까지, 그리고 그것을 말할 용기가 생길 때까지 오랜 시간(때로는 수개월)이 걸릴 수 있기 때문에, PO는 기다려야 한다. 많은 것들이 혼란스럽고 엉망인 상태일지라도 말이다. 이는 또한 PO가 내담자들과 장기적-주로 수년간의- 관계를 발전시켜야 한다는 의미이기도 하다. 이는 신뢰관계를 발전시키고 보다 본질적인 내용에 들어가기 위한 필요조건이다. 그리고 이것은 정신과 환자들이 늘 한 사람에게서 다른 사람에게로 보내지거나, 일체의 지지를 받지 못하는 전통적인 서비스와는 정반대이다. PO는 특히 접근하기가 제일 어렵거나, 접근 및 도움 방법을 아는 이가 아무도 없기 때문에 어떠한 지지도 받지 못한 채 남겨져 있는 정신과 환자들을 지원하는 데 집중한다. 이런 환자들은 심각한 정신장애(주로 정신증)가 있으면서 집이 없거나 매우 고립되어 방어막을 치고 사는 정신과 환자들, 그리고 당국과 의사소통하기가 힘들거나 당국에 굉장한 적대심이 있는 정신과 환자들이다. 따라서 PO는 가만히 앉아서 그들이 오기를 기다려서는 안 되고, 그들이 거주하는 곳에 가서 그들을 찾아내려 노력해야 하며, 그들과 접촉할 수 있는 방법을 찾는 데 온갖 종류의 창의력을 발휘해야 한다. 이를 가능케 하기 위해서는 PO가 모든 종류의 당국으로부터 독립적이어야 한다. 스웨덴의 일부 지역에서는 PO가 지역사회에 의해 고용되어 있는데, 이는 다양한 문제들을 일으키며 당국의 대변인들에 대해 불신이나 적대심이 있는 정신과 환자들에게 PO가 접근할 수 없게 만든다. PO가 '이중 충성'을 바친다는 의구심이 있어서는 안 된다. 독립적인 비정부단체의 산하에 있는 것이 더 낫다고 본다. 이것의 한 예가 바로 PO-Skåne(Skåne의 PO)이다. 스코네(Skåne)는 스웨덴의 가장 남쪽에 있는 주(州)로, 인구는 약 1천1백만 명이다. 이 중 3분의 1이 스웨덴에서 세 번째로 큰 도시인 말뫼(Malmö)에 산다. 스코네의 PO들 대부분은 이용자 단체인 RSMH(스웨덴 사회 및 정신 건강 국립협회)와 가족 단체인 IFS(조현병 유대협회)가 운영하는 독립적 비정부단체인 PO-Skåne에 의해 고용되어 있다. RSMH와 IFS의 지역 그룹들만이 PO-Skåne의 회원이 될 수 있다. 이 그룹들의 대변인들은 연차 주주총회 때 상무이사와 25명의 PO들의 고용주인 PO-Skåne의 임원단을 선출한다. 다시 말해, 이 단체는 전적으로 이용자의 통제하에 있으며 PO들은 이용자들의 지침에 따라 근무한다.[425]

---

425 이상 스웨덴의 PO에 대한 글은 WNUSP 이사인 일본의 마리 야마모토가 KAMI와 국가인권위원회가 공동 주최한 심포지움에서 발표한 내용 중에서 발췌한 내용으로서 마리 야마모토는 Maths Jesperson, maths.jesperson@comhem.se(www.po-skane.org)의 발표내용을 옮김

제9장

저자 우 주 형

유엔 권리협약에 기반한 「장애인복지법」의 개혁과제

International Disability Rights and Development of Legislation

1. 유엔이 선포한 '세계 장애인의 해'와 「심신장애자복지법」

한국 「장애인복지법」의 역사는 1981년으로 거슬러 올라간다. 1981년은 유엔이 정한 '세계 장애인의 해'였다. 이 해에 우리나라는 현행 「장애인복지법」의 전신인 「심신장애자복지법」을 제정하였다. 「심신장애인복지법」은 한국 장애인복지의 기본법적 성격을 갖는 법으로서 그러한 점에서 1981년은 우리나라 장애인복지의 역사에 있어서 태동기를 여는 해라고 볼 수 있다.

우리나라 장애인복지의 발전 과정은 관련 법제도의 입법화 과정을 중요 기준으로 하면 대체로 4기로 구분할 수 있을 것이다.[426] 제1기는 1981년 이전으로 장애인을 한낱 자선의 대상으로만 보았던 시절이고, 제2기(1981~1988년)는 「심신장애인복지법」 제정으로 장애인복지이념의 등장과 태동 시기에 해당하며, 제3기(1989~2006년)는 장애인복지제도의 틀을 정비하고 복지서비스 확대를 도모하던 시기라고 할 것이며, 제4기(2007년~현재)는 「장애인차별금지법」 제정 등으로 장애인 인권 및 복지 보장의 확대전환기라 할 수 있다. 특히 우리나라에 있어서 장애인복지 관련 법제는 2007년이 새로운 역사적 이정표를 세운 해라고 할 것이다. 이 해에 장애인계의 오랜 숙원이었던 「장애인차별금지 및 권리구제 등에 관한 법률」이 제정되었고, 기존의 「특수교육진흥법」이 폐지되면서 새로운 「장애인 등에 대한 특수교육법」으로 대체 입법 제정되었으며, 「장애인복지법」이 장애인복지 패러다임 변화를 수용하는 내용으로 전부개정되는 등 법제도상의 괄목할 만한 성과를 이룩하였던 것이다.

1945년 8·15 광복 이후 1970년대에 이르기까지 우리나라의 장애인 관련 법제는 주로 군경희생자 중심으로 이루어졌다. 이 기간에 제정된 여러 사회복지 관련법 중 장애인복지와 관련된 법률로는 「군사원호법」, 「경찰원호법」, 「전몰군경 유족과 상이군경 연금법」, 「군사원호대상자 고용법」, 「사회보장에 관한 법률」, 「사회복지사업법」, 「국민연금법」, 「의료보호법」 등이 있다. 이들 사회복지 관련법에는 장애인복지가 부분적으로 언급되고 다루어지기는 하였으나 그 내용은 미미한 수준이라고 할 것이다.[427] 그러나 이 기간에 있어서 장애인복지법제로서 의미 있는 법으로는 1977년에 제정된 「특수교육진흥법」이 있다. 이 법은 우리나라에서 장애인 관련 법률로서는 최초의 개별법에 해당한다. 이 법은 1979년부터 시행되었는데, 그 당시 중학교 평준화에 따른 학습지진 또는 지적장애학생의 문제해결책으로서 1974년에는 일반 초등학교에 처음으로 특수학급이 설치되게 되었고, 이어 1977년에는 「특수교육진흥법」이 제정됨으로써 미흡

426 우주형, "장애인복지 관련 법제의 발전방향," **법제연구**, 41(2011): 124-125.

427 박병식 외 3인, 장애인 관련 법체계 정비방안 연구(보건복지가족부·한국정책기획평가원, 2008), 119.

하나마 우리나라 특수교육 발전에 하나의 전기를 마련하게 되었다. 또한 이 법은 국가·지방자치단체 및 개인이나 단체에서 그동안 임의로 실시해 오던 특수교육을 국가의 제도로서 법적인 근거를 가지고 실시하도록 규정함으로써 장애인 특수교육이 보다 활성화되고 충실해질 수 있는 기초를 마련하게 된 것으로 평가할 수 있다. 이 법은 현재 2007년 5월에 제정된 「장애인 등에 대한 특수교육법」(이하 '장애인특수교육법'으로 약칭함)으로 대체되었다.[428]

1981년에는 유엔이 정한 '세계 장애인의 해'를 맞이하여 장애인복지에 관한 기본법으로서 「심신장애자복지법」을 제정하게 되었다. 이 법은 주로 권고조항과 선언적 의미의 프로그램적 규정으로 이루어진 법률이라고 할 수 있는데, 이 법이 제정되기 이전의 장애인복지는 「생활보호법」, 「산업재해보상보험법」, 「연금법」, 「원호대상자직업재활법」, 「교육법」 등에서 산발적이고 부분적인 장애인복지규정을 갖고 있었다. 그러다가 이 법의 제정으로 그나마 장애인이 법률상 권리의 주체로서 등장하게 되고, 보다 다양한 서비스를 받을 수 있게 되었으며, 또한 장차 장애인복지를 발전시켜 나갈 기반을 마련하게 되었다. 당시 이 법안에 대한 정부의 제안 이유는 "우리나라가 산업화·도시화 추세에 있음에 대처하여 심신장애의 발생 예방과 심신장애자의 의료·직업재활 및 생활보호 등 복지시책을 효과적으로 추진함으로써 장애자의 재활·자립과 그 가족의 정상적인 경제·사회활동을 도와주며 나아가 사회복지의 증진에 기여하려는 것"이라고 하였다. 이 법 제정 이후 한동안 장애인의 복지에 대해 별 관심을 보이지 않다가 1988년 서울장애인올림픽을 개최하면서 장애인들에 대한 관심이 다시 나타나게 되었고, 이에 정부는 장애인들이 자립할 수 있도록 필요한 법적 지원을 개선하기 위해 1989년 종래의 「심신장애자복지법」을 전부개정하면서 그 명칭도 「장애인복지법」으로 바꾸었으며, 그 후 1999년과 2007년에 추가로 전부개정이 있었고, 그 외 수십 차례의 일부개정을 하면서 현재에 이르고 있다.

2. 「장애인복지법」의 역사

1970년대 초부터 장애인복지 관련법의 제정은 정부에 건의되고 약속되었으나, 유엔의 '세계 장애인의 해' 선포와 관련해 급물살을 타게 되었다. 유엔은 1975년 12월 9일, 제30차 총회에서 '장애인 권리선언'을 채택하였고, 다음 해 12월 16일 제31차 총회에서 1981년을 '세계 장애인을

428 우주형, 위의 논문, 125~126쪽.

위한 해(International Year For Disabled Persons)'로 정하였다. 1979년 11월 27일 제34차 유엔총회에서는 '세계 장애인을 위한 해(International Year For Disabled Persons)'라는 명칭을 '세계 장애인의 해(International Year of Disabled Persons)'로 변경하고 주제도 '완전한 참여(full participation)'에서 '완전한 참여와 평등(full participation and equality)'으로 변경하여 결정하였다. 유엔은 1981년에 '세계 장애인의 해(IYDP)'를 선포하면서 각국에 28개 항의 조치를 권고하였는바, 그중 핵심적 내용으로 '장애인에 대한 차별적 습관의 제거를 위해서 현존 법률을 재검토할 것'이 포함되어 있었다. 이러한 유엔의 권고는 우리 정부가 장애인 관련법을 제정하는 데 중요한 계기가 되었으며, 정부는 1980년에 '장애자복지법' 제정 문제를 정책의제로 채택하게 된다.[429]

1980년 4월, 당시 보건사회부 사회국에서 장애자복지법 시안 작성을 위한 자료 수집을 시작으로 하여 동년 7월 '심신장애자복지법' 초안이 마련되고[430], 관계자 간담회, 관계부처 검토와 차관회의 논의를 거쳐 확정된 정부안을 1981년 5월 8일 국회에 제출하게 된다. 그러나 확정된 정부안의 내용은 당초 초안보다 후퇴된 것이었다. 예컨대, 국무총리 직속 심신장애자대책협의회 설치 조항과 장애자실태조사 제도화 조항 등이 삭제되고, 대부분의 강행규정(~해야 한다)이 임의규정(~할 수 있다)으로 바뀌었다. 이 결과는 「심신장애자복지법」이 실효성 있는 법이 아닌 선언적 법 수준에 머무는 형식적인 법이 되었고, 우리 정부의 장애인 인식은 적절한 복지제도 형성을 목표로 하는 것이 아닌 단순히 유엔 등의 권고에 의한 어쩔 수 없는 선택이었으며, 재활 분야의 새로운 상황들을 세계기구에 보고해야 하는 것이 법 제정 추진의 필요성이었다.[431]

이렇게 하여 국회에 제출된 정부안은 국회 보건사회상임위원회에서 3차례의 검토를 거쳐 본회의에 회부되고, 1981년 5월 19일 제107회 국회 본회의에서 참석의원 만장일치로 국회를 통과하여 동년 6월 5일부터 제정·시행하게 되었다. 최초로 제정된 「심신장애자복지법」은 본문 5장 32개 조항으로 구성되어 현행 「장애인복지법」 9장 90개 조항에 비해 간단한 내용의 장식용 법으로 출발하였다고 볼 수 있다. 「심신장애자복지법」의 문제점으로 국제기구의 압력에 의한 어쩔 수 없는 법 제정, 법 내용 다수의 임의조항, 구체적 내용이 담겨야 할 시행령·시행규칙의 미비, 예산조치의 부족 등의 지적을 받았다.[432]

---

429 김선규, "장애인복지론 –장애인복지법 변천을 중심으로–," 에이블뉴스, 2011, 37~39쪽.

430 당시 보건사회부는 장애자복지법 추진 배경을 다음의 5가지로 설명하였다. ① 장애자, 특히 후천적 장애자 수의 증가, ② 장애자의 정부에 대한 요구의 증가, ③ 장애자복지시설의 미흡, ④ 유엔의 장애자 권리선언, ⑤ 유엔의 '세계 장애자의 해' 선포와 장애자의 완전한 사회참여와 평등이라는 표방과제의 실현을 위해 각국의 제반 노력을 강구할 것.

431 김선규, 앞의 책, 39–41.

432 김선규, 앞의 책, 56.

1981년의 「심신장애자복지법」은 지금까지 3차례의 전부개정과 수십 차례의 일부개정이 있어 왔다. 이 법이 우리나라 장애인복지제도의 근간이 되는 기본 골격을 규정한 기본법적 성격을 가지는 만큼 이 법의 개정도 필요에 따라 빈번하게 이루어져 온 것이 사실이다. 그러한 점에서 국회에 「장애인복지법」 개정안이 항상 계류 중이라 하여도 과언이 아닐 것이다. 3차례 전부개정과 최근에 이루어진 주요 개정 내용을 중심으로 살펴보면 아래와 같다.

1) 1989년 전부개정

1981년 「심신장애자복지법」 제정 이후에는 장애인들의 정책요구나 제도개선요구가 크지 않았으나, 1984년 '88서울장애인올림픽(패럴림픽) 유치 결정 이후 장애인계는 집중적인 운동을 시작하게 된다. 이 시기에 장애인한가족협회(1982년), 한국장애인부모회(1983년), 한국지체장애인협회(1986년), 울림터(1986년), 장애우권익문제연구소(1988년) 등이 생겨났다. 또한 장애인언론도 본격 등장하기 시작하여 월간지《함께 걸음》, 주간지《장애인복지신문》 등이 창간되었다. 1980년대 이전에 구성된 단체로는 한국맹인복지연합회(1957년), 한국정신지체인애호협회(1968년), 한국약시재활협회(1961년), 한국농아복지회(1979년), 한국뇌성마비복지회(1978년) 등이 있었으나, 이들 단체는 정부의 사업을 받아 수행하여 왔다면, 1980년대 이후 단체들은 장애인복지정책과 관련한 반정부 혹은 대정부적 활동을 전개하였다는 점에서 차이가 있다. 이러한 단체들의 결성 속에서 1980년대 후반 장애운동의 흐름은 다양하게 전개되는 한편,[433] 88서울장애자올림픽 반대운동과 함께 장애 관련 법제화 투쟁으로 이어졌고, 「심신장애자복지법」 개정과 「장애인고용촉진법」 제정 요구는 1987년 대선 공약으로도 등장하였다. 장애인운동조직은 효과적인 양대법안 투쟁을 위해 1988년 8월 '한국장애인총연맹'을 결성하였고, 다음 달 9월 15일 정부는 대통령 직속 자문기관으로 '장애인복지대책위원회'를 발족하기에 이르른다. 이들 장애인운동조직의 활동에 힘입어 1989년 12월 「심신장애자복지법」이 「장애인복지법」으로 전부개정되게 되었다. 이 개정법의 주요 내용은 다음과 같다.

① '심신장애자'라는 용어를 '장애인'으로 변경하고, 이에 따라 이 법의 제명을 '장애인복지법'으로 함

② 장애인복지에 관한 사항을 심의·건의하기 위하여 보건사회부에 장애인복지위원회를 설

433 지체장애인 중심의 장애대학생모임인 대학정립단, 울림터, 전국지체부자유대학생연합회 등의 대학생 조직의 활동, 장애인운동청년연합회 등 청년조직의 결성 및 활동, 장애인운동의 새로운 흐름을 만들었던 장애우권익문제연구소 등 기구조직의 태동을 통한 사회적 영향력 확대를 들 수 있다.

치함

③ 국가 및 지자체 책무 규정: 장애발생 예방, 재활의료, 중증장애인 보호, 보호자 배려, 장애인 교육, 장애인 직업지도, 장애인용 주택보급, 문화환경 정비, 경제적 부담 경감(전화, 철도 등)

④ 장애인등록제 실시 및 장애인 수첩제도 도입함

⑤ 복지조치 다양화: 재활상담 및 의료기관·복지시설 입소·통원치료, 의료비 지급, 자녀교육비 지급, 보장구 교부 수리, 자금 대여, 공공시설 내 매점·자판기 우선허가, 담배소매인 우선지정, 우표류 판매업 허가, 자립훈련비 지급, 생산품 우선구매, 공공시설 우선이용, 생계보조수당 지급, 도로·공원·공공건물 등 다중 이용시설 편의시설 설치, 방송의 수화 또는 자막 삽입

⑥ 장애인복지시설 개편: 재활시설, 요양시설, 유료복지시설, 이용시설, 직업재활시설, 점자도서관, 점자·녹음서 출판시설

⑦ 장애인의 체육진흥을 위하여 한국장애인복지체육회를 설립 및 장애인단체 보호·육성

⑧ 장애인의 날 및 장애인주간 설정

위와 같이 기존 법에 비해 복지조치 등에서 매우 구체적이며 다양한 조항들이 규정되었으나, 여전히 다수 조항이 선언적 규정에서 벗어나지 못하는 한계점은 있었다. 그러나 개정법에 따라 장애인에 대한 경제적 보장이 시행되어 특히 저소득장애인에 대해 의료비·자녀교육비 지급, 보장구 교부, 자금대여, 생업지원, 자립훈련비 지급, 생계보조수당 등 경제적 지원이 가능하게 되었다.[434]

2) 1999년 전부개정

1998년 2월 김대중 정부 출범 이전 국회에는 이미 3건의 「장애인복지법」 개정안이 상정되어 있었으며, 1998년 12월에 이성재·황규선·유재건·김명섭 의원 외 16인이 발의한 「장애인복지법」 개정법률안이 추가로 발의되어 총 4건이 국회 보건복지상임위원회에 상정되었다. 보건복지상임위 법안심사소위원회는 4건의 법률안을 본회의에 부의하지 않기로 하고 통합된 안으로 위원회 대안을 제안하기로 결정하였다. 당시 통합된 위원회 대안의 개정 이유에서는 "장애인의

434 김선규, 앞의 책, 68-69.

인간 존엄과 완전한 사회참여와 평등을 기반으로 하는 사회통합을 기본이념으로 장애인의 사회참여 및 인권의 확대를 주창하고 장애인 중심의 복지체계 구현을 위해 장애인복지서비스를 확충하며 생애의 주기에 따른 복지서비스를 제공할 수 있도록 그 체계를 개편하고, 장애인의 정보접근권, 장애인보조견, 장애유형에 따른 재활서비스 제공, 장애인생산품의 구매, 재활보조기구의 개발·보급 등 장애인의 새로운 복지수요에 대응하며, 이에 필요한 장애인복지정책의 효율적 수행을 위해 「장애인복지법」을 전면 개정하고자 함. 또한 장애인의 정의를 보다 명확히 하고 장애인복지단체협의회의 설립 등 일부 규정을 보완하여 위원회의 대안으로 채택키로 하였음"이라고 설명하고 있다. 이 전부개정안은 1999년 2월 8일 개정되고, 2000년 1월 1일부터 시행되었다. 주요 내용은 다음과 같다.[435]

① 장애인복지종합정책을 수립하고 관계부처 간의 의견을 조정하며 그 정책의 이행을 감독하고 평가하기 위하여 국무총리소속하에 장애인복지조정위원회를 둠

② 국가와 지방자치단체는 장애인의 정보접근을 위하여 전기통신, 방송시설의 개선과 방송, 국가적인 주요행사, 민간주최의 주요 행사에 수화통역, 폐쇄자막방송 등을 실시하도록 하고 음성도서의 보급을 추진하도록 함

③ 국가와 지방자치단체는 공동주택을 건설할 때에 장애인에게 우선 분양 또는 임대하도록 하고 주택의 구입, 임차 자금과 개·보수를 위한 비용의 지원 등을 하도록 규정함

④ 장애인보조견의 육성·보급 지원을 위한 시책의 강구와 장애인보조견표지 발급, 장애인보조견을 동반한 장애인의 대중교통수단 이용거부, 숙박업소, 식품접객업소 이용거부를 금지함

2000년 「장애인복지법」에서는 장애의 범주가 기존의 5종에서 10종으로 확대되어 정신질환·신장질환·심장질환 장애 등이 새로이 장애로 인정되었고(1차 장애범주 확대), 시행령과 시행규칙에서 정하는 절차에 따라 등록할 수 있게 되었다.[436] 장애인의 중요한 이동수단인 자동차에 대한 체계적인 지원을 위해 장애인 자동차에 대한 세금 감면의 근거를 마련하였으며, 장애인 자동차 지원에 필요한 장애인 사용 자동차표지의 발급을 법에 명시하였다. 그동안 미흡했던 장애인 직업재활을 활성화하기 위해 장애인 시설이나 단체에서 생산한 장애인생산품을 국

435 법제처 홈페이지 참조. http://www.law.go.kr/lsInfoP.do?lsiSeq=205648&efYd=20190612#0000

436 2003년 노무현 정부에서 장애인복지법 시행령 개정을 통해 2차 장애범주 확대로 5가지(호흡기, 간, 안면, 장루, 간질)가 더 추가되어 법정장애유형은 15가지가 되어 현재에 이르고 있다.

가와 지자체에서 수의계약 등으로 우선 구매할 수 있게 함으로써 장애인생산품의 판로 확대를 도모하였다. 또 장애인복지시설의 체계를 전면 개편하여 시설 종류를 장애인생활시설, 장애인 지역사회재활시설, 장애인직업재활시설, 장애인유료복지시설, 기타 대통령령으로 정하는 시설로 구분하고, 그 구체적인 종류와 각 시설의 사업 등은 보건복지부장관이 정하도록 하여 시설 운영의 탄력성을 기하도록 하였으며, 법인 아닌 개인도 시설을 설치·운영할 수 있게 하여 진입 규제를 완화했다. 아울러 시설 거주 장애인의 권익을 최대한 보장할 수 있도록 시설의 감독과 시설운영의 중단, 시설폐지의 경우에 대한 조치사항 등을 신설하였다. 또한 생계보조수당의 이름을 변경하여 장애수당으로 하고, 중증의 장애아동 부양자에게는 장애아동부양수당, 중증장애인에게는 보호수당을 추가 지급할 수 있게 함으로써 장애인에 대한 수당을 확대하여 도움이 가능하도록 하였다.

3) 2007년 전부개정

2000년 이후 장애계는 자립생활 및 사회적 모델의 맥락에서 장애인복지서비스의 실천적 이념으로 소비자주의와 당사자주의를 결합한 '이용자 참여(user participation)'가 대두되었다. 당시 요구된 이용자 참여는 장애인복지서비스의 기획, 제공 및 평가에 이르는 전 과정이 공급자 중심에서 수요자 중심으로 전환함을 의미했다. 그 결과 장애인은 통합된 사회에서 '일상적인 삶'과 '자기결정권'의 확보를 요구하게 되었고, 이러한 권리를 확보하기 위해 '이용자 참여'를 요구하게 되었다. 장애인의 '자기결정권'과 '참여'는 장애인복지정책 패러다임을 재활 패러다임에서 자립생활 패러다임으로의 변화를 또한 요구하게 되었다. 장애인복지 패러다임의 변화와 장애인당사자의 자기결정권으로의 전환 등 장애인의 정책적 욕구는 「장애인복지법」 개정을 요구하게 되었다.[437]

2007년 전부개정한 「장애인복지법」은 국회 보건복지상임위원회에 계류 중이던 3건의 일부개정안과 2건의 전부개정안이 통합되어 위원회 대안으로 이루어졌다.[438] 개정법은 보호와 재활, 시설지원, 전문서비스의 확대 등 장애인을 대상화하는 방향에서 수행되어 온 장애인정책의 근간을 새로운 장애인복지 패러다임에 맞추어 자립생활과 인권, 장애인당사자주의 중심으로 전환하기 위한 내용들을 담게 되었다. 구체적인 주요 내용을 살펴보면 다음과 같다.

437 김선규, 앞의 책, 111.

438 기존의 「장애인복지법」은 본문이 8장 80개 조항으로 구성되어 있었으나, 개정법은 9장 89개 조항으로 늘어났다.

① 장애인의 자립생활을 지원하기 위하여 제4장에 별도의 장을 신설하였다. 국가와 지방자치단체는 중증장애인의 자기결정에 의한 자립생활을 위해 활동보조인의 파견 등 활동보조서비스 또는 보조기구의 제공, 그 밖의 각종 편의 및 정보 제공 등 필요한 시책을 강구하도록 근거조항을 마련하였고, 중증장애인자립생활지원센터, 활동보조서비스, 장애동료간 상담 등 자립생활의 핵심요소들을 명문화하였다.

② 국무총리 소속하의 '장애인복지조정위원회'를 '장애인정책조정위원회'로 명칭을 변경하고, 장애인복지뿐만 아니라 제반 장애인정책을 수립·조정하도록 하였으며, 장애인의 이동보장정책과 장애인복지에 관한 재원조달 및 관련부처의 협조 등에 대한 심의·조정 기능을 하도록 추가하였다.

③ 중앙행정기관별 장애인정책의 효율적 추진을 위해 중앙행정기관의 장은 소속 공무원 중에서 장애인 정책책임관을 지정할 수 있도록 신설하였다.

④ 국가적인 행사 등을 개최하는 경우 방송 프로그램의 방영 요청 내용에 수화 또는 폐쇄자막 외에 화면해설 및 자막해설을 추가하고, 국가적인 행사 등을 개최하는 경우 수화통역 외에 점자자료를 제공하도록 하며, 장애인의 특성을 고려하여 정보통신망 및 정보통신기기의 접근·이용에 필요한 지원 및 도구의 개발·보급 등 필요한 시책을 강구하도록 하는 조항을 신설하였다.

⑤ 국가와 지방자치단체는 학생, 공무원, 근로자 그 밖의 일반국민을 대상으로 장애인에 대한 인식개선을 위한 교육 및 공익광고 등 홍보사업을 실시하도록 하며, 학교에서 사용하는 교과용 도서에 장애인에 대한 인식개선을 위한 내용이 포함되도록 하였다.

⑥ 장애인의 다양한 정책욕구에 부응하고 장애인 당사자의 장애 관련 정책 결정 과정에 우선적인 참여를 보장하기 위하여 장애인은 장애인 관련 정책 결정 과정에 우선적으로 참여할 권리가 있음을 규정하였다(제4조제3항).[439]

⑦ 장애인 중에서도 여러 영역에서 소외되고 있는 여성장애인의 특성을 고려하여 국가와 지방자치단체는 여성장애인의 권익을 보호하고 사회참여를 확대하기 위하여 기초학습과 직업교육 등 필요한 시책을 강구하도록 규정하였다. 또한 국가 및 지방자치단체는 임산부인 여성장애인과 신생아 건강관리를 위하여 경제적 부담능력 등을 감안하여 산후조리도우

---

439 「장애인복지법」 제4조(장애인의 권리) ① 장애인은 인간으로서 존엄과 가치를 존중받으며, 그에 걸맞은 대우를 받는다. ② 장애인은 국가·사회의 구성원으로서 정치·경제·사회·문화, 그 밖의 모든 분야의 활동에 참여할 권리를 가진다. ③ 장애인은 장애인 관련 정책 결정 과정에 우선적으로 참여할 권리가 있다.

미를 지원할 수 있고, 산후조리도우미 지원사업에 대하여 정기적 모니터링을 실시하도록 규정을 신설했다.

⑧ 중증장애인의 주거안정을 위하여 국가와 지방자치단체가 공공주택 등 주택을 건설할 경우 장애인에게는 장애 정도를 고려하여 분양 또는 임대할 수 있도록 노력하여야 함을 규정하였다.

⑨ 장애인체육 업무를 이관하면서 정체성의 논란을 겪던 한국장애인복지진흥회를 재단법인 한국장애인개발원으로 변경하고, 장애인 관련 조사·연구·복지진흥 등의 역할을 하도록 하였다. 또 5년마다 실시하던 장애인실태조사는 3년마다 실시하는 것으로 하였다.

4) 2007년 이후 일부개정의 주요 내용들

2007년 전부개정한 「장애인복지법」 이후에도 법의 일부 개정은 끊임없이 있어 왔다. 그중 주요 사항들을 중심으로 살펴보면 다음과 같다.

① 2010년에 「장애인연금법」이 제정되면서 「장애인복지법」상의 기존 장애수당을 중증장애인에게는 지급하지 않는 것으로 일부개정이 이루어졌다. 장애인소득보장제도의 하나로 도입된 장애인연금제도에 장애수당을 포함시킴으로써 사실상 중증장애인의 소득보장효과를 감쇄시키는 결과를 가져왔다.

② 소위 가짜 장애인 문제 등이 사회적으로 불거지면서 2007년 4월부터는 국민연금공단에 장애등급 위탁심사가 의뢰되기 시작하였다. 국민연금공단이 전문 심사기관으로 장애등급 판정심사가 확대되면서 법률 규정에 국민연금공단을 명시하게 되었다(2010년 5월 일부개정).

③ 2011년 장애인활동지원법이 제정되면서 「장애인복지법」상의 활동지원급여 규정을 정비하였다. 별도의 특별법을 제정함에 따라 대통령령으로 위임하는 규정인 제55조제3항은 삭제되었다.

④ 2011년 3월 30일에 일부개정된 「장애인복지법」의 취지는 장애인복지시설 이용자 중심의 서비스체계를 구축하는 것이었다. 주요 내용은 다음과 같다.

- 국가와 지방자치단체는 장애인이 장애인복지시설의 이용을 통하여 기능회복과 사회적 향상을 도모할 수 있는 정책을 강구하고, 시설을 이용하는 장애인의 인권보호를 위한 정책 마련 및 관련 프로그램 실시를 위한 기반을 조성하며, 장애인복지실시기관은 장애인이 장애인복지시설을 선택할 때 장애인의 선택권을 최대한 보장하도록 함.

- 장애인복지시설 중 장애인 생활시설을 거주 서비스를 제공하는 거주시설로 개념 및 기능을 재정립하고, 지역사회재활시설 중 의료재활시설을 별도로 규정하며, 유료복지시설은 삭제함.
- 장애인 거주시설의 정원은 30명을 초과할 수 없도록 하되, 특수한 서비스를 위하여 일정 규모 이상이 필요한 시설 등은 대통령령으로 정하도록 함.
- 장애인복지시설의 운영자가 시설 운영을 재개할 때에는 운영 중단 사유의 해소를 확인하는 조치, 향후 안정적 운영계획의 수립조치 등 이용자의 권익을 보호하기 위한 조치 등을 하도록 명시함.
- 장애인 거주시설의 이용 신청 및 이용 중단 절차와 이에 관련하여 필요한 조치를 규정하여 이용 중단에 따른 어떠한 불이익한 처분이나 차별을 하지 못하도록 함.
- 장애인 거주시설에서 제공하여야 하는 서비스의 최저기준을 마련하고, 장애인복지실시기관은 서비스의 최저기준이 충족될 수 있도록 필요한 조치를 하도록 하며, 시설 운영자는 최저기준 이상의 서비스 수준을 유지하도록 함.
- 장애인 거주시설 운영자는 시설 이용자의 인권을 보호하고, 인권이 침해된 경우에는 즉각적인 회복조치를 취하도록 하며, 시설 이용자의 사생활 및 자기결정권의 보장을 위하여 노력하도록 함.
- 국가와 지방자치단체는 대통령령으로 정하는 바에 따라 장애인이 장애인복지시설을 이용하는 데 드는 비용의 전부 또는 일부를 부담할 수 있으며, 시설 이용자의 자산과 소득을 고려하여 본인부담금을 부과할 수 있도록 함.

⑤ 2012년 1월 26일에 일부개정된 「장애인복지법」은 국내거소를 신고한 재외동포, 결혼이민자 등 일정한 요건을 갖춘 재외동포 및 외국인에 대하여도 장애인등록을 허용하였다.

⑥ 언어재활사를 전문인력 자격제도의 하나로서 국가자격증으로 신설했다.(2012.8.4. 일부개정)

⑦ 장애인 학대에 관한 규정들을 신설하였다.(2012.10.22. 일부개정) 장애인복지시설의 운영자 및 종사자로 하여금 직무상 알게 된 장애인학대 사실을 수사기관에 신고하도록 의무화하고, 신고의무 위반 시 과태료를 부과하도록 하며, 피학대장애인에 대한 응급조치 의무, 장애인학대사건 심리에 있어 보조인 선임절차 등을 정함으로써 피학대장애인 구제의 효율성과 피학대장애인 보호를 도모하였다.

⑧ 2015년 6월 22일에 일부개정한 「장애인복지법」은 장애인학대를 다루는 전문기관의 설치를 명문화하였다. 이 개정법의 핵심 내용은 장애인학대에 대한 예방 및 피해장애인에 대

한 사후관리를 담당하는 전문기관의 부재, 장애인학대를 예방하기 위한 체계적인 관리체계의 미흡, 피해장애인에 대한 지원 부족 등으로 인하여 장애인학대에 대해 효율적으로 대처하지 못하고 있는 상황임에 따라 장애인학대 신고와 관련한 방법·절차 등의 개선, 장애인학대 예방 및 피해장애인에 대한 사후관리 등을 담당하는 전문기관의 설치, 피해장애인과 그 가족에 대한 지원의 강화 등을 통하여 장애인을 학대로부터 보호하고자 하며, 장애인에 대한 금지행위를 추가하고, 금지행위를 위반할 경우 엄하게 처벌하도록 함으로써 장애인에 대한 보호를 강화하는 한편 장애인의 인권 신장에도 기여하려는 것이었다. 이에 따라 중앙장애인권익옹호기관을 설치·운영하고, 학대받은 장애인의 발견·보호·치료 등을 신속히 처리하기 위하여 특별시·광역시·특별자치시·도·특별자치도에 지역장애인권익옹호기관을 두도록 하였다.

⑨ 2015년 12월 29일에 일부개정된 법(법률 제13663호)은 다음의 몇 가지 사항을 담고 있다.

- 장애인에 대한 인식개선 교육의 실시 대상 교육기관을 확대하였다. 그 이유로 대학과 평생교육시설 등의 교육기관이 포함되어 있지 않아 동 교육기관에 재학하고 있는 장애 학생에 대한 차별 사례가 계속 발생하고 있어 이에 대한 개선이 시급하였고, 장애인 인식개선 교육기관을 확대하여 장애 이해 및 인식을 개선함으로써 장애로 인한 차별을 사전에 예방하고자 하였다.
- 국가, 지방자치단체 및 대통령령으로 정하는 기관·단체가 실시하는 자격시험 및 채용시험 등에 있어서 장애인 응시자에게 각종 편의를 제공하도록 하는 규정을 신설하였다.
- 국가나 지방자치단체의 장애인복지단체 또는 장애인자립생활지원센터에 대한 운영비 지원 근거를 마련하였다.
- 장애인 대상 성범죄의 신고의무자를 확대하였다.
- 장애인재활상담사를 국가자격증으로 인정하는 규정을 신설하였다.

⑩ 2017년 2월 8일에 일부개정된 법(법률 제14562호)의 주요 내용은 다음과 같다.

- 국가와 지방자치단체는 장애인 가족의 삶의 질 향상 및 안정적인 가정생활 영위를 위하여 필요한 시책을 수립·시행하도록 하고, 장애인 가족 지원 사업을 효율적으로 추진하기 위하여 장애인 관련 사업을 수행하는 기관·단체 등을 장애인 가족 지원 사업 수행기관으로 지정할 수 있도록 규정하였다.
- 금지행위의 유형에 장애인을 폭행, 협박, 감금, 그 밖에 정신상 또는 신체상의 자유를 부당하게 구속하는 수단으로써 장애인의 자유의사에 어긋나는 노동을 강요하는 행위

를 추가하고, 이를 위반하는 경우에는 7년 이하의 징역 또는 7천만 원 이하의 벌금에 처하도록 하였다.

- 특별시장·광역시장·특별자치시장·도지사·특별자치도지사는 피해장애인의 임시 보호 및 사회복귀 지원을 위하여 장애인 쉼터를 설치·운영할 수 있도록 규정하였다.

⑪ 장애인의 문화환경 정비 규정에 문화생활과 체육활동 외에 '관광활동'을 추가하였다 (2017.9.19. 일부개정).

⑫ 2017년 12월 19일에 일부개정된 법(법률 제15270호)의 주요 내용은 다음과 같다.

- 장애등급제 개편에 따라 '장애 등급'을 '장애 정도'로 변경하고 맞춤형 서비스 제공을 위한 서비스 지원 종합조사 실시 근거를 마련하였다.
- 장애인 등록을 할 수 있는 외국인에 「난민법」에 따른 난민인정자를 추가하였다.
- 장애인학대 및 장애인 대상 성범죄 신고인에 대한 구체적인 보호조치와 불이익조치 금지를 법률에 명시적으로 규정하였다.
- 장애인권익옹호기관의 원활한 업무 수행을 위해 조사·질문권, 협조 요청, 보조인 선임 대상 확대 등을 규정하고 장애인권익옹호기관의 업무 수행에 대한 거부·방해 등을 금지하였다.
- 비밀 누설 금지 의무를 장애인복지상담원뿐만 아니라 지방공무원, 보건복지부 소속 공무원, 서비스 지원 종합조사 및 장애인권익옹호기관 운영 등의 업무 수탁기관 종사자 등으로 확대하였다.
- 사실상 사문화된 장애인생산품 인증제도를 폐지하였다.

⑬ 2018년 12월 11일에 일부개정한 「장애인복지법」(법률 제15904호)의 주요 내용은 다음과 같다.

- 「장애인활동 지원에 관한 법률」의 개정에 맞추어 현행법상 '활동보조인'을 '활동지원사'로 변경하였다.
- 법원이 성범죄로 형 또는 치료감호를 선고하는 경우에 판결로 그 형 또는 치료감호의 전부 또는 일부의 집행을 종료하거나 집행이 유예·면제된 날로부터 최대 10년의 범위에서 장애인복지시설을 운영하거나 장애인복지시설에 취업 또는 사실상 노무를 제공할 수 없도록 하는 취업제한명령을 같이 선고할 수 있도록 하였다.
- 시장·군수·구청장의 성범죄자 확인·점검 대상에 장애인복지시설 운영자를 포함하고, 확인·점검 주기를 연 1회 이상으로 명시적으로 규정하며, 보건복지부장관이 그 결과를 제출하도록 요구할 수 있는 근거를 마련하였다.

- 취업제한명령을 위반하여 장애인복지시설을 운영 중인 경우 시장·군수·구청장이 시설의 폐쇄를 요구할 수 있는 근거를 마련하고, 취업제한명령을 위반하여 장애인복지시설에 취업하거나 사실상 노무를 제공하는 사람이 있으면 해당 장애인복지시설 운영자에게 그의 해임을 요구할 수 있도록 하며, 장애인복지시설 운영자가 폐쇄요구를 거부하거나 3개월 이내에 요구사항을 이행하지 않은 경우 시장·군수·구청장이 직접 폐쇄할 수 있도록 하였다.
- 의지·보조기 기사, 언어재활사, 장애인재활상담사 자격시험 응시자격을 부여하는 외국대학의 인정기준을 보건복지부장관이 정하여 고시하도록 하였다.

3. 「장애인복지법」의 법체계상의 지위와 구성

「장애인복지법」은 장애인의 권리보장에 관한 규정이 있지만 전반적으로는 장애인복지서비스에 관한 내용들로 구성되어 있어 이 법의 성격을 급부규범으로 보아야 하고, 따라서 장애인복지서비스법으로서의 기본법이자 일반법에 해당한다.[440] 오늘날 장애인 관련법은 복지를 권리로서 인정하여 복지권의 주체로서의 장애인의 삶을 인간다운 삶으로 살아갈 수 있도록 하기 위한 특별법적인 성격을 가진다. 이는 헌법이 보장하고 있는 인간으로서의 존엄과 가치, 행복추구권, 실질적 평등권, 자유권, 생존권 및 인간다운 생활을 할 권리 등을 실현하기 위한 구체화된 법제도인 것이다. 2007년에 「장애인차별금지법」이 제정되기 이전까지는 「장애인복지법」이 장애인의 인권 및 재활복지에 관한 기본법의 역할과 기능을 가진 법이었다. 즉, 「장애인복지법」의 내용에는 장애인의 권리(제4조)와 차별금지(제8조)에 관한 규정과 함께 의료·교육·직업·사회 재활 등에 관한 복지서비스 규정이 포함되어 있기 때문이다.[441]

그러다 보니 「장애인복지법」은 급부규범적 성격과 동시에 인권보장규범으로서의 내용을 포함하게 되었지만 그 무게중심은 인권보장 측면보다는 국가의 급부의무에 있다고 할 수 있다. 국가의 사회보장급부의무 역시 그 목적이 국민의 사회권 내지 인간다운 생활권 보장이라는 측면에서 보면 인권보장의 범주에 아우를 수 있다고도 할 수 있겠지만, 장애인의 경우에는 사회권의 영역뿐만 아니라 자유권 및 정치권 등의 영역에서도 차별이 발생하기 때문에 이에 대한 종합

440 우주형, 앞의 논문, 141.
441 박병식 외 3인, 앞의 책, 121.

적인 인권보장이라는 측면에서 보면 「장애인복지법」은 그 한계성을 가지고 있음이 명백하다.[442]

따라서 「장애인차별금지법」이 제정된 현행법상의 체계로서는 장애인 인권보장규범으로서의 기본법은 「장애인차별금지법」으로 보아야 하고, 「장애인복지법」은 장애인에 대한 복지서비스 기본법으로서 이해되어야 할 것이다. 그 외의 개별법들은 「장애인차별금지법」과 「장애인복지법」을 인권보장과 복지서비스의 기본법으로서의 두 개 축으로 하면서 개별영역별 특별법에 해당한다고 볼 수 있다.[443] 즉, 장애인 관련 실정법으서의 일반법과 특별법의 관계로서의 체계를 가진다고 볼 수 있다.

표 9-1. 장애인 관련법상의 일반법과 특별법

일반법	장애인차별금지법, 장애인복지법
특별법	장애인특수교육법, 직업재활법, 장애인기업활동 촉진법, 편의증진보장법, 이동편의증진법, 중증장애인생산품 우선구매 특별법, 장애인연금법, 장애인활동지원법, 장애아동복지지원법 등

일반법은 법의 효력이 특별한 제한 없이 일반적으로 적용되는 법을 말하고, 특별법은 일정한 장소·사항·사람 등에 국한하여 적용되는 법을 말한다. 예컨대, 「장애인복지법」이 장애인복지서비스에 관한 일반적 사항을 규정하고 있는 반면에 「장애인특수교육법」이나 「직업재활법」은 특수교육 또는 직업재활이라는 한정된 사항에 관하여 규율하기 때문에 「장애인복지법」은 일반법, 「장애인특수교육법」이나 「직업재활법」은 특별법에 해당하는 것이다.

한편 장애인 관련 현행법에는 앞에서 든 개별법 이외에도 일반적인 법규정 속에 장애인 관련 규정이 포함되어 있는 경우도 있다. 장애인의 정보접근권 보장과 관련하여서는 「국가정보화 기본법」, 장애인의 전문체육 및 생활체육에 관련해서는 「국민체육진흥법」, 장애인 운전면허에 관하여는 「도로교통법」 등에 별도의 규정 등을 두고 있는 경우이다. 이외에도 「도서관법」, 「독서문화진흥법」, 「문화예술진흥법」, 「방송법」, 「영유아보육법」, 「우편법」, 「영화 및 비디오물의 진흥에 관한 법률」, 「저작권법」, 「주차장법」, 「형사소송법」 등에 장애인 관련 규정들이 포함되어 있다. 이처럼 일반적인 법률사항에 장애인 관련 규정이 특별규정으로 들어가 있는 경우에 그 내용에 따라서는 그 법률 내에서의 법조항 사이에서 우선적 효력이 있는 특별규정으로 보아야 할 것이다.[444]

442 우주형, "장애인의 평등권의 실현과 장애인차별금지법," **지성과 창조**(2005. 8.): 25.
443 박병식 외 3인, 앞의 책, 122.
444 우주형, "장애인복지 관련 법제의 발전방향," **법제연구**, 41(2011): 131.

이러한 점에서 「장애인복지법」의 법체계상의 지위를 그림으로 나타낸다면, 아래 [그림 9-1]과 같다. 이를 설명하면 다음과 같다.

- 「장애인복지법」은 헌법의 하위법이다.
- 「장애인복지법」은 우리나라 사회보장법 체계 내에 속하는 법으로서 사회복지서비스법의 하나이다.
- 따라서 「장애인복지법」은 「사회보장기본법」과 「사회복지사업법」의 특별법에 해당한다.
- 「장애인복지법」은 「장애인차별금지법」과 함께 국내 장애 관련법 체계상 일반법 내지 기본법에 해당한다. 따라서 특별법에 해당하는 여러 장애인복지서비스 관련법들이 일반법인 「장애인복지법」과 연계되어 있다고 볼 수 있다.

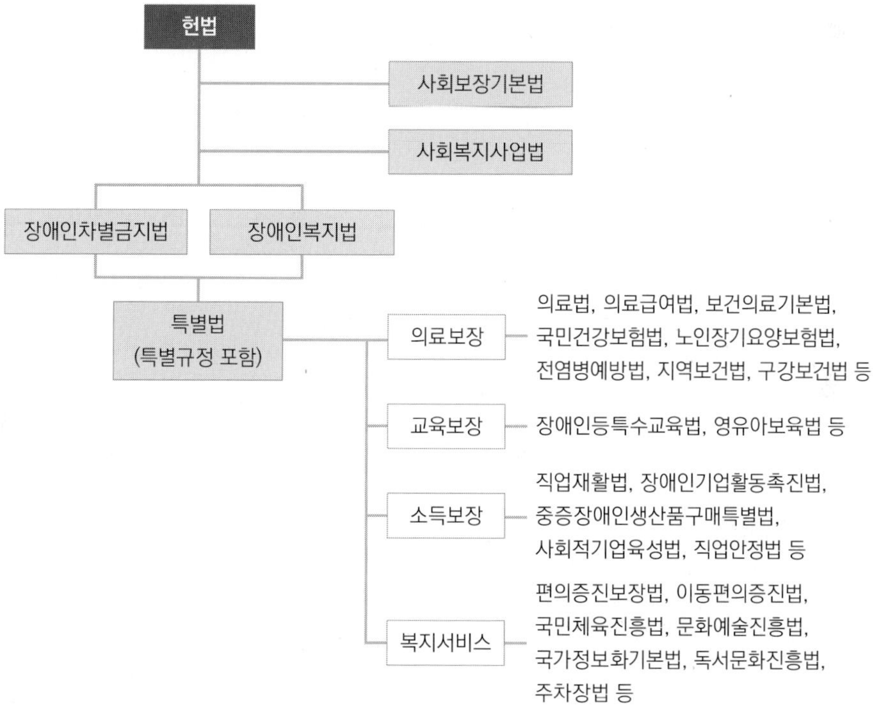

그림 9-1. 현행법 체계에 따른 「장애인복지법」의 지위

「장애인복지법」의 구성은 총 9장 90개 조항으로 되어 있다. 이를 표로 구성해 보면 아래와 같다.

표 9-2. 「장애인복지법」의 구성

장 제목	내용	
제1장 총칙	제1조(목적) 제2조(장애인의 정의 등) 제3조(기본이념) 제4조(장애인의 권리) 제5조(장애인 및 보호자 등에 대한 의견수렴과 참여) 제6조(중증장애인의 보호) 제7조(여성장애인의 권익보호 등) 제8조(차별금지 등) 제9조(국가와 지방자치단체의 책임)	제10조(국민의 책임) 제10조의2(장애인정책종합계획) 제10조의3(국회에 대한 보고) 제11조(장애인정책조정위원회) 제12조(장애인정책책임관의 지정 등) 제13조(지방장애인복지위원회) 제14조(장애인의 날) 제15조(다른 법률과의 관계) 제16조(법제와 관련된 조치 등)
제2장 기본정책의 강구	제17조(장애발생 예방) 제18조(의료와 재활치료) 제19조(사회적응훈련) 제20조(교육) 제21조(직업) 제22조(정보에의 접근) 제23조(편의시설) 제24조(안전대책 강구)	제25조(사회적 인식개선) 제26조(선거권 행사를 위한 편의 제공) 제27조(주택 보급) 제28조(문화환경 정비 등) 제29조(복지 연구 등의 진흥) 제29조의2(한국장애인개발원의 설립 등) 제30조(경제적 부담의 경감) 제30조의2(장애인 가족 지원)
제3장 복지 조치	제31조(실태조사) 제32조(장애인 등록) 제32조의2(재외동포 및 외국인의 장애인 등록) 제32조의3(장애인 등록 취소 등) 제32조의4(서비스 지원 종합조사) 제32조의5(장애등급이 변동·상실된 장애인 등에 대한 정보 제공) 제33조(장애인복지상담원) 제34조(재활상담 등의 조치) 제35조(장애 유형·장애 정도별 재활 및 자립지원 서비스 제공 등) 제36조 삭제 제37조(산후조리도우미 지원 등) 제38조(자녀교육비 지급) 제39조(장애인이 사용하는 자동차 등에 대한 지원 등) 제40조(장애인 보조견의 훈련·보급 지원 등) 제41조(자금 대여 등)	제42조(생업 지원) 제43조(자립훈련비 지급) 제44조(생산품 구매) 제45조-제45조의2 삭제 제46조(고용 촉진) 제46조의2(장애인 응시자에 대한 편의제공) 제47조(공공시설의 우선 이용) 제48조(국유·공유 재산의 우선매각이나 유상·무상 대여) 제49조(장애수당) 제50조(장애아동수당과 보호수당) 제50조의2(자녀교육비 및 장애수당 등의 지급 신청) 제50조의3(금융정보등의 제공) 제50조의4(장애인복지급여수급계좌) 제51조(자녀교육비 및 장애수당등의 환수) 제52조(장애인의 재활 및 자립생활의 연구)
제4장 자립생활의 지원	제53조(자립생활지원) 제54조(중증장애인자립생활지원센터) 제54조(장애인자립생활지원센터)	제55조(활동지원급여의 지원) 제56조(장애동료간 상담)

장 제목	내용	
제5장 복지시설과 단체	제57조(장애인복지시설의 이용 등) 제58조(장애인복지시설) 제59조(장애인복지시설 설치) 제59조의2 삭제 제59조의3(성범죄자의 취업제한 등) 제59조의4(장애인학대 및 장애인 대상 성범죄 신고의무와 절차) 제59조의5(불이익조치의 금지) 제59조의6(장애인학대범죄신고인에 대한 보호조치) 제59조의7(응급조치의무 등) 제59조의8(보조인의 선임 등) 제59조의9(금지행위)	제59조의10(장애인학대의 예방과 방지 의무) 제59조의11(장애인권익옹호기관의 설치 등) 제59조의12(사후관리 등) 제59조의13(피해장애인 쉼터) 제60조(장애인복지시설 운영의 개시 등) 제60조의2(장애인 거주시설 이용절차) 제60조의3(장애인 거주시설의 서비스 최저기준) 제60조의4(장애인 거주시설 운영자의 의무) 제61조(감독) 제62조(시설의 개선, 사업의 정지, 폐쇄 등) 제63조(단체의 보호·육성) 제64조(장애인복지단체협의회)
제6장 장애인보조기구	제65조(장애인보조기구) 제66조-제68조 삭제	제69조(의지·보조기제조업의 개설사실의 통보 등) 제70조(의지·보조기 제조업소의 폐쇄 등)
제7장 장애인복지 전문인력	제71조(장애인복지 전문인력 양성 등) 제72조(의지·보조기 기사자격증 교부 등) 제72조의2(언어재활사 자격증 교부 등) 제72조의3(장애인재활상담사 자격증 교부 등) 제73조(국가시험의 실시 등)	제74조(응시자격 제한 등) 제75조(보수교육) 제76조(자격취소) 제77조(자격정지) 제78조(수수료)
제8장 보칙	제79조(비용 부담) 제80조(비용 수납) 제80조의2(한국언어재활사협회) 제81조(비용 보조) 제82조(압류 금지)	제83조(조세감면) 제83조의2(청문) 제84조(이의신청) 제85조(권한위임 등)
제9장 벌칙	제86조(벌칙) 제86조의2(벌칙) 제87조(벌칙)	제88조(벌칙) 제89조(양벌규정) 제90조(과태료)

4. 유엔장애인권리협약에 비추어 본 현행 「장애인복지법」의 개혁과제

장애인권리협약에 우리나라가 비준·가입하면서 최초의 국가 이행 보고서를 2014년에 제출하였고, 이에 대해 유엔 장애인권리위원회는 검토보고서인 대한민국 최초 보고서에 대한 최종견해를 발표한 바 있다. 여기에서 동 위원회는 긍정적인 측면과 함께 주요 우려 및 권고사항을 밝혔다. 그로부터 5년이 지난 2019년에 한국 정부는 '유엔장애인권리협약 제2·3차 병합 국가보고서'를 유엔에 제출하게 되었다. 이 병합 보고서는 1차 보고서의 우려 및 권고사항들을 쟁점별로 정리하여 답변하고 있다. 따라서 여기서는 이 두 보고서에 나타난 권리협약 이행사항

중에서 특히 「장애인복지법」과 밀접한 관련이 있다고 생각되는 주요 이슈들을 중심으로 살펴보고자 한다. 최근 장애등급제 폐지와 관련하여 전반적인 복지시스템 개혁이 요구되고 있으나, 정부의 접근방식은 사안별 대처식의 일차원적 접근방법에 머무르고 있어 안타까울 뿐이다. 근본적인 접근방법과 해결책은 난망해 보인다. 그중 하나가 장애 개념의 사회적 모델 도입이지만, 이 역시 현행 「장애인복지법」은 의료적 관점 입장에서 장애등급제 개편과 맞물려 애매한 태도를 보이고 있다고 할 수 있다. 이 이슈를 시작으로 「장애인복지법」의 개혁과제들을 살펴보기로 한다.

1) 장애(인) 개념의 사회적 모델 전환에 관하여

(1) 유엔 장애인권리위원회의 대한민국 최초 보고서에 대한 최종견해(CRPD/C/KOR/CO/1)에서 한국의 「장애인복지법」이 장애에 대한 의료적 모델을 나타내고 있음에 우려를 표명하였다.[445] 위원회는 당사국이 「장애인복지법」을 검토하고, 동법이 협약이 지지하는 장애에 대한 인권적 접근과 조화시키도록 할 것을 권고하였다. 또 위원회는 「장애인복지법」에 따른 새로운 장애판정 및 등급제도가 서비스 제공에 있어서 의료적 평가에만 의존하고, 장애인들의 다양한 욕구를 고려하거나 정신장애인을 포함한 모든 장애인들을 포괄하지 못하고 있음에 우려하면서, 위원회는 동 제도가 결과적으로 장애등급에 따라 장애인들의 복지서비스 및 활동보조서비스의 대상자를 제한하고 있다는 점을 우려하였다. 결과적으로 위원회는 당사국이 「장애인복지법」에 따른 현행 장애판정 및 등급제도를 검토하여 장애인들의 개별적 특성, 상황 및 필요에 부합하도록 보장하고, 복지서비스 및 활동보조서비스가 정신장애인을 포함한 모든 장애인들에게 그들의 필요에 따라 확대 보장될 것을 권고하였다.

장애 개념의 사회적 모델은 장애인권리협약상의 제1조~제4조에서 규정하고 있는 목적·정의·일반원칙 및 일반의무의 기본 토대이며 출발선이라고 할 수 있다.[446] 따라서 우리나라의 「장애인복지법」이 적용대상으로 하는 장애인의 개념이 사회적 개념이 아닌 의

---

445 유엔 장애인권리위원회는 2014년 9월 17~18일에 개최된 제147차-148차 회의에서 대한민국의 최초보고서(CRPD/C/KOR/1)를 심의하고, 2014년 9월 30일에 개최된 제165차 회의에서 최종견해를 채택하였다.

446 이는 협약 전문에서도 잘 나타나고 있다. 전문은 장애를 "점진적으로 변화하는 개념이며, 손상을 지닌 사람과 그들이 다른 사람과 동등하게 사회에 완전하고 효과적으로 참여하는 것을 저해하는 태도 및 환경적인 장벽 간의 상호작용으로부터 기인된다는 것을 인정"하는 것으로 규정하였다. 또 제1조 목적 조항에서도 "장애인은 다양한 장벽과의 상호 작용으로 인하여 다른 사람과 동등하게 완전하고 효과적인 사회 참여를 저해하는 장기간의 신체적, 정신적, 지적, 또는 감각적인 손상을 가진 사람을 포함한다."라고 명시하고 있다.

료적 개념으로 접근하고 있는 점은 분명히 유엔장애인권리협약의 기본 정신에 반한다고 볼 수 있다.

(2) 장애인 개념은 복잡하고 동적이며, 다차원적이고 논쟁이 많은 개념이지만, 장애인권리협약은 포괄적인 사회적 개념으로 정의를 규정하고 있다. 따라서 장애인을 어떻게 정의하는가는 장애인에 대한 국가 차원의 개입에 있어서 가장 기본적이고 핵심적인 요소이다. 국제사회에서의 장애 개념은 세계보건기구(WHO)에서 주도적으로 제시되었고, 선진국에서도 이에 기반하여 장애/장애인에 대한 법률적 정의를 내리는 추세를 보여 왔다.

WHO의 장애 개념은 제30차 유엔총회(1975. 12. 9.)에서 '장애인 권리선언'이 채택되면서 장애/장애인 개념 접근이 개인적 차원의 시각에서 사회적 차원의 시각으로 전환되기 시작하였다. 1980년엔 ICIDH(International Classification of Impairments, Disabilities, and Handicaps)를 발표하였고, 1997년에는 ICIDH-2를 제시하면서 손상(impairment), 활동 제한(activity limitation), 참여 제약(participation restrict)을 사용하여 장애인의 사회통합과 지역사회 재활을 강조하였다. WHO는 이러한 장애 분류를 보다 긍정적이며, 환경지향적인 측면으로 개정한 ICF(International Classification of functioning, disability and health)를 2001년에 발표하였다. ICF에 의하면, 장애는 기능의 세 영역 모두에서 또는 어느 한 영역에서 직면하는 어려움을 의미한다. 세 가지 영역은 다음과 같다.

① **손상(Impairment)**: 신체 기능상의 문제 또는 신체구조의 변형을 의미. 마비나 시각장애를 예로 들 수 있음.

② **활동 제한(Activity Limitation)**: 활동을 수행하는 데서 오는 어려움을 의미. 걷기나 먹기와 같은 것을 활동의 예로 볼 수 있음.

③ **참여 제약(Participation Restrictions)**: 모든 삶의 영역과 연관된 문제를 의미함. 고용에서의 차별이나 대중교통 이용에서의 차별에 직면하는 것 등

이러한 입장에서 WHO가 발간한 세계장애보고서에서는 최근 수십여 년간의 장애인 운동은 장애에 대한 개인적·의료적 관점에서 구조적·사회적 관점으로의 전환으로 인하여 '의료적 모델'에서 '사회적 모델'로 변화되었으며, 누구나 신체의 문제로 장애인이 되는 것이 아니라 사회에 의해 장애인이 될 수 있는 것으로 보고 있다. 장애인권리협약(CRPD)에서의 장애 개념 역시 이에 기초하는 것이라 할 것이다.

(3) 유엔 장애인권리위원회의 최종견해에 대해 최근 제출한 '유엔장애인권리협약 제2·3차 병합 국가보고서'에서는 "대한민국 정부는 장애인서비스가 의학적 장애등급에 따라 획일적으로 제공된다는 지적에 따라 「장애인복지법」 개정(2017년 12월 19일)을 통해 '장애등급'을 '장애정도'로 개편하여 '서비스 지원 종합조사' 실시를 통한 맞춤형 서비스 제공, 장애인에 대한 방문상담 및 사례관리 수행 근거 마련 등을 통해 복지사각지대를 해소하고자 하며, 본 개정 법률은 2019년 7월 1일에 시행"된다고 답변하고 있다.[447]

살펴보건대, 현행 「장애인복지법」상 '장애인'의 정의는 "신체적·정신적 장애로 오랫동안 일상생활이나 사회생활에서 상당한 제약을 받는 자"를 말하며(제2조), 구체적인 장애의 종류 및 기준은 대통령령으로 정하도록 하고 있다(법정장애인 종류 - 15가지). 이 규정은 장애 개념의 구성요소를 의료적 관점의 개인적 요소와 일상생활이나 사회생활에서의 제약에 관한 사회적 요소 그리고 제약의 정도("상당한")를 언급하고 있는 것이다.[448] 이는 「장애인복지법」상 장애 개념이 포괄적이고 복합적으로 구성되어 있다고도 볼 수 있으나, 동조 제2항에서 장애인의 범위를 신체적 장애와 정신적 장애로 정의하고, 구체적인 장애의 종류 및 기준은 대통령령으로 정하도록 하면서, 특히 보건복지부 고시로 만들어진 '장애등급판정기준'에 의하면 의학적 요소만으로 장애판정이 이루어지고 있어 결과적으로 장애판정에 따른 장애 개념은 의료적 모델을 벗어나지 못하고 있음을 알 수 있다. 따라서 기존의 장애등급제를 폐지하고, 장애정도에 따른 중증/경증으로 개편하는 제도는 진정한 의미의 사회적 모델로의 전환으로 보기가 어렵다. 아울러 장애 개념의 사회적 모델을 실질화하려면 현행 15가지 유형의 법정장애인 제도를 폐지하여야 할 것이며, 더 나아가 사회적 낙인을 가져올 수 있는 장애인등록제도까지 재검토되어야 할 것이다. 이러한 점에서 장애 개념의 사회적 모델로의 전환은 단순한 장애등급제 폐지 수준을 넘어서는 근원적인 문제에까지 접근하여야 한다는 점에서 정부의 보다 적극적이고 전향적인 장애 개념에 대한 패러다임 전환이 요구된다.

2) 장애여성에 관하여

(1) 장애인권리협약 제6조 '장애여성'과 관련하여, 위원회는 장애 관련 법률과 정책이 성인지

447 유엔장애인권리협약 제2·3차 병합 국가보고서, 대한민국 정부, 2019년 3월 8일, 7-8.

448 이문희, "장애인권리보장 및 복지지원에 관한 법률의 필요성과 장애 정의 그리고 단체소송," 장애인권리보장 및 복지지원에 관한 법률 제정을 위한 토론회 자료집, 사단법인 한국장애인단체총연맹 주최, 9-10.

적 관점을 포함하지 않고 있음에 우려를 나타냈다. 또한 위원회는 장애여성에 대한 가정폭력과 거주시설 내·외부에서 벌어지는 성폭력을 예방하기 위한 충분한 조치가 취해지고 있지 않은 점에 우려를 표명하고, 아울러 장애여성과 소녀들이 평생교육 프로그램에 참여하는 데 어려움을 겪고 있으며, 임신 및 출산기간 동안 장애여성에게 충분한 지원이 제공되고 있지 않음을 우려하였다. 위원회는 당사국이 장애 관련 법률과 정책에 성인지적 관점을 주류화할 것과 장애여성을 위한 특화된 정책을 개발할 것을 권고했다. 또한 위원회는 당사국이 특히 성폭력·가정폭력 예방교육 프로그램을 구상할 때, 장애인지적 관점을 도입하는 등 거주시설 내·외부에서 벌어지고 있는 장애여성에 대한 폭력을 해결하기 위한 효과적인 조치를 취할 것을 권고하였다. 아울러 위원회는 당사국이 장애여성들이 정규교육을 마쳤든지 또는 그로부터 배제되었든지 관계없이, 그들의 선택과 필요에 따라 적절한 평생교육을 받을 수 있도록 보장할 것을 권고하면서, 당사국이 장애여성의 임신 및 출산기간 동안 그들에 대한 지원을 확대할 것을 권고했다.[449]

(2) 이에 대해 제2·3차 병합 보고서의 답변은 다음과 같다.

① 한국 정부는 제5차 장애인정책종합계획(2018~2022)을 수립하여 '여성장애인 지원강화'를 22개 중점과제 중 하나로 채택하여 여성장애인에 대한 지원을 강화하고 있다. 제4차 장애인정책종합계획(2013~2017)에서도 '여성장애인 인권보호 및 사회참여 활성화'을 주요 과제로 추진하면서 상대적으로 열악한 여성장애인의 소득, 고용, 교육을 지원할 뿐만 아니라 임신, 출산, 양육지원을 확대해 왔다.

② 특히, 정부는 여성장애인 지원사업으로 여성장애인 교육지원과 출산비용지원을 운영하고 있다. 여성장애인 교육지원은 장애와 여성이라는 이중 제약으로 역량강화의 기회를 갖지 못한 여성장애인에게 양질의 맞춤형 서비스를 제공하여 여성장애인의 역량강화를 통한 사회참여 기회 확대 및 삶의 질 향상에 기여하고 있다. 모든 여성장애인의 임신과 출산 시 출산비용(태아 기준, 1백만 원)을 지원하여 경제적 부담을 경감하고 출산 친화적인 문화를 조성하고 있다.

③ 여성장애인 고용확대를 위해서도 다양한 제도를 시행하고 있다. 사업주에게 장애인 고용장려금 단가를 상향 조정하여 남성장애인에 비해 경증(남 30만 원, 여 40만 원) 및 중증(남 50만 원, 여 60만 원) 여성장애인에게 각 10만 원을 추가 지급한다. 시설장비 융자 시 여성장애인 채용에 가점을 부여하고, 고용촉진유공자 선정 시 여성장애인 채용비율에

449 CRPD/C/KOR/CO/1 참조.

가점을 부여하며, 여성장애인에 대해서는 직업훈련생 모집 시 우대 등의 조치를 취하고 있다. 또한, 여성 맞춤형 직무개발 및 보급을 통해 훈련 및 취업을 지원하고 있다.[450]

(3) 현행 「장애인복지법」상 장애여성 관련 규정으로는 제7조(여성장애인의 권익보호 등), 제9조(국가와 지방자치단체의 책임), 제37조(산후조리도우미 지원 등), 제55조(활동지원급여의 지원) 등 4개 조항이 있다.

- **제7조(여성장애인의 권익보호 등)** 국가와 지방자치단체는 여성장애인의 권익을 보호하고 사회참여를 확대하기 위하여 기초학습과 직업교육 등 필요한 시책을 강구하여야 한다.
- **제9조(국가와 지방자치단체의 책임)** ② 국가와 지방자치단체는 여성 장애인의 권익을 보호하기 위하여 정책을 강구하여야 한다.
- **제37조(산후조리도우미 지원 등)** ① 국가 및 지방자치단체는 임산부인 여성장애인과 신생아의 건강관리를 위하여 경제적 부담능력 등을 감안하여 여성장애인의 가정을 방문하여 산전·산후 조리를 돕는 도우미(이하 "산후조리도우미"라 한다)를 지원할 수 있다. ② 국가 및 지방자치단체는 제1항의 규정에 따른 산후조리도우미 지원사업에 대하여 보건복지부령이 정하는 바에 따라 정기적으로 모니터링(산후조리도우미 지원사업의 실효성 등을 확보하기 위한 정기적인 점검활동을 말한다)을 실시하여야 한다. ③ 산후조리도우미 지원의 기준 및 방법 등에 관하여 필요한 사항은 대통령령으로 정한다.
- **제55조(활동지원급여의 지원)** ② 국가 및 지방자치단체는 임신 등으로 인하여 이동이 불편한 여성장애인에게 임신 및 출산과 관련한 진료 등을 위하여 경제적 부담능력 등을 감안하여 활동보조인의 파견 등 활동보조서비스를 지원할 수 있다.

「장애인복지법」은 여성장애인에 대한 권익보호 규정을 두어 그 근거규정은 마련하였으나, 실제 정책 수행에 있어서 얼마나 실효성이 있는 정책들이 담보되고 있는지는 미지수이다. 장애여성에 대한 제도와 정책 지원이 꾸준히 지속·확대되어야 할 것이다.

3) 인식 제고에 관하여

(1) 장애인권리협약 제8조 '인식 제고'와 관련하여, 위원회는 당사국이 협약의 내용 및 목적에 대해 정부 공무원, 국회의원, 언론, 일반 대중 등에게 체계적이고 지속적으로 홍보 및

450 유엔장애인권리협약 제2, 3차 병합 국가보고서(한글본), 13-14.

교육을 진행하고 있지 않음에 주목하였다. 위원회는 당사국이 인권의 주체로서 장애인의 긍정적인 이미지를 강화하기 위한 인식개선 캠페인을 견고히 할 것을 권장하였다. 특히 위원회는 당사국이 협약의 내용 및 목적에 대해 정부 공무원, 국회의원, 언론, 일반 대중에게 체계적이고 지속적으로 홍보 및 교육을 진행할 것을 권고했다.[451]

(2) 이에 대해 제2·3차 병합 보고서의 답변은 다음과 같다.

① 2015년도에는 「장애인복지법」을 개정하면서 장애인식개선교육 의무기관을 확대하였다. 이에 따라 국가기관 및 지방자치단체의 장, 「영유아보육법」에 따른 어린이집, 「유아교육법」·「초·중등교육법」·「고등교육법」에 따른 각급 학교의 장, 그 밖의 교육기관 및 공공단체의 장은 소속 직원·학생을 대상으로 장애인에 대한 인식개선을 위한 교육을 실시하고, 그 결과를 제출하여야 한다.

② 다만, 장애인식개선교육 의무화에도 불구하고 아직 의무교육대상기관의 교육 이행률은 저조한 편이다. 이에 정부는 교육의 내실화와 교육이행률 제고를 위하여 장애인식개선교육 중장기 로드맵 및 발전방안 연구(2018년)를 통해 장애인식개선 지표개발, 표준교육과정 개발 및 평가, 강사양성시스템, 교육 모니터링 제도화, 민간부문 대상 인식개선교육 확대방안 등 장애인식개선 교육 중장기 로드맵을 마련할 예정이다.

③ 한편, 정부는 「장애인고용촉진 및 직업재활법」을 2017년 11월 28일 개정하여 직장 내 장애인식개선을 위해 사업주는 장애인에 대한 직장 내 편견을 제거함으로써 장애인 근로자의 안정적인 근무여건을 조성하고 장애인 근로자 채용이 확대될 수 있도록 장애인 인식개선 교육을 실시하도록 하고 있다. 이에 고용노동부에서는 교육실시 결과 점검, 교육교재 등 개발 및 보급, 교육기관 지정 등 관련 업무를 적극 수행하고 있으며, 실효성 확보를 위해 교육 미이행 시 과태료를 부과할 계획이다.

④ 이러한 정부의 노력과 NGO의 적극적인 정책참여를 통해 장애인에 대한 인식이 점점 나아지고 있는 것을 볼 수 있다. 특히 「장애인차별금지법」 이행실태 모니터링 결과를 살펴보면, 우리 사회에 장애인에 대한 차별이 어느 정도 있다고 생각하는지 문항인 장애인 차별 정도는 점차 나아지고 있고, 「장애인차별금지법」에 대한 인지도도 점차 증가하고 있는 추세이다. 다만, 아직까지 장애인차별 정도가 있다고 응답한 비율이 높은 것을 보면 정부가 더욱더 장애인식개선을 위해 노력해야 하는 의무가 있다.[452]

---

451 CRPD/C/KOR/CO/1 참조.

452 유엔장애인권리협약 제2, 3차 병합 국가보고서(한글본), 17-18.

(3) 장애인 인식개선 제고와 관련해서는 2015년에 「장애인복지법」 제25조(사회적 인식개선)를 대폭 손질하였고, 「장애인고용촉진 및 직업재활법」 제5조의2(직장 내 장애인 인식개선 교육), 제5조의3(장애인 인식개선 교육의 위탁 등)을 신설하여 강화하였다. 인식개선 제고는 법의 근거규정과 더불어 현장에서 얼마나 실천의지가 있느냐가 관건이라 할 것이다.

4) 착취, 폭력, 학대로부터의 자유

(1) 장애인권리협약 제16조 '착취, 폭력 및 학대로부터의 자유'와 관련하여, 위원회는 장애인이 여전히 강제노동을 포함하여 폭력, 학대 및 착취에 노출되어 있음에 우려하고, 당사국이 가해자들을 처벌하고 피해자들에게 보상을 제공하지 못하고 있는 점과 성폭력 및 가정폭력 피해자를 제외한 장애인을 위한 쉼터가 존재하지 않은 점에 대하여 우려를 표시했다. 위원회는 당사국이 거주시설 내·외부에서 장애인들이 겪은 모든 폭력, 착취 및 학대 사건을 조사하고, 가해자의 처벌과 피해자에 대한 보상을 보장하며 피해를 입은 장애인들을 위한 접근 가능한 쉼터를 제공할 것을 촉구하였다. 특히 위원회는 당사국이 장애인의 강제노역 사건에 대한 조사를 강화하고 피해자들에 대한 적절한 보호를 제공할 것을 권고했다.

(2) 이에 대해 제2·3차 병합 보고서의 답변은 다음과 같다.

① 보건복지부는 2017년부터 장애인 학대 예방 및 피해장애인 사후 지원을 위한 전담기관인 총 18개소의 장애인권익옹호기관을 전국에 설치하였으며, 2015년부터는 피해장애인의 일시보호 및 지원을 위한 총 8개소의 피해장애인 쉼터를 설치·운영 중으로 피해장애인의 긴급 분리 및 보호, 심리지원 및 상담지원 실시, 쉼터 이용자의 퇴소 후 지역사회 자립을 위한 각종 프로그램 및 자원 연계를 실시하고 있다.

② 구체적으로 폭력, 학대, 착취 등의 피해를 입은 장애인에 대하여 장애인 학대 전담기관(장애인권익옹호기관)이 현장조사를 실시하여 필요한 경우 피해장애인을 긴급 분리 조치한 후 피해장애인 쉼터에서 보호하면서 심리적·경제적 피해 회복을 지원하고 있다. 또한 장애인의 학대를 예방하고 피해장애인에 대한 지원과 사후관리를 담당하고 있는 중앙장애인권익옹호기관은 피해장애인에 대한 사후관리 및 모니터링을 실시하여 피해 재발 방지를 위해 노력하고 있으며, 장애인권익옹호기관과 공공후견법인, 그리고 발달장애인지원센터 간 연계를 통해 발달장애인의 권익옹호 체계를 구축하여 운영하고 있다.

③ 한편 정부는 2017년 12월 장애인 학대 전담기관의 조사권한을 강화하고, 학대 신고인에 대한 보호조치 강화를 주요 내용으로 관련 법령인 「장애인복지법」을 개정한 바 있으며, 전국의 학대 고위험군 장애인 1만 1천여 명을 대상으로 정부, 지방자치단체, 학대전담기관 합동으로 학대 실태조사를 실시(2018년 5월)하였다.

(3) 2015년 개정으로 「장애인복지법」 제59조의7~제59조의10이 신설되었고, 2017년 개정으로 제59조의13(피해장애인 쉼터)이 추가되었다. 그러나 현장에선 장애인권익옹호기관이 적은 인원으로 광역지자체 단위별로 운영되고 있어, 업무가 과다하고, 피해장애인 쉼터의 절대 부족 등 지역 인프라의 확충이 필요하다.

5) 이주 및 국적의 자유

(1) 장애인권리협약 제18조 '이주 및 국적의 자유'와 관련하여, 위원회는 "사리 분별이 없고 국내에서 체류활동을 보조할 사람이 없는" 정신장애인의 입국을 거부하는 「출입국관리법」 제11조와 장애를 가진 이주민에게 기본적인 장애 서비스 제공을 제한하는 「장애인복지법」 제32조에 대해 우려를 표하였다. 위원회는 장애인들이 장애를 근거로 하여 대한민국을 입국할 권리를 박탈당하지 않도록 보장하고 장애를 가진 이주민들이 기본적인 장애 서비스를 제공받는 데 제한받지 않도록 하기 위하여, 「출입국관리법」 제11조와 「장애인복지법」 제32조를 철회할 것을 권고하였다.

(2) 이에 대해 제2·3차 병합 보고서의 답변은 다음과 같다.

① 「출입국관리법」 제11조(입국의 금지 등) 제1항 제5호에 따라, 사리 분별력이 없고 국내에서 체류활동을 보조할 사람이 없는 정신장애인, 국내 체류비용을 부담할 능력이 없는 사람, 그 밖에 구호(救護)가 필요한 사람에 대하여 법무부장관은 입국을 금지할 수 있다. 그러나 본 조항의 입법취지는 정신장애인이라는 이유만으로 동 규정을 적용하여 입국을 금지하는 것이 아니라, 오히려 사리 분별력이 없는 외국인에게 체류활동을 보조할 사람(보호자, 초청자, 연고자 등)마저 없는 경우 본인과 타인의 안전 확보 차원에서 적용하는 최소한의 규정이다.

② 「장애인복지법」 제32조 및 제32조의2는 대한민국 국민이 아닌 재외동포나 외국인도 장애인 등록을 할 수 있도록 하고 있으며, 원칙적으로 등록 장애인에게 제공되는 복지를 지원할 수 있도록 하고 있다. 다만, 장애인연금, 장애수당, 장애인의료비 등 소득 및 재산을 기준으로 급여를 제공하는 현금급여의 경우 국외의 소득 및 재산을 파악하기

어려워 「국민기초생활 보장법」등 유사 타 법령에서도 원칙적으로 내국인에 대해서만 신청자격을 인정하고 있다. 그러나 대부분의 사회서비스적 성격의 장애인복지서비스, 예를 들어 일자리 지원, 편의·이동 관련 감면·할인 등의 경우는 외국인을 제한하고 있지 않다. 보건복지부는 더욱 많은 외국인이 장애인으로서 혜택을 누릴 수 있도록 「장애인복지법」제32조의2 제1항제5호를 신설(2017년 12월 19일)하여 「난민법」에 따른 난민인정자도 장애인 등록을 가능토록 하여 장애인복지서비스를 제공받을 수 있는 외국인의 범위를 확대하였으며, 「난민법」 제31조에 따라 대한민국 국민과 같은 수준의 복지서비스를 제공할 수 있도록 하고 있다.

(3) 「장애인복지법」 제32조의2는 재외동포, 외국인 및 난민에 대해서도 장애인 등록을 할 수 있도록 규정하고 있으나, 소득 및 재산을 기준으로 급여를 제공하는 현금급여의 경우 예컨대, 장애인의료비, 장애수당, 장애인연금에 대해서는 여전히 신청을 제한하고 있다. 따라서 보편주의에 입각한 권리보장으로 보기는 어렵다.

6) 가정과 가족에 대한 존중

(1) 장애인권리협약 제23조 '가정과 가족에 대한 존중'과 관련하여, 위원회는 장애아동의 가족에게 제공되는 지원서비스가 중증장애인을 포함한 저소득 가정에 한정되는 것에 우려를 표했다. 심지어 공급 부족으로 인하여 이러한 서비스조차 불충분한 실정이며, 또한 위원회는 원가정보다는 장애아동을 입양한 가족에 더욱 많은 보조금 및 혜택을 제공함으로 인해, 특히 복합적인 낙인을 직면하는 미혼모 등 원가정이 장애아동을 유기하도록 촉진하며 아동의 가족에 대한 권리를 부인하는 것에 대해 우려하였다. 위원회는 당사국이 미혼모를 포함한 장애아동의 부모들이 가정 내에서 자녀를 양육하고, 다른 아동과 동등하게 장애아동의 가족에 대한 권리와 지역사회에서의 참여를 보장하기 위한 법적 근거를 마련하고 포괄적인 정책을 시행할 것을 권고하였다.

(2) 이에 대해 제2·3차 병합 보고서의 답변은 다음과 같다.

① 보건복지부는 장애아동에 대한 발달재활서비스(언어·청능, 미술·음악, 행동·놀이·심리, 감각 운동)를 제공하고, 장애인 활동지원 사업 추진 등을 통한 사회참여 권리 보장을 위해 노력하고 있다. 무엇보다 더 많은 장애아동이 사회구성원으로 차별받지 않고 살아갈 수 있도록 서비스 대상자 확대를 위해 예산 확보에 지속적으로 노력을 기울이고 있다. 이외에도 장애아 돌봄 부담으로 인한 장애아동 양육 가족의 경제적·육체적 부

담 경감을 위해 장애아가족 양육지원사업(돌봄서비스, 일시적 휴식지원서비스)을 지속 추진하고 있다.

② 정부는 장애아동에게 복지서비스를 제공함에 있어 해당 장애아동의 부모가 생물학적 부모인지 입양부모인지 여부를 차별하고 있지 않다. 정부는 장애아동을 양육하는 가정이 다양한 복지서비스를 통해 가정의 안정을 도모할 수 있도록 적극 노력하고 있다.

③ 보건복지부는 장애인의 가족구성에 있어서도 여성장애인을 대상으로 출산비용 지원 및 「장애인복지법」 제37조(산후조리도우미 지원등)에 근거하여 산전·산후조리 도움 지원 사업 등의 지원을 통해 장애여성의 임신·출산과정을 지원하고 있으며, 더불어 「입양특례법」 제10조(양친이 될 자격 등)에 따르면, 장애인 부모라는 이유로 입양을 제한하지 않고 있다.

(3) 장애인권리협약은 제23조(가정과 가족에 대한 존중)에서 장애인가정에 대한 국가의 지원에 관한 규정을 상세하게 두고 있다. 이에 비해 우리 「장애인복지법」은 이에 관한 세부적인 내용들을 담지 못하였다. 관련 규정들이 산발적으로 흩어져 있다고 볼 수 있다. 최근 한국장애인부모회의 건의로 의원입법 개정안으로 2017년에 제30조의2(장애인 가족 지원)가 신설되었다. 이 규정의 내용은 다음과 같다.

제30조의2(장애인 가족 지원)

① 국가와 지방자치단체는 장애인 가족의 삶의 질 향상 및 안정적인 가정생활 영위를 위하여 다음 각 호의 필요한 시책을 수립·시행하여야 한다.

1. 장애인 가족에 대한 인식개선 사업
2. 장애인 가족 돌봄 지원
3. 장애인 가족 휴식 지원
4. 장애인 가족 사례관리 지원
5. 장애인 가족 역량강화 지원
6. 장애인 가족 상담 지원
7. 그 밖에 보건복지부장관이 장애인 가족을 위하여 필요하다고 인정하는 지원

② 국가와 지방자치단체는 장애인 가족 지원 사업을 효율적으로 추진하기 위하여 장애인 관련 사업을 수행하는 기관·단체 등을 장애인 가족 지원 사업 수행기관(이하 "수행기관"이라 한다)으로 지정할 수 있다.

③ 국가와 지방자치단체는 수행기관이 다음 각 호의 어느 하나에 해당하는 경우에는 지정을 취소할 수 있다. 다만, 제1호에 해당하는 경우에는 지정을 취소하여야 한다.

1. 거짓이나 그 밖의 부정한 방법으로 지정을 받은 경우
2. 제4항에 따른 지정 기준에 적합하지 아니하게 된 경우
3. 정당한 사유 없이 장애인 가족 지원 사업을 수행하지 아니한 경우

④ 수행기관의 지정 기준·절차 등에 필요한 사항은 보건복지부령으로 정한다.

7) 적절한 생활수준과 사회적 보호

(1) 장애인권리협약 제28조 '적절한 생활수준과 사회적 보호'와 관련하여, 위원회는 「국민기초생활보장법」이 일정 수준의 소득 또는 재산을 보유한 가족구성원이 있는 장애인의 경우, 최저생계비 지원혜택에서 배제되는 것에 대해 우려하였다. 또한 위원회는 최저생계비 지원혜택 대상자 기준이 기존의 장애등급제에 기초하고 있고 '중증장애인'에 한정된다는 사실에 우려를 표하였고, 또한 당사국이 장애등급제와 가족의 소득 및 재산이 아닌, 장애인당사자의 특성, 상황 및 필요에 따라 최저생계비를 지원할 것을 권고하였다.

(2) 이에 대해 제2·3차 병합 보고서의 답변은 다음과 같다.

① 정부는 2010년 7월부터 시행된 「장애인연금법」에 의거하여 도입된 장애인연금제도는 중증의 장애로 인한 소득 상실과 추가 비용을 보전(補塡)하기 위하여 18세 이상의 저소득층 중증장애인에게 매월 209,960원~289,960원을 지원하고 있다. 하지만 급여 수준이 장애로 인한 소득 상실과 추가 비용을 보전하기에 부족하다는 지적을 받고 있다. 이에 정부는 기초급여액을 209,960원에서 2018년 9월에 25만 원으로 인상하였다. 또한 부가급여액은 장애로 인한 추가 비용을 보전할 수 있도록 현실화해 나갈 계획이다.

② 한편 정부는 「장애인복지법」 제49조에 의거하여 18세 이상의 저소득 경증장애인에게 장애수당을 지급하고 있고, 같은 법 제50조에 의거하여 18세 미만의 저소득 장애아동에게 장애아동수당을 지급하고 있다. 장애아동수당은 매월 2~20만 원을 지원하는 데 비해 장애수당은 2~4만 원을 지급한다. 이미 2015년에 장애수당을 1만 원 인상하였으나 여전히 생활안정이라는 목적을 달성하기에는 미흡하다는 지적이 있다. 따라서 향후 단계적으로 장애수당을 인상할 계획이다.

(3) 우리나라의 장애인 소득보장제도는 여전히 복지선진국 수준에 미치지 못하는 열악한 상황이다. 가장 주된 이유는 장애인의 소득보전 대책으로 장애인연금제도를 도입하였지만,

급여 대상의 제한과 급여 수준이 충분치 못하기 때문이다. 더군다나 장애인연금제도 도입 당시 예산 절감을 위하여 중증장애수당을 연금에 포함시킴으로 인해 당시 장애인계에서는 "장애인에게 껌 값 주냐?"라는 비아냥을 받기도 하였다. 또 추가 비용을 보전하는 「장애인복지법」상 수당제도 역시 보편주의 방식이 아닌 선별주의 방식으로 집행함으로써 수당제도 개념의 혼동을 가져오기도 하였다. 법에는 있으나 사문화되어 있는 보호수당제도(「장애인복지법」 제50조제2항)도 있다. 이러한 점들을 고려해 볼 때, 한국 정부는 장애인의 소득보장을 권리 차원이 아닌 여전히 시혜나 동정의 차원으로 접근하고 있는 것은 아닌지 의구심이 들지 않을 수 없다.

5. 향후 「장애인복지법」의 방향성에 관하여

지금까지 「장애인복지법」의 역사와 걸어온 길 속에 현재의 주요 개혁과제들을 짚어 보면서 향후 나아갈 방향에 대한 필자의 간단한 견해를 밝히고자 한다. 사실 「장애인복지법」은 처음엔 형식적인 장식용 법에서 시작되었으나, 우리나라 장애인복지의 발전과 함께 그 중요성도 커져 왔다. 다만 이 법이 우리나라의 장애인 정책과 제도의 기본 틀과 체계를 세우는 법이라는 점에서 그 중요성이 간과될 수 없다. 또한 오늘날 복지는 더 이상 시혜가 아니며 권리로서 정착되어 가는 추세에 서비스법 역시 권리보장법의 성격을 띨 수밖에 없는 것이 현실이다. 최근에 장애인계에서는 장애인권리보장법으로 「장애인복지법」을 통합하고자 하는 의견과 장애인기본법과 자립생활지원법으로 대체하고자 하는 견해 등으로 나뉘어 있다. 그러나 「장애인복지법」이 권리보장의 방향으로 재편되는 것에는 찬동하나, 법정책을 제대로 아우르며 집행할 전달체계의 확립으로서 별도의 특별법인 '국가장애인위원회법'의 제정도 필수적이라고 생각한다. 좋은 법제도와 정책이라는 소프트웨어는 온전한 하드웨어인 전달체계가 제대로 확립될 때 비로소 잘 작동될 수 있기 때문이다.

제10장

유엔의 조약 이행을 위한 메커니즘, 자료수집 및 모니터링에 대한 CRPD의 국제적 기여 (아·태 지역의 사례)

International Disability Rights and Development of Legislation

5여 년에 걸친 유엔에서의 집요한 협상의 결과로 '권리협약'이 채택되도록 한 것은 장애인당사자들에게 있어서는 대단한 일이 아닐 수 없다. 본 장에서의 핵심 주제는 협약에 비준한 국가들의 정부가 얼마나 성실하게 협약을 이행할 것인가와 모니터링이 어떻게 이루어지느냐 하는 것이다. 우리는 많은 입법적 장치나 제도가 하나의 추상적인 선언문으로 전락하는 것을 누누이 경험하였기 때문에 의도된 정책적 목표와 정책연구의 이행 간에 발생하는 괴리에 대하여 경계를 하게 된다. 이러한 염려는 실제로 「유엔장애인권리협약」이 논의되는 과정에 이미 '점진적 이행', '개인 청원', '개인의 법적 역량' 등이 많은 국제 장애인 단체에 의해서 논의된 바 있었다. 아마도 장애인 단체들이 관심을 갖게 될 주요 사안은 '권리협약'에 담긴 높은 인권의 이상을 정부가 구체적이고 효과적인 이행으로 엮어낼 의지와 역량을 가지고 있는가의 여부이다. 이러한 우려를 제기하는 것은 지금까지의 경험에 의하면 국가 차원에서의 점검기제는 아홉 가지 인권협약(CESCR, HRC, CERD, CEDAW, CRC, CAT, MWCC 등)에 관한 한 모니터링이 거의 전무했거나 빈약했던 기록을 가지고 있었고, 정부도 국가보고서를 유엔에 내는 것을 꺼리거나 유엔의 보고서 요청에 형식적으로 대응했기 때문이다.

「유엔장애인권리협약」의 일반원칙과 이행과 모니터링에 관련된 몇 가지 시사점을 고려해 보자. 우선 권리협약에서 명시하고 있는 여덟 개의 일반원칙은 모니터링과 직접적인 관계가 있다. 즉, ① 개인의 천부적 존엄성, 선택의 자유를 포함한 자율, 자립에 대한 존중, ② 차별금지, ③ 완전하고 효과적인 사회참여 및 통합, ④ 인간의 다양성과 인류의 한 부분으로서의 장애인에 대한 차이의 존중과 수용, ⑤ 기회의 균등, ⑥ 접근성, ⑦ 남성과 여성의 평등, ⑧ 장애아동의 발전적인 역량의 존중과 정체성 유지에 대한 권리의 존중[453] 등이다. 위에서 살펴본 협약의 일반원칙이 구체적으로 장애인의 '시민적 권리'의 실현과 세 가지 차원에서 밀접한 관계를 갖는다.

> "… 각 당사국 정부에게 조항별로 명시된 모든 내용들을 반드시 즉각적으로 이행할 의무가 부여된 것은 아니며, 특히 교육, 고용, 건강, 재활 등과 같이 경제적 비용과 사회적 부담이 발생하는 분야에서 점진적 실현에 근거하여 본 협약의 준수가 이루어지게 되어 있다. …"

여기에서 주목해야 될 것은 이러한 점진적 달성의 의무가 완전한 실현을 위한 노력을 무제한적으로 연기할 권리를 부여하는 것으로 해석되어서는 안 되며, 국가가 이행하여야 할 최소한의 의무가 자원의 부족으로 인하여 경감되지도 않는다.[454]

---

453 국가인권위원회, 장애인권리협약해설집(국가인권위원회, 2007).

454 국가인권위원회, 장애인권리협약 해설집(국가인권위원회, 2007), 37-38 제2장 제4조 해설 참조.

유엔 권리위원회(모니터링 위원회)의 구성(제34조 장애인권리위원회)

① **심의위원회의 구성**: 이 위원회는 유엔에 소속될 위원을 말하며, 위의 제33조가 요구하는 모니터링 업무 수행을 위한 위원회의 설치는 초기 20여 개국이 비준을 했을 당시는 12명으로 되어 있으며, 일단 비준 국이 60개국(2018. 10. 약 177개국) 이상이면 18명으로 구성되게 되어 본 연구자도 2011년 한국 대표로 유엔에서 피선되었다. 유엔 특별위원회의 논의 당시 국제 NGO/DPO 단체들은 위원회를 장애 문제의 전문가와 장애인 당사자로 구성하되 50%까지를 장애인 당사자로 구성해야 된다는 강한 주장도 있었다. 동시에 여성, 남성 50:50 비율로 해야 된다는 주장도 있었다. '권리협약' 이행을 위한 장애 NGO/DPO, 시민단체의 적극적 참여가 요구된 것이다. 또 하나의 중요한 문제는 만일 위원회의 구성이 "장애 문제의 전문가와 장애인 당사자로 구성하되 50%까지를 장애인 당사자"로 구성해야 된다는 것이 바람직하다면 누가, 어떻게 위원을 선발하는가이다. 절차에 따른다면 유엔은 각 국가의 정부에 요청하여 유엔 위원회 후보를 요청하여 각 국가로부터 2명을 선발하도록 되어 있으나 실제로는 1명만 후보가 된다. 한국도 일단 협약에 비준과 동시에 권리위원을 추천하게 되었다.[455] 연구자의 관찰에 의하면, 위원 후보를 선출할 시기가 오면 어느 당사국은 장애 문제에 대한 안목이나 경험이 전혀 없는 대통령의 친인척이나, 퇴역한 노외교관을 천거하는 경우도 있었다.

② **권리위원회의 운영은 실제로 여러 사안을 다루기도 하지만, 아마도 핵심적인 것은**: ⓐ 제출된 국가별 보고서 심의, ⓑ 장애인권리협약과 다른 인권협약과의 관계 검토, ⓒ 개별 차별, 인권 침해사례보고(개인청원), ⓓ 개인청원에 의한 사례 심의, ⓔ 보고서 심의 후 해당 국가에 최종권고문 통보, ⓕ 국가응답 검토, 의견조율 통보, ⓖ 사안에 따른 현지 당사국 방문 조사와 심의 등이다.

즉, 성공적인 모니터링을 위해서는 향후 연구책임 소재가 분명한 정부 기관, 부처 및 해당 부처 간에 긴밀하게 협력하며, 국가별 조정위원회와 모니터링을 위한 틀과 쟁점 목록, 지표도 개발해야 된다. 동시에 국내적으로는 독립적인 국가기관(예 국가인권위원회)의 지원과 협조로 국가별 시행안 개발과 구체적 행동계획을 수립하게 된다. 국·내외적으로 '협약' 이행과 관련된 위원회의 업무를 잘 수행할 수 있는 장애인 당사자를 준비시키고 훈

455 유엔뿐 아니라 국내에도 같은 원칙에 따라 위원회의 장애인 참여비율을 국제 NGO/DPO 단체들의 요구대로 '국내위원회'를 구성하는 것이 이상적이라는 것이 연구자의 견해이다. 일단 위원회가 구성되면 여러 가지 중요한 역할을 수행하게 될 것이다.

련하는 일은 아주 시급한 과제로 남아 있다. 또한 모니터링은 국제, 국가별, 지역별, 장애 영역별로 구성되어 철저한 감시가 뒤따르도록 해야 한다. 위의 제33조와 제34조에서 살펴본 바와 같이 '장애위원회'의 활동과 '모니터링'은 '권리협약'의 이행에 중요한 의미를 부여하며, 동시에 유엔과 장애 NGO/DPO, 국가 차원에서 상당한 양의 업무 수행을 하고 있다. 즉, '권리협약' 이행에 대한 국가의 관심 정도와, 전문가, 장애인 당사자의 참여가 강조되고 있다. 그러나 지금까지의 기타 협약 수행의 경험이나 결과를 보면 부정적일 수밖에 없다. 유엔의 일각에서는 '옴부즈맨'을 제도화하려는 움직임이 있었는데 특히 파리의 원칙에 따른 독립성의 차원에서 큰 실효를 거둔 것 같지는 않다. 그렇다면 국내 차원에서라도 '옴부즈맨' 제도를 더욱 강화하지 말라는 법은 없으며, 과거의 다른 어느 협약 이행 때보다도 장애 NGO의 적극적인 참여가 기대된다. 한 가지 전략은 각 국가별 NGO/DPO가 첫째, 국가별 행동계획(National Action Plan)을 수립하며,[456] 둘째, 각국 정부에게 로비를 하며, 셋째, 종국에는 유엔을 움직이는 하의상달(bottom-up)식 또는 풀뿌리(grass-root) 운동을 만드는 것이다. 2019년 현재 아직 한국 정부는 3, 4차 병합심의가 임박했는데도 '권리협약 이행을 위한 국가전략'을 제시하지 않고 있다. 국가별 행동계획/전략 개발에 있어서 NGO의 역할이 절대적으로 필요하고 기대되며 한국의 장애 NGO가 이러한 전략에 관심을 가져 주고 이를 위해 협력하고 연대할 수 있기를 기대하지 않을 수 없다. 협약의 효과적인 이행을 위해 아래와 같은 요소들이 포함될 것이다.

① 기술적인 연구에 대한 지원과 장려
② 적절한 정책연구 발전과 집행을 위한 자료와 통계 수집
③ 정책연구 수립의 과정에 있어서 장애인과 장애인대표단체의 완전한 참여

1. UN의 모니터링 위원회

'협약'의 제33조, 34조, 35조는 각각 '협약'의 이행을 감독하기 위한 모니터링과 이에 관련된 장애인 권리위원회의 중요성에 대하여 언급하고 있다. 또한 제4조 3항, "개별 당사국은 이 협약을 이행하기 위한 입법과 정책연구 개발과 이행과 장애인과 관련된 사안에 대한 의사결정과정에서, 장애인 대표단체들을 통하여, 장애아동을 포함한 장애인들과 밀접하게 협의하고, 이들이

456 2018년 10월 현재 한국은 국가이행전략을 구축하지 못하였다.

활발하게 참여토록 해야 한다."고 되어 있다. 따라서 상당수의 장애인 당사자가 권리협약의 심의 과정에 의미 있는 참여를 하며, 중요한 자료와 정보를 제공한다. 그러나 간혹 목격하듯이 평소에 장애인의 인권 문제나 '협약'의 정신과 내용에 대하여 관심이 없던 소위 '고위층'의 인사가 국가를 대표하는 모니터링 위원으로 위촉받게 된다면 이것보다 더 불행한 일은 없다. 우리가 주시해야 될 점은 본 '권리협약'이 종국적으로 효과적일 수 있느냐 여부는 모니터링에 달려 있음에도 불구하고, 모니터링은 국가별 또는 국제적 차원의 양면성을 지니고 있다. 지난 1960년대 이후 채택된 협약이 모두 그 목표를 달성하지 못하고 있다는 부정적인 경험을 염두에 둔다면 우선은 본 '협약'의 장래도 부정적일 수밖에 없다. 우선 모니터링과 관련된 국가별 이행과제에 대해서 생각해 보자. 협약 제33조는 구체적으로 세 가지 국내적 이행과 모니터링 접근법에 대해서 규정하고 있다. 제33조가 이행되기 위해서는 몇 가지 선행되어야 할 사항이 있는데, 특히 위원회의 구성을 둘러싼 정부와 장애인 단체 간의 갈등이다.

2. 모니터링과 장애당사자의 참여

모니터링의 과제와 밀접한 관계를 가지는 개념의 하나는 참여인데, 그 개념 자체는 '시민적 권리'의 실현에 중요한 의미를 갖는 것임에도 불구하고 그 관계의 중요성은 대체로 무시되는 듯하다.[457] 아마도 그 이유는 구태여 장애인의 참여가 없이도 경제구조는 그대로 돌아갈 수 있고, 정치적으로도 아무런 위협이 되지 않는다는 생각 때문에 사회의 주류로부터 배제되고 있는 현실을 지적하지 않을 수 없다. 이것은 정치인들이 장애인에 관련된 문제를 얼마든지 도외시할 수도 있다는 것을 갈파한 것이며 절대로 과장되었거나 근거가 없는 것은 아니다. 그럼에도 불구하고 또 하나 분명한 사실은 오랜 기간 동안의 정치적 소외와 무시당함을 반성하듯 2004년 국회의원 선거를 앞두고 실시된 여론조사에서 78.8%의 장애인들이 투표에 참석하겠다

457 반차별운동과 관련된 장애인의 사회참여의 기원은 미국 흑인들의 민권운동으로부터 찾아볼 수 있다. 즉, 1960년대 미국 흑인들의 민권운동의 영향을 받아 장애인 분야에서 일기 시작한 반차별운동은 보다 직접적으로 '시민적 권리'와 장애의 문제가 서로 만나게 되는 계기를 마련해 주었다. 미국의 경우 존슨 대통령의 '위대한 사회', '빈곤과의 전쟁' 등과 같은 프로그램을 통해 연방의 예산의 상당한 비율을 재활예산으로 정했고, 장애인을 대상으로 한 정보와 지원을 확대하였다. 이와 같이 민권운동으로 시작된 미국 장애인들의 권리 운동은 여러 우여곡절과 과정을 거쳐 1990년에 '미국 장애인법(ADA: Americans with Disabilities Act)'을 통하여 장애인에 대한 차별 금지법이 제정되어 장애인의 '시민적 권리'가 제도화되는 괄목할 만한 발전을 보게 된다.

고 했는데 예상 투표율이 50% 중반이라는 숫자와 상당한 대조를 이루었다.[458] 장애인의 정치적 참여를 높이고자 하는 다양한 움직임에도 불구하고 실제로 장애인의 사회참여는 많은 제약을 받고 있다.

국제협약으로서의 권리협약은 협약의 철학과 원칙을 통해 장애 패러다임을 변환시키려는 본래의 목적을 달성하기 위하여 두 가지 형태의 모니터링을 거치게 된다(협약 제34조, 제35조). 그 첫째는, 권리협약 비준국으로 구성된 '당사국 회의(Conference of State Parties)'를 통해서 뉴욕 유엔에서 매년 위촉된 3~5개의 국가가 국가이행사항을 보고한다. 그러나 연구자의 관찰로는 수백여 명이 대회의실에 참석하는 회의장 분위기나 보고의 내용으로 보아 다소 실망의 여지가 적지 않다. 두 번째는, 일단 비준 회원국이 되면 협약 2년 후 1차 보고서, 그 후 2~3년, 최소한 매 4년, 혹은 요청 시 수시 국가보고서를 제출하여 권리위원회의 심의를 받게 되어 있다. 국가보고서 제출의 의미는 장애의 주류화 중심 관련 입법, 정책연구, 제도 실무 전반에 걸친 국제기구와 시민사회(NGO, DPO)에 의한 철저한 검토를 받는다.

3. 연구 역량 강화와 법률 전문가와의 연대

아일랜드 국립대학교의 법과 대학 교수인 플린(Flynn)은 협약의 이행을 전담하는 국가 기구로서의 '총괄 센터'에 대해 아래와 같이 입장을 표한다. "이상적으로 총괄센터는 정부의 부서 장관과 같은 최고 수준에 위치하는 것이 바람직하다. 총괄센터의 기능은 분명한 법적 바탕에서 함축성 있게 잘 조정된 장애 분야의 정부의 역할을 수행하며, 적절한 인적, 재정적 분배의 역할을 맡는다."[459] 기존의 '국가인권위원회'는 33조 2항에서 요구하는 역할을 수행하기에 적절하다. 즉, "당사국은 자국의 입법과 행정 체계에 따라 이 협약의 이행을 증진, 보호 및 감독하기 위하여 적절한 경우 당사국 내에 하나 또는 그 이상의 독립적 기구를 포함한 체제를 유지, 강화, 지정 또는 설치한다. 이러한 체제를 지정 또는 설치할 경우, 당사국은 인권보장과 증진을 위한 국가기구의 지위 및 역할과 관련된 원칙을 고려한다."

2019년 현시점에서 적어도 70여 개국이 '국가인권위원회'를 두고 있으며 대략 65개 정도가

---

458 이문희, "정치적 주체로서의 장애인: 장애인단체 총선/대선연대 활동을 중심으로," 장애와 사회(2004년 봄호).

459 Eilionoir Flynn, *From Rhetoric to Action: Implementing the UN Convention on the Rights of Persons with Disabilities*(Cambridge University Press, 2013).

총괄센터의 역할을 수행한다. 당사국에 따라 다소 차이는 있지만 '국가인권위원회'는 권리위원회, 옴부즈맨(인권 감찰관), 연구소로 세분화할 수 있다. 아래에서는 아·태 지역의 당사국들이 권리위원회로부터 어떤 우려의 표명과 권고를 받았는가를 살펴보자. 뉴질랜드만이 유일하게 권고 사항이 없었던 것으로 보인다. 총괄센터의 주요 기능은 시민사회로부터 최대한의 정보를 수집하여 국가이행전략과 같은 정책을 수립하고, 해당 정부 부처에 적절한 권고를 한다. 총괄센터는 서비스 제공 기구가 아니며, 엄격히 정책수립과 연계된다. 또한 높은 수준의 업무를 수행하도록 기대하면서도 해당 국가가 자발적으로 이행의 모니터링을 선택하도록 되어 있다. 국내법에 의한 제한이나 한계에도 불구하고 궁극적으로는 일관성 있고 예측 가능한 수준에서 모든 당사국들이 장애인 권리의 주류화를 달성하도록 기대한다. 일반논평 No. 7의 제33조 3항에 강조한 대로 장애대표단체들의 모니터링 참여는 간과할 수 없다. 30년 전만 하더라도 권리협약의 채택은 불가능하였으나 오늘날은 현실화되었고 장애인들은 권리만 부여된 것이 아니고, 권리의 소유자라는 것을 분명히 인식해야 할 것이다.

네팔

본 위원회는 협약 제33조 3항이 요구하는 대로 협약의 이행을 모니터링 과정에 자원의 부족과 아울러 장애인 대표단체가 효과적으로 폭넓게 참여하지 못함에 우려를 표한다.[460] 따라서 본 위원회는 당사국이 독립성을 보장하는 '파리원칙'에 따라 하나 내지 두 개의 국립 기구를 지명하여 협약의 이행을 모니터링하도록 권고한다. 그러함에 있어서 당사국 정부는 이러한 기구들이 충분한 인적, 기술적 및 재정적 자원을 할당받도록 한다. 더 나아가서, 장애인 대표단체들이 충분히 이행의 모니터링에 참여하도록 보장해 주기를 권고한다.

태국

본 위원회는 당사국의 '장애인 고용청'의 업무를 효과적으로 수행해 주기를 권고한다. 동시에, 당사국의 '장애인 역량강화법'과 기타 장애 관련 입법의 이행을 충실히 하도록 모니터링을 강화해 주기를 권고한다. 당사국은 장애인 대표단체들이 협약에 참여하도록 법적인 보장을 해줄 것을 동시에 권고하고, 당사국의 인권위원회가 파리원칙대로 국가와 외부의 간섭을 받지 않도록 해줄 것을 권고한다.[461]

460 CRPD 최종권고문 2018. 2. 22.
461 CRPD 최종권고문 2015. 3. 25~4. 11.

타이완

'국제 심의위원회'는 아래와 같이 권고한다.

① 공식적으로 국가 총괄센터를 지명하여 곧 효력을 발생토록 한다. 동시에 센터의 직원들은 장애인 인권 교육을 수료한 사람들로 구성한다.

② 유안(Yuan)의 '장애인의 이익과 권리추진 위원회'가 당국과 시민사회의 조정기구로 지명되었으므로 그 역할과 책임이 충분히 확산되도록 한다.

③ '국가인권위원회'의 형태와 같이 파리원칙대로 그 독립성을 보장하는 모니터링 기구를 즉각 설립하고, 대통령실, 유안(Yuan)의 통제, 혹은 어떤 정부 부처로부터도 간섭받지 않도록 한다.

④ 장애인 대표단체들이 협약 제33조 3항에 따라 모니터링에 참여토록 하며, 당사국은 이 단체들에게 적절한 재정지원을 하여 협약의 모니터링 역할을 원만히 수행토록 권고한다. 위와 같은 권고를 바탕으로 즉각 협약 제33조대로 모니터링 기구를 설립하도록 권고한다.[462]

필리핀

① 협약 제33조 3항이 요구하는 대로 협약 이행을 체계적으로, 독립적으로 모니터링할 수 있도록 재정지원을 하며, 장애대표단체의 모니터링 참여 보장과 그들이 본 위원회의 심의에도 참여할 수 있도록 지원할 것을 권고하며,

② 협약의 이행을 지지하고 보호하며, 모니터링하는 독립적인 총괄센터를 파리원칙에 준하여 설치할 것을 권고한다.[463]

중국

본 위원회는 당사국이 '장애인 보호법 8조'를 개정하여 '중국 장애인 연합(The China Disabled Persons' Federation)' 외에 다른 장애인 단체도 모니터링에 참여토록 보장해 줄 것을 권고한다. 특히 본 위원회는 다양한 장애인-예를 들면 장애아동, 장애인부모회와 같은-들이 독자적인 단체/협회를 조직하여 보다 활발한 활동을 전개할 수 있도록 해야 된다고 권고한다. 나아가 협약 제33조(2,3)의 원칙에 따라 독립적인 국가 모니터링 기구를 설치하도록 권고한다.[464]

몽골

본 위원회는 파리원칙에 따라 독립기구인 모니터링 체계를 갖추어 협약의 이행에 대해 모니터링을 실행하도록 권한다. 동시에 장애 대표단체들도 이 과정에 참여하도록 보장하도록 한다.[465]

---

462 CRPD 최종권고문 2015. 4. 4.
463 CRPD 최종권고문 2018. 2.
464 CRPD 최종권고문 2012. 6. 25.
465 CRPD 최종권고문 2015. 3. 25~4. 11.

호주

본 위원회는 호주 당사국이 협약 제33조 이하의 지침에 따른 참여적이고 민감한 모니터링 체계가 부족함을 우려하며, 이 점을 개선하도록 권고한다.[466]

끝으로 한국에 대해서는 어떤 우려를 표명했는지 최종권고문을 인용해 보자.

한국

우선 위원회는 국무총리 산하의 '장애인 정책위원회'가 협약 이행의 전반적인 실무를 담당하여, 장애인 정책 조정, 장애 관련 제반 정책 이행의 모니터링이 있는 것으로 인지하여, 동시에 국가인권위원회는 장애정책 조정의 여러 면에 자문하는 것으로 인지한다. 그러나 본 위원회가 우려하는 사안은 국가인권위원회의 인력과 예산이 부족하여 효과적으로 협약의 이행을 모니터링할 수 없다는 점이다.[467]

위에서 한국을 포함한 아·태 지역 8개국이 위원회로부터 협약 제33조에 대하여 어떤 우려와 아울러 권고를 받았는가를 살펴보았다. 앞에서 언급한 바와 같이 70여 개국이 '국가인권위원회'를 두고 있으며 대략 65개 정도가 총괄센터의 역할을 수행한다고 하는데, 아·태 지역 대부분의 국가는 모두 이 점에 대해 지적을 받았다. 총괄센터를 하나의 기구로 지명해야 되고, 파리원칙대로 그 독립성을 보장하고 재정적인 지원 그리고 장애대표단체들이 필히 모니터링 과정에 참여토록 하는 것이, 적어도 제33조에 관한 한, 모든 권고 내용의 핵심이다.

총괄센터는 협약의 국내 이행을 위한 '이행과 모니터링' 기구를 포함하는 아주 독특한 기구로서,[468]

- 정부 내의 총괄센터
- 정부 내의 조정기구
- 파리원칙에 따른 독립기구

*파리원칙(Paris Principle): 법적으로 자격을 갖춘 위원들로 구성되며, 재정적·내용적 및 기타의 독립성을 보장해야 한다.

---

466 CRPD 최종권고문 2013. 10. 21.

467 CRPD. 29 October 2014.

468 The optional Protocol under the Convention Against torture(oP-CAt) foresees a national preventive mechanism in its Article 17, however, this is not part of the core treaty

- 업무: 모든 인권의 증진과 보호
- 사명
  - 정부와 기타 공적 기구에 대한 자문과 조언
  - 모든 인권협약 이행 행정의 모니터링
  - 인권 침해 혐의에 대한 독립적 조사
  - 인권 주제에 대한 연구와 조사
  - 정보의 배포
  - 차별금지를 포함한 전반적 인권훈련
  - 민원/불평사항에 대한 조사
  - 국제협력
- 권한
  - 독립적으로 조사/수사할 수 있는 권한
  - 다른 기구/부처와 협력, 조정할 수 있는 권한
  - 독자적 견해와 건의를 할 수 있는 권한
  - 독립적 자치권
  - 출판할 수 있는 권한
  - 정보에 대한 권한
  - 조사할 수 있는 권한
- 위원회의 구성: 독립성을 보장할 수 있는 임명과 해고의 권한
- 법적 위상: 총괄적 독립성 보장이 기본임에도 간혹 이 독립성이 위협받는 경우가 없지 않으므로 이 독립성의 확보는 중요하다. 이것은 법에 기반한 독립성이며 오직 국회의 질의에 대해서만 응답할 의무가 있다. 인권위원회가 이 역할을 가장 잘 수행할 수 있고, 행여 인권 정신에 위배된다는 해석을 제시할 여지가 있으므로 다른 별개의 기구를 설치할 필요는 없다.

반드시 총괄센터를 대치한다는 개념은 아니지만, 대개의 법률학자나 권리위원회의 위원들은 대개의 당사국이 한국의 '보건복지부'와 유사한 정부 기구가 협약의 이행을 거의 전담하는 것에 대한 우려를 표한다. 그 이유는 장애인 인권이 아닌 권리와 관련된 개혁을 수행함에 있어서 과거의 복지부들은 고질화된 장애인 시설화, 장애 등급 판단, 생활보장, 고용보장, 장애인들의 수동

적 의존성 강화 등 협약의 개혁 추진에 발목을 잡고 있는 경우가 허다하다는 지적하며 아직도 권리가 아닌 복지에 연연하는 상황에 심각한 우려를 표한다.[469] 한번 고려해 볼 만한 문제이다.

1) 협약 이행을 위한 국가전략 수립(National Action Plans/Stratigies)

심의 과정에서 쟁점으로 종종 등장하는 주제는 협약 이행을 위한 국가전략이다. 때로는 제4조의 국가의 의무와 연계이기도 하나, 실제로 상당히 많은 당사국들이 국가전략 없이 협약을 이행하려는 거의 무모한 시도를 하는 경우가 많다. 이 사항은 보다 구체적으로 그리고 자주 최종권고문에 언급되어야 하며, 한국도 차후의 협약 이행을 위한 국가전략을 세움이 아주 시급하다. 이 중요성을 고려하여 간략히 이 주제를 다루고자 한다. 한마디로 장애인의 완전한 사회통합을 목표로 하는 국가전략이다. 재정, 사회, 문화적 도전에도 불구하고 이행 과정이 지속적으로 이루어지도록 해야 하는데, 다각적인 차원에서의 공·사 분야의 개혁이 요구된다.

아일랜드의 장애 전략

아일랜드의 경우, 완전 통합이 장벽 제거와 장애인 당사자들의 의견 청취를 중심으로 하되 아래의 네 가지 국가 과제를 중심으로 전략 구축을 시도했다.

- 평등한 시민
- 독립과 선택
- 참여
- 잠재력의 극대화[470]

호주의 장애 전략

호주 정부는 10년을 주기로 하여 국가 이행 전략을 수립하여 국가의 공공정책 수행에 있어서 장애 서비스와 프로그램을 주류화하는 데 주력하였으며, 동시에 지역사회의 인프라 개혁도 시도했다. 이것은 연방정부로서 처음 시도하는 것이며, 지방정부와도 합의를 바탕으로 전개된 것이다. 여섯 개의 우선순위를 전략의 기본 바탕으로 한다.

- 통합적이며 접근 가능한 지역사회: 교통을 포함한 물리적 환경, 공원, 건물과 주택, ICT,

469 Eilionoir Flynn, *From Rhetoric to Action: Implementing the UN Convention on the Rights of Persons with Disabilities*(Cambridge University Press, 2013), 39.

470 Government of Ireland, National Disability Strategy Implementation Plan 2013-2015

체육, 여가, 문화를 망라한 시민생활 영역

- 권리와 사법권 보호 법령, 반차별 시행 시책, 고충처리 기구, 옹호, 선거 및 사법제도
- 경제적 보장: 취업, 사업기회, 재정적 독립, 실직자에 대한 적절한 소득 보장, 주택
- 개인 및 지역사회 지원: 완전통합과 지역사회 참여, 개인 중심 케어와 장애 전문가에 의해 제공되는 서비스, 서비스의 주류화, 비형식적 케어와 지원
- 학습과 기술: 조기 아동 교육과 케어, 학교, 지속 계속, 직업교육, 학교에서 취업으로의 전환, 평생교육
- 건강과 복지: 건강 서비스, 건강증진 및 건강과 장애서비스의 상호 교차, 복리와 삶의 질 향유[471]

유럽의 장애 전략: The EU Disability Strategy(2010~2020)

유럽은 이미 2003년 '유럽 장애인의 해'의 결과로 보다 장기적인 2003~2010년까지 '장애인의 독립된 삶'이라는 명제하에 '유럽 장애 전략'을 채택한 바 있다. 유럽은 2010년 후속 조치로 2010년 11월 2010~2020년까지의 새 전략을 채택하였는데, 목표는 '장애인들이 평등하게 사회에 참여하는 장벽을 제거하는 것'이었다. 그간의 모니터링을 통하여 여러 종류의 자료를 수집하였는데, 요약하여 세 가지 문제가 대두되었고, 이 문제들이 새 전략 구상에 영향을 미쳤다.

① 유럽 인구 6명 중 1명이 경증에서 중증의 장애를 가지고 있으며, 결과적으로 80%의 장애인이 완전한 사회참여를 하지 못함

② 장애인의 빈곤율은 평균 비장애인보다 70% 높으며, 주원인은 실업임

③ 75세 이상의 장애 노령층 중 1/3은 일상생활에 어느 정도 제한을 받으며, 20%는 거의 완전히 제한을 받음

유럽위원회와 회원 국가들은 차별금지라는 인권의 틀을 기본으로 하여 차별금지와 인권 침해 방지를 핵심으로 모든 정책 분야에서 장애인들의 기회 평등을 주류화할 것이다. 장애 전략의 핵심은 장애인들의 완전한 사회참여를 통하여 궁극적으로는 모든 정책 분야에서 장애를 주류화하는 것이다. 이러한 전략을 추진함에 있어서 각 회원국의 특별한 상황-조건, 지리적, 경제, 사회, 문화적 특성과 사회적 다양성들을 고려하여 충분한 융통성의 필요를 인정하여 이정표를 만듦에 국가적 우선순위에 따르도록 할 것이다. 동시에 장애 전략 구상 과정에 도움을

471 Australia, National Disability Strategy 2010-2020 Evidence Base

필요로 하는 회원국을 지원할 것이다. 동시에 전략 이행은 정기적으로 체계적인 모니터링의 대상이 될 것이다.

전략 구상의 기본원칙

① 반차별, ② 기회의 평등, ③ 장애인들의 완전한 사회참여, ④ 차이를 존중하며, 장애를 사회 다양성의 하나로 수용, ⑤ 자기 결정을 할 수 있는 개인의 자율성과 존엄성, ⑥ 양성 평등, ⑦ 당사자 혹은 대표단체를 통하여 장애인들의 삶에 영향을 미치는 개인과 사회 차원의 결정 과정에 참여

「유엔장애인권리협약」의 이행을 강화하려는 국가전략은 법적, 정책적 개혁에 여러 가지로 중요한 의미를 시사하며 장애인 정책에 대해 다소 애매한 입장을 취했던 정부에 대해서 국가 이행전략을 통하여 그 의지를 분명히 할 수 있는 계기를 부여할 것이다. 결론으로, 협약 이행 전략에 관한 심도 있는 연구도 없지는 않지만,[472] 그 방대한 양을 모두 소개할 수 없으므로 연구자가 심의 과정에서 사용하던 자료와 세계 11개국의 장애 전략을 분석한 자료[473]를 중심으로 요약적으로 정리한다.

① 시의적절한 정치적 의지: 중앙정부를 비롯하여 정부의 모든 주체, 동시에 장애계의 의견을 총합하여 얼마나 확고하게 협약을 이행하고자 하는 분명한 의지
② 국가전략 수립 과정에 얼마나 의미 있게 장애 대표단체들로부터 자문을 구하며, 여하히 전략이 이행되며 지속적으로 모니터링을 할 것인가. 그 대표성은 신뢰할 만하여 취약 장애계층이 포함되었으며, 당사국은 어떻게 장애 리더십을 규명하여 책임을 나누고 협약 이행에 관한 지속적 훈련이 가능하도록 할 것인가?

---

472 아마도 가장 이용할 만한 연구는 아래의 연구일 것이다. 연구의 선두는 아일랜드 국립 대학교 법학부의 "Human Rights Institute"이다. 연구에 포함된 당사국/분석대상은: Australia(especially the State of Victoria), Bolivia, Canada(especially the Province of British Columbia), England and Wales, Ireland, New Zealand, the Philippines, Portugal, Slovenia, South Africa and Sweden. 국가전략을 완전히 세운 것은 아니나, 준비 단계에 있는 몇 당사국도 포함되었다.
14th World Congress of Rehabilitation International, Winnipeg, Canada, 22-27 June 1980. See for example, Minister for Disability Issues, *Work in Progress 2009: The annual report from the Minister for Disability Issues to the House of Representatives on implementing the New Zealand Disability Strategy*(Wellington: ODI, 2009), p.3. See UN Enable, *The Convention and Optional Protocol Signatures and Ratifications* available at 〈http://www.un.org/disabilities/countries.asp?id=166〉(last accessed 19 July 2010).
Eilionoir Flynn, *From Rhetoric to Action: Implementing the UN Convention on the Rights of Persons with Disabilities*(Cambridge University Press, 2013).

473 Ibid., 197-200.

③ 국가 차원의 이행 전략이 어떻게 국내 전역의 이행 과정과 연계되는가? 총괄센터와 조정 기재, 독립적 모니터링 및 모니터링 틀의 구축

④ 전략 수립 과정의 기획과 결정 과정에 장애인이 포함되어야 한다는 법적 의무(협약 제4조 제3항)와 정책적 의무는 분명히 준수하는가? 여기에서 법적 의무는 법적 결과물이 아니라 법적 책무로서 장애인의 평등권을 보장하겠다는 법적 의지의 표명이다.

⑤ 국가 이행 전략 이행 과정 보고 내용의 투명성과 책임성, 예를 들면 정부나 정부부처, 공공기관의 보고의 방법, 독립 단체와 대중매체로부터의 협약 이행에 관한 비판, 이행에 관한 국민 홍보용 자료 배부 등이 포함된다.

⑥ 국가의 협약 이행 전략을 국가의 모든 정책 개발에 주류화하려는 노력의 여부

⑦ 국가 이행 전략의 전체에 관한 중간·연간 실적의 외부 평가와 모니터링, 이 평가와 모니터링은 전략에 포함되어 있는 입법 개혁과 정책을 망라한다.

⑧ 국가전략 이행과 관련된 양적, 질적 자료와 체계적 이행에 관한 자료, 장애인들의 실질적인 삶에 어떠한 변화가 왔는가 하는 자료 포함

2) 장애의 주류화: 권리협약이 채택되면서 관심의 대상이 된 주류화에 대한 간략한 논의

일반적으로 주류화는 공공 서비스와 접근성을 장애인들이 체감할 수 있도록 해야 된다는 것인데, 더 깊은 의미는 보다 포괄적이고 구체적 의미에서의 공공 서비스의 개혁의 필요성을 강조한다. 그렇다면 아마도 장애인의 전반적인 삶의 주기에서 장애 정책과 서비스가 장애인의 욕구에 반응해야 된다는 점에서 '장애인의 시민적 권리'의 구체적 실현과 동일한 개념일 수도 있다. 따라서 단순한 결과 지향이 아니라 지속적인 장애인의 참여와 완전통합이다. 주류화의 장점은 장애인의 평등권을 보편적 정책 과정으로 채택하여 특별한 영역(예 고용과 이동권)의 구조적 장벽 제거를 시행하게 한다. 따라서 정책입안자들로 하여금 의도하는 정책이 본래의 정책 목표를 달성하고 있는가의 여부를 점검하게 한다. 졸라(Zola)는 '장애의 주류화'가 실제적으로 비용-효과적이라는 설명을 시도했는데, '장애정책의 보편화'는 테크놀로지, 고용, 교통 영역에 보편적인 디자인의 개념을 사용하는 것과 유사하다.[474] 장애의 주류화는 ① 법률 정책에 있어서의 장애 검증, ② 장애 전략과 기타 국가정책과의 상호 관계, ③ 사회 전체를 대상으로 한 인식개선 등이 포함된다.

---

474 Irving Kenneth Zola, "Toward the necessary Understanding of a Disability Policy," *The Milbank Quarterly* 67, 2(1989): 401–428.

참고문헌

국내 문헌

국가인권위원회 차별시정본부. 차별판단지침. 서울: 국가인권위원회, 2008.

______. "아시아·태평양지역의 국제 장애인권리협약 실효적 이행을 위한 국제심포지움." 2009.3.12.

______. "장애인차별금지법의 제정 의의와 장애인 정책의 방향." 2007.4.12.

______. 장애인권리협약 해설집. 2007.

______. 장애인차별금지 및 권리 등에 관한 법률 설명회 자료. 2008.

김기연. "유엔 '인권 기능', 업그레이드될까?" 인권, 32(2006): 38-39.

김명수. "장애인차별금지법의 제정배경과 개선방안." 홍익법학 20, 1(2019): 283-304.

김승완, 이주호, 노성민, 김지혜, 이수연. 장애포괄적 재난관리체계 구축을 위한 기초 연구. 서울: 한국장애인개발원, 2015.

김정렬. "기획: 인권문제의 실상과 과제; 장애우 인권과 장애인차별금지법 제정 전망." 기억과 전망 4(2003): 211-229.

김형식. "'UN 장애인권리협약' 시대에 도전받는 특수교육." 현장특수교육, 오픈 칼럼(2014).

______. "Disability-Inclusive Development: a spurned Dimension in International Cooperation." 국제개발협력연구 2, 2호(2010): 65-93.

______. "T.H. Marshall의 시민적 권리론에 관한 소고." 한국 사회복지학회지 26(1995).

______. "유엔 장애인권리 협약과 우리의 과제." 한국장애인재활협회 RI Korea 재활대회 발표 논문. 2006.

______. "유엔장애인권리협약과 장애인의 시민적 권리." 재활과 복지 12, 3(2008).

______. "경제·사회·문화적 권리 이행에 대한 비판." 국가 인권위원회 사회권 세미나, 2005. 12. 14.

______. "국제장애인권리협약 비준을 위한 제6차 특별위원회의 참가보고서(2005.8.1~12)." 장애인권리협약해설집. 서울: 국가인권위원회, 2007.

______. "룻소의 사회적 불평등에 관한 소고." 사회복지와 불평등(중앙대학교 중사연 20주년 기념논문집). 서울: 일조각, 1997.

______. "시민적 권리의 관점에서 본 장애인의 사회통합." 재활복지 Vol.12, No.3(2008).

______. "제6차 UN 특별위원회 참석 보고서." 한국재활협회. 2005.

______. 시민적 권리와 사회정책. 서울: 중앙대학교 출판부, 1997.

______. 시민적 권리와 사회정책. 서울: 중앙대학교 출판부, 1998.

나운환. "인천전략 3년의 변화와 전망." 한국장애인재활협회 44회 대회. 2015. 9. 17.

남찬섭. "장애인차별금지법 제정의 의의와 과제." 보건복지포럼 127(2007): 22-33.

대한민국 정부. 유엔장애인권리협약 제2·3차 병합 국가보고서(한글본).

리영희. 새는 '좌·우'의 두 날개로 난다. 파주: 한길사, 2006.

미국사회복지사협회 엮음. 사회복지실천이론의 토대. 이필환 역. 서울: 나눔문화, 1999.

박병식, 오혜경, 우주형, 차현미. 장애인 관련 법체계 정비방안 연구. 서울: 보건복지가족부, 한국정책기획평가원, 2008.

박병현. 사회복지정책연구이론: 이론과 분석. 학현사, 2007.

박서연. "[연재] 장애X젠더, 재생산을 말하다 ①." 장애여성 공감, 1998.

박숙경. "종사자가 인식하는 그룹 홈 정체성 -탈 시설과 관련하여-. 한국장애인복지학(2018).

______. "종사자가 인식하는 그룹 홈 정체성 -탈시설과 관련하여-." *Journal of Disability and Welfare*, 42 (2018): 227-255.

박종운. "장애인차별금지법 제정의 과제와 전망." 국제인권법 7(2004): 51-83.

박태영. "사회복지시설에서의 인권에 관한 소고." 사회복지, 겨울호(2002): 63.

백진현. "국제분쟁해결과 국제재판: 최근의 동향과 함의." 국제기구 저널 Vol4, No.1(2009)

법무법인(유한) 태평양, 재단법인 동천. 장애인법연구. 파주: 경인문화사, 2016.

보건복지가족부. 「장애인차별금지 및 권리구제 등에 관한 법률」 설명자료. 2008.

보건복지부. 2019년 장애인복지사업안내. 2019.

_________. 유엔장애인권리협약 제1차 국가보고서에 대한 장애인권리위원회의 최종견해(국문). 2015.

_________. 장애인실태조사. 2000.

보건사회연구원. 2005년 장애인실태조사보고서. 2005.

손병돈, 김기덕, 권선진, 박지영, 이종복, 이혜경, 최승희. 사회복지와 인권. 파주: 양서원, 2008.

수원시지역사회복지협의체. "장애인차별금지법 시행이 장애인 삶에 미치는 영향." 장애인차별금지법 설명회 자료집. 2007.

아끼야마, 아이꼬. "아시아, 태평양 지역의 장애법." 아시아 태평양지역 장애인권리협약 이행을 위한 국제심포지움(2010), 국가인권위원회.

안치민. "복지권의 구성과 성격." 한국 사회복지학 55, 55(2003): 5-25.

엘리자베스 라이커트. 사회복지와 인권. 국가인권위원회 사회복지연구회 역. 서울: 인간과 복지, 2008.

오욱찬, 김성희, 서정희, 심재진, 오다은. 장애인 근로자에 대한 정당한 편의제공 의무와 공적 편의 지원 방안 연구. 한국보건사회연구원, 2018

우주형. "장애인복지 관련 법제의 발전방향." 법제연구, 제41호(2011).

_____. "장애인의 평등권의 실현과 장애인차별금지법." 지성과 창조, 8(2005).

유경민, 이봉구, 전윤선, 안성준, 이율희, 권순지. 장애인차별금지법 하위법령안 마련 연구. 보건복지부, 한국장애인개발원, 2017.

유엔난민고등판무관(UNHCR) 보고서 82: 장애 이민자들에 관한 논의 보고서. 2009. 11.

윤찬영. 사회복지법제론. 파주: 나남출판사, 2001.

이문희. "정치적 주체로서의 장애인: 장애인단체 총선/대선연대 활동을 중심으로." 장애와 사회, 봄호(2004).

이혜경, 서원선, 홍현근, 이선화, 이수연, 김원식. 2017년 장애인차별금지법 이행 모니터링. 보건복지부, 한국장애인개발원, 2017.

이혜원. "사회복지 학과 교육과정과 내 인권교육 도입방안." 인권위원회 주관 토론회(2006. 6. 12.)

조형석. "장애인권리협약의 실효적이행과 지역재판소의 필요성과 전망." 아시아 태평양지역 장애인권리협약 이행을 위한 국제심포지움(2010). 국가인권위원회.

조효제. 인권오디세이. 도서출판 교양인, 2015.

크리스토피 맹케, 아른트 폴만. 인권철학 입문: 정치적, 도덕적 경험에 비추어 본 인권의 철학적 문제들. 정미라, 주정립 역. 21세기 북스, 2012.

한국 DPI, AbelNews, 국제 장애인권리 조약, 이제, 인권입니다. 2003.

한국사회복지협의회. 2019-2020 사회복지학 교과목지침서.

한국장애인단체총연맹. 한국장애인 인권 백서. 한국장애인단체총연맹, 1999.

한국장애인재활협회. 인권실현공동체를 향하여. RI 아·태연례보고서. 2007.

한국재활협회. "아태지역장애포럼 2003: 새천년 장애." 새로운 아태 장애인 10년(2003~2012)을 향한 2003 APDF 싱가포르 참가보고서.

__________. "제13회 RI KOREA 대회: 이제, 실천현장이 변화할 때이다." 2005.

한국정신장애연대(KAMI). 유엔 장애인권리위원회에 제출된 NGO 보고서.

호주 이민법 1958. 65조.

Jim Ife. 인권과 사회복지실천(*Human rights and Social Work*). 김형식, 여지영 역. 서울: 인간과 복지, 2001.

Michael Freeman. 인권이론과 실천(*Human Rights: An Interdisciplinary Approach*). 김철효 역. 서울: 아르케, 2005.

OHCA- Regional Office of Asia Pacific. UNCC Building. Bangkok, Thailand. 아시아·태평양지역 재난대응을 위한 국제적 활용도구 및 서비스 안내서 Disaster Response in Asia and the Pacific: A Guide to International Tools and Services. 2005.

60여 개국 이상의 국가보고서 심의 자료, 60여 개국 이상의 심의 결과에 의한 '최종권고문', 권리위원회의 각종 보고서/기록문서, 국가위원회의 일반논평 다수 1) 일반논평 #1(제12조 법적 권한) 2) 일반논평 #2(제9조 접근권) 3) #3(제6조 여성장애) 4) 통합교육 #4(제24조) 5) #5(제5조 독립생활) 6) 차별금지 #6(제5조), 7) 아동장애 #7(제7조)

국외 문헌

Albert, Bill. *In or out of the Mainstream? Lessons from Research on Disability and Development Cooperation*. Leeds: The Disability Press, 2006.

Armstrong, Felicity and Barton. L. *Disability, Human Rights and Education: Cross-cultural Perspectives*. Philadelphia, Pa.: Open University Press, 1999.

Arnstein, Sherry A. "A Leader of Citizen Participation." *Journal of American Institute of Planners* vol. XXXV, no, 4(July, 1969): 216-26.

Askonas, Peter and Angus, Stewart (eds). *Social Inclusion*. New York: Palgrave, 2000.

Australia. National Disability Strategy 2010-2020

Baldwin, Peter. *The Politics of Social Solidarity: Class bases of the European welfare state, 1875-1975*. Cambridge: Cambridge University Press, 1990.

Barnes, C. *Disabled People in Britain and Discrimination: A Case for Anti-discrimination Legislation*. London: Hurst and Company, 1999.

Barnes, Colin and Geof Mercer. *The Social Model of Disability*. Leeds: Disability Press, 2005.

Barton, Ler. "Sociology and Disability: Some Emerging Issues," in L. Barton, ed., *Disability and Society: Emerging Issues and Insights*. London: Longman, 1996.

Bendix, Reinhard. *Nation-Building and Citizenship*. John Wiley and Sons, 1964.

Blank, Peter D. (ed). *Employment, Disability and the Americans with Disability Act*. Northwestern, 1997.

Breslin, M. L and Silvia Yee eds. *Disability Rights Law and Policy: International and National Perspectives*. Transactional Publishers, 2002.

Campbell, J. and Mike Oliver. *Disability Politics: Understanding our past, changing our future*. Routledge, 1996.

Carroll, Aleisha. How can development programs improve inclusion of people with psychosocial disability?, CBM June 30, 2014

Clapham, Andreww. *Human Rights: A Very Short Introduction*. New York: Oxford University, 2007.

Cochen, Adam. *Imbeciles: The Supreme Court, American Eugenics, and Sterilization of Corrie Buck*. Penguin, 2016.

Coicaud, Jean-Marc et al. *The Globalization of Human Rights*. New York: United Nations University Press, 2003.

Collier, Paul. *The Bottom Billion*. Oxford University Press, 2008.

Cooper, Jeremy. *Law, Rights Disability*. Jessica Kingley Publishers, 2000.

Cornwall, Andrea. and Celestine Nyamy-Musembi. "Putting the 'rights-based' approach to development into perspective." *Third World Quarterly* 8(2004): 1415-1437.

CRPD, Guidelines on article 14 of the Convention on the Rights of Persons with Disabilities. 2014.

Dahrendor, R. "The Changing Quality of Citizenship" in Van Steenbergen, B., *The Condition of Citizens*. Sage Publications, 1994.

Davis, L. "Rights Replacing Needs: A New Resolution of the Distributive Dilemma for People with Disabilities in Australia?" In *Justice for People with Disabilities*, Ma Hairitz, C. Samford, S. Blencowe, The Federation Press, 1998.

De Haan, Aryan. "Social exclusion: An alternative study of deprivation?" *IDS Bulletin* 29, 1(1998): 10-19.

Deacon, B. with M. Hulse & P. Stubbs. *Global Social Policy: international Organizations and the Future of welfare*. Sage, 1997.

Disabilities Thailand and Network of Disabilities Advocate (DTN) September, 2015. ; internal document.

Disability Rights Commission(UK). "Section2- Tracking Barriers to Full Participation by Disabled People." in Towards Inclusion-Civil Right for the Disabled 2004.

WORLD REPORT ON DISABILITY, World Health Organization 2011.

Donnelly, Jack. *Universal Human Rights: In theory and Practice*. Cornell University Press, 2013.

Doyle, B. *Disability Discrimination: The New/law*. London: Jordan, 1966

Drake, R. F. *Understanding Disability Politics*. Mamillan, 1999.

Easterly, William. The White Man's Burden. Penguin Books, 2008.

Equal Opportunities Commission. *Equal Treatment of Men and Women*. 15.

European Centre for Law Institute. "The Right to Life is not the Right to Kill." 2017.

Evans, Tony ed. *Human Rights Fifty Years On: A Reappraisal*. Manchester: University Press, 1998.

Faucault, M. Madness and Civilization I. Illich. *Medical Nemesis: The Exploration of Health*. London: Calders 7 Boyars, 1975.

Flynn, Eillionoir. *From Rhetoric to Action: Implementing the UN Convention on the Rights of Persons with Disabilities*. Cambridge University Press, 2011.

Ford, Richard Thompson. *Universal Rights Down to Earth*. New York: Norton & Company, 2011.

Freeman, Rights. *Human Rights*. Polity Press, 2002.

Fuller, Lon L. *The Morality of the Law*. Yale University Press, 1964.

Goffman, E. I*nteraction ritual: Essays on face-to-face behaviour*. New York, NY: Doubleday, 1967.

Gooding, C. *Disability Discrimination Act 1995*. London: Blackstone Press, 1996.

Gooding, Caroline. *Disabling Laws, Enabling Acts: Disability Rights in Britain and in America*. Pluto Press, 1994.

Government of Ireland. National Disability Strategy Implementation Plan 2013-2015

Hahn, H. Issues of Equality: European Perception of Employment Policy and Disabled Persons. New York. 1984. 24.

Hancock, Graham. *The Lords of Poverty: the power, prestige, and the corruption of the international aid business*. New York: The Atlantic Monthly Press, 1989.

Harbamas, Gray, J. Inclusion: A Radical Critique. in Peter Askonas and Angus Stewart (eds). *Social Inclusion: Possibilities and Tensions*. Palgrave, 2000,

Hauritz, Marge, Charles Sampford, and Sophie Blencowe. *Justice for People with Disabilities*. The Federation Press, 1998.

Healy, Justin eds. "Disability and Discrimination." *The Spinneyet series Issues on Society*, Vol. 127. Balmay, NSW, Australia. Independent Education Publishes, 2014.

Hirch, Karen. "From Colonization to Civil rights." in Peter D. Blanck(ed), *Employment, Disability and the Americans with Disability Act*. Northwestern, 1977.

Hissa Al Thani. Speech to the United Nations Special Rapporteur on Disability to the United Nations General Assesmbly 61st Session. September 2006.

ILO. Employment of People with Disabilities: The Impact of Legislation-Asia and the Pacific. Report of a Project Consultation. Bangkok, 17 January. 2003

Inoue, Tatsuo. "Human rights and Asian values." *The Globalization of Human Rights*, Ed. Jean-Marc Coicaud, New York: United Nations University Press, 2003.

International Disability Monitor. Regional Report of Asia, Chicago, Il: 8. 2005.

International Disability Network. Internatinal Disability Rights Monitor. Chicago 2005.

Irving Kenneth Zola, "Toward the necessary Understanding of a Disability Policy," The Milbank Quarterly, 67, no.2(1989): 401-428.

Jackson, Cecil. "Social Exclusion and gender: Does one size fit all?" The European *Journal of Development Research* 11, 1(1999): 125-146.

Jeanine, Braithwaite and Daniel Mont. *Disability and Poverty: A Survey of World Bank Poverty Assessments and Implications*. Washington: World Bank, 2008.

Kabeer, Naila n.d. *Social Exclusion, Poverty and Discrimination: Towards an Analytical Framework*(Palgrave, 2000).

Karen, J. Alter. "Delegation to International Courts: How, and Problems in Doing So?" L.R. Helfer and Anne-Marie Slaughter. Why States Create international tribunals. 2005.

Kayess, Rosemary and Philipp French. "Out of Darkness into Light?" *Human Rights Law Review* 1(2008): 1-34.

Kim, Hyung Shik. "Consideration of Options for Integrating Social Welfare Systems of the North and South Korea." *Korea Journal 42*, 3(2002): 257-282.

______________. "UN Disability Rights Convention and Implications for Social Work Practice." *Australian Social Work* 63, 1(March 2010): 103-116.

Kiuppis, F. and Haussatter, eds, Inclusive Education: Twenty Years After Salamanca. Peter Lang Publishers, 2014.Enabling

Kurzban, R. and M. Leary "Evolutionary origins of stigma: The functions of social exclusion." *Psychological Bulletin*, 127(2001): 187-208.

Lipset & Raab. *The Politics of Unreason: Right-wing Extremism in America 1790-1970*. New York: Harper & Row, 1979.

Mark, Frezzo. *The Sociology of Human Rights*. London: Polity Press, 2015.

Marshall, T. H. *Social Policy*. London: Hutchinson, 1963.

_______. "The Nature of Class Conflict." In *Sociology at the Crossroads, and Other Essays*. London: Heinemann, 1963.

Milton, Theodore et al. *Oxford Textbook of Psychotherapy*. Oxford University Press, 1999.

Minkowitz, Tina. Approaches to Law Reform to Abolish Guardianship and Substituted Decision-Making in the United States, Center for the Human Rights of Users and Survivors of Psychiatry www.chrusp.org

Morris, Jenny. *Pride against Prejudice*. Philadelphia: New Society Publishers, 1991.

Nelson, P. J. and E. Dorsett. *New Rights Advocacy: Changing strategies of development and human rights NGOs*. Georgetown University Press, 2008.

New Zealand Ministry of Foreign Affairs and Trade. *New Zealand Handbook on International Human Rights*. Wellington, N. Z.: Ministry of Foreign Affairs and Trade, 2003.

O'Reilly, D. "Social Inclusion: A Philosophical Anthropology." *Politics* 25, 2(2005): 80-88.

OECD. Transforming Disability into Ability: Policies to promote work and income security for Disabled People. 2004.

Offe, Claus. "New Social Movements: Challenging the Boundaries of Institutional Politics." *Social Research* 52, 4(1985): 817-868.

Oliver, M, "Defining Impairment and Disability: Issues at Stake," in C. Barnes and G. Mercer, eds., *Exploring the Divide: Illness and Disability*. Leeds: The Disability Press, 1996.

_______. "Cock up or Conspiracy." *Therapy Weekly*, 11 March, 1993.

_______. *The Politics of Disablement*. Macmillan, 1990.

_______. *Understanding Disability*. New York: St. Martin's Press, 1996.

Park, Soon Woo. "Struggle for Social Citizenship in Korea. 1945-1997." 미출판 박사학위 논문, London School of Economics and Political Science, 2004.

Quinn Gerard, and Theresia Degener. *Human Rights and Disability*. New York and Geneva: United Nations, 2002.

Quinn, Gerard and Theresia Degener et al. *Human Rights and Disability: the current use and future potential of United nations human rights instruments in the context of disability*. UN, 2002.

Redfern Legal Center. Questions of Rights: A guide to the law and rights of people with an intelletual disability. 1992.

Robertson, G. *Human Rights.* Penguin, 1996.

Robertson, Geoffrey. *Crimes Against Humanity.* Penguin Books, 2006.

Robertson, Geoffrey. *Crimes Against Humanity: the Struggle for Global Justice.* London: Penguin Books, 2006.

Robinson, Mary. United Nationals High Commissioner for Human Rights, International Seminar on Human Rights and Disability, Almasa Conference Center, Stockholm, Sweden. Nov. 5. 2000.

Roche, Maurice. *Rethinking Citizenship: Welfare, Ideology and Change in Modern Society.* London: Polity Press, 1994.

Scambler, G. "Health-related stigma." *Sociology of Health & Illness*, 31(2009): 441-455.

Sen, A. *Development as Freedom.* Oxford: Oxford University Press, 1999.

Shakesphere, Tom. *Disability Rights and Wrongs.* Routledge, 2006.

Silvers, Anita. David Wasserman, and Mary B. Mahowald. *Disability. Difference and Discrimination: Perspective on Justice in Bioethics in Public Policy.* New York: Rowan & Littlefield Publishiers, Inc., 1998.

Staples, B. "Special Education is not a Scandal." *New York Times*, September 21, 1997.

Steenbergen, Bart Van. *The Condition of Citizenship.* Sage, 1994.

Steger, M. B. *Globalism: Market ideology meets terrorism* (2nd edition), Lanham, Maryland: Rowman and Littlefield Publishers, Inc., 2005.

Stone, Deborah. *The Disabled State.* Baingstoke: Macmillan, 1984.

The Economist. September 12~18, 2015.

The Weekend Australian. July 7-8, 2018: 16.

Titmuss, R.M. *Commitment to Welfare.* London: Allen & Unwin, 1974.

Tomlinson, S. *A Socioly of Special Education.* London: Routeledge, 1982.

Townsend, P. *Poverty in the United Kingdom.* London: Penguin, 1979.

Trömel, Stefan. "A Personal Perspective on the Drafting History of the United Nations Convention on the Rights of Persons with Disabilities." In *European Yearbook of Disability Law.* Edited by Gerard Quinn and Lisa Waddington. Antwerpen: Intesentia, 2009: 115-138.

Turner, Bryan S. *Citizenship and Capitalism.* London: Allen & Unwin, 1986.

______________. "The Erosion of Citizenship". *British Journal of Sociology* 52, 2(2001): 189-209.

Turner, Bryan S., and Peter Hamilton. "Citizenship: Critical Concepts". In Citizenship: Critical Concepts, edited by B.S. Turner and P. Hamilton. London: Routledge, 1994.

Twine, Fred. *Citizenship and Social Rights: The Interdependence of Self and Society.* London: Sage, 1994.

UK. "Definition of Disability within Anti-discrmination Law: Recommendations to the Government."

Disability Rights Commission, 2006.

UN. "Bringing International Human Rights Law Home: Judicial Colloquim on the Domestic Application of the convention on the Elimination of All forms of Discrimination against Women and the Convention on the Rights of the Child." New York, 2000.

___. "Teaching and Learning about Human Rights: A Manual for Schools of Social Work and the Social Work Profession." New York, 1992.

___. "The Road to Dignity by 2030: Ending Poverty, Transforming All Lives and Protecting the Planet." New York, December 2014.

___. *Basic Human Rights Instruments*. Office of High Commissioner for Human Rights, 1998.

_____________. Guidelines and Principles for the Development of Disability Statistics. New York, 2001.

_____________. The Human Rights Based Approach to Development Cooperation: Towards a Common Understanding among UN Agencies.

UN Human Rights Center. *Teaching and Learning about Human Rights: A Manual for Schools of Social Work and the Social Work Profession*. 1992.

UNESCAP. BIWACO Millenium Framework for Inclusive, Barrier-free and Rights-based Society for Persons with Disabilities in Asia and the Pacific. 24 January, 2003.

Unwin, Peter. *Human Rights and Development*. Kumarian Press, 2004.

Van Steenbergen, B. *The Condition of Citizens*. Sage Publications, 1994.

Walker, L., "Procedural rights in the wrong system: special education is not nough," in A. Gartner and T. Joed(eds) Images of the Disabled, Disabling Images. New York: 98-102. 1987.

WHO. World Disability on Report. 2011.

Wilson, Lou. "Developing a model for the measurement of social inclusion and social capital in regional Australia." *Social Indicators Research* 75, 3(2006): 335-336.

Wiltshire, McMeniman & T. Tolhirst. *Shaping the Future: Report of the Review of the Queesnland School Curriculum*. The State of Queensland, 1994.

WNUSP. Psychosocial Disability, Aug. 15, 2008.

World Bank. Mini Atlas of Global Development. 2004.

__________. Poverty and Disability: a Survey of the Literature. 1999.

World Health Organisation and World Bank. *World Report on Disability*. Geneva: WHO-Verlag, 2011.

참고 사이트

경향신문 http://www.khan.co.kr

공익인권법 재단 공감블로그 http://withgonggam.tistory.com/2189

국민일보 http://www.kmib.co.kr/news/index.asp

법제처 국가법령정보센터 http://www.law.go.kr

보건복지부 http://www.mohw.go.kr/react/search/search.jsp

사회복지사업법 법령 http://www.lawnb.com/Info/ContentView?sid=L000000202#P2

아이굿뉴스 www.igoodnews.net

에이블뉴스 http://www.ablenews.co.kr

연합뉴스 https://www.yna.co.kr/index

프레시안 http://www.pressian.com

한겨레신문 http://www.hani.co.kr

한국청소년상담복지개발원 http://www.kyci.or.kr/specialserv/specialserv10_4.asp

Mental Health Units. Bill 2017-19. http://services.parliament.uk/bill

UN http://camhindia.org/un_disability_convention_2005.html

UN Enable http://www.un.org/disabilities/index.asp

http://creativecommons.org/licenses/by/4.0

http://eclj.org/abortion/un/protgez-toute-vie-humaine-

http://int.serv.myway.com

http://whqlibdoc.who.int/publications/2004/9241592389_eng.pdf

http://womenenabled.org/pedfs

http://www.news9-bounces@list.un.org

http://www.en.wikipedia.org

http://www.ifsw.org/en

http://www.sookmyung.ac.kr/policy/4713/subview.do

http://www.un.org/esa/socdev/enable/dissre00.htm

저자 소개

김형식

중앙대학교 사회복지학과, 런던 정경대(London School of Economics), 맨체스터 대학 경제사회대학원, 독일 프랑크푸르트대학, 호주 Monash 대학에서 사회정책(사회정책학박사)을 전공, 호주의 Queensland 대학, Monash 대학, Edith Cowan 대학에서 사회정책 교수로 재직했으며, 중앙대학교 아동복지학과 교수, 홍콩, 미국 테네시 대학 등의 교환교수를 역임, 한국뉴욕주립대학교 석좌교수, 한반도국제대학원대학교 국제협력학과 명예교수, 유엔 장애인권리위원회 한국대표 전문위원(2011-18) 활동(hskimmosman@gmail.com)

우주형

중앙대학교대학원 법학박사(사회법), 나사렛대학교 휴먼재활학부 교수, (사)한국장애인부모회 자문위원장, 한국장애인개발원 이사, 충청남도인권위원회 제1기 및 제2기 위원장(2013-2019), 보건복지부 장애등급제폐지민관협의체 위원(2017-2019), RI KOREA 정책과서비스분과 위원, 경기도 장애인차별금지 및 인권보장위원회 위원, 충청남도발달장애인지원센터 운영위원장 등 활동

권오용

예인법률사무소 대표변호사, 한국정신장애연대(KAMI: Korean Alliance for Mobilizing Inclusion) 설립자/사무총장, WNUSP(World Network of Users and Survivors of Psychiatry) 이사

유경민

한국장애인개발원 정책연구실 연구기획팀장

권순지

한국장애인개발원 정책연구실 연구기획팀 연구원

박규영

The State University of New York, Korea. Guest Professor(2017-2019), 우크라이나 Lviv Polytechnic National University 강사(코이카해외봉사단), 동국대학교(서울), 한반도국제대학원대학교 외래교수 역임, 한국국제협력단(KOICA) 심사위원 활동

유엔장애인권리협약 해설
: 복지에서 인권으로

첫째판 1쇄 인쇄 | 2019년 10월 22일
첫째판 1쇄 발행 | 2019년 10월 25일

지 은 이 김형식 외
펴 낸 이 어진용
책임편집 태선옥
디 자 인 이은경
펴 낸 곳 어가
10449 경기도 고양시 일산동구 장백로 20, 102동 202호(백석동, 동문굿모닝힐1차)
전화 031) 901-4222, 6318
팩스 031) 901-6319
이메일 uhga@uhga.co.kr
홈페이지 www.uhga.co.kr
등 록 2016년 7월 4일·제2016-000133호

ISBN 979-11-87971-76-4 (93330)
정가 18,000원

이 도서의 국립중앙도서관 출판예정도서목록(CIP)은 서지정보유통지원시스템 홈페이지(http://seoji.nl.go.kr)와 국가자료공동목록시스템(http://www.nl.go.kr/kolisnet)에서 이용하실 수 있습니다. (CIP제어번호: CIP2019042100)